그랜빌의
최후의 예언

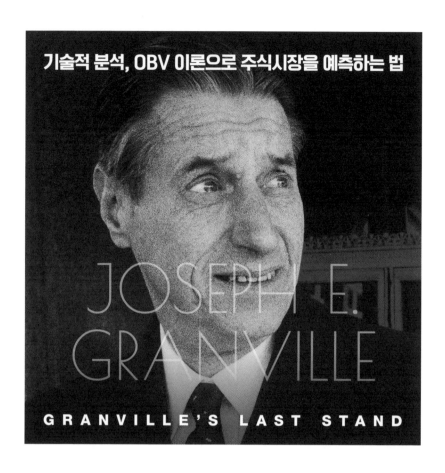

기술적 분석, OBV 이론으로 주식시장을 예측하는 법

JOSEPH E.
GRANVILLE

GRANVILLE'S LAST STAND

─── 그랜빌의 ───
최후의 예언

조셉 E. 그랜빌 지음 · 김인수 옮김

국일증권경제연구소

서문

프랑스의 작곡가 조르쥬 비제는 "작곡가는 작품제작에 최선을 다한다. 그 과정에서 신념과 불신, 열광과 좌절 그리고 고통을 반복한다"라고 말했다. 이 책을 집필할 때도 그랬다. 그러나 시간이 지나고 나의 주식시장이론이 점점 발전하면서, 신념은 더욱 강해지고 의심도 사라졌으며 열정은 끝없이 솟아나고 좌절도 사라졌다. 다시 즐거워지고 고통도 사라졌다. 그리고 주식시장의 진리와 인생의 진리를 여태껏 경험해 보지 못했던 사람들에게 동정심을 갖게 되었다. 당신들이 그토록 갖고 싶어했으나 갖지 못하고 포기했던 것들을 내가 찾았다. 그래서 이제 이 진리와 발견물들을 아낌없이 여러분과 나눠가지려고 한다.

주식시장을 추적하기란 참으로 어려운 일이다. 우리 기술적 분석가들은 마지막 해답을 찾아다닌다. 그러나 해답은 쉽게 보이지 않는다. 마치 우리를 피해다니는 것처럼. 미래를 보기 위해서 우리는 어디에 서 있어야 할까? 기술적 분석의 입장에 서야 한다. 그러면 적어도 가장 있을 법한 미래를 알 수 있다.

이 책은 주식시장을 사랑하는 학생들, 새로운 지식에 목말라하는 사람들, 연구에 전념하고자 하는 사람들을 위한 책이다. 그래서 지금의 이론에 집착하지 않고 창조적인 생각을 하는 데 도움이 되도록 만들었다. 적은 수익에도 불구하고 오랜 시간 동안 힘들여 수고하고자 하는 사람들을 위한 책이다. 이 책은 대중들이 퍼붓는 비판을 덤덤하게 받아들이고 진리를 찾아나서는 사람들의 편에 서 있다.

진리는 결코 죽지 않는다. 인간은 죽지만 진리는 영원한 것이다. 주식 시장은 끝없는 강이다. 우리의 잘못과 관계없이 강은 쉴새없이 흘러서 패배자들에게 또 다른 기회를 준다. 우리는 헤엄쳐 강을 건널 수도 있고 물에 빠질 수도 있지만 우리의 운명은 강물 탓이 아니라 자기 탓이다. 주식 시장에서도 스스로 자신의 운명을 결정한다. 성공을 했다면 시장의 진리에 근거한 승리인 것이다. 시장은 끊임없이 춤추는 인생과도 같다. 이것이 우리가 해야 할 연구의 핵심이다.

주식시장에 대한 기술적 분석은 영원히 팽창하는 우주와도 같다. 무한한 사고와 독특한 시장적용법들을 생각하면서 새로운 문을 계속 두드렸고 기술적 이론의 영역을 넓히기 위해 도전해 왔다. 낡은 이론을 계속하는 것은 정신적 정체이고, 기회를 잃는 것과도 같다. 요즘의 기술적 분석가들은 과거의 낡은 이론을 답습하기만 할 뿐 창조의 길을 걷지 않는다. 그들은 능력이 부족하고 영감이 없거나 새로운 것에 도전하기를 두려워한다. 그들은 개척자가 되어 실패의 위험을 안기보다는 아는 길만 따라가려 한다.

토머스 에디슨을 이 세상에 보내주신 하느님께 감사한다. 그가 수천 번 실험에 실패했다고 전깃불 연구를 포기했다면 어떠했을까? 기술적 분석의 영역을 넓히고자 한다면 실패를 두려워해서는 안 된다. 배우기 위해서는 실패를 해야 한다. 레오나드 번스타인은 "가르치는 것이 배우는 것이고, 배우는 것이 가르치는 것이다"라고 했다.

그래서 원래의 기록들과 관계없이 맞는 것을 골라서 썼다. 이 책의 목적이 가르치는 데 있기 때문이다. 가르치고 나면 배우게 된다. 그렇지만 실패를 통해 더 잘 배울 수 있다. 잘못을 자유롭게 인정하고 이를 통해 배움으로써 교육의 질을 높일 수 있다. 실패를 통해 시장을 배울 수 있다면

질 높은 수업이 될 것임에 틀림없다.

새로운 분석지표들을 소개하는 과정에서 나는 위험을 감수해야 했다. 진실을 밝혀내고 다른 사람들을 올바른 길로 인도할 수 있다면 잘못될 수도 있는 위험을 감수해야 했다. 그래서 잘못은 긍정적인 것이지 부정적인 것이 아니다. 실패는 진리와 똑같은 가치가 있다. 해서는 안 되는 것은 해야 되는 것만큼이나 중요한 것이기 때문이다. 기술적 연구분석은 궁극적으로 잘못을 확인하는 과정이다.

1990~1994년의 강세주기에서 시장이 대폭락을 향해 나아가고 있는 것처럼 보였다. 그래서 나는 1992년과 1993년에 대폭락이 있을 것이라고 경고했다. 대개의 주식들은 바로 꼭지를 쳤지만 다우30 종목지수는 그로부터 한참 지나서 꼭지를 쳤다. 1992년 시장이 혼돈의 버뮤다 삼각지로 빨려들어가고 있었던 때에도, 얼마 동안은 전부 곤두박질쳤지만 내가 예상하던 것처럼 바로 약세시장으로 진입하지는 않았다.

다우지수는 1992~1994년중에 다시 상승했는데, 그때는 교과서적인 마지막 지수상승으로 다우지수만 올라간 것이다. 1992년 10월 초에 시작된 강세시장을 알아채지 못했지만, 대부분의 주식들은 이전의 주가수준을 회복하지 못했다.

결과적으로 보면, 내가 다우지수를 제대로 예측하지는 못했지만 대개의 주식들이 꼭지를 쳤다는 것은 정확하게 알아맞혔다. 이러한 실패경험 덕분에 새로운 사실을 알게 되었다. 그것은 시장이 버뮤다 삼각지대로 서서히 빨려들어가고 있던 전환기(1993년 말)가 지나고 나서야 비로소 약세시장이 시작될 것이라는 것을 알게 된 것이다(역자주: 1994년 1년간 다우지수는 3,500p~4,000p 사이의 박스권 보합장세가 이어졌다).

시장은 두 부분으로 나뉘어 있다. 하나는 승자를 위한 숨겨진 시장이고, 다른 하나는 패자를 위한 눈에 보이는 분명한 시장이다. 시장은 스스로 새로운 시장언어를 보여주는데, 이 시장언어는 스펙트럼을 통과하여 넓은 캔버스 위에 펼쳐진다. 스펙트럼은 기술적 분석기법이고, 캔버스는 시장언어의 뉘앙스를 결정지어 주는 도구인 것이다.

내가 죽고 나서 오랜 시간이 흐른 후에 시장언어를 해석하려는 새로운 세대의 젊은 기술적 분석가들에게 이 연구를 맡기려 한다. 여러분이 시장의 최고봉이 되고 싶다면 이 일을 끊임없이 계속해야 한다. 마치 카네기 홀에서 있을 연주회를 준비하는 피아니스트처럼.

기본적 분석의 굴레를 벗고 자유를 갈구하였던 당시의 원초적 호기심 때문에 나는 빨리 성장했다. 그러나 아직도 많은 사람들은 불쌍하게도 이 함정에서 빠져나오지 못하고 있다. 주가수익비율, 배당, 기업이익, 경제지표 등을 도구로 사용하고 있는 기본적 분석은 아무 쓸모없는 것으로 판명되는 때가 많고, 또 별로 인상적이지도 않은 분석기법이다.

나는 휴톤사 시장정보지 기자로 재직하던 중(1957~1963년) 질식할 것 같은 사고의 굴레를 벗어던지고 단 89일 만에 책을 한 권 썼다. 이 책이 1960년에 출간된 《주식시장에서 최대의 이익을 얻기 위한 타이밍 전략》(A Strategy of Daily Stock Market Timing For Maximum Profit)인데, 당시로서는 파격적인 저서였다. 이 책은 고정관념에 사로잡혀 있던 기본적 분석가들 사이에 파문을 일으켰고, 즉각 베스트셀러가 되었다. 이 책은 지금까지 알려진 기술적 분석의 영역을 뛰어넘어 기술적 분석기법의 연구와 적용범위를 크게 넓혀놓는 데 결정적인 기여를 했다.

그러나 여전히 암흑시대를 벗어나지는 못했다. 1977~1982년 사이에 자주 여행을 했었는데 그때 많은 일들이 일어났다. 증권사 영업점 지점장들이 기술적 분석에 관한 책들을 밤 사이에 사람들 눈에 안 보이게 치워버렸다. 그러나 이제는 시간도 많이 흘렀다. 고맙게도 많은 지점장들이 자기 잘못을 깨달았지만 아직도 암흑시대를 벗어나지 못하는 사람들이 많다.

그러나 아직도 멀었다. 그래서 화가 나서 이 책을 썼다. 내가 기본적 분석에 도전해 온 지 오래되었지만, 아직도 기업이익에 근거한 종목선택기법을 옹호하는 자칭 전문가들이 쓴 책들이 있다. 기본적 분석기법이 왜 초보투자자들에게 엄청난 손실을 안겨주는지를 연구하는 데 시간과 수고를 들인 사람은 아무도 없었다. 나는 이 연구에 많은 시간과 수고를 들였다. 그러나 그 결과, 스캔들에 가까울 정도로 중상모략에 시달렸다. 그렇지만 나는 그것을 무지의 탓으로 돌리고 좀더 관대해지기로 했다. 기업이익에 근거하여 종목을 선택하는 것보다는 동전던지기로 종목을 선정하는 것이 성공할 확률이 높다는 것을 이 책을 통하여 보여줄 것이다.

1961년에 개발한 OBV이론은 기술적 분석연구의 주춧돌이라고 생각한다. 이 '겨자씨 한 알'같은 작지만 발전성이 있는 간단한 아이디어는 앞으로 나올 새로운 이론을 구체화시키는 데 있어 창조적 사고의 모체가 될 것이다. OBV이론은 1963년에 출간된《주식시장에서 이익을 얻기 위한 새로운 열쇠》라는 책에 잘 소개되어 있다.

OBV이론을 만들 때 느꼈던 스릴은 내 인생에 있어 최고의 기쁨이었는데, 그 당시의 긴장된 즐거움은 달리 표현하기 어렵지만 수학자 앨프레드 애들러의 말로 대신해 보자.

이전에는 아무도 생각하지 못했고, 이해하지도 못했던 새로운, 완전히 새로운 수학적 성과는 최초의 실험적 가정에서 출발해서 실패의 미로를 뚫고 자라난다. 이 미로는 잘못된 증명방법, 잘못된 접근법, 잘못된 연구방향, 수개월 내지 수년간에 이르는 어렵고 복잡한 연구 등 장애물만 가득할 뿐, 창조의 즐거움, 마음의 평온함과 같은 조물주가 느꼈을 법한 그런 것은 하나도 느끼지 못했다. 그래서 이런 과정을 통해 탄생된 새로운 이론체계는 불멸의 승리 바로 그 자체이다.

"

나는 OBV이론을 개선하여 1976년《새 전략서》를 출간했고, 4-column 분석기법을 개발하여 1988년《증권시장교본》(The Stock Market Teacher)을 출간했다. 이 책에는 이전에 나온 책에서 조금씩 가져온 부분도 있다.

이 책에는 개선된 OBV이론이 실려 있다. 뿐만 아니라 수많은 투자자들에게 엄청난 손실을 입히고, 결국에는 재정적 파탄에 이르게 한 기본적 분석기법과의 대담한 결별을 선언하는 내용을 담고 있다.

차트만 많고 내용은 별 게 없는 기술적 분석 책들이 많이 나와 있지만, 나는 그와는 정반대의 것을 추구해 왔다. 그리고 나는 차트보다는 표를 더 좋아한다. 왜냐하면 조그만 변화라도 찾아내기에 유용하기 때문이다. 표는 돌파, OBV신호, 추세변화 등의 정보를 표시할 수 있도록 만들었다. 차트는 지지선 같은 것을 보는 데 유용하게 사용할 수 있지만 표의 수치처럼 세밀한 분석결과를 얻기는 어렵다.

첫머리에서 말했지만, 특히 강조하고 싶은 것은 시장은 공정한 게임이라는 것이다. 당신이 시장 게임에 충실히 따른다면, 시장이 당신을 속이지는 않는다. 시장은 기본적 분석주의나 가치분석의 도구들 — 주가수익비율, 배당 등 — 이 시장을 간섭하도록 내버려두지 않는다. 그리고 경제학자들의 시시껄렁한 이야기나 뭔지도 모르면서 되는 대로 써놓은 경제신문 기사들과는 아무 관계가 없다.

이 책에서 강조하고 싶은 것이 두 가지가 있다. 기업이익의 허상과 시장의 이중성(dichatomy)이다. 기업이익만큼 대중들을 철저하게 속이는 것은 없다. 기업이익은 최악의 시기에 주식을 사거나 팔도록 부추겨 대중들을 속이는 요소이다. 시장의 이중성에 대해 말하자면, 모든 강세시장은 처음부터 내부적으로 암세포를 갖고 있어서 시장이 진행됨에 따라 이 암세포가 강세시장을 파먹고 결국에는 죽음에 이르게 한다는 뜻이다. 시장의 이중성은 나를 열받게 만드는 요소이다. 1993년 불과 30개 종목으로 구성되어 있는 다우지수가 상승하는 동안에 언론에서는 내부적으로 암이 크게 자라고 있다는 것을 모르고 있었다.

언론은 기본적 분석내용과 다우지수의 움직임만 보도한다. 그래서 다우지수가 꼭지를 치고 나서 약세시장이 시작되었다고 마침내 떠들기 시작할 때쯤에는, 대개의 주식들은 꼭지를 친 지 한참이 지나고 난 후다. 이때쯤 대중들은 주당순이익(EPS)에 속아 주식을 고가에 사서 큰 손해를 보고 있는 고통스러운 상황에 빠져 있게 마련이다. 이 책에서는 이러한 것들에 도전하고 있다. 증시대폭락이라는 결론을 내려야 했던 기술적 단계를 처음부터 끝까지 꿰뚫어 살펴보는 방법을 이용했다.

내가 쓴 글과 이론을 불쾌하게 여기는 사람들이 많다. 왜냐하면 자기들의 이론적 근거를 위협하기 때문이다. 기본적 분석으로 해명할 수 없는 다른 시장진리가 존재하고 있다는 것을 간단히 증명해 주는 역할을 하는 것이 바로 기술적 분석이다. 이 얼마나 아이러니컬한 일인가. 그러한 의미에서 기술적 분석이론의 존재가치가 있다.

1929년 증시 대폭락이 있기 전후의 클라이맥스 지표와 필드 트렌드 순지표의 일일기록을 이 책에서 처음으로 소개하겠다. 또한 나의 OBV이론이 얼마나 정확한지를 증명해 보여주고, 인간성은 영원히 변하지 않는다는 진리를 증명해 보일 것이다.

나의 시장이론은 완전한 자유를 추구해 왔다. 완전한 자유 속에 참된 창조가 있다. 월 스트리트에서는 내 시장이론을 비난하지만, 내 이론은 '내일'만큼이나 신선하고 동시에 '어제'만큼이나 오랜 것이다. 진리는 영원한 것이고 결코 죽지 않기 때문이다.

시장의 진리를 밝히고 이해하기 위해서는 잘못된 관습적인 사고방식에서 자유로워져야 한다. 그렇지 않으면 시장에서 이길 수 없다. 기세프 베르디는 이렇게 말했다. "마음으로 쓰지 않는 글은 성공할 수 없다." 우상파괴자로서 나는 월가를 자유로이 비난하면서 즐거운 마음으로 글을 쓰고 있다. 월 스트리트는 시장진리와 반대지만 필요한 존재이다.

즉, 수요(매수)와 공급(매도)이 균형을 이루게 하고 그 결과 승자와 패자가 결정되는 시장 게임에서 월가는 항상 승자로 남게 된다. 월 스트리트는 당신을 패자로 만들게끔 되어 있다. 주식시장의 유일한 진리는 바로 시장 그 자체이다. 그래서 시장언어 즉, 주식시장이 무엇을 말하고 있는가를 배우는 것이 가장 중요하다. 시장에서 이기는 길은 이것말고 다른 방법이 없다.

그러면 시장언어란 무엇인가? 시장언어는 아주 좋은 음악처럼 아름답고 장엄하다. 시장은 하모니(조화)의 법칙을 따르고, 박자·멜로디·템포·패턴·콘트라스트·리듬·시간 등을 포함하고 있다. 승자와 패자 사이에 대위법을 도입하여 변화와 반전, 수축과 확장 등 변화를 추구한다. 음악처럼, 시장도 새롭고 신선해서 지루하지 않다.

조셉 매클리스는 이렇게 말했다. "하이든의 심포니든 모차르트의 심포니든 베토벤의 소나타든 그들이 만든 작품들이 서로 비슷한 경우는 없다. 제각각 신선하고 독특한 해법으로 논리적인 형태를 이루어낸 음악작품인 것이다."

주식시장도 이와 똑같다. 전체적으로 논리정연하며 형태와 구조가 없는 경우는 없다. 시장도 테마가 있으며 시장은 이것을 발전시켜 논리적이고 예측가능한 결론을 이끌어낸다. 시장은 흐르는 강물처럼 끊임없이 바다를 찾아 나아가고, 음악도 완벽을 추구하는 불완전 현상으로 가득 차 있다.

이고르 스트라빈스키는 이렇게 말했다. "모든 음악은 듣는 사람의 마음을 평온하게 만드는 심리자극제에 불과하다." 조셉 매클리스는 이렇게 말했다. "음악은 한 점에서 시작하여 결론에 이를 때까지 냉정하게 진행되어 결론에 이르게 된다. 그렇게 끝이 난다. 음악이란 이러한 과정을 통하여 한 가지 목적(마음의 평화)을 향하여 나아간다는 것을 우리는 느껴야 한다. 리듬·멜로디·하모니·음색·빠르기·강약법 등이 그 음악의 인상을 남겨주는 요소들이다. 이런 것들이 성공하면 음악의 형태가 설득력을 갖게 되는 것이다."

아론 코플랜드는 이렇게 말했다. "위대한 교향악은 미시시피강이 흘러가는 것과도 같아서, 듣는 사람은 교향악 연주가 끝날 때까지 저절로 떠내려간다." 아놀드 쉰베르크는 이렇게 말했다. "음악형태가 갖고 있는 주요한 기능은 이해를 높이는 것이다. 음악이 어떻게 발전하고 성장해서 다듬어지고 마무리되는지를 생각하도록 도와준다."

그래서 형태(form)는 매우 중요하다. 이 책을 쓰는 중요한 목적 중 한 가지는 독자들이 자기가 가진 시장재료들을 어떻게 조직화하는지를 가르치는 데 있다. 어네스트 토흐는 이렇게 말했다. "병사가 고지점령을 위해 한발한발 나아가듯이, 설화·서사시· 연극·뮤지컬 등 어느 분야에서든 말이나 글 하나하나가 최종목표를 달성하기 위해 사용된다. 예술가는 구성과 전개, 플롯과 반플롯, 명암을 이용해서 끊임없이 스토리를 전개하여 독자들이 클라이맥스에 도달하도록 만든다. 요소들이 모여 전체를 구성하

그랜빌의 최후의 예언

고 전체는 최종목표를 향해 나아간다. 이것을 형태(form)라고 한다.

주식시장의 진리는 비유법을 통하여 다양하게 표현된다. 시장은 물리학의 법칙을 따른다. 모멘텀·인력·중력, 가속도·조화·시간·공간, 심지어는 "기술적 분석이라는 스펙트럼을 통과한 빛의 색깔" 하는 식으로 표현된다. 수학은 명쾌하고 세밀해서 주식시장의 타이밍 이론을 계량화하는 데 적합하다.

내 시장이론은 끊임없이 진화해 왔고, 마지막 목표인 '마음의 평화'를 얻기 위해 노력해 왔다. 진화라는 측면에서 보면, 내 이론은 원시시대를 이제 막 벗어난 단계에 불과하다.

아내 카렌은 내 이론을 완벽하게 이해하고 있다. 시장판단이 서지 않아 고민할 때마다 그녀는 내 이론상의 수치분석결과를 상기시켜 주었다. 1993년 1월 다우지수가 신고가를 계속 갱신하고 있음을 알려주었다. 내 생각과 다르게 시장이 움직이고 있을 때, 지나간 과거에 신경쓰지 말고 오로지 미래만을 생각하라고 말해 주었다. 그러나 시간이 흐른 후에 내 이론이 정확히 맞았다는 것이 증명되었고, 잠깐 동안 시간의 시련을 받고 있었을 뿐이라는 사실이 밝혀졌다. 1994년 4월 월 스트리트 저널지는 증권시장 기사에 이렇게 썼다. "1993년에 주식과 채권을 팔아 현금을 보유했던 사람이 결국 최후의 승자였다." 다우지수는 시장이 아니라는 나의 주장이 다시 한번 증명된 것이다. 그리하여 1987~1990년 강세시장과 마찬가지로 1990~1994년 강세시장도 정확히 내 이론대로 맞았다.

역자서문

그랜빌 - 이 영감님에 대해 무슨 설명이 필요할까?
세상사람들은 그를 이렇게 표현한다.

기술적 분석의 원조
주식시장의 대예언가

그와 관련된 말들을 보자.

그랜빌의 투자법칙
그랜빌의 OBV이론
그랜빌의 200일 이동평균선 이론
거래량은 주가에 선행한다 등...

그러나 무엇보다도 내가 가치있게 생각하는 그랜빌 이론이 두 가지가
있다. 둘 다 모두 시간에 관한 이론이다.

첫째, 5장에 실려 있는 '시장시계는 지금...'편은 시장의 국면별 흐름을
정리하고 각 국면에서 나타나는 기술적 지표들의 움직임을 한눈에 알 수
있도록 했다. 이 국면분석은 우리가 흔히 알고 있는 금융장세, 실적장세,
역금융장세, 역실적장세로 변화하는 우라카미 장세분석법과 기본적으로
는 같은 시장분석이지만, 우라카미가 경기의 흐름과 연관한 국면분석법

을 제시한 반면, 그랜빌은 기술적인 분석법을 이용하여 강세시장과 약세시장으로 세밀하게 분석한 것이 다른 점이다.

둘째, 시간지표. 내가 그랜빌에 매료된 것은 바로 시간지표 때문이었다. 그랜빌은 시간이란 변수를 시장지표로 인식하고 활용하고 있다. 물론 다우의 파동이론에서도 주가 사이클과 시간에 관한 언급이 있기는 했지만, 그랜빌은 시간지표를 상당히 신뢰하고 실전투자에 응용하고 있다.

그의 기술적 분석영역이 이미 4차원의 세계에까지 펼쳐져 있다는 것을 보여준다. 물론 그의 시간지표는 아직도 이론화될 정도의 수준은 아니다. 그렇지만 새로운 연구영역을 제공한 그의 이론적 가설은 상당한 설득력을 가지고 있다고 생각한다. 이 책을 읽는 독자들은 어쩌면 행운을 잡게 될지도 모른다. 영원히 변하지 않는 주식시장의 진리를 얻을 수도 있기 때문이다.

그러나 이런 이론들보다 내가 이 영감님을 더욱 더 사랑하는 이유는 주식시장에 대한 그의 열정 때문이다. 그는 주식시장의 비밀을 캐기 위해 인생을 모두 바쳤다. 《빙고 게임에서 이기는 법》이라는 책까지 쓴 경력을 보면 아마도 그는 투기를 좋아했던 것 같다. 투기를 좋아하면 패가망신한다는 말이 있지만, 단순투기에 그치지 않고 주식투기로 방향을 잡은 것은 정말 잘한 일이지 싶다. 파고 파도 끝이 없는 주식시장의 변화 때문에 그의 인생은 주식시장을 떠날 수 없었을 것이다.

그 결과로 주식시장의 비밀을 밝혀내는 데 크게 기여했다. 70대 중반을 넘긴 나이에도 아랑곳없이 주식시장을 연구하는 그 뜨거운 열정에 경의를 표한다. 그의 마지막 저서가 될 이 책은 자기가 여태껏 연구한 결과를 모두 정리한 것이다. 자신이 못 다한 연구를 다음 세대에서 완성할 수 있도록 하기 위해서 만든 것이라 하니 무슨 말이 더 필요하겠는가?

번역하면서 신경쓴 부분이 있다. 우선 증권용어는 가급적 실전적으로 객장에서 사용되는 말로 표현하려고 했다. 그러면서도 그랜빌 고유의 표현들은 살려서 실전에 응용하기 쉽도록 했다. 그래서 매끄럽지 못한 글들이 있다면 그건 그랜빌 특유의 독설에서 비롯된 것이니 역자를 욕하지는 말았으면 좋겠다. 그리고 미국시장에 대한 이해를 돕기 위해 그래프와 역자주를 많이 삽입하여 연구에 도움이 되도록 보완하였다.

자, 이제는 내 이야기를 좀 해야겠다.

내가 그랜빌 이론에 본격적으로 접하게 된 때는 1991년 우리 나라 주식시장이 폭락을 거듭하던 시절이었다. 당시 일은증권 지점에서 영업맨으로 근무했는데, 투자자들은 물론이고 증권사 직원들도 급락하는 주식시장에서 돌이킬 수 없을 정도의 손실을 입고 있었다. 그런 참담하고 암울한 시절에 그랜빌 이론을 만났다. 1992년 8월 종합주가지수가 456포인트로 바닥을 찍을 때까지 열심히 연구했다. 그리고 그 후로는 주식 때문에 고통받으며 괴로워한 적은 없었다. 주식시장은 기회의 땅이다. 이 책을 읽는 분들도 나처럼 고통에서 벗어나게 될 것으로 믿는다.

사실 이 책을 처음 접한 것은 1995년이었다. 그 전에 출간된 책들은 모두 절판되었고, 도서관에서도 구하기 어렵다. 일부 주식전문가들이 서가에 깊숙이 숨겨놓고 자기 이론인 양 떠들어대면서 전문가 행세를 하는 사람들이 많다. 그랜빌 이론도 그런 책들 중에 하나이다. 그래서 이 책이 나오자 나는 너무 기뻐서 출간을 서둘렀지만, 어찌어찌 하다 보니 이렇게 늦어졌다. 그렇다고 해도 주식시장의 진리는 시류에 따라 변하는 것이 아니기 때문에 하등 문제가 없지만, 그랜빌에 목말라하는 사람들에게는 출간이 늦어진 것에 대해 미안할 따름이다.

내가 주식시장을 본격적으로 연구한 지 10년이 흘렀다. 그동안 내게 음으로 양으로 도와준 분들에게 항상 감사드린다. 제일 먼저 내 아내에게 고맙다는 말을 전하고 싶다. 다음으로, 그랜빌 이론을 기초로 하여 주식시장의 기술적 분석에 눈을 뜨게 해준 김재민 씨에게도 진심으로 감사를 드린다. 그리고 한짓골에서 라면 먹으면서 동문수학했던 곽명섭 군은 그랜빌 동지다. 그리고 그랜빌 이후 주식시장에 대한 시야를 넓혀준 일은증권 권승하 형, 시세연구에 동참했다가 지금은 주식관련 포털 사이트 마켓포인트를 꾸려가는 박상환 사장은 나의 동반자들이다. 그리고 주식시장의 부침에 따라 고통과 환희를 같이 했던 후배들이 있다. 일은증권 황선춘, 동양증권 마산지점장 이태호, 교보증권 김도현, 박웅철 등....

끝으로 앞으로도 계속 나와 함께 연구하면서 인생을 같이할 강일규 형, 대신증권 정태환 후배, 세종증권 김승찬 지점장에게는 따로 전할 말이 있다. 우리 사고 한 번 치자!

이 책이 나오기까지 애써준 국일증권경제연구소 관계자들에게 감사드린다.

호수공원에서 역자 씀

차례

3장 OBV이론을 발견해내기까지 ·· 85

4장 진보된 OBV개념 ··· 107

5장 시장시계는 지금 몇 시를 가리키고 있는가 ·············· 163

1장

개념과 비밀

Granville's Last Stand

개념과 비밀

1

게임

생명이란 무엇일까? 육체적 개념으로는 '호흡'이다. 우리는 숨을 들이쉬고 내쉰다. 아무런 의식없이 하는 행동이다. 숨을 쉴까 말까 깊이 생각하며 하지 않는다. 그냥 숨을 쉴 뿐이다. 숨 쉬는 일을 게을리하면 4분 이내 죽게 된다. 들숨과 날숨을 번갈아해야 생명을 유지할 수 있다.

주식시장도 생명처럼 이러한 과정을 따르기 때문에 나는 주식시장을 사랑한다. 주식시장은 상승(들숨)과 하락(날숨)을 반복한다. 사람들은 주식시장에서 돈을 벌려면 주가가 상승해야 한다는 한 가지 방법만을 생각한다. 얼마나 어리석은 일인가? 이는 숨을 들이쉬는 것만 호흡하는 유일한 방법이라고 말하는 것과 같다.

사람들은 명백한 일, 익숙한 일에 관심을 갖는다. 주식을 살 때 호재가 나와서 앞으로 돈을 벌게 될거라고 생각하고 싶어한다. 악재에 주식을 사고도 편한 사람은 아무도 없다. 그러나 사람들은 자기가 배운 것과 반대로 행동하는 훈련을 받아야 한다. 쉬운 일은 아니다. 프로펠러로 가는 비행기만 보았던 사람이 프로펠러도 없이 35,000피트 상공을 날아가는 비행기를 타고 창밖을 쳐다보았을 때의 충격은 엄청난 것이었다. 그러나 그 충격을 극복하는 데는 많은 시간이 걸리지 않았다.

주식시장에서도 근거없어 보이는 상태에서 행동하는 일에 익숙해야 한다. 뉴스, 수익, 경제상태 등을 보지 않고 주식을 사고파는 일에 익숙해야 한다. 니콜라스 다비스를 기억하는가? 그는 댄서였는데 주식에도 관심이 많았던 사람이다. 1962년에 그는 《나는 주식투자로 250만불을 벌었다》라는 책을 썼는데 그는 이렇게 말했다. "나는 차트와 주문을 낼 수 있는 전화만 있다면 어디에서든 성공적으로 매매할 수 있다. ― 심지어는 신문도 라디오도 TV도 없는 북극의 방구석에 앉아서도."

인생은 게임이다. 그것도 심각한 게임이다. 그러나 그저 게임일 뿐이다. 게임에는 승자와 패자가 있다. 인생법칙과 똑같은 주식시장에도 승자와 패자가 있다. 사람들은 무의식적으로 패자의 길을 선택한다. 왜냐하면 항상 분명한 것에 관심을 갖기 때문이며 이것은 동전의 한 면만을 고집하는 것과 같다. 주식시장은 인간본성과는 정반대로 움직인다. 적어도 당신이 인생뿐만 아니라 주식시장에서도 승자가 될 수 없다는 사실을 깨닫게 될 때까지는 그러하다. 그렇다고 단순히 남들과 반대로 하라는 것은 아니다. 그냥 시장을 따르라는 의미이다. 시장은 사람들의 생각과 조화를 이루면서 움직이기도 하고 그렇지 않을 때도 있다.

그러면 그 차이를 어떻게 알 수 있는가? 그것은 아주 쉽다. 시장언어를 배우는 것이다. 그렇다. 시장언어가 있다. 우리는 그것을 기술적 분석이라고 한다. 시장언어는 바하의 음악처럼 순수하고 쇼팽의 멜로디처럼 아름답다. 이것은 월 스트리트의 헛소리들을 뚫고 나온다. 시장언어없이는 사막에서 목욕탕을 찾는 것과 같다. 당신은 시장언어를 한 마디도 할 줄 모르기 때문에 시장과 대화를 나눌 수도 없다.

나는 시장언어를 가르치는 선생에 불과하다고 생각한다. 거대한 주식시장을 소개하는 가장 좋은 방법은 시장언어, 즉 가장 순수한 시장접근법인 기술적 분석을 통한 것이다.

기술적 분석방법과 기본적 분석방법을 짬뽕해서는 안 된다. 그것은 물과 기름을 섞는 것과 같다. 사람들은 기본적 분석 데이터(수익, 배당, 이자율, 통화량 등)를 따르지만 물탄 휘발유로는 차가 가지 않는 것과 같다. 기본적 분석자료는 주식시장과는 아무 상관이 없기 때문에 대부분의 사람들은 주식시장에서 패자로 남게 된다.

악보를 읽을 줄 모르면 바하, 베토벤, 브람스 등의 음악을 어떻게 연주할 수 있을까? 도로표지판을 읽지 못하면 차를 어떻게 운전하겠는가? 그래서 언제나 핵심은 '언어'즉, 시장언어인 것이다. 글을 읽지 못하면 운전면허증을 딸 수 없지 않은가? 사람들이 시장언어를 모르기 때문에 재테크의 길에는 항상 처참하게 부서진 차들로 가득하다.

몇 년 전에 TV촬영하러 멕시코에 내려간 적이 있다. 좁은 산길 옆으로는 300피트가 넘는 낭떠러지가 있었고 가드레일도 없이 오른쪽으로 급커브길이 있었다. 길가에 조그만 글씨로 'TURN RIGHT'라고 씌어진 표지판이 있었다. 당신이 글을 모른다고 생각해 보라. 당신은 낭떠러지를 굴러

물속에 처박혀서 죽었을 것이다. 그 무덤 속에는 아마도 투자신탁의 매니 저나 경제학자들이 우글거리고 있을 것이다.

2

영원히 갈라진 틈 – 경매시장

'내가 시장의 어디에 서 있는가' 하는 생각을 해본 적이 있는가? 생각 해본 적이 있다면 당신은 기초가 잘 되어 있는 사람이다. 당신은 항상 당신이 거래한 주식의 최종수요자다. 당신은 현명한 투자자일 때도 있고 눈먼 투자자일 때도 있다.

주식시장은 경매시장이라는 사실을 인식해야 한다. 매수자와 매도자가 한데 모여 수요와 공급을 주고받는다. 매수자는 주가가 더 오를 것이라고 생각해서 주식을 사고, 매도자는 주식이 빠질 것이라고 생각해서 주식을 판다. 그러나 둘 다 옳을 수는 없으며 반드시 한쪽은 패자가 되어 손해를 보고 반대쪽은 이익을 보게 된다.

하느님께 기도한다고 도와주지는 않는다. 만약 GM주가 오르게 해달라고 500명이 기도를 한다고 치자. 그러면 또 다른 500명은 내리게 해달라고 기도를 하고 있을지도 모른다. 이들이 기도하는 하느님은 똑같은 하느님인데 이를 어찌해야 할까? 이 예는 내가 자주 사용하는 예이다.

위대한 경제학자인 케네스 갈브레이스는 경쟁사회에서 누군가는 손해를 보게 되어 있다고 지적했다. 이를 '경매시장에서의 승자/패자의 원칙'*이라고 간단히 표현했다.

시장은 수요와 공급의 원칙에 의존한다. 시장균형의 반은 주식공급이고, 나머지 반은 주식수요이다. 매도자는 매수자 없이는 아무것도 하지 못한다. 매수자도 매도자 없이는 매수하지 못한다. 그래서 경매시장은 저절로 둘로 쪼개져(매도자집단과 매수자집단) 이들이 승자와 패자가 된다.

매수자와 매도자의 균형, 한쪽은 승자가 되고 한쪽은 패자가 된다는 사실을 항상 명심해야 한다. 상대편을 패자로 만들기 위해 속임수를 사용한다.

한때 월 스트리트를 주름잡았던 주식왕 제랄드 로브가 "생존투자를 위한 전투"라고 표현했듯이 주식시장은 끊임없는 전쟁이고 전투이다.

잔인하게 들릴지 모르지만 경제학자는 시장균형에서 손해보는 쪽에 서 있다. 경제학자들이 손해보는 쪽에 먼저 서 있다가 대중들을 혼란하게 하

---

* "경제학자 갈브레이스는 대기업은 다른 대기업과 경쟁할 수 없다"라고 지적했다. 협력과 시장분할이 이들의 생존방법이다. 진정한 경쟁사회에서는 누군가가 손해를 보게 되어 있다. 만약에 GM자동차사가 손해를 보면 포드자동차사도 손해를 보게 되어 있다. 미국의 거대기업은 서로가 서로의 투자를 보호해 주어야 한다는 생존방법을 일찍부터 배워 왔다. 1980년까지 비공산권의 산업생산능력의 70%를 200개의 대기업이 장악하게 될 것이다. 이 거대기업들은 주로 미국문화와 미국의 가치체계를 광고하는 데 매년 엄청난 광고비를 쏟아붓고 있다. 1974년 미국의 광고비 지출은 267억 달러였고 1975년에는 283억 달러, 1976년에는 310억 달러 정도로 추산되고 있다. 대부분의 광고는 잠재의식기법을 이용하고 있다. 이것들은 단순히 널리 알리는 의미의 광고뿐만 아니라 사람들의 마음을 좌우하는 매스콤의 사회침투를 목표로 하고 있다 (《매스콤의 성이용, p. 15》).

거나 아니면 대중들이 먼저 손해보는 편에 서 있다가 조언을 구하려고 그들을 끌어들였든지 둘 중의 하나겠지만, 어쨌든 닭이 먼저냐 달걀이 먼저냐는 중요치 않다.

경제학자들이 주식시장을 얼마나 모르는지를 보여주는 단적인 예가 1991~1992년 기간중에 있었다. 1991년 다우공업주가지수는 535.17p였고 그때 미국경제는 계속 나빠지고 있었다. 주식시장전문가라고 어느 정도는 인정받고 있던 경제학자들에게 세뇌되어 있던 대중은 1991년에 그들의 말을 믿었고 그 결과 돈을 한푼도 벌지 못했다. 1992년에는 경제학자들은 불경기가 끝났다고 말했고, 이 말에 따라 대중들은 1992년 1월 주식시장으로 몰려와 주식을 샀다.

바로 그때 주식시장은 엄청난 디카토미(시장의 이중성)가 시작되었고 대개의 주식들은 꼭지를 치고 있었다. 대중들은 또 한번 손해보게 된 것이다.

그러나 경제학자들만 그런 게 아니다. 정부도 이들과 같은 집단이다. 1992년에 대통령후보자 빌 클린턴은 월 스트리트 지역 연설에서 경제상태가 나쁘다고 하면서, 지금의 주가상승은 도덕적으로 잘못되었다고 말했다.

월 스트리트에는 끝없는 이익투쟁이 있다. 이 과정에서 대중들에게 유리한 경우는 거의 없다. 1992년 7월 14일 월 스트리트 저널지는 1면에 이렇게 보도했다. "압력을 받고 있는 애널리스트(분석가), 모건 스탠리 증권회사는 애널리스트들에게 비관적인 전망을 자제하도록 강력히 요구했다. 은행가들은 자기들의 고객인 기업들을 비판하는 일을 삼가달라고 말했다."

3

일급투자가와 일반투자자의 전투

매일 전쟁이 벌어지고 있는 주식시장에서는 죽기살기식의 더러운 속임수들이 판을 치고 있다고 생각해야 한다. 그러나 시장 게임에 익숙해지면 이런 속임수들은 쉽게 간파할 수 있다. TV에 나오는 사건들, 신문에 나는 기사들, 당신이 읽는 책, 주식시장이 뭔지도 모르고 떠들어대는 저널리스트들이 퍼뜨리는 루머 등. 이런 것들이 주식시장에서 당신을 실패하게 만든다. 이런 은폐물들이 시장의 진실 — 시장이 정말로 어떻게 돌아가고 있는지 — 을 감추고 있다.

4

매집과 분산

기본적인 게임의 규칙 — 싸게 사서 비싸게 파는 승리전략 — 을 잊지 말아야 한다. 주식은 악재와 기업의 낮은 수익고 속에서 매집되고, 호재와 기업의 높은 수익고 속에서 분매(분산)된다. 일급투자가는 이 원칙을 절대 잊지 않는다. 대중들과 같이하는 경우는 거의 없다. 반면에 대중들은 자기들이 주식시장에서 무슨 역할을 하고 있는지 잘 잊어버리거나 알아채지 못한다.

그래서 호재와 기업의 높은 수익고에 사고 악재와 기업의 낮은 수익고에 주식을 판다.

IBD(일간투자경제지)가 발행하는 EPS(주당순이익) 상위기업을 기록해 두었다가 나중에 주가하락률 상위기업을 조사해 보면, 약세시장이 시작되기 전인 1992~1993년중에 분매되고 있었다는 것을 알 수 있다.

5

은폐물에 속아 주식에 물린 사람들

대중들은 분명하다고 생각되는 것에 관심을 둔다. 파리끈끈이가 파리를 유혹하여 잡아먹듯이, 확실해 보이는 것이 더 많은 사람들을 함정에 빠뜨린다. '위험한 은폐물'은 무엇인가? 그것은 기업수익이다.

IBD는 매일 EPS 상위기업명단과 상대주가로 본 EPS 상위기업명단을 발표한다. 기업이익에 근거한 종목선택 시스템이 가장 백홀더(bag-holder)를 많이 만들어낸다는 것을 이 책 뒤에 보여줄 것이다. 약세시장을 좋아하는 사람은 하나도 없다. 그런데도 하락하는 주식을 몽땅 들고 있어야 하는 사람들이 있다.

달리 말하면, 패자는 약세시장에서 주식이 가득 든 가방을 등에 짊어지고 승자와 패자 사이에 시장균형을 맞춰주는 역할을 하고 있다. 어떤 사람은 백홀더 역할을 하도 자주 해서 등에 못이 박힐 지경이다. 기업이익에 지나치게 의존하는 것은 다른 어떤 요인보다도 백홀더를 양산하는 결과가 된다.

6

시장이 먼저, 종목은 그 다음

사람들은 자기가 가지고 있는 주식에 먼저 관심을 갖고 그 다음에 시장흐름에 눈을 돌린다. 이것은 인간본성이다. 시장은 당신이 누구인지 모른다. 시장은 움직일 준비가 되면 스스로 움직인다. 이런 시장행동은 모든 것에 우선한다.

시장이 꼭지를 치면, 개별종목들도 조만간 꼭지를 치게 된다. 시장이 바닥을 치면 종목들도 곧 바닥을 치게 된다. 어떤 주식이 주가가 오를 것 같이 보여도, 시장 전체의 기술적 지표들이 천장권에 들어오면 절대 그 주식을 사서는 안 된다.

반대로, 어떤 주식이 약세를 보일 것 같아도, 시장 전체의 기술적 지표

들이 바닥권에 있다면 그 주식을 사야 한다. 세금(역자주: 미국은 장기보
유시 면세제도가 있다) 때문에 주식을 매매해서는 절대 안 된다. 시장은
당신이 세금문제가 있는지 없는지 모른다. 당신이 "나는 세금이 중요하
다"고 떠들어봐야 소용없다. 시장은 당신을 쫓아다니지 않는다. 당신이
시장을 쫓아다녀야 한다.

그래서 투자 우선순위를 바꾸는 게 좋다. 개별주식은 시장추세에 지배
받는다. 보유주식에 집착하게 되면 시장상황에 눈이 멀기 쉽다. 주식시장
의 기술적 상태가 주식보유와 매도를 결정하는 지배적인 요인이다.

모든 행동은 시장추세에 따라야 한다. 예를 하나 들어보자. 1992~1993
년에 이자율이 떨어지자 CD(양도성 예금증서)를 팔고 주식시장으로 뒤늦
게 몰려왔는데, 그때는 이미 시장주기상 끝물이었다. 사실 그 당시로는 시
장의 기술적 지표들에 우선적으로 관심을 가지고 주식매수를 자제했어야
했다. 주식은 고가를 갱신해 온 지 이미 오래되어 기술적 지표상 과열상
태였다.

주식투자의 원칙들을 늘어놓으면서 이럴 때는 이렇게 해야 되고 저럴
때는 이렇게 해서는 안 된다라고 말하기는 쉽지만, 주가상승의 마지막 국
면에 들어가면 기술적 분석증거를 보여주면서 주식매수의 위험성을 아무
리 충고해도, 대중들은 일반적으로 이를 무시하는 경향이 많다. 그래서 대
중들은 최악의 시기에 주식을 사게 된다.

이들은 같은 시기에 주식을 팔아 이익을 챙기는 일급투자가들로부터
주식을 사들여 주식시장의 수급균형을 맞춰주는 '백홀더(봉)'역할을 하게
된다.

7

먼저, 사고방식을 완전히 바꿔라

주식시장의 유일한 지배자는 시장 그 자체라는 사실을 인정해야 한다. 주가를 움직이는 두 가지 요인은 수요와 공급이다. 이 간단한 사실 때문에 OBV를 개발했다. 수요와 공급을 측정하기 위해서는 어떤 방식으로든 거래량을 통해서 답을 얻을 수밖에 없다.

사람들은 사고방식을 바꾸려 하지 않는다. 기업수익이나 재료가 주가변동의 요인이라는 생각을 고집한다. 주가변동의 요인으로는 중요하지 않은 것들이다. 중요한 것은 시장이 이것들에 어떤 반응을 보이느냐 하는 것이다.

시장반응이란 기술적인 기능이다. 기술적 기능은 기술적 분석가들의 영역이지 기본적 분석가들의 영역이 아니다. 기본적 분석기법은 기술적 분석가들에게는 기피해야 할 물건이다.

기본적 분석기법을 기술적 분석기법과 성공적으로 결합할 수 있다고 생각하는 사람들이 있다. 이것은 자동차 휘발유통에 물을 섞는 것과 같다. 차가 움직이겠는가? 시장 게임이라는 측면에서 보면 기본적 분석사고는 시장 균형의 패자편에 서게 한다. 시장 게임의 한쪽과 다른 한쪽을 섞으면 분석효과는 당장에 감소될 것이고, 분석가들은 패자의 편이 되어 백홀더들과 운명을 함께 하게 될 것이다.

8

새 언어를 배우자

기업이익, 주당순이익, 배당과 같은 기본적 분석지표를 버리고 당신의 사고방식을 바꿔라. 그러면 마음이 밝아져서 새로운 시장언어를 기꺼이 받아들이고 배울 수 있게 된다.

시장은 자신의 언어로 말할 뿐이다. 기술적 분석기법은 시장언어를 연구하는 것이다. 사람들이 보고 듣는 것은 시장언어가 아니다. 사람들은 경제를 얘기하는 경제학자들의 말에 세뇌되어 있어서 기업이익이나 배당을 강조하는 말이나 기업의 생산품목과 판매량에 관한 연구결과를 즐겨 듣는다.

그런데 시장은 이런 것들을 얘기하지 않는다. 주가를 움직이는 유일한 요인은 수요와 공급이다. 시장이 말하는 것은 그것뿐이다. 시장은 주가와 거래량으로 수요와 공급을 얘기한다.

그 밖에는 중요하지 않다. 시장은 모든 것에 대하여 반응한다. 이것을 '시장반응'이라고 한다.

시장반응은 기술적 기능이라서, 기본적 분석가들은 시장이 무엇을 말하는지 모른다. 기본적 분석가들이 시장 게임에서 성적이 부진한 이유는 바로 이것 때문이다.

9

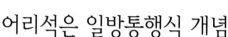

어리석은 일방통행식 개념

    살면서 우리는 이런 얘기들을 수도 없이 듣는다. "오늘은 시장이 좋았어. 다우지수가 30p나 올랐어." 혹은 "오늘 오후장에 급반등했으면 얼마나 좋았을까? 다우지수가 20p나 떨어졌어. 이번주 첫날은 아주 안 좋았어."

    오르는 것은 좋고 내리는 것은 나쁘다.

    이것은 언제나 진리라고 생각해 왔다. 첫번째 경우 다우지수가 30p 상승한 것은 공매도하는 사람에겐 재수없는 날이 되고 두번째처럼 20p 하락한 날은 재수 좋은 날이 된다. 탱고춤을 추려면 두 사람이 필요하듯이, 주가가 어떻게 변하든 어떤 사람에게는 좋은 날이 되고 어떤 사람에게는 나쁜 날이 되게 되어 있다.

    그래서 우리는 시장 게임을 다시 정의해야 한다. 시장이 좋은 날이란 시세예측이 맞는 날이고 시장이 나쁜 날은 시세예측이 틀린 날이다. 시장이 어떤 방향으로 움직이는가는 중요하지 않다.

    월 스트리트에서 잘 나가는 증권회사는 매도신호를 공식적으로 표시하지 않는다. 그 점을 생각해라. 낮이 지나면 밤이 오듯이 강세시장이 끝나고 나면 약세시장이 뒤따라온다.

    이것은 여러분이 호흡하는 것만큼 기본적이고 진실한 사실이다. 월 스트리트는 강세시장이 끝나고 약세시장이 뒤이어 시작돼도 매도신호를 내지 않기 때문에 그들의 말을 따르는 당신은 주식을 팔지 못해 시장에서 패자가 되는 것이다.

내가 연구해 본 결과, 시장은 '가능성의 법칙'을 따르기 때문에 시장매수신호가 나오면 80% 가량의 주식이 상승하고 시장매도신호가 나오면 약 90%의 주식이 하락한다.

가능성의 법칙은 강세시장보다 약세시장에서 확률이 높기 때문에 약세시장에서 수익을 내기 더 쉽지만, 사람들은 약세시장에서 게임을 하지 않으려고 한다.

이 책에서 내가 자주 사용하는 '대부분의 사람들·사람들·대중·일반투자자'라는 말은 시장 게임에서 패자편에 서 있는 사람을 말한다. 사람들은 아직도 증권 브로커들을 경외의 시선으로 쳐다본다. 왜냐하면 브로커들은 자기들보다 주식시장을 더 잘 알고 있다고 생각하기 때문이다. 어떤 증권 브로커가 주식시장언어를 모른다고 하면(대개가 그렇지만), 이것은 단순히 모르는 것 이상으로 나쁜 것이다. 왜냐하면 고객을 잘못된 길로 인도하기 때문이다.

시장이 매수신호를 보내면 '가능성의 법칙'에 따라 대개의 주식들이 상승하게 된다. 상승하는 시장에 공매도해서는 안 된다. 가능성의 법칙이란 약세시장에서 10개 종목을 공매도하면 그 중 9개는 하락하여 이익을 남기고 상승하는 것은 1개밖에 안 되어 큰 이익을 보게 된다는 뜻이다. 월 스트리트는 절대 약세시장을 말하지 않는다.

유명한 증권회사의 조사분석팀은 약세시장이 어느 정도 진행되면 이렇게 말한다. "우리 조사분석팀에서는 우리가 제시한 세 가지 조건이 충족되면 시장이 추세를 깨고 하락할 가능성이 있다고 이미 밝혔다." 추세가 깨지는데 무슨 이유란 말인가? 그냥 시장추세를 따르라. 주식시장에서 돈을 벌려면 주가가 오르는 것밖에 없다고 생각하는 것은 월 스트리트도 마찬가지다.

월 스트리트의 애널리스트가 주식등급을 매기는 방법은 말도 안 되는 엉터리다.

예를 하나 들어보자. 1992년 약세시장중에 20달러에 팔리던 주식이 갑자기 8달러로 떨어졌다. 무슨 일인가 하고 알아보니, 시장을 주도하는 한 애널리스트가 그 주식의 등급을 매수에서 보유로 낮추었다는 것이 그 이유였다.

10

모두가 아는 것은 가치없다

주식시장은 미래에 일어날 일을 할인하는 메커니즘이다. 즉, 현재의 사건은 함정에 불과하다. 사람들이 뉴스를 듣고 주식을 거래할 때쯤에는, 그 뉴스는 이미 시장주가에 반영되어 있는 상태이다. 그래서 뉴스는 후행지표라고 말한다. 다만 시장에서 전혀 예상치 못했던 갑작스런 뉴스라면 다르겠지만.

11

시장시간과 현실시간 사이의 시간격차

나는 주식시장에서 가장 흥미있는 비밀들을 발견했다. 오늘 시장에서 일어난 일이 9개월 후에 신문의 헤드라인에 실리는 현상을 발견했다. 다시 말하면, 오늘의 뉴스는 9개월 전에 시장에서 이미 반영된 일이라는 것이다.

나는 고대 물리학자 아르키메데스처럼 "유레카"라고 외쳤다(역자주: 아르키메데스가 왕관의 금순도를 구하는 방법을 알아냈을 때 너무 기뻐 "유레카"라고 외쳤다고 전해짐). 물론 기술적 분석가가 본 사실을 기본적 분석가는 9개월 후에나 알게 된다는 측면에서 시간의 격차가 생기는 것은 당연하다.

만약에 시장의 시간격차가 존재하지 않는다면, 모든 사람들이 똑같이 사려고만 하거나 팔려고만 하게 될 텐데, 그러면 주식거래가 이루어지겠는가?

12

한 가지 견해가 시장을 압도한다

주식시장의 결정적인 추세전환기에는 일방적인 시장견해가 있었다. 이런 일방적인 견해를 일반투자자들은 언제나 기꺼이 받아들였고, 일급투자가들이 주식을 매집하거나 처분하는 데 도움을 주었다.

강세시장이 끝나갈 때쯤에는, 일방적인 강세관이 인기를 얻어 확신으로 발전하게 된다. 이것이 일반대중들의 강력한 주식수요를 불러일으킨다. 이 틈을 이용하여 일급투자가들은 주식을 팔아 현금화하여 시장을 떠나고, 대중들은 이제 막 하락하려는 주식을 잔뜩 짊어지고 약세시장을 맞이하게 된다.

반대로 약세시장이 끝나갈 때쯤에는, 일방적인 약세관이 폭넓게 인기를 얻어 확신으로 발전하게 된다. 나쁜 일들이 일어나고 대중들은 주식을 파는 일이 일상화되어 있다. 일급투자가들은 이 틈을 이용하여 대중이 파는 주식을 매집한다. 강세시장 제3국면과 약세시장 제3국면 말기에 이러한 일방적인 시세관이 횡행한다.

일반투자자는 일방적인 시세관을 받아들이는 첫번째 사람들이지만, 동시에 주식을 가장 비싼 값에 사들였다는 사실을 가장 나중에 깨닫는 사람들이다. 1991년 초에 있었던 페르시아만의 걸프 전쟁에 겁을 먹은 대중들 사이에 다우지수가 200p 정도 떨어질 거라는 일방적인 시세관이 퍼져 있었다. 이 전쟁은 역사상 가장 널리 알려진 전쟁이었다. 온 세계가 1992년 1월 15일을 주목하고 있었다. 미국이 이라크에 요구한 쿠웨이트 철수시한 일이었다. 나는 더 이상 강세관을 갖고 있지 않았다. 다만 무슨 일이 일어나려고 한다는 것을 확신하고 있었다. 그 다음 두 달간 다우지수는 700p가 상승했다. 전쟁 첫날에 다우지수는 114p가 올랐지만, 매스콤에서는 이라크가 이스라엘에 스커드미사일 공격을 하게 되면 주가가 폭락할 것으로 생각하고 있었다. 그날 밤 파이낸셜 뉴스 네트워크(FNN) 방송에서 빌 그리피츠가 내게 물었다. "오늘밤 이라크가 스커드미사일로 이스라엘을 공격하게 되면, 그랜빌 당신의 시세관이 약세관으로 바뀔 수 있습니까?" (나는 대답하지 않겠다고 했다).

널리 전파된 또 다른 일방적 시세관의 예로, 1987년 10월 19일에 있었던 증시대폭락에 대한 심리적인 반응을 들 수 있다. 증시대폭락이 일어나자 항간에는 "경제학자들이 불경기가 오고 있다고 예견했다"는 식의 공포심이 널리 퍼졌다.

13

유연한 사고를 가져라

일방적인 시세관에 휩싸인 시기가 지나고 나면, 기대하지 않았던 일이 일어나 여태까지 지속적으로 갖고 있던 생각을 깨뜨리는 경우가 많다. 1992년 초에 뮤추얼 펀드로 자금이 물밀듯이 몰려와 역사상 최고기록을 낸 적이 있다.

이자율하락, 경제회복, 조지 부시의 확실한 재선 등 당시의 시장분위기에 대해 대중들은 당연한 것으로 받아들였고, 이러한 기대를 무너뜨릴 것은 아무것도 없어 보였다. 그런데 LA폭동이 일어났고, 로스 페로가 세번째 대통령 입후보자로 갑자기 등장했다. 게다가 지난 40년 만의 최악의 지진이 1992년 6월 28일 캘리포니아 남부에서 일어났다.

이런 교란요인들이 1992년의 주식시장에 악영향을 미쳤다. 로스 페로의 이미지는 혼란과 불확실성을 던져주었으며, LA폭동과 캘리포니아 남부지방의 지진은 부동산가격과 여행계획 등 그 지역과 관련된 새로운 불확실성을 부각시켰다. 주식시장은 일방통행이 아니기 때문에, 거의 모든 주식들이 신고가를 갱신하고 나면 주가는 즉각 제자리로 되돌아온다는 사실을 대중들은 그제서야 깨달았다.

14

시장문제

시장꼭지는 언제나 시장바닥보다 확실하지 않다. 시장바닥은 공포심이 집중되는 현상이 나타나는 반면에, 시장꼭지는 시장의 강세주기와 약세주기를 확연히 구분짓기 어려운 파동으로 나타나기 때문이다. 대개 시장꼭지는 전형적인 형태를 벗어나는 깜짝 놀랄 만한 예외적인 현상 때문에 복잡해서 알기 어렵다.

이런 예외현상은 지나고 나면 알기 쉽지만, 일어나는 그 순간에는 거의 인식하지 못한다. 왜냐하면 사람들은 확실히 눈에 보이는 것만 기대하기 때문이다.

1991년 말에 CD이자율이 폭락했다(이자율의 하락은 주가상승의 요인으로 작용한다). 1992년 1월, 시장관계자들은 앞으로 주가가 크게 상승할 것이라고 생각했다. 그러나 주가는 대부분 당시의 강세주기중 최고가를 기록하고 있었고, 시장 내부에는 약세주기로의 전환(dichotomy)이 준비되고 있었다. 많은 사람들이 분명하다고 생각하는 것은 잘못된 것이다. 이 길로 가면 무조건 큰 이익이 보장된다는 식의 일방통행식 사고 속에서 큰 손실이 시작된다.

연방준비은행의 정책은 중요하지만, 강세에서 약세로 시장추세가 바뀌는 전환기에는 우리가 알아채지도 못하게 정책이 바뀔 수 있다. 연방준비은행의 정책변화 이후의 주식시장을 보면, 정책이 또 바뀔지 안 바뀔지를 제일 먼저 알 수 있다. 호재성 정책이 발표되고 주식시장이 그에 걸맞는 강세를 보이지 않으면 그 정책은 바뀔 가능성이 크다고 보면 된다. 언제나 그렇지만, 중요한 것은 연방준비은행의 움직임에 대한 주식시장의 반응이다.

15

기업이익은 함정

기업이익은 시장참여자들을 그릇된 길로 가게 한다. 기업이익은 분기별로 발표된다. 기업이익에 의존하는 투자자들로서는 바로 여기에 문제가 있다. 기업이익수치말고는 다른 투자지표가 없는 나머지 90일 동안은 어떻게 투자해야 하나? 그래서 우리는 기업이익이 주식시장을 움직이는 중요한 요인이라는 생각을 즉각 버렸다. 이익은 시장이 반응하는 대상에 불과하다.

주식이 긍정적으로 반응할 수도 부정적으로 반응할 수도 있지만, 중요한 것은 '시장의 반응'이지 기업이익 그 자체가 아니다. 그리고 우리는 90일 동안 정보에 목말라할 필요가 없다. 매일 새롭게 나오는 거래량 수치와 주가가 있다. 그래서 우리는 차트 읽는 법을 배울 수밖에 없다. 차트는 시장반응을 기술적으로 나타내주는 그림이다.

TV 시사해설자들은 대개 기술적 분석을 모른다. 그래서 90일간의 공백 기간 동안에는 기본적 분석가들에게 전화로 물어보고 시간을 때운다. 시청자들에게 자기들이 들은 얘기를 보도한다.

그들은 자기가 전화한 사람들의 말이 맞는지 틀리는지를 판단할 능력도 없고, 자기들이 듣고 보도한 내용을 금방 잊어버린다. 그리고는 "보도 내용은 방송사의 의견이 아닙니다"라고 말하고 책임을 회피한다. 그렇지만 시청자들이 그것을 처음에는 유용한 정보라고 받아들이기 때문에 방송사는 그 책임을 져야 한다.

솔직히 말하자면 1957년에 내가 이 일을 했었는데, 시장에 대한 의견을 묻기 위해 누구에게 전화해 본 기억은 없다. 기업이익이 하나도 중요하지 않다는 것을 잘 증명해 주는 사건이 1992년 9월 25일에 있었다. 메디컬 케어 아메리카 주의 이익감소 보도가 나오자, 주가는 58달러에서 25달러로 폭락했다.

이 사건은 지나치게 기업이익에 의존하는 월 스트리트의 투자행태를 적나라하게 보여준 사건이었다. 이익감소 사실 자체보다 월 스트리트의 투자행태에서 비롯된 주가하락이었다. 월 스트리트 증권가가 기업이익에 지나치게 의존하고 있다는 사실은 오히려 좋은 시장예고지표로서의 가치가 있다. 즉, 이 사건은 주가하락의 신호탄이었다. 뿐만 아니라 그런 식의 주가하락을 피할 수 있는 주식은 아무것도 없기 때문에 주가하락의 신호였다.

16

일지를 작성하라

인간의 기억력은 한계가 있다. 그러나 완벽한 기억력을 갖게 되면 주식시장에서 값진 보답을 받을 수 있다. 사람들이 일지를 쓰지 않기 때문에 시장은 매번 낯설고 새롭게 느껴진다. 옛날에 가본 길을 불필요하게 다시 밟아야 한다. 과거에 욕심을 부려서 주식을 천장에 샀던 것처럼, 똑같은 시기에 또 욕심을 부리게 된다. 과거를 되돌아보는 것만큼 더 교육적인 일은 없다. 과거에 자기를 잘못된 길로 이끌었던 당시의 감정을 다시 재연해 맛보면 큰 도움이 된다.

일지는 TV에서 나오는 것들을 기록하는 것부터 시작한다. 매스콤에서는 시청자들에게 일지를 쓰라고 말하지 않는다. 일지를 쓰게 되면, 자기가 시장에서 계속 손해를 보는 이유를 알게 된다. 매스콤에서 기본적 분석가가 되라고 부추기기 때문이라는 사실, 더 나아가 일지를 쓰게 되면 매스콤 관계자들은 전형적으로 시장관이 틀린 사람들이고, 신뢰성 있는 정반대의 인간지표라는 것을 알게 된다.

이제, 몇 개의 새지표와 함께 옛지표들을 새로운 시각으로 다시 살펴보도록 하자.

2장

지표 - 옛 지표와
새 지표

Granville's Last Stand

지표 - 옛 지표와 새 지표

1

신고가 신저가 지표

이 지표는 가장 중요한 지표이다. 매스콤에서는 다우지수를 가장 중요하게 생각하기 때문에 이 지표를 중요한 지표로 다루지 않는다. 매스콤에서는 '다우지수가 곧 시장이다'라고 생각하며 이 생각을 바꾸려 하지 않는다.

그래서 매스콤에서는 이 지표가 주기적으로 경고신호를 보내도 대중들에게 절대로 알려주지 않는다.

이 지표는 단순함이 핵심이다. 52주간의 신고가 종목수와 52주간의 신저가 종목수를 세기만 하면 된다. 이 지표의 추세변화는 조기경보 신호지표 중 가장 중요한 지표로 본다. 이 지표는 항상 올바르다. 기술적으로 진정한 상승은 신고가 종목수가 증가하고 신저가 종목수가 감소할 때이고, 기술적으로 진정한 하락은 신고가 종목수가 감소하고 신저가 종목수가 증가할 때이다. 반대로 신고가 종목수가 감소하고 신저가 종목수가 증가하면서 이루어지는 주가상승은 진정한 상승이 아니고, 신고가 종목수가 증가하고 신저가 종목수가 감소하면서 이루어지는 주가하락은 진정한 하락이 아니다.

그러나 종목수의 증가와 감소를 만들어내는 매개변수는 무엇일까? 변화가 오게 되는 기술적 전환점의 역할은 언제나 유효한 것인가? 이러한 의문에 대한 해답은 '시장이 그 순간에 어떤 위치에 서 있는가?'하는 것을 예측하는 데 있다.

강세시장주기에서는 300개 이상의 신고가 종목수는 아주 위험한 상태로 시장꼭지를 암시하고, 반면에 약세시장에서 500~700개의 신저가 종목수는 시장바닥을 암시한다는 것을 발견했다. 1987년 10월에 1,174개의 신저가 종목수를 기록했는데 이 수치는 다시는 볼 수 없을 수치이다.

그래서 상승과 하락이 극단적인 수치를 나타내면, 시장에 조만간 중대한 변화가 오게 될 것이라는 명백한 증거라고 생각하고 지금까지의 매매 패턴을 바꾸어야 한다.

2

위대한 스톡 카운팅 기법

OBV 발견 외에 스톡 카운팅 기법은 내가 만든 기술적 분석기법 중에 가장 가치 있는 것들 중의 하나이다. 이 기법은 '52주 신고가 신저가 1포인트 범위내 종목수'를 세는 기법이다. 실제로 신고가 종목이 50개이고 신저가 종목이 50개일 때 신고가 1포인트 범위내 종목이 350개이고 신저가 1포인트 범위내 종목이 550개라면, 시장의 참모습뿐만 아니라 시장자금이 들어오는 방향을 더 정확하게 알 수 있게 된다.

위의 예에서는, 자금이 시장을 빠져나가는 게 확실하다고 할 수 있다. 실제로 신고가 신저가를 기록하기 전의 잠재적인 수치를 알려준다. '1포인트 범위내 신고가 종목수'가 급격히 증가하면 시장이 잠재적으로 폭발적 상승에 임박해 있다고 볼 수 있다. 반대로 '1포인트 범위내 신저가 종목수'가 급격히 증가하면 향후 대폭락이 있을 것이라는 것을 잠재적으로 보여준다.

몇 년 전에 1포인트, 2포인트, 3포인트 범위내의 52주 신고가 신저가 기법을 뉴욕증권거래소 상장종목을 대상으로 가끔 써보곤 하였다. 이 방법은 아주 탁월한 효과를 나타냈는데, 시장의 내부적인 강세와 약세, 시장자금의 흐름을 잘 드러내주었다. 그러나 그 방법은 시간이 너무 걸렸다. 그래서 시장에 관심을 집중시켜야 할 때와 가능한 한 최고의 기술적 분석을 필요로 할 때만 이 기법을 채택한다.

　1987년 시장바닥 이후 더 정확하고 시간도 덜 걸리는 훨씬 실제적인 해법을 완성했다. 뉴욕증권거래소 상장종목을 대상으로 '1포인트 범위내 신고가 신저가 종목수'를 세는 일을 내 아내 카렌이 나를 도와 정기적으로 해주었다.

　특별히 주파동(대세)의 변화가 임박했을 때는 1p(역자주: 여기서 말하는 1p는 임의로 정해도 좋을 것이다) 범위를 넘어 8p까지로 범위를 넓힌 적도 있다. 그 일은 엄청난 작업분량이지만 시장 내부상태를 가장 잘 보여준다. 그래서 스톡 카운팅 기법은 발전된 신고가 신저가 지표라고 할 수 있다.

　카렌은 보통 주간 단위로 이 일을 한다. 그러나 일간 단위로 매우 쉽게 할 수 있는 속성기법을 채택했다. 52주 신고가 신저가 1포인트 범위내에 있는 A급주식만 세는 것이다. 표본추출에 의한 여론조사처럼, 그 변화율은 전체시장의 변화와 똑같은 결과가 나온다.

　이 책을 통하여 나는 결정적인 매개변수로서 이 지표를 참고하게 될 것이다.

3

우선주와 보통주

스톡 카운팅은 IBD(일간투자경제지)를 이용하여야 한다. 이 정보지가 월 스트리트 저널보다 이틀 이른 토요일날 배달되기 때문이다. 그런데 보통주는 세고 다른 우선주는 생략했다. 우선주는 다른 섹션에 실리기 때문이다. 월 스트리트 저널지는 우선주도 포함해서 신저가 신고가 수치를 발표한다.

그러나 이 수치는 또 다른 이점과 새로운 지표를 제공해 준다. 매일 우리는 월 스트리트 저널의 수치에서 IBD수치를 빼서, 우선주의 신고가 신저가 종목수를 구한다.

이것은 매우 유용한 지표인데, 이자율의 신고가 신저가와 같은 개념으로 사용될 수 있기 때문이다.

우선주에 대해 무슨 더 할 말이 있는가? 우선주는 배당이 보통주보다 높기 때문에 수익증권이라고 할 수 있다. 그래서 우선주 시세는 회사채나 공채와 같이 움직인다. 특히 이자율이 하향추세에 있을 때는 더욱 더 그러하다. 만약에 신고가 종목에 우선주가 50% 이상 차지한다면 향후 약세 시장이 예상된다. 왜냐하면 금리민감주식이 과매수상태이고 인기가 너무 많다는 뜻이기 때문이다. 반대로 우선주가 신저가 종목의 50% 이상을 차지한다면 금리민감주가 과매도상태이기 때문에 강세시장이 예상된다.

4

등락종목주선(ADL)

논리적으로 볼 때, 상승하는 종목이 하락하는 종목보다 많아야 진정한 상승시세라 할 수 있다. 반대로 하락종목이 상승종목보다 많아야 진정한 의미의 하락시세라고 할 수 있다. 그래서 우리는 매일의 주식시장에서 상승종목수와 하락종목수를 관심있게 관찰한다. 이것을 보통 ADL이라고 부른다. 다우지수가 시장의 참모습을 제대로 반영하고 ADL이 시장을 틀리게 반영하는 경우는 절대 없다.

그래서 이 두 지표 사이에 불일치(divergence)현상이 일어나는지 잘 관찰해야 한다. 그런 일이 일어나면, 항상 ADL에 의존해야 한다. 왜냐하면 이런 현상은 시장의 추세가 바뀐다는 예고신호이기 때문이다.

그렇다면 ADL이 틀린 경우는 없었는가?

있었다. ADL은 선행지표이기도 하고 후행지표일 수도 있다. 대개의 경우 이 지표는 시장의 선행지표로서 대단한 역할을 해왔지만, 가끔은 심각할 정도로 후행성을 가진 때도 있었다.

그런 경우를 예로 들어보자. 1968년 말의 시장꼭지보다 약세의 불일치가 늦게 나타났고, 1969년 중반의 반등시세가 나올 때까지도 신호가 분명치 않았다. 나중에서야 ADL이 1968년 12월 3일 다우지수와 같이 꼭지를 쳤다는 사실을 알게 되었다.

5

새로운 ADL

　1988년《증권시장교본》(The Stock Market Teacher)에서 처음으로 이 지표를 소개했다. TV주식시장 해설을 보면 ADL은 조금 상승했는데도 다우지수가 크게 상승했다고 열광적으로 떠들어대거나, ADL은 조금밖에 하락하지 않았는데도 다우지수가 크게 하락했다고 미친 듯이 떠들어대는 것을 보고 역겨움을 느꼈다.

　그것을 보고 다우지수와 ADL의 관계를 정확하게 할 수 있는 방법을 찾아나섰다. 그래서 매일의 다우지수 변화로 ADL변화량을 간단히 나눔으로써 문제를 해결했다. 그것이 '포인트당 힘(power-per-point; ppp)'이라는 개념이다. 이 방법은 매일의 ADL변화량을 감소시켜 주었다. 'ppp'는 다우지수 1포인트의 변화에 대한 ADL의 변화를 말한다. 전통적인 ADL의 방향이 계산된 ppp변화의 부호(+, -)를 결정하도록 만들었다. 즉, ADL이 +이면 다우지수가 -라도 ppp는 +이고, ADL이 -면 다우지수가 +라도 ppp는 -이다.

　ADL이 +400일 때 다우지수가 +10p라면(ppp +40), 이것은 ADL이 +40일 때 다우지수가 +10p인 것(ppp+4)보다 기술적으로 10배나 강하다. 매일의 ADL변화량을 다우지수 변화량으로 나누어서 나오는 수치가 새 ADL의 그 날 변화량이다. 이것을 매일 누적하여 계산해 놓은 것이 새

ADL이다. 이것은 기존의 전통적 ADL보다 훨씬 더 현실적이다.

1988년 이후 새 ADL을 관찰해 보니까 새 ADL이 일간 100 이상 변화하면 향후 상당히 중요한 변화를 예고한다는 것을 알았다. 변화수치가 크면 클수록 더욱 더 의미가 커진다.

6

지수변화가 없을 때(보합)

이 지표를 개발한 후 시급히 해결해야 할 문제가 생겼다. 다우지수가 보합으로 끝나면 전통적 ADL의 수치변화를 어떻게 처리해야 하나? 0(제로)으로 나눌 수는 없으니까. 다우지수가 0.01이라도 변하면 새 ADL의 변화수치는 엄청나게 커진다.

그러나 그런 변화는 아주 드물게 일어난다. 그래서 나는 다우가 보합이면 새 ADL도 변하지 않는 것을 원칙으로 정했다. 그러나 다우지수가 변하지 않고 보합일 경우, 전통적 ADL의 방향성(+ 혹은 -)은 아주 강력한 신호가 된다는 것을 발견했다.

1989년 주가폭락에 앞서 발생한 신호

날짜	다우지수	A/D Line	새A/D Line	ADL변화	새ADL변화
9.22	2681.61	-59689	2400.8	+93	+70.0
9.25	2659.19	-60274	2374.7	-586	-25.3
9.26	2663.94	-60169	2397.0	+106	+22.3
9.27	2673.06	-60369	2375.1	-203	-21.9
9.28	2684.91	-59987	2392.6	+382	+17.5
9.29	2692.82	-59667	2547.7	+320	+153.1
10.2	2713.71	-59404	2558.2	+263	+12.5
10.3	2754.56	-58917	2570.1	+487	+11.9
10.4	2770.90	-58742	2580.8	+175	+10.7
10.5	2773.56	-58744	2580.8	-2	00.0
10.6	2785.52	-58631	2590.2	+113	+9.4
10.9	2791.41	-58583	2598.3	+48	+8.1

새로운 발견: 새 ADL에서 +10 정도의 상승은 기술적으로 매우 약한 상승이다. 1989년 10월 10일의 지수꼭지에 앞서 이런 약한 상승이 6개가 계속 나왔다는 사실을 주목해라.

1989년 10월 5일 새 ADL 변화량이 0(제로)인 경우를 살펴보자. 다우지수가 보합인 경우에는 ADL의 변화량이 큰 의미가 있지만 이 경우에는 ADL이 거의 변하지 않았기 때문에 의미있는 변화로 볼 수는 없다.

7

시간

'시간'이 시장지표가 될 수 있을까? 시간이라는 4차원 요인은 아주 훌륭한 진짜지표이다. 시장 게임을 하느라 매일매일 흥분 속에 사로잡혀 있을 때 사람들은 '시장시계'에 대한 생각을 잊고 지내기 쉽다. 그러나 모든 게임은 시간제한이 있는 법인데, 시간이 다 되면 게임은 무조건 끝이 난다.

축구 코치는 쉴새없이 시계를 보고 있으며, 야구선수는 지금 몇 회가 진행되고 있는지를 잘 안다. 그러나 주식시장에서는 시계는 보지 않고 시장상황만 지켜보는 경향이 있다. 무슨 일이 일어나고 (시장에서는 언제나 무슨 일이 일어나고 있다) 그 일의 영향이 일련의 파동을 만들어내고, 그 파동은 다시 감정적 시장반응을 일으킨다.

만약에 전쟁이 일어나면 우리는 공포를 느낀다. 대통령이 암살당하면 그 충격으로 우리는 정신이 멍해진다. 적국이 공격을 해와서 우리의 번영을 빼앗아버리거나, 아니면 다른 문제를 일으키면, 우리는 화가 나서 미칠 것이다. 이런 사건들이 일어나면 우리는 자극을 받아 주식을 팔게 된다. 오랜 전쟁이 끝나고 나면 우리는 즐거워한다. 번영을 확신하거나 경제가 탄탄하면 우리는 마음이 편해져서 일광욕을 즐긴다. 이런 경우에는 우리는 보통 주식을 사는 것으로 시장에 반응한다.

이런 모든 상황이 시장시간과 관련이 없다고 생각한다면 시장대응을 그르칠 가능성이 크다. 그러고 나면 아마도 코치가 우리를 경기장 밖으로 불러내어 벤치에 앉아 있으라고 할 테고 우리는 무엇이 잘못되었는지도 모르고 벤치에 앉아 있게 될 것이다.

1950년 한국전쟁이 발발했을 때 주식을 팔았다면, 그건 틀린 행동이었다. 왜냐하면 시장시계는 강세시장이 아직 많이 남아 있었다고 말하고 있었기 때문이다. 아이젠하워 대통령이 1955년 심장마비를 일으켰을 때 주식을 팔았다면, 그것 또한 잘못된 행동이었다. 왜냐하면 시장은 아직도 상승할 시간이 많이 남아 있다고 시장시계가 말하고 있었기 때문이다. 조지 험프리 재무장관이 1957년 "간담이 서늘해지는 불경기가 있을 것"이라고 경고했을 때, 주식을 팔았다면 그것은 잘못된 행동이었다. 왜냐하면 시장시계는 이때 약세시장이 끝났다는 것을 말하고 있었다.

1959년 말에 시작되어 장기적으로 끌던 전국철강파업이 1960년 1월에 끝났다는 뉴스를 듣고 주식을 샀다면 그건 잘못된 행동이었다. 왜냐하면 약세시장이 공격권을 갖고 경기를 계속할 시간이 아직 남아 있다는 것을 시장시계는 알려주고 있었기 때문이다. 케네디 대통령이 암살되었다는 뉴스를 듣고 주식을 팔았다면, 그건 잘못된 행동이었다. 1962년에는 강세시장이 공격권을 갖고 경기를 계속할 시간이 많이 남아 있다는 것을 시장시계는 말하고 있었다. 1967년 6월 중동전쟁이 일어났을 때 주식을 팔았다면, 그건 잘못한 행동이었다. 강세시장이 1966년에 시작되어 아직 시간이 많이 남아 있었기 때문이다.

1972년에 경제가 좋고 종전협상으로 미국이 베트남에서 철수하고 있는 것으로 보고 1972년에 주식을 샀다면 잘못된 행동이었다. 왜냐하면 그때는 1970년부터 강세시장 게임이 시작되어 1972년의 그때는 거의 끝나가고 있다는 것을 시장시계는 가리키고 있었다. 1973년 말의 중동전쟁에 고무되어 주식을 샀다면 잘못된 행동이었다. 왜냐하면 1973년 1월에 약세시장이 시작되어 그때는 약세시장 초기였다.

그래서 사건은 항상 시간에 부차적인 것이라는 것을 우리는 배우게 된다. 주식시장에서는 시간에 따라 반응도 다르게 나타나기 때문에 사건에서 배울 것은 없다. 강세시장 초기에는 전쟁도 강세요인이다. 약세시장 초기에는 평화도 약세요인이다. 약세시장 초기에는 전쟁도 약세요인이다. 약세시장 초기에는 번영도 약세요인이다. 불경기는 약세시장 말기나 강세시장 초기에는 강세요인이다. 1942년에서 1946년까지는 대단한 강세시장이었다. 그때 미국은 독일, 이탈리아, 일본과 전쟁중이었다. 1961년에서 1973년까지 미국은 베트남 전쟁에 개입했다. 그러나 그 기간중에 시장은 3개의 강세주기와 약세주기를 형성했다. 전쟁이 끝나면서 시장은 꼭지를 쳤다. 이런 사례는 장기간의 달러 위기나 인플레이션 등의 사건으로 이루어질 수 있다. 이런 예들을 볼 때, 시장 외부적 사건과 독립되어 시장은 게임을 해왔다는 것을 알 수 있다.

시간요인은 4-1/2년의 시장주기와 밀접한 관련이 있다는 것을 나의 초기 저서에서 밝혔다. 금세기 후반의 시대변화는 전형적인 시장주기의 모습을 상당히 변형시켜 왔다. 이런 변화들을 찬찬히 살펴보면, 1976년에 썼던 《새 전략서》를 백 년 전에 썼다고 해도 비슷하게 썼을 것이다. 내가 백 년 전에 타임 캡슐에 들어가 있다가 지금 다시 나온다면 지금의 주식시장의 환경을 어찌 알겠는가?

그때로 되돌아가보자. 그때 당시 우리 미국은 소련과 냉전체제하에 있었고, 옵션 시장도 발전되지 않았으며, 지금은 완전히 성숙해진 장외시장도 없었으며, 세계시장도 서로 밀접한 관계가 아니었으며, 뮤추얼 펀드도 지금은 급성장해서 4,000개나 되지만 그 당시에는 산업으로 자리잡지 못하고 있었다. 이처럼 변화된 오늘의 모습을 기꺼이 받아들이기란 쉬운 일이 아니다. 그러나 사람들은 과거에 그랬던 것처럼 오늘날에도 지금의 기술적 지표들이 그 기능을 제대로 발휘하게 되기를 기대한다.

그래서 이 같은 끝없는 의문에 답하기 위해 시간지표가 있는 것이다. 지금 시장시계는 몇 시를 가리키는가? 그에 대한 해답은 강세시장 국면과 약세시장 국면을 분석하는 것이다. 자세한 것은 5장에서 다루게 될 것이다.

8

다우이론

이 이론은 기술적 분석의 선구적 이론이고 의심할 여지가 없는 최초의 시장이론이다. 시장을 대추세, 중간추세, 단기추세의 3개 추세로 설명한다. 밀물과 썰물로 이루어진 조류(조수)에 즐겨 비유한다. 찰스 H. 다우는 다양한 규칙을 만들었고, 윌리엄 피터 해밀턴과 로버트 리가 수년에 걸쳐서 결정적으로 보완했고, 최근에는 리처드 러셀이 이론을 보강했다.

그 이론은 최초로 '확인'의 개념 — 하나의 주가평균이 다른 주가평균의 움직임을 확인해 주는 — 을 담고 있다. 다우이론에서 사용된 두 개의 주요한 주가평균은 공업주가평균과 철도주가평균이었다. 철도주가평균은 나중에 운수주가평균으로 확대 대체되었다. 다우이론은 시장주가가 상향 돌파할 때 그 상승을 두 지표가 서로 확인해야 한다고 했다. 그러나 반드시 같은 날 확인할 필요는 없다고 했다. 반대로 하향돌파시에도 마찬가지다. 하락을 확인하는 주가움직임은 다우이론상 매도신호이다.

지나치게 단순하지만 그것이 이론의 핵심이다. 이론이라는 게 다 그렇지만 이 이론도 단점이 있다. 19세기 말에 공식화된 이 이론은 기본적으로 ADL, 신고가 신저가 지표, 공익사업주 등을 취급하지 않았다. 거래량에 대하여는 주가상승시 거래량이 증가하거나 주가하락시 거래량이 감소하면 강세현상으로 보고, 반대의 경우는 약세현상으로 간단히 취급했다. 다우이론에 대한 가장 일반적인 약점은 매수신호와 매도신호의 타이밍을 결정해야 할 중요한 시점인 주가추세전환시기 부근에서 반대의 매매신호가 가끔 나온다는 것이다.

9

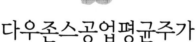

다우존스공업평균주가

공업주 30개 종목으로 구성되어 있는 다우존스공업평균주가(간단히 다우공업주평균 또는 다우지수라고도 한다)은 시장지표 중에 가장 널리 알려지고 폭 넓게 활용되는 지표이다. 그러나 시장 내부의 움직임을 잘 알지 못하는 일반투자자들은 다우지수의 움직임이 시장 내부의 움직임과 동일한 것으로 착각하여 투자에 실패하는 일이 많다. 전체시장의 일부에 불과한 다우공업주평균은 전체시장과 보조를 같이할 때 가장 신뢰성이 있다. 다우공업주평균이 혼자서만 움직일 때는 시장추세의 중요한 전환점이다.

다우공업주평균이 현재 진행되고 있는 추세를 유지하기 위해서는 다우운수주평균과 ADL, 신고가 신저가 지표를 비롯한 여러 가지 다른 중요지표들의 추세도 다우공업주평균과 동일한 방향으로 움직여주어야 한다(역자주: 이처럼 다우지수의 추세를 다른 지표로 확인해 보는 것인데, 같은 방향으로 움직일 때를 '확인'이라 하고 서로 다른 방향으로 움직일 때 '비확인'이라고 한다).

게임 전술상 대중들이 시장꼭지에서 매수하거나 매수한 주식을 보유하게 만들거나, 시장바닥에서 매도하게 만드는 지표가 바로 다우공업주평균이다. 다우공업주평균은 다른 지표의 확인없이 고가를 경신하거나 저가를 깨고 내려가는 식으로 움직인다. 일급투자가들이 주식을 팔고 있는 동안에도 일반투자자들은 시장이 곧 위험한 상태로 들어가리라고는 거의 느끼지 못한다. 왜냐하면 다우공업주평균이 신고가로 진입하고 있기 때문이다. 반대의 경우, 다우공업주평균이 약세시장의 신저가를 기록하기 때문에 일급투자가들이 수개월에 걸쳐 주식을 매집하고 있다는 사실을 알지 못한다.

다우운수주가평균, ADL, 신저가 신고가 지표, S&P 500지수, 뉴욕종합주가평균, 나스닥(장외등록시장)주가평균과 ADL, 뮤추얼 펀드 지수 등이 서로 기술적 '비확인' 현상을 일으키면서 대중을 속이는 이러한 시나리오가 반복되고 있다. 이처럼 다우공업주평균과 다른 지표들 사이의 불균형 현상에 대하여는 크랙 지수(crack index)를 설명할 때 자세히 보여주겠다.

역자주

다우존스공업주가평균: 세계의 증시에서 가장 주목받고 있는 지수로서 정확한 이름은 Dow Jones Inderstrial Average이다. 그러나 다우공업주평균을 구성하는 30개 종목이 모두 공업주는 아니다. 1896년 뉴욕증권거래소에 상장된 우량기업주식 30개 종목으로 지수를 산출했는데 그 당시에는 우량주가 모두 공업주였다. 그러나 이후 산업구조의 변화로 우량주의 개편이 이루어지면서 지금은 오락·레저 산업의 월트 디즈니, 컴퓨터 산업의 휴렛 팩커드 등 다양한 업종의 우량주들이 편입되고 기존의 종목들이 탈락하면서 지금과 같은 다양한 업종의 우량주로 구성되게 되었다. 1896년 최초편입종목 중 아직까지 남아 있는 것은 제너럴 일렉트릭뿐이다.

지금 현재 다우공업주 30종목은 뉴욕증시상장주식의 1%에 불과한데 이런 점에서 뉴욕보다 증시 규모가 적은 우리 나라의 종합주가지수나 일본의 닛케이 225, 또는 런던의 FT100 지수에 비하면 아주 적은 종목으로 구성되어 있다. 뉴욕증시의 S&P 500지수에 비해서도 너무나 적은 종목이다. 그러나 다우공업주평균은 시장의 흐름을 나름대로 상당히 정확하게 반영하기 때문에 뉴욕 증시의 가장 대표적인 지수로 자리를 굳건히 지키고 있다. 그래서 대개의 경우는 이것을 기준으로 시장의 흐름을 설명하고 있다.

다우존스공업주 30종목: Allied Signal, Alcoa, American Express, AT&T, Bethlehem Steel, Boeing, Caterpillar Tractor, Chevron, Coka-cola, Walter Disney, Dupont, Eastman Kodak, Exxon, General Electric, General Motors, Goodyear, IBM, International Paper, McDonalds, Merck, 3M(Minnesota Mining), J.P.Morgan, Phillip Morris, Proctor & Gamble,

Sears Rebuck, Texaco, Union Carbide, United Technologies, Westinghouse, Woolworth

다우존스공업주 30종목의 종목일부교체(1997년 3월 17일): Bethlehem Steel, Westinghouse, Woolworth, Texaco 등 4개사를 제외하고 Hewlett Packard(컴퓨터), Johnson & Johnson(의약), Wall-Mart(소매), Travelers Group(종합금융) 등으로 바꾸어 하이테크 산업과 서비스 업종의 비중을 높이는 방향으로 개편되었다. 다우지수 편입종목은 월 스트리트 저널지에서 결정한다.

10

가중치

다우공업주 30종목 중 2~3개를 집중적으로 매수 혹은 매도할 때에 다우공업주평균이 '나홀로 움직임'을 하게 된다. 그래서 주가의 상승 또는 하락이 의심스러운 것이다(한국의 경우 삼성전자, SK텔레콤 등 몇 개 종목이 종합주가지수를 결정짓는 종목이다).

2~3개 종목에 대한 집중적 상승이나 하락현상은 주가평균 그 자체의 움직임을 왜곡시키지만, S&P 500 지수나 NYSE종합주가지수의 변화와 비교하면 금방 알게 된다. 다우변화와 동일하게 움직이게 하기 위해 S&P

500 지수변화폭에 10을 곱하여 나오는 수치가 다우지수의 변화와 동일하면 다우지수는 S&P 500 지수와 똑같이 움직인다고 볼 수 있는데 이 가중치는 옛날부터 사용되는 하나의 원칙이다. 이런 식의 가중치를 이용한 분석방법은 지수 상호간의 불균형현상을 집중적으로 조사하는 데 아주 유용하게 사용된다.

11

다우존스운수주가평균

뉴욕증권거래소(NYSE)에 상장된 운수관련 20개 종목으로 구성된 다우존스운수주가평균은 다우공업주평균과 마찬가지로 장기, 중기, 단기의 시장예측에 필수적인 지표이다. 이 지표의 중요한 목적은 다우공업주평균의 강세나 약세 현상을 확인 또는 비확인해 줌으로써 매수 매도 신호를 제공해 준다는 데 있다.

이 지표가 말하고 있는 시장상황을 참고하지 않고는 주식시장추세예측은 완벽할 수 없다. 지나간 기록들을 살펴보면 가장 결정적인 시기에 다우운수주가평균으로 확인되거나 또는 비확인된 사례가 아주 많다.

12

다우존스공익사업주의 역할

얄궂게도, 다우공익사업주가평균은 1929년 1월 2일 다우지수가 85.64
였던 때 처음 만들어졌다. 1929년 9월 21일 144.61로 다우지수가 꼭지를
쳤다. 이론가들은 다우공업주평균이나 다우운수주가평균만큼 다우공익
사업주가평균에 상당한 관심을 기울였다. 다우공익사업주가평균이 다른
주가평균과 같이 움직이지 않을 때는 이를 시장경고라 보고 가볍게 여겨
서는 안 된다. 내가 하는 기술적 분석작업도 다우공익사업주 15종목주가
평균에 대한 분석없이는 완벽할 수 없다.

13

다우공익사업주에 대한 테스트

뉴욕공익주가평균과 S&P 공익주평균을 다우공익주평균과 항상 대비
하여 조사해라.

이 주가평균들은 월 스트리트 저널의 C-2 페이지의 '주식시장 데이터뱅크'란에 매일 실린다. 비교할 주가평균은 공익주와 유사한 주가평균이면서 동시에 시장상황의 참모습을 보여줄 수 있도록 보다 많은 종목을 채택한 주가평균을 대상으로 하는 게 좋다.

14

나스닥 종합주가평균

이것은 주가평균 그 자체뿐만 아니라 ADL도 중요하게 취급된다. 장외등록시장이 아주 커지고 있기 때문에 이 지표의 기술적인 비중도 아주 커졌다.

뒤에 설명하겠지만, 이 지표는 우리가 연구해야 할 아주 중요한 기술적지표인 뮤추얼 펀드 지수나 크랙 지수에 큰 영향을 미친다.

15

뮤추얼 펀드 지수

　IBD에서 매일 이 지수를 싣고 있다. 이 지수는 20개의 주요 뮤추얼 펀드를 대상으로 하고 있으며 차트로도 제공된다. 다우존스공업주가평균과 비교해서 비확인현상을 밝혀주는 훌륭한 도구이다.

16

200일주가이동평균추세선

　1960년 내가 쓴 주식시장 저서에서 처음으로 관심을 두었다. 이 지표는 나중에 모든 차트에 다 실리게 되었다. 지금은 이것을 내가 고안해낸 것인 줄 모를 정도로 일반화되어 있다.

　이 지표에 근거한 매수 매도 신호는 1962년에 '질러 출판사'에서 다시 출판되었다.

　그러나 여기서는 다우공업주 30종목의 개별주가를 다루고자 한다. 다

우지수의 신고가나 신저가를 기록하고 한참 지나야 다우주가의 200일이
동평균추세선의 돌파가 일어나게 되어 있다. 이것에 관한 것은 시장국면
연구에서 다시 다루도록 하자.

17

다른 추세선들

다우단기 10주이동평균추세선(50일이동평균선)과 다우장기 30주이동
평균추세선(150일이동평균선)은《추세선 일일변화 주가 차트집》에 실려
있다.

매수 매도 신호는 이 두 추세선의 교차시기와 주가가 추세선과 심한 이
격도를 보일 때이다.

18

쇼트 레인지 오실레이터 추세선

TSRO(The Trendline Short Range Oscillator)는 《추세선 일일변화 주가 차트집》의 주가 차트 윗면에 실린다. 주식의 과매수 과매도 상태를 나타내주는 극도로 중요한 지표다.

특히 이 지표가 다우지수와 달리 움직일 때는 더욱 중요한 의미를 갖는다. 자세한 것은 나중에 다루도록 하자.

19

감성지표

강세시장에서 지표상 약세관이 증가하면 시장은 정확히 강세로 움직인다고 해석하는 게 옳다. 강세시장에서는 강세관이 맞다. 일반적인 여론과 반대로 해석해야 하는 '반대지표'들은 다음과 같다. 이런 지표를 감성지표(The Sentiment Indicators)라 한다.

풋옵션과 콜옵션의 비율: 풋옵션의 과매수를 나타내면 강세시장에서는 신뢰할 만한 매수신호이다.

공매도 총액: 강세시장에서 공매도는 잘못된 투자이다. 강세시장에서 공매도 총액이 증가하면 항상 강세로 해석된다.

공매도 비율: 강세시장에서 높은 수치는 항상 강세로 해석된다.

전문가의 공매도: 전문가의 공매도 수치가 낮으면 강세로 해석된다.

시장정보지의 감정: 강세시장에서 약세관을 가진 정보지의 비율이 높으면 매수신호이다.

뒤에 다시 다루겠지만, 약세시장에서는 반대로 해석하면 된다.

20

주력주

15개 거래량 상위종목(주력주)의 자취를 뒤쫓는 일은 항상 유용하다. 이 종목들이 하루거래량의 상당부분을 차지하는 큰손의 움직임이기 때문이다. 거래량 상위 15개 종목은 매일의 거래량을 기준으로 선정되므로 종목은 매일 달라질 수 있다.

표에 15개 주력주 중 상승종목과 하락종목수를 기록하고 주력주 ADL 을 매일 기록해야 한다. 뿐만 아니라 투기정도를 나타내주는 저가주 종목 수가 많은지 주의 깊게 지켜보면서 저가주, 중가주, 고가주가 15개 주력주 종목 중 얼마나 차지하는지를 주목해야 한다.

21

크랙 지수[*]

이 지표는 1987~1990년 강세시장 주기중에 개발한 신종지표이다. 나는 이 지표가 아주 신뢰할 만하고 시장을 잘 나타내주는 지표라고 생각한다. 시장을 측정하는 도구들을 광범위하게 묶어 놓은 지표이기 때문에 신뢰 성이 아주 높다.

월 스트리트 저널지의 C-2 페이지 오른쪽상단에 '주식시장 데이터 뱅 크'란에 시장지표들을 묶어서 매일 싣고 있다. 내가 처음 크랙 지수를 개 발할 당시에는 이 표에 25개의 지표가 실려 있었다. 나중에 중형주 400종 목지수가 추가되어 26개 지표가 실리게 되었는데 나도 이 26개 지표를 크 랙 지수 산정에 사용하고 있다. 월 스트리트 저널지의 '주식시장 데이터뱅 크'란에 실리는 지표들은 다음과 같다.

다우존스 주가평균

다우존스 공업주 30종목 주가평균

다우존스 운수주 20종목 주가평균

다우존스 공익사업주 15종목 주가평균

다우존스 65종목 종합 주가평균

다우존스 주식시장지수(Equity Market Index)

뉴욕증권거래소

NYSE 종합주가지수

NYSE 공업주주가평균

NYSE 공익사업주주가평균

NYSE 운수주주가평균

NYSE 금융주주가평균

스탠더드 앤 푸어 지수

S&P 500 종목지수

S&P 600 종목 소형주지수

S&P 400 종목 중형주 지수

---

* 크랙지수: 내가 이 지수를 개발했을 때, 시장추세는 어떤 방향으로든 한번 기울기 시작하면 다시는 되돌리기가 어렵다는 생각을 갖고 있었다. 시장이 심각한 대폭락을 향해 나아가고 있다면 제일 먼저 크랙 지수에서 나타나게 될 것이다. 왜냐하면 크랙 지수는 시장에서 사용되는 광범위한 지수들을 모두 묶어놓은 것이어서 시장상황을 가장 잘 반영하고 있다고 보여지는 반면에, 다우공업주평균은 30개 종목으로 구성되어 시장 전체를 반영한다고 보기 어렵기 때문이다. 따라서 다우공업주평균과 크랙 지수와의 벌어진 틈(crack)이라는 의미로 크랙 지수라고 했고, 그 이름은 딱 맞게 어울린다.

S&P 공업주지수, S&P 운수주지수, S&P 공익사업주지수, S&P 금융주지수

나스닥

나스닥 종합주가지수
나스닥 공업주주가평균
나스닥 보험주주가평균
나스닥 은행주주가평균
나스닥 내수주종합주가지수
나스닥 내수공업주주가평균

기타

아멕스(AMEX)
밸류 라인
러셀 1,000지수
러셀 2,000지수
러셀 3,000지수
윌셔 5,000지수

나는 매일 이 표를 보고 상승하는 지수의 수와 하락하는 지수의 수를 세어 그 날의 등락지수의 수를 간단히 구했다. 일정기간 동안 이 일을 해 보니까, 월 스트리트 저널지의 주식시장 데이터 뱅크에서 구한 등락지수 차에 1.71을 곱하면 다우공업주평균의 변화폭과 일치한다는 것을 발견했다. 즉, 어떤 날 상승지수의 수가 15이고 하락지수의 수가 11이면 +4의 등락지수차를 얻게 되는데, 여기에 1.71을 곱하면 +6.84라는 수치가 나온다. 이 수치는 이론적 다우지수의 그 날 상승폭이다. 이 수치를 기준일(주로 주가바닥을 기준으로 정한다)의 다우공업주 주가평균에 매일 누적하

여 '이론다우지수'라고 했다. 그리고 이론다우지수에서 실제 다우공업주 평균의 종가를 빼면 그 차이가 크랙 지수이다. 강력히 상승하는 +수치는 전체시장이 다우지수보다 앞서서 나아가고 있다는 의미이며, 이는 강세 시장을 뜻한다. 만약에 크랙 지수가 하락하는 추세라면 전체시장이 다우 지수보다 앞서서 내려가고 있다는 의미이며, 이는 약세를 뜻한다.

(상승지수의 수-하락지수의 수)×1.71=그 날의 이론 다우지수 변화폭

이론다우지수-실제다우지수=크랙지수

역자주

아멕스: 미국증권거래소(AMEX)에서 산정·발표하는 주가지수. 미국 제2의 중앙증권거래소로 뉴욕시장과 중복되지 않은 종목이 상장되어 있다.

크랙 지수: 크랙 지수는 간편하게 주식시장의 대세흐름을 파악하는 데 아주 유용하게 쓰일 수 있다. 한국시장에서는 종합주가지수, K200지수, 선물지수, 코스닥 지수, 벤처 지수 등을 대상지수로 활용해서 나만의 크랙 지수를 개발해 보면 큰 도움이 될 것이다.

22

내부자 행동

이 지표는 성과가 아주 좋은 지표이다. '내부자'란 기업의 중요한 정보를 이용해서 매매를 하는 사람들로서 주로 기업임직원들을 일컫는 말이다. 1992년 1월 건강관련주들이 폭락했다. 내부자들은 자기 회사가 더 이상 수익이 늘어나지 않을 것을 알고 있었다.

그러나 윌리엄 오닐의 IBD(일간투자경제지)는 사람들을 꼭지에서 주식을 사도록 했고, EPS상위종목들을 발표하여 사람들을 강력한 매수로 유도했다.

오닐은 이 주식들을 내부자들이 강력히 매도하는 것을 주목했어야 했다. 동시에 1992년 1월에 EPS상위등급 기업들을 발표한 것은 무책임한 행동이었을 뿐만 아니라 금전적으로 비도덕적인 행동이었다. 그렇다고 자기 혼자만 그랬던 건 아니다. 햄브레흐트 앤 퀴스트사는 당시 134-1/2 달러 하던 유에스 서지컬 주식이 200달러까지 상승할 것이라고 예측하였다.

이 주식은 오닐의 발표에 따르면 EPS가 99달러였다. 그리고 IBD에서도 똑같은 예측을 했다.

이제 최고의 시장지표인 OBV에 관해서 이야기해 보자.

3장

OBV이론을
발견해내기까지

Granville's Last Stand

OBV이론을 발견해내기까지

1

개념과 발전

1961년 6월, E. F. Hutton & Company사에서 주식정보지 기자로 일하면서 On-Balance Volume에 대한 생각을 했다.

그 당시에는 기술적 분석가들은 주로 등락선을 이용한 분석작업을 했는데, 등락주선은 상승종목수를 더하고 하락종목수를 뺀 순수치를 매일 측정한 것에 지나지 않았다.

그때까지만 해도 대중들은 등락선을 잘 몰랐다. 기술적 분석가들은 거래량을 가지고 무엇을 해야 할지 정확히 잘 모르고 있었다. 거래량은 주식시장의 수수께끼였다.

거래가 증가하면서 주가가 상승하면 강세이고, 거래가 증가하면서 주가가 하락하면 약세라고 알고 있는 게 보통이다. 그러나 이를 정량화한 것은 어디에서도 찾아볼 수 없었다. 미개척분야로 남아 있는 거래량분석을 위해 나는 거래량 등락선을 생각해냈고, 이를 On-Balance Volume이라고 이름을 붙였다.

내 개념은 아주 간단하다. 주가가 종가기준으로 상승하면 그 날의 총거래량을 상승거래량으로 정하고, 하락하면 그 날의 총거래량을 하락거래량으로 정했다.

이렇게 해서 매일 누적거래량수치에서 그 날의 거래량을 더하거나 빼서 이를 그 날의 OBV로 구했다. 주가가 보합으로 끝나면 그 전날의 누적거래량을 그대로 그 날의 누적거래량으로 사용했다.

왜냐하면 거래량이 주가를 변화시키지 못했다면 기록할 가치가 없는 거래량이기 때문이다. 예를 하나 들어보자. 전일 10달러 하는 주식이 오늘 거래량 50,000주로 10-1/8달러로 올랐다고 하자. 첫날은 다음과 같은 기록을 남긴다.

날짜	가격	그 날의 거래량	OBV
1일	10-1/8	50,000	+50,000

2일 주식이 도로 10달러로 내려갔고 거래량은 25,000이었다.
그 날 거래량 전부를 그 전날(1일) OBV수치에서 빼면 다음과 같은 표

가 작성된다.

날짜	가격	그 날의 거래량	OBV
2일	10	25,000	+25,000

이 주식에서 이틀간의 변화를 보자. 주가는 10달러에서 10-1/8달러로 올랐다가 다시 10달러로 돌아왔다.

사람들은 거의 다 가격을 생각한다. 그들은 주식을 살 때 가격을 지급하고, 팔 때 가격을 받는다. 위의 표에서 보면 이틀 동안 주식이 변한 게 아무것도 없다고 할 것이다.

그러나 다시 들여다보면 이틀 사이에 주식에 어떤 변화가 일어났다는 것을 알게 된다. 전날에는 없었던 25,000주가 남아 있다. 이 순증가분을 더하면 주식은 이틀 전에 10달러였을 때보다 기술적 측면에서 더 강해졌다고 할 수 있다. 이 잔여증액이 OBV이다.

만세! 나는 아주 귀중한 것을 발견했다. 거래량을 따르지 않았더라면 이틀 동안의 기술적 변화를 모르고 그냥 지나칠 뻔했다. 지금까지 본 내용이 내 OBV이론의 골자다.

나는 OBV기술로 거래량을 측정함으로써 거래량이 주가에 앞선다는 것을 발견한 것이다.

이제 이 표를 확장시켜 OBV breakouts(OBV돌파) 개념을 알아보자.

날짜	가격	그 날의 거래량	OBV	
0일	10	0	0	
1일	10-1/8	50,000	+50,000	
2일	10	25,000	+25,000	
3일	10-1/8	30,000	+55,000	Up
4일	10-1/2	40,000	+95,000	Up
5일	11	100,000	+195,000	Up
6일	10-1/4	75,000	+120,000	
7일	10-1/8	50,000	+70,000	
8일	10	50,000	+20,000	Down
9일	10-1/4	30,000	+50,000	
10일	10-1/2	65,000	+115,000	
11일	11	75,000	+190,000	
12일	10-3/4	50,000	+140,000	
13일	11	60,000	+200,000	UP
14일	11-1/4	75,000	+275,000	UP
15일	10-7/8	90,000	+185,000	
16일	10-3/4	50,000	+135,000	Down
17일	10-5/8	75,000	+60,000	Down
18일	10-3/4	35,000	+95,000	
19일	10-7/8	50,000	+145,000	
20일	10-3/4	40,000	+105,000	
21일	11	50,000	+155,000	Up
22일	10-3/4	60,000	+95,000	Down
23일	10-5/8	60,000	+35,000	Down

OBV수치가 직전의 고점을 넘으면 Up이라고 표시한다. 1일에 OBV는 +50,000의 고점을 기록하고, 3일에는 이를 상향돌파하여 +55,000까지 올라갔다.

여기서 Up이라는 말을 숫자 오른쪽에 둔다. Up이라는 말은 최고점보

그랜빌의 최후의 예언

다 낮은 경우에도 쓸 수 있다는 것을 알아주기 바란다. 내가 이 표를 시작하기 전에 OBV수치가 얼마인지 모르기 때문이다. 달리 증명될 때까지는 이를 lower-up이라고 추정할 수 있지만 이것은 거래량등락선이기 때문에 언제, 어느 날부터라도 시작할 수 있는 것이다.

4일과 5일에 OBV는 계속 올라 날마다 Up 표시를 받는다. 8일에 가서 처음으로 Down 표시를 받는다. 그 이유는 OBV가 직전의 저점 밑으로 떨어졌기 때문이다. 직전의 저점은 2일에 +25,000을 기록했었다. +20,000으로 떨어진 것은 OBV하향돌파였다.

그러나 이 Down 표시는 higher-down이다. 왜냐하면 OBV는 어떤 것이든 0에서 시작하고 그 숫자 위에 머무르면 lower-down이 아니라 higher-down으로 친다.

5일에 OBV가 +195,000을 기록했다. 13일의 +200,000은 5일의 +195,000을 넘어섰다. 이번 기록은 직전의 고점을 넘었기 때문에 대문자로 UP 표시를 했다. 하나 이상의 Down 표시가 중간에 끼어 있고 OBV수치가 직전의 고점을 넘어서면 대문자로 UP이라고 표시하는데 이는 higher-up 또는 true up이라는 의미로 쓰인다.

반대로 하나 이상의 Up이 중간에 끼어 있고 OBV수치가 직전의 저점을 깨고 내려가면 대문자 DOWN이라고 쓰고 이는 lower-down 또는 true down을 의미한다.

상승은 계속되어 14일에 +275,000 수준에서 또 다른 UP 표시가 나왔다. 이제 'OBV참고수치'를 살펴보자. 이 경우 참고수치는 가장 최근의 OBV저점으로 이 수치를 밑돌면 OBV down 표시가 만들어진다는 의미이다. 12일의 OBV +140,000가 참고수치이다.

16일과 17일에 +135,000 +60,000으로 내려가서 higher-down 표시가

나왔는데 이 수치는 8일에 Down으로 기록된 +20,000 저점 위에 있기 때문에 higher-down이다.

다음 참고수치는 19일의 +145,000인데 이 수치를 넘으면 Up 표시를 얻게 된다. OBV상향돌파는 21일에 나타났는데 OBV Up 수치는 +155,000이었다.

이는 14일의 +275,000에는 한참 못 미치는 수준이므로 lower-up 에 불과하다. up이나 down 표시가 기록되면 새로운 참고수치가 정해진다는 것을 명심하라.

이제 새로운 참고수치는 20일의 +105,000이다. 이 수치를 깨면 새 Down 표시가 기록된다. 22일 OBV는 +95,000으로 17일의 +60,000보다 높아 새 higher-down을 기록했다.

그러나 23일에는 +35,000으로 떨어져 lower-down을 기록했다. 자, 이제 대문자 DOWN을 보자. 소문자 down에서 대문자 DOWN으로 가는 것은 직전의 down 표시를 하향돌파하는 것이다.

2

매집과 분산

주식이 매집되었는가 분산(분매)되었는가를 규명하려는 노력이 오랫

동안 있었다. 이러한 노력에도 불구하고 지금까지의 방법들은 모두 형편 없는 수준이었다. 35년 동안 OBV를 연구해 온 나로서는 최근 IBD(일간 투자경제지)가 내놓은 공식이 터무니없는 엉터리임을 알고 깜짝 놀랐다. IBD가 만든 '매집분산비율'이라는 것은 거래량을 주가의 변화량에 곱한 것이었다.

그 이론은 내가 개발했지만 35년 전에 쓰레기통에 버린 이론이다. 이 방법은 타당하지도 않지만 매집과 분산을 설명하기에는 너무 유치한 수준이다. 유능한 기술적 분석가라면 그 결과가 한눈에 척 보인다. '거래량× 주가변화폭'은 주가가 폭등할 때 그 힘과 매집이라는 의미를 지니고 있다.

그러나 이 방법에 따르면, 꼭지에서 주식을 사지는 않더라도 고가에 주식을 사게 하는 경우가 흔하다. 반대로 바닥에서 주식을 팔지는 않더라도 저가에 주식을 팔게 하는 경우가 흔하다.

Merck 주식을 예로 들어 OBV와 IBD식 거래량을 비교해 보자.

MERCK

날짜	가격	등락	거래량	OBV	IBD's Volume
3.3	154.00	-2.75	739,700	-739,700	-2,034,175
3.4	151.25	-2.75	1,361,100	-2,100,800	-5,777,200
3.5	151.25	Unch.	Unch.	-2,100,800	-5,777,200
3.6	150.00	-1.25	844,900	-2,945,700	-6,833,325
3.9	151.38	+1.38	644,800	-2,301,700	-5,944,605
3.10	152.13	+0.75	776,600	-1,525,100	-5,360,155
3.11	150.38	-1.75	575,300	-2,100,400	-5,978,600
3.12	147.50	-2.88	980,900	-3,081,300	-8,803,590
3.13	147.75	+0.25	871,100	-2,100,400	-8,625,815
3.16	147.38	-0.38	678,000	-2,888,200	-8,883,455
3.17	149.75	+2.38	630,000	-2,258,200	-7,384,055
3.18	148.25	-1.50	555,300	-2,813,500	-8,217,005
3.19	148.00	-0.25	458,100	-3,271,600	-8,331,530
3.20	147.13	-0.88	1,300,000	-4,571,600	-9,475,530
3.23	147.38	+0.25	591,700	-3,979,900	-9,327,605
3.24	150.00	+2.63	703,000	-3,276,900	-7,478,715
3.25	150.00	Unch.	Unch.	-3,276,900	-7,478,715
3.26	148.00	-2.00	530,500	-3,807,400	-8,539,715
3.27	145.88	-2.13	857,600	-4,665,000	-10,366,405
3.30	147.00	+1.13	566,000	-4,099,000	-9,726,825
3.31	147.13	+0.13	562,200	-3,536,800	-9,653,740
4.1	149.63	+2.50	855,200	-2,681,600	-7,515,740
4.2	147.00	-2.63	803,200	-3,484,800	-9,628,155
4.3	147.88	+0.88	673,600	-2,811,200	-9,035,385
4.6	149.25	+1.38	574,500	-2,236,700	-8,242,575
4.7	146.50	-2.75	470,400	-2,707,100	-9,536,175
4.8	146.38	-0.13	1,135,700	-3,842,800	-9,683,815
4.9	150.13	+3.75	923,400	-2,919,400	-6,221,065
4.10	152.50	+2.38	721,300	-2,198,100	-4,504,370

그랜빌의 최후의 예언

3

클라이맥스 지표

1961년으로 되돌아가 보자. 그때 내가 새 이론을 만나게 된 것은 아주 단순했다. 그 당시 나는 매일 다우존스공업주 30개 종목 하나하나에 대한 OBV를 계산하는 작업을 집에서 하고 있었다. Up 표시가 생기면 그것이 lower-up인지 higher-up인지 구분하지 않았다.

OBV상향돌파나 OBV하향돌파도 단순히 up, down으로 특별한 중요성을 부여하지 않았다. 새로운 이론을 개발할 초기에는 이렇게 유치한 수준에 있었다. 그러나 아무도 시도해 보지 않은 일이었다. 어디서 시작했든 간에 OBV up과 OBV down을 똑같이 취급하는 것은 극히 자연스러운 일이었다. 그래서 매일 OBV up 종목수를 더하고 OBV down 종목수를 빼는 계산을 했다.

이론적으로 볼 때, 이 수치가 움직이는 범위는 +30(다우공업주 30개 종목이 모두 OBV up 신호가 나왔을 경우)에서 -30(다우공업주 30종목이 모두 OBV down 신호가 나왔을 경우) 사이로 전부 60이다. 이처럼 매일 OBV상향돌파와 하향돌파 종목수를 세는 일은 극단적인 상승과 하락이라는 극단적인 변화를 찾아보자는 데 최초의 목적이 있었다. 그래서 매일 계산된 이 수치를 클라이맥스 지표(CLX)라고 이름붙였다. 나는 애초에는 이 수치가 아주 낮으면 매수신호로, 아주 높으면 매도신호로 해석했다. 그

당시 나는 이 클라이맥스 지표에 중요한 기술적 정보가 들어 있다는 것을
몰랐다. 지표라는 것이 흔히 그렇듯이, 다른 지표와 결합하면 최고의 효용
가치가 생기게 된다. 처음에 자연스럽게 이 지표를 다우존스 공업주30과
비교하여 보았다. 다우지수가 정상적인 변화를 보이면 클라이맥스 지표
도 같은 방향으로 움직이는 것을 볼 수 있었다. 그 당시 나는 패턴의 중요
한 변화를 지켜보기로 했다. 다우지수의 변화에 비해 클라이맥스 지표에
서 더 강한 힘이 보이거나 더 약한 모습을 보이는지를 살피는 것이었다.
다우지수와 CLX 지표 사이에 이런 편차가 생기는 것을 비확인현상이라고
하는데, 주가지수 상승과정에서는 상승이 비확인되었다고 하고 주가지수
하락과정에서는 하락이 비확인되었다고 말한다. 이러한 비확인현상이 여
러 번씩 반복적으로 나타나는 경우가 가끔 있다. 이런 비확인현상이 나타
나면 가까운 장래에 꼭지나 바닥을 형성할 가능성이 아주 많다. 즉, 시장
의 추세가 전환할 가능성이 크다.

1987년 10월 19일의 증시대폭락은 최근에 있었던 대바닥일이다. 이 날
의 CLX 지표는 어떠했을까? 내가 이 지표를 만든 1961년 이후로 사상 처

날짜	다우지수	클라이맥스
1987.10.7	2551.98	-7
1987.10.8	2516.64	-14
1987.10.9	2482.21	-20
1987.10.12	2471.44	-16
1987.10.13	2508.16	+1
1987.10.14	2412.70	-19
1987.10.15	2355.09	-25
1987.10.16	2246.74	-29
1987.10.19	1738.74	-30

음으로 CLX 지표의 최바닥수치인 -30으로 떨어졌다. 이 수치는 이제까지의 기록 중 최악의 하락수치였다. 그 날 시장은 매수의 적기였다고 볼 수 있다. 반대로 CLX에서 +30을 기록한 적은 한 번도 없었는데 +28까지 올라간 적은 몇 번 있었다. 시장꼭지와 시장바닥의 차이는 이처럼 분명하다. 대바닥은 대천장보다 더 알기 쉽다. 시장바닥과 달리 Buying climax(총매수현상)이 일어나고 바로 꼭지를 치는 경우는 거의 없다. 상승 에너지는 장기에 걸쳐 서서히 힘을 잃어가는 것이다.

4

기술적 측면에서 무가치한 상승

가격변화를 일으키지 않는 거래량은 기록할 가치가 없다고 말했었다. 그래서 가격이 변하지 않으면 OBV는 그대로이다. OBV가 상승해도 up표시를 만들지 못하면 그 상승은 기술적으로 아무 의미가 없다. OBV가 하락해도 down 표시를 만들지 못하면 그 하락은 기술적으로 아무 의미가 없다.

더 나아가서 실전에서는 가격상승으로 OBV lower-up 표시가 나오더라도 이것은 기술적 측면에서 의미없는 주가상승으로 본다. 주가하락으로 OBV higher-down 표시가 나오더라도 이것은 기술적 측면에서 의미없는 주가하락으로 본다.

5

누적적 클라이맥스 지표

클라이맥스 지표에서 누적수치가 중요하다는 것을 알게 되었다. 100 이상의 등락수치가 일반성을 지닌 중요한 의미가 있다고 판명되었다.

6

필드 트렌드 순지표

이 지표는 OBV 별자리에서 태어난 제2의 지표다. 이것은 다우존스30 공업주 가운데 매일 나타나는 up과 down 표시종목들이 어떤 가치를 갖고 있는지를 확인하는 과정에서 자연스럽게 얻은 산물이었다. 핵심문제는 이 up과 down이 긍정적인 패턴을 형성하는가 아니면 부정적인 패턴을 형성하는가 하는 것이었다. 그래서 나는 긍정적인 패턴을 구성하는 것과 부정적인 패턴을 구성하는 것을 즉시 규명해야 했다. 우리 같은 기술적 분석가들은 지그재그식 주가상승은 기술적인 강세로, 지그재그식 주가하락은 기술적인 약세로 본다.

내 이론은 거래량은 주가에 선행한다는 전제에서 출발하므로 지그재그식 OBV상승은 기술적 강세로, 지그재그식 OBV하락은 기술적 약세로 자연스럽게 인식하게 되었다.

이렇게 해서 다우존스공업주 30개 종목의 OBV패턴을 각각 기술적으로 분류하고 가중치를 주는 공식을 개발했다. OBV상승 지그재그는 up·down·up· down을 잇따라 그릴 때 나타나는데 두번째 down은 첫번째 down보다 높고, 세번째 up은 첫번째 up보다 높다. 이런 up과 down은 단독으로 나타날 수도 있고 혹은 집단으로 두세 개가 연속으로 나타나기도 한다. OBV상승 지그재그를 따라가다보니 OBV Field로 발전하게 되는데, 이 경우는 '상승 필드 트렌드'이다.

OBV하락 지그재그형은 정반대다. 여기서는 up·down·up· down을 잇따라 그릴 때 나타나는데 두번째 down은 첫번째 down보다 낮고, 세번째 up은 첫번째 up보다 낮다. 이런 up과 down은 단독으로 나타날 수도 있고 혹은 집단으로 두세 개가 연속으로 나타나기도 한다. OBV하락 지그재그를 따라가다 보니 OBV Field로 발전하게 되는데 이 경우는 '하락 필드 트렌드'이다.

상승 지그재그나 하락 지그재그가 패턴을 갖추지 않으면 그 주식은 '보합 필드 트렌드'라고 한다. '보합'이라는 말은 강세나 약세를 뜻하는 것이 아니다. 나중에 안 것이지만, 다우주식 중에서 가장 강한 상승을 보였던 주식이 보합 필드 트렌드에 있는 게 있었고 큰 하락을 보였던 주식도 있었다. 여기서는 매일의 필드 트렌드 순지표(The Net Field Trend Indicator; NFI)를 계산할 때 보합 필드 트렌드에 있는 주식은 계산에 넣지 않았다.

따라서 필드 트렌드 순지표는 상승 필드 트렌드에 있는 종목을 세어서 모두 더하고 하락 필드 트렌드에 있는 종목을 세어서 모두 빼기만 하면 된다.

다우존스30공업주를 대상으로 한 필드 트렌드 순지표는 클라이맥스 지표와 마찬가지로 이론적으로는 -30에서 +30 사이를 움직인다. 그러나 실제시장에서는 -18에서 +19 사이에서 움직였다.

7

NFI 추세에 속임형이 있을까

1976년에 나온 《새 전략서》에 사용된 주간기록수치를 사용해서 NFI 장기파동이 시장추세와 반대로 움직이는 경우가 있는지 조사해 보자.

1970. 4. 8~1970. 5. 27 기간중 NFI의 첫번째 장기파동이 있었는데 이때 NFI는 +8에서 -17로 총 25필드가 하락했다. 다우지수는 이 기간중 791.64에서 663.20으로 7주에 걸쳐 하락했다. 25필드 하락은 하락 클라이맥스로 증명되었다. 이 첫번째 시험결과, NFI는 다우지수와 조화를 이루어 동반하락했다.

1970년 5월에 있었던 증시바닥을 살펴보자. 1970. 5. 27~1970. 10. 9 기간중 NFI는 -17에서 +15로 32필드가 급상승했다. 이때 다우지수는 663.20

에서 768.69로 18주간 상승했다. 이때도 두 지표는 조화를 이루어 동반상 승했다.

1970.10.9~1971.11.17 기간중 NFI은 +15에서 -12로 총 27필드가 하락했다. 그러나 이 기간중 다우지수는 58주 이상의 장기에 걸쳐 768.69에서 822.14로 상승했다. 두 지표 사이에 부조화가 나타났다. 그러나 이를 부조화라고 볼 수는 없다. 왜냐하면 다우지수상승이 장기에 걸쳐 진행되었고 불과 53p 범위내의 협대(좁은 범위내의 보합권) 속에서 움직였을 뿐만 아니라 이 기간은 시장이 강세주기상의 두번째 해에 해당하는 시기라고 보기 때문이다. 그래서 NFI의 급격한 하락은 장기약세를 의미한다고 볼 수 없었다.

1971.11.17~1972.1.5 기간중에 NFI는 -12에서 +17로 29필드가 급상승했고, 다우지수는 822.14에서 904.43으로 단 7주 만에 상승했다. 이때는 NFI와 다우지수가 다시 조화를 이루면서 상승했다.

바로 뒤이어 1972.1.5~1972.7.19 기간중 NFI는 +17에서 -11로 총 28필드가 하락했고, 다우지수는 904.43에서 916.69로 상승했다. 드디어 부조화가 발생했다. 이 같은 부조화 움직임은 의미심장하다. 1972년은 시장상황이 내부적·기술적으로 암발생 초기상태라고 할 수 있는 시기였다(나중에 주가하락으로 확인되었다). 이것은 그 이후 이어진 상승이 강세시장의 마지막 상승이라는 사실을 NFI와 다우지수간의 부조화현상이 미리 알려준 것이다.

1972.7.19~1972.12.6 기간중 NFI는 -11에서 +17로 28필드가 상승했고, 다우지수는 18주에 걸쳐 916.69에서 1,027.54로 상승했다. 이때 NFI와 다우지수는 조화를 이루며 같이 움직였다.

1972.12.6~1973.6.20 기간중 NFI는 +17에서 -14로 31필드가 하락했고,

다우지수는 26주간에 걸쳐 1,027.54에서 884.71로 하락했다. 심각한 약세 시장이 진행되었고, NFI의 뒤를 이어 다우지수도 하락했다.

1973.6.20~1973.10.10 기간중 NFI는 -14에서 +14로 28필드가 상승했고, 다우지수도 15주에 걸쳐 884.71에서 960.57로 상승했다. 이로써 NFI와 다우지수는 1973~1974년 약세시장의 반등시세에서 동반상승했다는 것을 알게 된다.

1973.10.10~1973.12.5 기간중 NFI는 +14에서 -17로 총 31필드가 하락했고, 다우지수도 960.57에서 788.31로 동반하락했다. 약세시장하에서의 또 다른 반등시세가 임박했다(NFI가 -17 수준이면 반등이 임박했다는 것을 암시한다).

1973.12.5~1974.3.13 기간중 NFI는 -17에서 +8로 25필드 상승했고, 다우지수는 788.31에서 891.66으로 13주에 걸쳐 상승했다. 두 지표간에 조화를 이루었다.

1974.3.13~1974.9.4 기간중에 NFI는 +8에서 -19로 하락했고, 다우지수는 23주에 걸쳐 891.66에서 647.92로 하락했다. 약세시장이 끝나가고 있었다. 왜냐하면 NFI 수준이 -19이면 매우 극단적으로 낮은 수치이기 때문이다. 이 기간중 NFI와 다우지수는 다시 한 번 조화를 이루었다.

1974.9.4~1975.1.29 기간중에 NFI는 대바닥 수준인 -19에서 +20으로 39필드나 상승했고 다우지수는 647.92에서 705.86으로 15주에 걸쳐 상승했다. 이러한 NFI수치변화는 약세시장에서 강세시장으로의 전환을 의미한다. 그러나 전환기였던 그 시기중 1974.9.4~1974.12.6 사이에 다우지수는 계속 떨어져 647.92에서 577.60으로 하락했고, NFI는 -19에서 -13으로 6필드 상승했다. 1974년 12월이 다 가기도 전에 NFI는 -19에서 1974.12.31일 0으로 상승했다.

1992. 10. 15~1993. 3. 10 상승기에 NFI는 -15에서 +14로 총 29필드가 상승했는데 다우지수는 3,174.68에서 3478.34로 21주에 걸쳐 상승했다. 이때도 다우지수와 NFI는 조화를 이루었다.

NFI 역사상 가장 눈에 띄는 예외현상이 나타났다. 1993. 3. 10~1993. 8. 16 기간중 NFI는 +14에서 -8로 떨어졌는데. 다우지수는 3,478.34에서 3,579.15로 23주에 걸쳐 상승했다.

이것은 1973. 12. 5~1974. 3. 13 사이에 NFI가 -17에서 +8로 상승한 것과는 정반대 현상이었다. 1973년의 경우에는 하락하는 NFI가 일시적인 반등을 보였기 때문인데, NFI의 일시적 반등은 마지막 하락을 준비하기 위한 것으로 해석되었고 이후 NFI는 -19로 떨어졌었다. 그러나 1993년의 특별한 예외에서는 NFI가 1973년의 경우처럼 NFI저점을 깨고 더 내려가지는 않았다.

8

클러스터 안에서 일어나는 변화를
판단하는 법

NFI 지표에서 일어나는 변화를 정할 때 down 클러스터가 higher-down인지 lower-down인지를 결정하는 기준은 클러스터내의 최저점

down 수치와 비교하는 것이다. up 클러스터가 higher-up인지 lower-up 인지를 결정하는 기준도 클러스터내의 최고점 up 수치를 기준으로 하는 것도 마찬가지이다. 따라서 NFI 수치를 바꾸기 전에 자신이 이 원칙을 충실히 따랐는지 확인해야 한다. OBV를 처음 대하는 이들은 대개 여기서 잘못을 저지르는데 그것은 클러스터내의 마지막 표시가 결정기준이라고 생각하기 때문이다. 가장 높은 OBV 표시나 가장 낮은 OBV 표시는 그 클러스터가 NFI 지그재그 패턴에서 어디에 속할 것인가를 결정하는 지배적인 요소이다.

필립모리스

날짜	가격	OBV	OBV 표시	NFI
1992.9.17	85.50	216,531,700	Up	상승
1992.9.18	85.88	219,031,700	Up	상승
1992.9.21	86.25	220,296,500	Up 상향돌파	상승
1992.9.22	85.34	218,745,600		상승
1992.9.23	85.25	217,474,600		상승
1992.9.24	86.25	218,724,900		상승
1992.9.25	85.25	217,548,600		상승
1992.9.28	85.38	218,682,500		상승
1992.9.29	85.50	219,777,700	Up	상승
1992.9.30	84.75	218,497,600		상승

필드 트렌드 순지표의 수를 계산할 때 가장 높은 up이나 가장 낮은 down을 클러스터 판단지침으로 삼는다. 위의 예에서 핵심되는 OBV 수치는 21일자 220,296,500이라는 수치다. down 클러스터가 나온 후 상승 필드 트렌드를 유지하기 위해서는 OBV가 9월 21일자 이상으로 상승해야

하는 것이지 9월 29일자보다 높다는 것만으로는 안 된다.

똑같은 클러스터 안에서 higher-up 클러스터 다음에 lower-up 클러스터가 오는 것은 흔히 있는 일로서 기술적 약세신호다. 똑같은 클러스터 안에서 lower-down이 나온 뒤에 higher-down 클러스터가 나오면 기술적 강세신호다.

9

OBV추세전환신호 · 돌파

어떤 주식이 계속 하락하면 일련의 OBV higher-down 표시가 나타나고, 뒤이어 lower-down이나 대문자 DOWN(진짜 down) 표시가 나오는데 이것이 OBV 하향돌파라고 한다. 그 주식은 심한 약세라고 본다. 반대로 어떤 주식이 계속 상승하면 일련의 OBV lower-up 표시가 나타나고 뒤이어 higher-up이나 대문자 UP(진짜 up) 표시가 나오는데 이것이 OBV 상향돌파라고 한다. OBV 상향돌파가 일어나면 그 주식은 상당한 강세라고 본다. 주식시장의 전환은 이 같은 OBV 상향돌파 또는 하향돌파종목의 수로 감지할 수 있다. 이러한 돌파현상은 믿을 만한 시장지표 중 하나이다.

다음에 나오는 표를 통해 1991년 12월 10일 시장바닥 이후 상승시세로 전환되면서 어떤 신호가 나왔는지 볼 수 있다.

여러 개의 OBV 돌파가 있고 나서 나타나는 주식시장의 추세전환 움직임은 필연적이라고 생각한다. 일련의 lower-down이 나오고 나서 첫 up 표시가 나오면 이것은 lower-up이 될 가능성이 크고, 일련의 higher-up 표시가 나오고 나서 첫 down 표시가 나오면 이는 higher-down이 될 가능성이 크다고 보면 된다.

1991년 12월 10일 바닥을 탈출하면서, 12일~16일 사이에 lower-up 표시종목수가 크게 늘어나기 시작하는 것을 볼 수 있다. 그리고 나서 20일부터는 higher-up 표시종목수가 급격하게 늘어났다. 이것을 보면 강세의 상향돌파종목수가 크게 증가하고 있다는 것을 알 수 있다.

내가 개발한 개선된 OBV 이론은 다음 장에서 다루어질 것이다.

날짜	다우지수	CLX	highter-up	higher-down	lower-down	lower-up
12.10	2863.82	-16	4	-12	-11	-3
12.11	2865.38	-9	6	-8	-15	-8
12.12	2895.13	+20	11	-4	-3	-16
12.13	2914.36	+21	11	-1	-4	-15
12.16	2919.05	+11	8	-7	-2	-12
12.17	2902.28	-5	6	-7	-8	-4
12.18	2908.09	+2	9	-6	-6	-5
12.19	2914.36	-7	10	-9	-12	-4
12.20	2934.48	+13	18	-3	-10	-8
12.23	3022.58	+35	23	-0	-0	-12
12.24	3050.98	+29	26	-1	-1	-5
12.26	3082.96	+31	26	-1	-1	-7
12.27	3101.52	+27	22	-3	-1	-9
12.30	3163.91	+52	41	-1-	-0	-12
12.31	3168.83	+42	35	0	0	7

그랜빌의 최후의 예언

4장
진보된 OBV개념

Granville's Last Stand

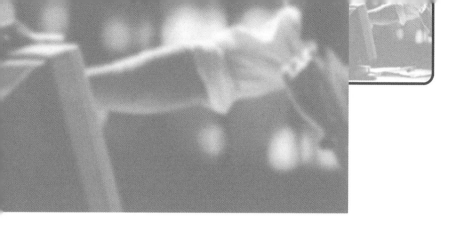

진보된 OBV개념

1

4열분석의 세계가 눈앞에

오랫동안 내 추종자들은 매일 클라이맥스 지표에 매달려서 OBV up과 down 표시 하나하나를 똑같이 다루어왔다. higher-down 표시는 잠재적으로 강세이고 lower-up 표시는 잠재적으로 약세라는 것을 인식하고 있었지만, 이것을 정형화시킬 필요가 있었다.

1988년 10월 《증권시장교본》을 출간할 때 이 내용을 새로 실었다. 그 전의 2열분석 대신 4열분석을 실었다. 2열분석은 OBV up 종목수/OBV down 종목수의 순서로 2열로 배열한 것이고, 4열분석은 OBV higher-up/higher-down/lower-down/lower-up의 순서로 해당종목의 수를 나열한 것이다. 이렇게 해서 나는 새로운 일일지표 두 가지를 자동적으로 얻게 되었다.

매일 4열수치 중에서 OBV higher-up 표시종목수를 더하고 lower-down 표시종목수를 빼면 '클라이맥스 지표'가 된다. 이것은 최종지표로 여겨진다.

4열수치를 모두 사용하여 OBV higher-up 종목수와 higher-down 종목수를 더하고 lower-down 종목수와 lower-up 종목수를 빼면 '조기경보 클라이맥스 지표'가 된다.

'조기경보'라는 이름을 붙인 이유는 higher-down과 lower-up이 갖고 있는 잠재적인 변화가 포함되기 때문이다.

정통 클라이맥스 지표: (higher-up 종목수+lower-up 종목수)
        - (higher-down 종목수+lower-down 종목수)
진짜 클라이맥스 지표: (higher-up 종목수) - (lower-down 종목수)
조기경보 클라이맥스 지표: (higher-up 종목수+higher-down 종목수)
        - (lower-down 종목수+lower-up 종목수)

그랜빌의 최후의 예언

2

이론의 일대도약

다음 그림을 보자.

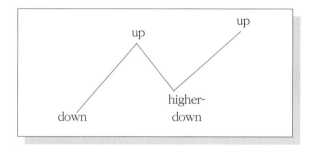

여기서 간단한 상향 지그재그 운동을 볼 수 있다. 위의 그림을 가만히 보면 한 가지 진리가 눈에 번쩍 띈다.

상향 지그재그는 higher-down 표시가 없이는 이루어질 수 없다는 사실이다. 상향 지그재그는 모두 강세이고 higher-down을 반드시 포함하고 있기 때문에 필연적으로 higher-down 표시는 당연히 강세로 보아야 한다.

그러나 higher-down은 주가가 하락할 때 일어나므로 일반적으로 약세 징후로 판단하기 쉽지만, higher-down으로 표시되는 주가하락은 무시해도 될 정도의 강세징후라는 것을 가장 효과적으로 알려준다.

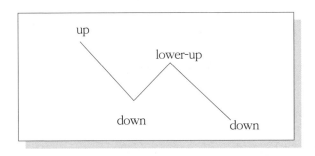

여기서 간단한 하향 지그재그 운동을 볼 수 있다.

위의 그림을 가만히 보면 한 가지 진리가 눈에 번쩍 뜬다. 하향 지그재그는 lower-up 표시가 없이는 이루어질 수 없다는 사실이다.

하향 지그재그는 모두 약세이고 lower-up을 반드시 포함하고 있기 때문에 필연적으로 lower-up 표시는 당연히 약세로 보아야 한다.

그러나 lower-up은 주가가 상승할 때 일어나므로 일반적으로 강세징후로 판단하기 쉽지만, lower-up으로 표시되는 주가상승은 무시해도 될 정도의 약세징후라는 것을 가장 효과적으로 알려준다.

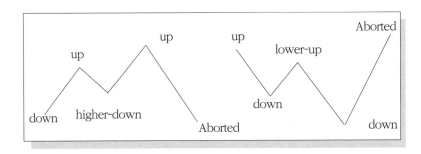

상향 지그재그나 하향 지그재그가 보이지 않을 때는 이를 '보합 필드 트렌드'라고 한다.

그림 중 왼쪽 그림은 하향돌파라 하고 이는 상향지그재그, 즉 지금까지의 상승추세를 깨는 모양이다.

오른쪽 그림은 상향돌파라 하고 이것은 하향 지그재그, 즉 지금까지의 하락추세를 깨는 모양이다.

3

분류표

나는 매일 다우공업주 30개 종목과 운수주 20개 종목, 공익사업주 15개 종목을 대상으로 4열분석을 한다. 분석결과를 모두 더하면 다우주 65개 종목의 4열분석 수치가 나온다.

4

4열분석의 흐름

시장으로 돈이 유입되고 유출되는 자금흐름은 OBV up down 표시 개념으로 계량화할 수 있다. 시장의 대바닥시세에서 DOWN(진짜 down 표시) 표시가 여러 개 나타난다.

시장이 서서히 회복될 때 제일 먼저 lower-up 표시종목수가 늘어나기 시작한다.

주요시장바닥을 거의 벗어날 때면 lower-up 표시가 나오는 것은 당연한 이치다.

이때 하향돌파 현상이 발생하지 않는다면, 새로운 강세추세가 시작되었음을 말하고 있으므로 최초의 반등에 대한 첫번째 반락은 higher-down 표시로 나타난다.

주가상승으로 다시 반전하면 진짜 UP 표시(up) 종목수가 늘어나면서 시세변화를 확인해 줄 정도로 강력한 상향돌파가 따른다. 그러면 이제 이와 같은 lower-down → lower-up → higher-down → higher-up으로 이어지는 자금의 흐름을 추적해 보자.

5

증시 슬롯 머신

이 4열분석 기법은 OBV이론 중에 가장 중요한 이론이다. 이 수치들을 분류표로 정리해 보자는 생각을 하게 된 데는 어릴 적 슬롯 머신을 갖고 놀던 기억이 났기 때문이다. 내가 19살이던 1942년경이었다.

나는 그때 슬롯 머신이 하나 있었는데, 손잡이를 당길 때마다 나오는 조합(자두·막대기·레몬 이 세 가지의 조합)을 기록해 두면 어떨까 하는 생각을 했다. 그 생각은 이런 것이었다. 분류표에 결과를 모조리 적어놓고 처음에 이런 조합이 나오면 다음에는 이런 조합이 나올 가능성이 크더라는 식으로 생각한 것이다.

즉, 이런 식으로 분류표를 만들어놓으면 다음 번에 뭐가 나올지를 미리 예상할 수 있지 않을까 하는 것이다.

물론 이 체계는 신빙성이 없다. 왜냐하면 스프링으로 작동되는 기계인 슬롯 머신에서는 앞에 당긴 것과 나중에 당긴 것은 전혀 별개의 독립적인 것이기 때문이다.

그러나 증시분석에 있어 4열분석 분류표 아이디어는 상당한 신빙성이 있다. 1991년도 수치를 갖고 당장 작업을 시작했다. 이 표에서 몇 가지 중요한 사실을 발견했다. 1991년 1월의 시장바닥을 조사하면서 첫번째 성과가 나왔다. 그 해 1월 7일, 8일, 9일의 4열분석 수치는 다음과 같다.

날짜	다우지수	4열
1991.1.7	2522.77	1-23-11-1
1991.1.8	2509.41	7-16-9-7
1991.1.9	2470.30	7-18-17-2 (시장바닥)

여기서 중요한 두 가지 수치가 있다. 7일의 23 higher-down과 9일의 17 lower-down. 제일 먼저 나는 18 이상의 higher-down 수치를 기록한 시기를 모두 표로 만들었다.

날짜	다우지수	higher-down
1991.1.2	2610.64	18
1991.1.3	2573.51	19
1991.1.7	2522.77	23
1991.1.9	2470.30	18
1991.2.14	2877.23	20
1991.4.9	2873.23	26
1991.5.14	2886.85	19
1991.6.12	2961.99	20
1991.8.19	2898.03	20
1991.9.3	3017.67	27
1991.9.4	3008.50	22
1991.9.5	3008.50	20
1991.9.10	2982.56	23
1991.11.15	2943.20	21
1992.1.29	3224.96	32
1992.3.6	3221.60	21
1992.4.27	3304.56	18
1992.10.2	3200.59	18

그랜빌의 최후의 예언

이제 17 이상의 lower-down을 기록한 시기를 보자.

날짜	다우지수	lower-down
1991.1.9	2470.30	17
1991.1.14	2483.91	17
1991.5.15	2914.91	18
1991.6.19	2955.50	19
1991.8.19	2898.03	20
1991.11.19	2931.57	17
1991.11.20	2930.01	18
1991.11.22	2902.79	19
1992.4.3	3234.12	17
1992.4.2	3249.11	19
1992.4.7	3213.55	22
1992.4.8	3181.35	30
1992.6.17	3287.76	19
1992.6.18	3274.12	18
1992.7.22	3277.61	15
1992.8.12	3320.56	17
1992.8.13	3313.27	21
1992.8.21	3254.10	19
1992.8.24	3228.17	28
1992.8.25	3232.22	20
1992.10.5	3179.00	23
1992.10.7	3152.25	17
1992.10.9	3136.58	20

이제 위의 두 날짜들을 모아보자. 그리고 그 날의 higher-down과 lower-down을 더하면 아래의 표가 나온다.

날짜	다우지수	higher-down + lower-down
1991.1.2	2610.64	18 + 5 = 23
1991.1.3	2573.51	19 + 10 = 29
1991.1.7	2522.77	23 + 11 = 34
1991.1.9	2470.30	18 + 17 = 35
1991.1.14	2483.91	14 + 17 = 31
1991.2.14	2877.23	20 + 0 = 20
1991.4.9	2873.02	26 + 12 = 38
1991.5.14	2886.85	19 + 23 = 42
1991.5.15	2914.91	10 + 18 = 28
1991.6.12	2961.99	20 + 8 = 28
1991.6.19	2955.50	17 + 19 = 36
1991.8.19	2898.03	20 + 20 = 40
1991.9.3	3017.67	27 + 3 = 30
1991.9.4	3008.50	22 + 5 = 27
1991.9.5	3000.50	20 + 4 = 24
1991.9.10	2982.56	23 + 12 = 35
1991.11.15	2943.20	21 + 11 = 32
1991.11.19	2931.57	15 + 17 = 32
1991.11.20	2930.01	14 + 18 = 32
1991.11.22	2902.79	14 + 19 = 33
1992.1.29	3224.96	32 + 7 = 39
1992.3.6	3221.60	21 + 16 = 37
1992.4.2	3234.12	14 + 17 = 31
1992.4.3	3249.11	10 + 19 = 29

그랜빌의 최후의 예언

날짜	다우지수	higher-down + lower-down
1992. 4.7	3213.55	17 + 22 = 39
1992. 4.8	3181.35	14 + 30 = 44
1992. 4.27	3304.56	18 + 10 = 28
1992. 6.17	3287.76	13 + 19 = 32
1992. 6.18	3274.12	9 + 18 = 27
1992. 6.22	3277.61	16 + 18 = 34
1992. 8.12	3320.56	11 + 17 = 28
1992. 8.13	3313.27	4 + 21 = 25
1992. 8.21	3254.10	12 + 19 = 31
1992. 8.24	3228.17	10 + 28 = 38
1992. 8.25	3232.22	6 + 20 = 26
1992. 10.2	3200.59	18 + 16 = 34
1992. 10.5	3179.00	17 + 23 = 40
1992. 10.7	3152.25	10 + 17 = 27
1992. 10.9	3136.58	9 + 20 = 29

총합계가 40 이상인 날은 중요한 매수기회가 될 때가 자주 있었다.

6

정확한 짝짓기
(똑같은 4열수치를 찾아라)

4열분류표를 생각하면서, 나는 이 중요한 숫자들로 자료은행을 하나 만들었다. 새로운 수치가 매일 더해진다.

유사한 4열수치가 과거의 자료에서 많이 나올수록 그리고 자료가 더 많아질수록 그 다음의 예측은 그만큼 신빙성이 커진다. 시간이 이 이론의 공백을 메워줄 열쇠이다.

7

표의 분석

분류표는 high 수치가 낮은 것부터 차례대로 적어놓은 것이다. 그래서 모든 분류표의 아래쪽에는 가장 큰 high 수치가 적혀 있다. 공업주, 운수

그랜빌의 최후의 예언

주, 공익사업주, 65종목의 4열분류표와 4열 클러스터 수치를 적어놓은 것이다. high 수치가 높은 표의 아래쪽에 있는 날짜들을 얼핏 보아도 꼭지를 친 날과 일치한다.

8

↗

4열설계

과거의 4열수치가 있으니 앞으로의 일을 전망할 수 있게 되었다. 4열분류표를 이용하면, 지금의 4열수치를 가지고 미래의 4열수치와 미래의 다우지수를 미리 예측해 볼 수 있다. 그러려면 시간별 4열표(시간순서대로 기록)와 4열분류표(high 수치가 낮은 순부터 기록)를 사용해야 한다. 그리고 1개월, 3개월 후의 설계도 — 4열패턴의 변화, 다우공업주의 변화, 다우공업주의 움직임 범위 — 를 보여줄 필요가 있었다.

즉, 지금의 4열패턴과 다우공업지수가 이럴 때, 1개월 후 또는 3개월 후에는 4열패턴이 이렇게 바뀌었고 다우공업주지수는 이렇게 변화했고, 그 기간중에 다우공업주지수는 어떤 범위내에서 움직였다 하는 식의 설계도를 말한다. 이렇게 하려면 막대한 수고가 들지만 그 열매는 그만한 가치가 있었다.

65종목 4열분석(1991년)

날짜	패턴	1개월 후 4열	3개월 후 4열	1개월 후 다우	3개월 후 다우
11.29	2-12-12-8	9-16-2-3	9-12-5-5	2629	2882
11.30	13-0-2-17	10-10-0-7	9-12-5-5	2633	2882
12.3	21-2-4-12	6-19-10-4	10-9-4-7	2573	2914
12.4	32-1-2-11	9-15-9-5	10-9-4-7	2566	2914
12.5	36-2-2-10	9-15-9-5	26-2-0-14	2566	2972
12.6	25-4-6-8	1-23-11-1	17-11-5-6	2522	2973
12.7	14-5-6-2	1-23-11-1	8-13-6-4	2522	2963
12.10	12-1-8-2	9-5-6-3	5-9-6-4	2498	2939
12.11	8-7-7-2	5-9-10-5	5-9-6-4	2501	2939

65종목 4열분석

날짜	패턴	1개월 후 4열	3개월 후 4열	1개월 후 다우	3개월 후 다우
11.29	2-12-12-8	9-16-2-3	9-12-5-5	2629	2882
12.11	8-7-7-2	5-9-10-5	5-9-6-4	2501	2939
12.10	12-1-8-2	9-5-6-3	5-9-6-4	2498	2939
11.30	13-0-2-17	10-10-0-7	9-12-5-5	2633	2882
12.7	14-5-6-2	1-23-11-1	8-13-6-4	2522	2963
12.3	21-2-4-12	6-19-10-4	10-9-4-7	2573	2914
12.6	25-4-6-8	1-23-11-1	17-11-5-6	2522	2973
12.4	32-1-2-11	9-15-9-5	10-9-4-7	2566	2914
12.5	36-2-2-10	9-15-9-5	26-2-0-14	2566	2972

그랜빌의 최후의 예언

9

진짜 클라이맥스 지표와
조기경보 클라이맥스 지표

4열분석 기법은 진짜 클라이맥스 지표와 조기경보 클라이맥스 지표를 만들어내기 위한 전초작업이었다. 최초의 작업은 다우공업주 30종목에 집중된다.

내 주식시장정보지에 이 두 지표의 수치를 매일 싣는다. 이것은 유용한 분석이었지만 일부에 국한되었다. 내 이론을 전개시켜 나가다 보니까 똑같은 분석을 다우운수주와 다우공익사업주에도 적용할 필요성을 느꼈다.

이렇게 분석범위를 넓힌 덕분에 나는 1991년 1월 걸프전 이후의 폭발적인 주가반등국면 직전에 강세관을 유지할 수 있었다. 게다가 다우공업주에만 시야를 제한하는 것이 크게 잘못된 일이라는 것을 알았다. 그래서 클라이맥스 수치를 종합하는 과정에서 65종목 분석이 탄생했다. 그런데 여기서 한 가지 놓친 게 있었다.

주식시장추세와 가장 관련이 깊은 누적 진짜/조기경보 클라이맥스 수치가 필요했다.

나는 이것이 얼마나 중요한지를 시장정보지의 구독자들에게 이렇게 알렸다.

> 이 정보지를 계속 구독해 오지 않은 분은 앞에서 참고한 표에서 보듯이 현재의 진짜/조기경보 클라이맥스 지표 수치에 담긴 중요성을 놓치기 쉽다. 진짜 클라이맥스 지표는 엄격한 검증을 거친 지표이다. 65종목의 진짜 클라이맥스 지표는 전체 65종목(다우공업주 30종목, 운수주 20종목, 공익사업주 15종목)에서 OBV higher-up 종목수에서 OBV lower-down 종목수를 뺀 수치를 누적한 것이다. 조기경보 클라이맥스 지표는 여기에다 OBV higher-down과 OBV lower-up을 포함하고 있다. 이 두 지표에 나의 OBV이론 전체가 매달려 있다. 이 두 지표에 나오는 새 high 종목수와 새 low 종목수는 극히 중요한 것으로 미래의 다우지수를 예측해 주는 신뢰할 만한 기술적 지표이다.

가격움직임에만 의존하는 분석가는 OBV를 간과하거나 이해력 부족으로 해석의 오류를 범하기 쉽다.

이에 관한 아주 좋은 예가 있다. 1992년 4월 8일 다우지수가 3,181.35의 저가를 기록했다. 같은 날 누적 65종목 진짜 클라이맥스는 1,273을 기록했고, 누적 65종목 조기경보 클라이맥스는 1,657을 기록했다. 그런데 1992년 9월 30일에는 각각 1,182, 1,455를 기록했다.

이 두 수치가 4월 8일 수준보다 훨씬 하회하고 있었다. 나는 이것이 믿을 만한 기술적 증거라고 보고 다우지수가 4월 8일 수준 밑으로 깨진다고 예측했다.

10

클러스터 분석

OBV 클러스터는 3 이상의 연속 up 또는 down 표시로 구성되어 있다. 나는 매일 다우공업주 30개 종목, 운수주 20개 종목, 공익사업주 15개 종목의 클러스터 파워(cluster power)를 기록한다.

첫째열에 OBV higher-up 클러스터의 합산을 기록하고 차례로 higher-down/lower-down/lower-up 클러스터의 합산을 4열로 기록한다.

계산방식

정통 클러스터 클라이맥스 지표(현재 클러스터 클라이맥스 지표):
(higher-up 클러스터 파워 합+lower-up 클러스터 파워 합) - (higher-down 클러스터 파워 합+lower-down 클러스터 파워 합)

진짜 클러스터 클라이맥스 지표:
(higher-up 클러스터 파워 합) - (lower-down 클러스터 파워 합)

조기경보 클러스터 클라이맥스 지표:
(higher-up 클러스터 파워 합+higher-down 클러스터 파워 합) - (lower-down 클러스터 파워 합+lower-up 클러스터 파워 합)

이처럼 4가지 클러스터의 합산에서 앞의 표와 같은 3개의 중요한 지표를 얻는다.

1. 정통 클러스터 클라이맥스 지표

이것은 정통 클라이맥스 지표와 똑같은 개념을 클러스터에 적용한 것이다.

이것은 지그재그 상승이나 하락을 무시하고 up은 합하고 down은 빼는 식으로 간단히 시장상태를 인식하는 계산법이다.

이것은 뒤에서는 '현재 클러스터 클라이맥스 지표'라고 부른다.

2. 진짜 클러스터 클라이맥스 지표

이것은 진짜 클라이맥스 지표와 똑같은 개념을 클러스터에 적용한 것이다.

3. 조기경보 클러스터 클라이맥스 지표

이것은 조기경보 클라이맥스 지표와 똑같은 개념을 클러스터에 적용한 것이다.

클라이맥스 지표가 up 혹은 down을 각각 하나의 수량으로 수평적인 힘을 나타내주는 데 비하여 이것은 클러스터 분석을 통해 수직적인 시장의 힘을 표시해 준다.

각각의 연속 up과 down 표시는 열의 형태로 표시되는데, 숫자가 크면 그 열의 힘도 증가한다. 이 지표들은 매일 다우공업주, 운수주, 공익사업주, 전체 65종목을 대상으로 계산한다.

그랜빌의 최후의 예언

동시에 그날그날의 수치를 더해 누적합계치도 얻는다. 이것이 누적 클러스터 클라이맥스 지표들이다.

11

클러스터 파워에 대한 이해

클러스터 파워(cluster power)를 이용해서 시장의 기술적인 강세와 약세를 가장 효과적으로 측정할 수 있다.

어떤 주식이 강력해서 3 이상의 연속 OBV up 또는 down을 기록하면 그것이 클러스터를 이루고 있다고 말한다. 나는 3개의 클러스터 지표를 개발했다.

첫째는 '현재 클러스터 클라이맥스 지표'이다. 이 지표도 4열분석 기법을 이용하여 매일 다우공업주, 운수주, 공익사업주와 65종목 합계를 계산한다.

실제로 예를 들어보자. 1993년 8월 18일 다우지수는 3,604.8의 신고가를 기록했다.

공업주	3	0	0	0
	3	0	0	0
운수주	6	0	3	0
	6	0	3	0
공익주	0	9	5	0
			3	
	0	9	8	0
65종목합	9	9	11	0

1열부터 OBV higher-up/higher-down/lower-down/lower-up의 순서로 각각의 클러스터합을 구한다. 세 개 그룹을 합하면 다우65종목 클러스터의 합이 된다.

좀더 자세히 살펴보자. 그 날은 다우공업주 30종목 주가평균이 계속 신고가를 갱신하고 있던 시점이었다. 그럼에도 불구하고 단 한 개 종목만이 3연속 OBV higher-up을 기록하고 있을 뿐이다. 다우운수주 20종목은 6연속 OBV higher-up을 기록한 종목이 1개, 3연속 OBV lower-down이 1개이다.

다우공익사업주 15개 종목 중에서는 higher-up 클러스터는 하나도 없고 9연속 OBV higher-down이 1개, 5연속 lower-down 클러스터와 3연속 lower-down이 각각 1개이고, lower-up은 없다. 이 수치들을 모두 합하면, 9 higher-up/9 higher-down/11 lower-down/0 lower-up이 된다.

그랜빌의 최후의 예언

> 현재 클러스터 클라이맥스 지표(Current Clust Climax Indicator)
>   (higher-up 클러스터의 합계+lower-up 클러스터의 합계) - (higher-down
>   클러스터의 합계+lower-down 클러스터의 합계)

이런 방식으로 진짜 클러스터 클라이맥스 지표(True Clust CLX Indicator)와 조기경보 클러스터 클라이맥스 지표(Early Warning Clust CLX Indicator)도 만들 수 있다. 그리고 클러스터에 관한 위의 세 가지 지표의 누적표를 각각 만들 수 있다.

위의 예에서는 다우65종목의 현재 클러스터 클라이맥스 지표수치는 -11이 된다. 여기서 '현재'(current)라는 말은 '당일에 기록된'이란 뜻으로 클러스터가 3개연속 up이나 down을 기록해야 비로소 그 날 +3이라는 클러스터 파워를 얻게 될 뿐, 2개연속이거나 이전에 몇 개가 연속되더라도 당일 +3 이상이 되지 않으면 이를 계산에 넣지 않는다는 뜻을 담고 있다.

'현재 클러스터 클라이맥스'는 현재의 클러스터를 기준으로 하는 것이다.

날짜	OBV표시	현재 클러스터
1일	UP	0
2일	UP	0
3일	UP	+3
4일	UP	+4
5일	-	0

이 예에서 3일과 4일의 현재 클러스터 수치는 +3, +4이다. 그러나 1일

과 2일은 3연속 클러스터가 아니므로 +1, +2 가 아니라 그냥 0인 것이다. 또 5일은 주가가 하락하여 OBV higher-down을 기록해서 4일연속 up이 상실되고 0에서 시작된다. 그래서 언제나 '현재'를 기준으로 계산한다.

다우지수가 상당한 상승을 하려면 OBV higher-up 표시 클러스터가 여러 개 나오게 된다. 이것이 안 나타나면 뭔가 잘못된 것이다. 누적 클러스터 클라이맥스 수치가 하락하는 것은 반등지지력이 약화되고 있다는 것이고, OBV-up 클러스터의 숫자가 점점 적어지는 것을 의미한다.

12

클러스터 지표에서 돌파와 창문효과

OBV lower-up 표시의 클러스터가 OBV higher-up 표시로 상향돌파할 때, 클러스터 파워의 총수치는 lower-up 클러스터 수치가 그대로 higher-up 클러스터로 넘어간다.

즉, OBV lower-up(up)도 OBV higher-up(UP)으로 OBV 표시가 연속되어 나타나기 때문에 클러스터 파워 계산이 계속 이어진다. 그것은 클러스터 파워의 총합계 측면에서 큰 변화가 나타나기 때문에 이것의 기술적 의미는 굉장한 긍정적 변화로 해석된다.

higher-down 클러스터가 lower-down으로 하향돌파할 때, 클러스터 파워의 총수치는 higher-down 클러스터 수치가 그대로 lowe-down 클러스터로 넘어간다.

그것은 클러스터 파워의 총합계 측면에서 큰 변화가 나타나기 때문에 이것의 기술적 의미는 굉장한 부정적인 변화로 해석된다.

higher-down 또는 lower-up이 길게 이어질수록, 돌파는 더욱 더 큰 의미를 가지게 된다.

예를 들면 10개의 higher-down 표시가 연속된 클러스터를 보자.

Down

Down

Down

Down

Down

Down

Down

Down

Down

Down

현재 클러스터 4열은 10개의 higher-down을 기록하고 진짜 클러스터 클라이맥스에서의 기술적 강세를 잠재적으로 표시하고 있다. 이제, 다음 OBV 수치가 이전의 down 클러스터의 합계치를 밑도는 수치를 기록하여 진짜 down(대문자 DOWN)이 나왔다고 가정하자. 이것은 지금까지의 higher-down에서 lower-down으로 바뀌게 된다. 이때 새로운 클러스터는 다음과 같다.

OBV표시	클러스터 파워	OBV표시
Down	0	higher-down
Down	0	higher-down
Down	+3	higher-down
Down	+4	higher-down
Down	+5	higher-down
Down	+6	higher-down
Down	+7	higher-down
Down	+8	higher-down
Down	+9	higher-down
Down	+10	higher-down
DOWN(대문자)	+11	lower-down

무엇이 변했을까? higher-down이 lower-down으로 변했다. 클러스터 파워는 전날에 연속되어 +10에서 +11로 1개가 증가했다.

그런데 중요한 것은 4열 클러스터 분석에서 +10의 higher-down 클러스터가 +11의 lower-down 클러스터로 변했다.

즉, higher-down 클러스터가 +10에서 0으로 변하고, lower-down 클러스터가 0에서 +11로 변했다.

현재 클러스터 클라이맥스를 계산해 보면 마지막날의 하향돌파로 인해 21개의 순변화가 생겼다. 순식간에 기술적 강세에서 기술적 약세로 변한 것이다.

A주식

날짜	OBV	OBV표시	클러스터 파워
6.7	3,982,700		
6.8	4,157,700		
6.11	3,989,700		
6.12	4,193,200	UP	
6.13	4,446,900	UP	
6.14	4,670,500	UP	3
6.15	4,963,600	UP	4
6.18	5,384,800	UP	5
6.19	5,890,800	UP	6
6.20	5,589,800	(Window)	0
6.21	6,089,800	UP	0
6.22	5,789,800		0
6.25	5,429,800	DOWN	0

위의 수치를 클러스터표에 옮겨 적으면, 6월 13일까지는 클러스터가 0 이었다. 그 후에 클러스터 파워는 6월 14일 +3에서 6월 19일 +6으로 증가 했다. 6월 20일에는 OBV 표시가 없어져 +6의 클러스터 파워를 0으로 만 들었다. 6월 21일 OBV는 고가를 갱신하고 UP을 기록했지만 클러스터 파 워의 연속성은 깨져버리고 말았다. 그래서 클러스터 파워는 6월 20일과 같은 0을 기록했다.

위의 예로 든 A주식을 다우공업주 중 한 종목이라고 가정하자. 매일 다 우종목의 up 또는 down 클러스터의 수를 계산하고, 누적 클러스터 파워 도 계산해야 한다(간단히 OBV 표시를 더하기만 하면 된다). 그것이 예측능력을 높여주기 때문이다.

위의 예에서, 6개의 연속적 UP 표시로 A주식은 OBV-down 표시를 기록하기가 매우 어려운 상태였다. 그러나 6월 20일 UP 클러스터가 끝나면서 패턴 변화의 가능성이 제시되었다. 6월 21일의 UP 표시는 클러스터 파워에 영향을 미치지 못했지만 그 대신 이전의 클러스터 수치를 없애버렸기 때문에 이제는 OBV가 6월 20일의 OBV(이것을 클러스터 분석에서는 '창문'(Window)이라고 한다) 아래로 깨지기 쉬운 상태로 변했다. 6월 25일 실제로 DOWN이 기록되었다.

이제 다우공업주 30종목의 총합계수치를 추적해서 up과 down 클러스터의 수와 클러스터 파워를 기록하는 기법을 보자. 그리고 클러스터의 크기와 시장이 반대방향으로 전환하는 데 걸리는 시간 사이에는 어떤 연관성이 있을까? 그래서 나는 클러스터의 끝을 의미하는 '창문'의 수에 주목한다.

13

창문(the Windows)

클러스터 연구에서, OBV up과 down의 연속표시(즉, 클러스터)는 아무 표시가 없거나 클러스터 반대방향의 표시가 나오면 끝이 난다. 새로운 표시가 없을 때, 이를 아일랜드(island) 또는 윈도우(window, 창문)라고 한다. 거기에는 이전에는 없었던 변화의 잠재력이 있다.

예를 들어, 어떤 주식이 긴 down 표시가 있다고 하자. OBV가 하방으로 크게 내려간 OBV를 뚫고 올라가기 위해서는 하나의 up 표시의 상승으로는 어렵다. 그러나 다운 표시의 긴 하락 사이에 '윈도우'가 끼어서 둘로 분리되어 있다면, 상승거래량이 적어도 쉽게 up 표시를 얻을 수 있다. 다우공업주 30종목에 이런 윈도우가 많이 있다면, 상승이나 하락의 잠재력은 크다고 볼 수 있다.

가격	OBV	OBV표시	가격	OBV	OBV표시
36-7/8	1,281,500	DOWN	36-7/8	1,281,500	DOWN
36-1/2	1,005,900	DOWN	36-1/2	1,005,900	DOWN
36	861,300	DOWN	36	861,300	DOWN
35-5/8	598,400	DOWN	35-5/8	598,400	DOWN
35-1/2	375,200	DOWN	36	723,400	(Window)
35-1/4	**184,500**	**DOWN**	**35-1/4**	**552,700**	**DOWN←**
35-1/4	184,500	DOWN	35-1/4	552,700	DOWN
35	-56,000	DOWN	35	312,200	DOWN

위의 예에서 왼쪽은 연속된 8개의 OBV lower-down으로 대문자 DOWN을 기록하고 있다. OBV는 1,281,500에서 -56,000으로 떨어졌다. 이런 경우 DOWN을 뚫고 바로 UP 표시를 기록하기는 너무 어렵다.

이제 오른쪽 표를 보자. 여기서는 윈도우에 의해 둘로 나누어진 DOWN 표시들을 보게 된다. 윈도우로 표시된 723,400을 넘어서면 Up 표시가 나오게 되는데, 평균거래량으로 볼 때 왼쪽보다는 Up 표시를 얻기가 훨씬 쉬워졌다.

결론적으로 말하면, 연속적인 lower-down(대문자 DOWN)의 다음에 나올 up 표시는 lower-up이 되는 것이고, higher-down들 사이에 있는 윈도우 다음에 나올 up 표시는 higher-up이 나올 가능성이 크다. 반대로 연속적인 lower-up 표시 이후에 나올 down은 lower-down이 될 가능성이 크고, 윈도우로 분리된 연속적인 higher-up(대문자 UP) 표시 이후에 나올 down은 higher-down이 될 가능성이 크다.

이제 클러스터와 윈도우의 관계를 알아보자. 윈도우는 두 클러스터 사이의 공간이기 때문에 일단 윈도우가 나오고 나면 OBV 표시가 바뀌기 쉽다.

그러므로 윈도우는 변화의 징후라 볼 수 있다. 그래서 다우주식들에서 윈도우의 수치를 추적하는 일은 아주 중요하다. 윈도우의 수를 추적해야 할 시기는 언제인가? 확인된 고가나 저가가 나온 후가 추적해야 할 시기이다.

'윈도우는 어떤 종류의 클러스터를 깨는 것인가?'도 매우 중요하다. 예를 들면, lower-down이나 higher-down 사이에 윈도우 공간이 있을 수 있는가? higher-up과 lower-up 사이에 윈도우 공간이 있을 수 있는가?

윈도우가 생기는 것은 다음과 같다.

윈도우로 분리된 higher-up은 다음에는 higher-down이 나오기 쉽다.

윈도우로 분리된 lower-up은 다음에는 lower-down이 나오기 쉽다.

윈도우로 분리된 lower-down은 다음에는 lower-up이 나오기 쉽다.

윈도우로 분리된 higher-down은 다음에는 higher-up이 나오기 쉽다.

윈도우는 하나의 up 클러스터를 마감하기 때문에 클러스터 파워를 약화시킨다. 윈도우는 하나의 down 클러스터를 마감하기 때문에 클러스터 파워를 강화시킨다. 윈도우가 나온 후 OBV가 다시 higher-up을 기록했다고 하자. OBV수치는 더 높지만 앞에 있던 클러스터를 잃었기 때문에 기술적 힘은 약화되었다.

OBV 표시	클러스터 파워
UP	
UP	
UP	+3
Window	0
UP	0

위의 표에서 3개의 연속된 up 표시 이후 주가하락으로 윈도우가 생겼다. 다시 주가가 상승해서 새로운 OBV-up 표시를 얻었다. 여기서 우리는 무엇을 알게 되는가? 주가는 더 높아졌지만 윈도우로 인해 클러스터 파워 수치가 연속되지 못하고 끊어져 버렸다.

그러므로 주가하락보다도 윈도우로 분리된 up 클러스터를 더 중요하게 보아야 한다. 윈도우로 인해 up 클러스터의 누적수치가 뚝 떨어졌다는 사실은 주가하락보다도 더 중요한 추세전환의 가능성이 있기 때문이다. up 클러스터의 수치를 떨어뜨릴 수 있는 것은 윈도우와 down 표시뿐이다.

그래서 마지막의 up 표시로 OBV 수치는 더 높아졌지만, 윈도우로 인한 클러스터 감소는 우리에게 조기경보신호를 보내주는 것이다.

반대로 down 클러스터를 깨는 윈도우의 역할도 똑같이 설명할 수 있다. 다음 표를 보자.

OBV표시	클러스터 파워
DOWN	
DOWN	
DOWN	-3
Window	0
DOWN	0

중요한 주가변화에 앞서서 클러스터와 윈도우는 어떻게 변하는가? 이런 변화들이 어떻게 중립화되고 악화되는가? 시장의 대폭락이나 급격한 상승에 앞서 어떤 식으로 시장의 균열을 나타내 보여주는가? 이제 그것을 알아보자.

14

클러스터 파워의 상실은 주가하락이 임박

윈도우가 생기면 클러스터 파워가 0으로 후퇴해 버리는 것과 그 다음에 바로 OBV higher-up이 나와도 클러스터 파워는 그대로 0으로 남아 있게 되는 현상은 기술적 측면에서 시장충격이라고 볼 수 있다. 이러한 충격은 클러스터의 크기가 크면 클수록 충격 또한 크다. 다음의 표를 보면서 기술적인 측면에서 부정적인 충격현상을 예를 들어 설명해 보자.

클러스터 1	클러스터 2	클러스터 3	클러스터 4	누적 클러스터 파워
UP	UP	UP	UP	0
UP	UP	UP	UP	0
UP 3	UP 3	UP 3	UP 3	12
UP 4	UP 4	UP 4	UP 4	16
UP 5	UP 5	UP 5	UP 5	20
UP 6	UP 6	UP 6	UP 6	24
UP 7	UP 7	UP 7	UP 7	28
UP 8	UP 8	UP 8	Window 7	31
UP 9	UP 9	Window 8	UP 0	26
UP 10	Window 9	UP 0		19
Window 10	UP 0			10
UP	0			0

31에서 0으로 급격하게 하락한 것을 주목하라. down 클러스터도 똑같은 현상이 나타난다. 위의 예는 4개 종목을 예로 든 것일 뿐이다. 다우30 종목에 이 이론을 확장해 보면, 시장대폭락에 앞서 조기경보신호를 볼 수 있다.

하락에 앞서 생기는 실제 패턴(1992년)

6월 하락		8월 하락		9월 하락		10월 하락	
6.9	+15	8.5	+85	9.15	+41	10.2	-22
6.10	-1	8.6	+45	9.16	+16	10.5	-69
6.11	-14	8.7	+29	9.17	+13	10.6	-87
6.12	-47	8.10	-7	9.18	-9	10.7	-101

15

윈도우 지표를
조기경보 필드 트렌드 순지표로 사용하기

클러스터를 조기경보지표로 사용할 때 어떤 가치가 있는지 살펴보자.

우리는 필드 트렌드 순지표의 변화가 임박했다는 경고로 클러스터 분석을 사용할 수도 있다.

다음 표는 OBV 수치와 필드 트렌드 기록을 보여주는 전형적인 표이다. 10월 16일에서 10월 21일 사이에 4개의 higher-up으로 구성된 클러스터를 잘 보라. 10월 20일 3개의 연속된 up으로 +3의 클러스터 파워를 처음으로 기록했다. 10월 21일 up을 기록해서 +4가 되었다. 다음 날은 OBV표시가 없어 클러스터 파워는 0으로 변했다.

그런데 여기서 이상하고도 멋진 일이 일어났다. 10월 26일 OBV는 고가를 경신해서 새로운 up 표시를 얻었다. 10월 22일과 10월 23일은 OBV 표시가 없는 날로 윈도우가 생긴 날이다.

여기서 다음과 같은 사실을 한눈으로 봐도 알게 되었다. 하나의 클러스터를 깨뜨리는 것은 무엇이든 클러스터 파워를 0으로 만들어버린다는 사실이다. 그래서 10월 26일 OBV higher-up을 기록했는데도 불구하고 클러스터 파워는 0이 되었다. 자, 10월 30일에 일어난 필드 트렌드 순지표의 부정적 변화에 앞서서 클러스터 파워가 어떤 식으로 상실되었는가를 주목해야 한다.

클러스터 파워의 상실로 인하여 변화될 수 있는 '필드 트렌드 순지표의 상승신호의 수'가 몇 개나 되는지를 항상 확인하면서 이 새 분석기법을 사용해야 한다는 사실을 말해 주고 있다.

델타 항공사(1992년)

날짜	가격	OBV	OBV표시	필드	클러스터파워	클러스터파워신호
10.7	55-3/4	2,474,000		Rising		Up
10.8	56-5/8	2,698,800	Up	Rising		Up
10.9	55-3/8	2,361,600	Down	Rising		Up
10.12	54-3/4	2,162,500	Down	Rising		Up
10.13	56-7/8	2,574,100		Rising		Up
10.14	55-3/8	2,252,300		Rising		Up
10.15	56	2,483,300		Rising		Up
10.16	57-1/2	2,700,400	Up	Rising		Up
10.19	57-1/2	2,700,400	Up	Rising		Up
10.20	58-1/4	3,135,900	Up	Rising	+3	Up
10.21	59	3,530,100	Up	Rising	+4	Up
10.22	58	2,982,700		Rising	0	Down
10.23	58-1/2	3,394,300		Rising	0	Down
10.26	59-1/8	3,625,100	Up	Rising	0	Down
10.27	58-7/8	3,332,600		Rising	0	Down
10.28	58-3/8	3,080,700		Rising	0	Down
10.29	57-1/2	2,236,300	Down	Rising	0	Down
10.30	56-3/4	1,937,300	Down	Doubtful	0	Down
11.2	57-3/4	2,230,100		Doubtful	0	Down

16

현재 클러스터의 중요성

시장이 중요한 변화를 보이기 전에, 기술적 강세나 약세가 분명하게 현재 클러스터의 수치에서 먼저 나타나야 한다는 것은 논리적으로 당연한 말이다.

하나의 클러스터를 얻기 위해서는 3일 이상의 up이나 down을 얻어야 하기 때문에 클러스터가 없다는 얘기는 시장이 일정한 움직임을 보이지 않고 있다는 뜻이다.

즉, 보합권이라는 말이다. 그래서 다우지수의 움직임에만 신경쓰지 말고 먼저 클러스터 파워의 움직임을 확인해야 한다.

17

현재 클러스터 – 강력한 새 지표

총합계 개념에서 클러스터 파워를 보는 것 외에, 나는 다우공업주와 운수주, 공익사업주 각각에 대하여 현재 클러스터의 수치를 매일 기록하기 시작했다.

왜냐하면 두 개의 주식 때문에 클러스터 파워가 급상승하는 경우가 있었다. 이 일을 함으로써 그 같은 가중치효과가 없어질 것이다.

> 예
>
> 1991년 11월~1992년12월의 급락에 앞서 다우공업주 30종목의 현재 클러스터의 수치를 조사해 보라. 조사해 보면, 현재 클러스터 수치상 상승신호가 분명하게 나온다.

1993년 여름 동안 다우공업주평균이 내내 신고가를 기록했던 그 당시 '현재 클러스터 클라이맥스(CC CLX)' 기록을 살펴보자.

날짜	다우지수	CLX	CC CLX	4열	누적진짜 CLX	누적조기경보 CLX
8.4	3552.05	+3	+1745	15-0-15-3	+1839	+1932
8.5	3548.97	-26	+1719	8-9-25-0	+1822	+1924
8.6	3560.43	-5	+1714	18-8-15-0	+1825	+1935
8.9	3576.08	-9	+1705	13-11-11-0	+1827	+1948
8.10	3572.73	-7	+1698	15-9-13-0	+1829	+1959
8.11	3583.35	+11	+1709	26-11-7-3	+1848	+1986
8.12	3569.09	-21	+1688	0-11-14-4	+1834	+1979
8.13	3569.65	-13	+1675	3-6-15-5	+1822	+1968
8.16	3579.15	-12	+1663	4-16-13-13	+1813	+1962
8.17	3586.98	+7	+1670	8-4-4-7	+1817	+1963
8.18	3604.86	-11	+1659	9-9-11-0	+1815	+1970
8.19	3612.13	+12	+1671	19-10-6-9	+1828	+1984
8.20	3615.48	0	+1671	0-3-7-10	+1821	+1970

하나의 클러스터를 구성하려면 최소한 3개의 OBV up 표시를 필요로 한다고 정한 이유는 다음과 같다. 다우지수가 신고가를 경신하더라도 up 클러스터의 수치가 주가지수에 걸맞지 않다면 다우지수는 상승하더라도 기술적으로 약세라 할 수 있다. 기술적인 면에서 볼 때, 진정한 신고가는 확실한 기술적인 힘을 갖고 있어야 한다. 3개의 연속된 OBV up 표시는 기술적으로 상승을 잘 뒷받침해 준다고 할 수 있다. 물론 다우지수가 신저가를 기록하더라도 down 클러스터의 수가 주가지수에 걸맞지 않다면 다우지수는 하락하더라도 기술적으로 강세라고 할 수 있다.

주가상승 에너지가 소진되는 현상을 보여주는 완벽한 예가 있었다. 1993년 9월 20일 그 날은 다우지수가 계속 신고가를 갱신하여 3,615.48로 끝난 날이다. 그 날의 현재 클러스터 수치는 다음과 같이 나왔다.

공업주	0-0-0-0
운수주	0-0-0-10
공익사업주	0-3-7-0
65종목 합계	0-3-7-10

그래서 다우지수의 신고가 갱신에도 불구하고 진짜 OBV up 표시를 가진 클러스터를 단 한 개도 기록하지 못했다.

이제 '슈퍼 클러스터 지표'를 알아보자. '슈퍼 클러스터 지표'는 3개 이상의 연속적 up이나 down으로 이루어진 클러스터로서 다른 OBV 표시가 나오기 전에는 계속 기존의 클러스터 파워를 유지한다고 해석하는 것이다. 반면에 현재 클러스터는 윈도우가 나오면 클러스터 파워가 0으로 변하는 것으로 본다.

1993년 여름, 3,600p 이상으로 다우지수가 상승했을 때 슈퍼 클러스터 지표는 정확히 기술적 약세신호를 나타냈다.

18

클러스터 파워에 대해 좀더 알아보기

3개의 연속적 OBV higher-up 표시로 구성된 하나의 클러스터는 4개, 5개 이상으로 구성된 클러스터보다 기술적인 힘이 약하다는 것은 당연한 논리다. 달리 말하면, 클러스터가 크면 클수록 기술적 힘도 더 강하다는 것이다. OBV down 표시는 가장 가까운 OBV 저점을 하회해야 된다. 그래서 연속적 up 클러스터가 크면 클수록 OBV가 down을 기록하기가 어렵다. 즉, 상승하는 클러스터 파워는 시장하락을 차단하는 기술적 정도를 나타낸다고 할 수 있다. 반대로 연속된 down 클러스터가 크면 클수록 OBV가 up을 기록하기가 어렵다. 즉, 하락하는 클러스터 파워는 시장상승을 차단하는 기술적 정도를 나타낸다고 할 수 있다.

19

현재 클러스터와 슈퍼 클러스터가 같은 결과가 나온다면

이것은 조금 드문 일이지만, 모든 기록수치의 정확성을 높이는 결과가 나온다. 그래서 만약에 두 지표가 똑같이 강세를 나타내면, 시장의 강세를 더욱 확인시켜 준다. 두 지표가 정확히 같이 움직이면 시장은 초강세라 할 수 있다.

나는 1991년에 클러스터 계산작업을 시작했다. 그래서 그 해 1월의 수치기록을 가지고 있지 않았다. 그 해 1월 중순에 급상승국면이 시작되었다. 클러스터 사용기법을 개발한 이후, 지나간 1991년 1월의 클러스터 파워 수치를 계산해 보았다. 그 일은 클러스터 파워의 예측능력을 증명하기 위해서였다. 그 결과, 걸프전이 발발한 후 큰 상승이 있을 것이라고 클러스터 지표들이 정확히 알려주고 있었다.

1991년 1월 클러스터 파워

공업주

날짜	Up 클러스터	Down 클러스터	클러스터 파워
1.2	1	3	-10
1.3	1	3	-8
1.4	1	12	-36
1.7	0	12	-46
1.8	0	13	-53 Low
1.9	1	10	-42
1.10	1	10	-43
1.11	2	11	-41
1.14	2	9	-34
1.15	1	8	-34
1.16	1	8	-35 걸프전 발발
1.17	1	3	-14
1.18	3	0	+9
1.21	4	0	+13
1.22	4	1	+10
1.23	2	2	0
1.24	2	2	-1
1.25	3	2	+5
1.28	5	2	+11
1.29	8	2	+22
1.30	9	3	+24
1.31	12	2	+42

운수주

날짜	Up 클러스터	Down 클러스터	클러스터 파워
1.2	4	3	+7
1.3	4	4	+4
1.4	3	3	+7
1.7	2	2	+3
1.8	2	3	-5
1.9	2	4	-8
1.10	3	5	-7
1.11	4	6	-6
1.14	4	6	-5
1.15	6	5	+4
1.16	7	3	+17 걸프전 발발
1.17	11	1	+23
1.21	12	1	+50
1.22	11	1	+48
1.23	6	1	+32
1.24	7	0	+39
1.25	5	0	+19
1.28	6	0	+16
1.29	7	0	+24
1.30	7	0	+24
1.31	8	0	+29

그랜빌의 최후의 예언

공익사업주

날짜	Up 클러스터	Down 클러스터	클러스터 파워
1.2	2	2	+2
1.3	1	2	-6
1.4	1	2	-5
1.7	0	5	-18
1.8	0	6	-22
1.9	0	3	-11
1.10	2	3	-6
1.11	2	5	-12
1.14	1	5	-19
1.15	1	7	-30
1.16	1	9	-38 걸프전 발발
1.17	0	8	-38
1.18	1	6	-28
1.21	3	6	-22
1.22	4	5	-10
1.23	4	4	-5
1.24	3	4	-6
1.25	2	4	-11
1.28	3	4	-9
1.29	4	2	+1
1.30	4	3	-1
1.31	3	3	0

이제 클러스터에 대해 더 깊이 생각해 보자. 추세유지시간이 길면 길수록 up이나 down의 매개변수들은 더욱 더 극단적으로 나타난다.

20

누적 클러스터

우리는 각각의 클러스터 클라이맥스가 어떻게 시장의 바닥과 꼭지를 정확히 가리켜 왔는지를 보아왔다. 그러나 가장 좋은 추세지표는 무엇일까? 여기서 누적표를 기록하는 기법으로 되돌아가 보자. 똑같은 기법을 65종목 진짜 클라이맥스와 65종목 조기경보 클라이맥스를 만드는 일에 써보았다. 이 두 지표는 1987년 주가바닥 이후 시장에서 가장 큰 성공을 안겨주었다.

누적 클러스터 클라이맥스(부록 참조)를 표로 만들어 참조해 보니까, 1992년 초의 하락에 관한 의문이 즉각 풀렸다.

그리고 다우지수가 1992년 4월 18일의 3,181.35p 밑으로 깨고 내려간 이유를 기술적으로 예측해 주고 있었다. 아래의 표를 보자.

날짜	다우지수	누적 클러스터 CLX	누적진짜 클러스터 CLX	누적조기경보 클러스터 CLX
1992.4.8	3181.35	-1237	-582	-35
1992.10.2	3200.59	-1804	-1531	-1074

21

진짜 다우지수와 조기경보 다우지수

다우공업주평균이 마치 미국 주식시장을 대표하는 것처럼 매일 이 지수를 전세계에 발표하고 있다.

만일 다우지수가 다우공업주 30개종목의 OBV 움직임을 근거로 산출된다고 가정해 보자.

그러면, 다우지수는 어떤 모습일까? 가정을 하나 더 해보자. up이나 down의 OBV 표시가 생기지 않은 주가변화는 기술적으로 가치가 없는 주가움직임이라고 가정해 보자.

그리고 4열을 만들어 higher-up과 higher-down을 더하고 lower-down과 lower-up을 빼는 일을 한다.

이 합계가 조기경보주가평균이고, 진짜 다우지수를 계산할 때는 진짜 down을 진짜 up에서 간단히 빼면 된다.

22

추세전환을 예측해 주는 클러스터 수치

클러스터의 합계수치를 살펴보면, 추세변화를 암시해 주는 한계적 수치가 있다.

영원히 올라가거나 영원히 내려가는 것은 아무것도 없다. 급격한 상승은 시장이 끝나고 있다는 것을 말해 준다. 전체 다우 65종목의 진짜 up 클러스터의 최대한계치는 1992년 1월 9일 +89였다. 이때 다우지수는 3,209.53p를 기록했다. 이때가 주식을 팔고 시장을 빠져나오기에는 최고의 시기였다.

다른 극단적인 수치를 조사하면서, 다우 30종목의 클러스터표를 만들었는데, 그때 4열분석을 이용해서 3개의 일일지표를 만들게 되었다. 정통 클러스터 클라이맥스 지표(모든 up 클러스터 - 모든 down 클러스터), 진짜 클러스터 클라이맥스 지표(진짜 up 클러스터 - 진짜 down 클러스터), 조기경보 클러스터 클라이맥스 지표((higher-up 클러스터 + higher-down 클러스터) - (lower-down 클러스터 + lower-up 클러스터)) 등이다.

클러스터를 시간에 따라 기록한 표를 조사하면서, 극단적인 수치들을 기록한 날짜가 시장의 꼭지나 바닥 날짜와 거의 일치한다는 사실을 알아냈다. 1992년중 그런 날들을 살펴보자.

	클러스터	날짜	다우지수
최고수치: 정통 클러스터 클라이맥스	+62	1.9	3209.53
	+63	4.20	3336.33
	+65	5.12	3385.12
	+85	8.5	3365.14
최저수치: 정통 클러스터 클라이맥스	-86	3.13	3235.91
	-98	8.26	3246.81
최고수치: 진짜 클러스터 클라이맥스	+84	1.9	3209.53
최저수치: 진짜 클러스터 클라이맥스	-95	8.26	3246.81
최고수치: 조기경보 클러스터 CLX	+106	1.9	3209.53
최저수치: 조기경보 클러스터 CLX	-92	8.26	3246.81

    표에서 1992년중의 최고와 최저 수치들을 보면, 정통 클러스터 클라이맥스는 +85 부근, 진짜 클러스터 클라이맥스는 +84 부근, 조기경보 클러스터 클라이맥스는 106 부근이 꼭지가 되는 경향이 있음을 알 수 있다. higher-up과 higher-down 클러스터를 포함하기 때문에 조기경보 클러스터 클라이맥스 수치는 진짜 클러스터 클라이맥스 수치보다 크다.

    하락관련 변수들을 보면, 정통 클러스터 클라이맥스는 -98 부근, 진짜 클러스터 클라이맥스는 -95 부근, 조기경보 클러스터 클라이맥스는 -92부근이 바닥이 되는 경향이 있음을 알 수 있다.

23

모두 모아보자

1991년

날짜	공업주	운수주	공익주	65종목
1.2	-10	+7	+2	-1
1.3	-8	+4	-6	-10
1.4	-36	+7	-5	-34
1.7	-46	+3	-18	-61
1.8	-53	-5	-22	-80
1.9	-42	-8	-11	-61
1.10	-43	-7	-6	-56
1.11	-41	-6	-12	-59
1.14	-34	-5	-19	-58
1.15	-34	+4	-30	-60
1.16	-35	+17	-38	-56
1.17	-14	+23	-38	-29
1.18	+9	+42	-28	+23
1.21	+13	+50	-22	+41
1.22	+10	+48	-10	+48
1.23	0	+32	-5	+27
1.24	-1	+39	-6	+32
1.25	+5	+19	-11	+13
1.28	+11	+16	-9	+18
1.29	+22	+24	+1	+47
1.30	+24	+24	-1	+47
1.31	+42	+29	0	+71

그랜빌의 최후의 예언

다른 좋은 실례는 1991년 4월 17일 다우지수가 3,004.46p에서 시작된 최초의 하락을 들 수 있다. 6월 17일은 시장의 중요한 꼭지를 기록한 날이다.

다우지수가 4월 19일 33p 이상 급락하자 모두들 극도의 약세시장이 향후에도 계속될 것이라고 생각했다. 이보다 더한 잘못이 있을까? 사람들은 계산착오를 하고 있었는데, 많은 종목들이 UP 클러스터를 만들고 있었다는 사실을 몰랐다.

시장이 강세를 띠고 있는 상황에서의 시장역전은 이렇게 일어난다. 시장이 엄청나게 큰 down 표시를 기록해 왔다는 것이다. 첫번째 큰 반등은 up 표시를 만들기가 어렵기 때문에 실패하기 쉽다.

이런 결론은 클러스터가 진짜 OBV-up과 진짜 OBV-down으로 구성되는 클러스터인지 아니면 higher-down과 lower-up으로 구성되는 클러스터인지에 따라서 상당한 영향을 받는다.

분명히 higher-down 클러스터는 향후에 강세전환을 약속하는 경우가 많고, 반면에 lower-up 클러스터는 향후에 약세전환을 예고하고 있다고 볼 수 있다.

1991년 11월~1991년 12월의 시장하락

날짜	다우지수	클러스터의 수	누적클러스터 파워	클러스터 파워
10.1	3018.34	6	-5	-5
10.2	3012.52	2	+1	-4
10.3	2984.79	4	-6	-10
10.4	2961.76	7	-4	-14
10.7	2942.75	10	-19	-33
10.8	2963.77	2	+3	-30
10.9	2946.33	4	-2	-32
10.10	2976.52	1	+8	-24
10.11	2983.68	4	0	-24
10.14	3019.45	6	0	-24
10.15	3041.37	9	+12	-12
10.16	3061.72	6	+10	-2
10.17	3052.00	6	+9	+7
10.18	3077.15	3	+16	+23
10.21	3060.38	2	+2	+25
10.22	3039.80	4	+1	+26
10.23	3040.92	1	+3	+29
10.24	3016.32	5	+4	+33
10.25	3004.92	5	+3	+36
10.28	3045.62	0	0	+36
10.29	3061.94	2	0	+36
10.30	3071,78	3	+4	+40
10.31	3069.10	2	+7	+47
11.1	3056.35	2	0	+47
11.4	3045.62	0	0	+47
11.5	3031.31	1	-3	+44
11.6	3038.46	2	0	+44
11.7	3054.11	2	0	+44
11.8	3045.61	2	0	+44
11.11	3042.26	3	-10	+34
11.12	3054.11	3	-10	+24
11.13	3065.30	4	-3	+21
11.14	3063.51	4	-8	+13

그랜빌의 최후의 예언

11월 15일 120p가 하락했다. 시장하락은 아무런 예고도 없이 불시에 찾아온다는 생각을 막연히 했었다. 그러나 여기서 증거를 찾았다. 11월 15일 120p 하락에 앞서 누적현재 클러스터가 하락했다는 것을 이제서야 알았다.

이제 12월 시장바닥에 대한 조기경보가 어떻게 나타났는지 표를 계속해 보자.

날짜	다우지수	클러스터의 수	누적클러스터 파워	클러스터 파워
11.15	2943.20	3	-6	+7
11.18	2972.72	2	-3	+4
11.19	2931.57	5	-19	-15
11.20	2930.01	2	-12	-27
11.21	2932.69	7	-15	-42
11.22	2902.79	13	-24	-66
11.25	2902.06	8	-33	-99
11.26	2916.14	5	-32	-131
11.27	2900.04	3	-17	-165
11.29	2894.68	4	-17	-165
12.2	2935.38	1	+4	-161
12.3	2929.56	1	-3	-164
12.4	2929.56	5	-4	-168
12.5	2911.67	2	0	-168
12.6	2889.09	6	-19	-187
12.9	2886.40	5	-21	-208
12.10	2863.82	6	-19	-227
12.11	2865.38	3	-14	-241

이제 시장바닥이 보인다. 그리고 그에 이어 강력한 반등시세가 이어지게 된다.

날짜	다우지수	클러스터의 수	누적클러스터 파워	클러스터 파워
12.12	2895.13	4	0	-241
12.13	2914.13	5	+10	-231
12.16	2919.05	6	-4	-235
12.17	2902.28	4	+10	-225
12.18	2908.09	6	+18	-207
12.19	2914.36	8	+15	-192
12.20	2934.48	8	+33	-159

24

매일 숙제하기

월요일부터 금요일까지 매일 저녁 4시 30분(미주리 시간)에 아내 카렌은 다우 65종목의 거래량과 종가를 얻어온다(공업주 30종목, 운수주 20종목, 공익주 15종목). 나는 즉각 다우공업주 30종목에 대한 작업을 시작한다. 왜냐하면 매일저녁 긴급시황을 하려면 일일 클라이맥스 지표와 필드 트렌드 순지표를 계산해야 하기 때문이다.

다음 날 아침 5시 이전에 잠을 깬다. 제일 먼저 CNBC 경제쇼를 듣는다. 내가 제일 듣고 싶은 것은 도쿄, 파리, 프랑크푸르트의 주식시장에 대한 시장 리포트다. 그리고 나서 침대에서 일어나 대문에 와 있는 IBD와 월 스트리트 저널을 집어들고 서재로 간다. 거기서 TV를 켜고 5시 30분에 CNN 아침경제를 본다. 그 다음 내가 하는 첫번째 작업은 나머지 다우 35종목의 OBV를 계산하는 일이다. 카렌이 전날밤에 계산해 놓은 데이터를 사용한다. 나의 하루는 이렇게 시작된다.

내가 사용하는 작업표(work sheet)는 이렇게 생겼다.

1994년 1월 10일

공업주

UP	Down		DOWN	Up	
XXXXX	XX		XXXX		
XXXXX					
XX					
12	2		0	4	CLX +14

현재 클러스터				슈퍼 클러스터			
3		4		3	3	3	4
3				3		3	3
5				5		4	
5				5		3	
16	0	0	4			8	
						3	
				16	3	24	7

운수주

UP	Down		DOWN	Up	
xxxxx				xxxxx	
xxx					
8	0		0	5	CLX +13

현재 클러스터				슈퍼 클러스터		
3		3		3		3
3				4		
6	0	0	3	3		
				3		
				13	0	0	3

공익사업주

UP	Down		DOWN	Up	
	x				
0	1		0	0	CLX -1

현재 클러스터				슈퍼 클러스터	
	6			3	7
0	6	0	0	6	10
				5	
				6	
				4	
				0	9	32	0

65종목 합계

4열

12	2	0	4	
8	0	0	5	
0	1	0	0	
20	3	0	9	CLX +26

현재 클러스터

16	0	0	4
6	0	0	3
0	6	0	0
22	6	0	7

슈퍼 클러스터

16	3	24	7
13	0	0	3
0	9	32	0
29	12	56	10

다우공업주부터 4열분석을 시작한다. 4열은 OBV-UP(대문자, higher-up)부터 Down(higher-down), DOWN(대문자, lower-down), Up(lower-up)의 배열순서로 기록한다.

다우공업주종목의 OBV를 계산해서 해당되는 칸에 X표시를 한다. 이렇게 해서 그 날의 4열 시리즈 12-2-0-4 를 계산해내고 여기서 바깥쪽 두 개를 더하고 안쪽 두 개를 빼면 클라이맥스 지표 +14가 구해진다.

이런 식으로 일을 계속해 나간다.

그 다음 다우공업주, 운수주, 공익사업주의 새로운 일일자료를 분류표에 기록한다. 나는 분류표에 이 모든 4열 조합을 기록하면서 데이터 뱅크를 계속 작성하고 있다. 분류표에는 가장 유사한 조합들이 있기 때문에 금방 한눈에 쏙 들어온다. 결과에 영향을 미치는 상쇄요인이 항상 있기 때문에, 유사한 조합이나 딱 들어맞는 조합이라도 그 뒤에 따라나올 4열 시리즈가 정확하리라고 기대할 수는 없다. 그럼에도 불구하고, 이 슬롯 머신 기법은 노력할 만한 가치가 있고, 언젠가는 깜짝 놀랄 만한 결과를 가져올 것이라는 느낌을 받는다.

65종목분석은 진짜 클라이맥스 지표와 조기경보 클라이맥스 지표의 기록을 포함하고 있다.

그러고 나서 나는 가장 최근의 65종목 클라이맥스 지표 3가지를 갖고 분류표에 들어가 4열 시리즈의 앞 수치 3개를 비교해 보고 나서 네번째 수치를 예측해 본다.

남은 일은 나스닥 통계치를 업데이트하고, 마지막으로 주간정보지에 실을 데이터 — 다우공업주 클라이맥스, 신고가 신저가 종목수, 등락주선, 그리고 새 ADL 등 — 를 기록하는 일이다.

이것이 매일매일의 일거리이다. 이 일은 2시간 반 정도가 걸려야 완성된다.

5장

시장시계는
지금 몇 시를
가리키고 있는가

Granville's Last Stand

시장시계는 지금 몇 시를
가리키고 있는가

1

시장국면

시장의 강세와 약세 국면을 살펴보자. 시장국면에는 강세시장에서 세 개의 국면이 있고, 약세시장에서 세 개 국면으로 나눌 수 있다. 이론적으로 볼 때 이 국면들은 9~11개월의 기간을 갖는다. 각 국면에서 나타나는 핵심 기술적 지표들의 특징을 설명하겠다.

투자자들의 심리를 보면, 세 강세국면에서는 불신, 신뢰, 과신이라는 심리적 배경이 깔려 있다. 제1국면에서는 투자자들의 심리가 위축되어 있고 동시에 걱정과 시장악재가 공존하고 있는 단계로 대중들은 시장에 좋은 일이 있다는 것을 알지 못한다. 그래서 갖고 있던 주식을 팔기에 바쁘고 이때 일급투자가들은 주식을 산다. 강세시장 제2국면에서는 대중들은 여전히 두려움을 떨치지 못하고 주식을 팔아 시장의 수급균형을 맞추어주는 역할을 하고 있다. 그러나 일부대중들은 시장이 좋아지리라는 것을 믿기 시작한다.

일급투자가는 대량매수를 계속한다. 강세시장 제3국면에서는 대중들은 시장이 빠질 염려가 없다고 생각하고 신뢰에서 자신감으로 탈바꿈한다. 일급투자가는 시장의 적신호를 보고서 두려움을 느껴 갖고 있던 주식을 대량으로 판다.

대중들은 주식을 사기 위해 새벽부터 줄을 서서 기다릴 정도이다. 대중들은 극도의 불신에서 극도의 자신감으로 옮겨갔다.

약세시장에서는 모든 것이 반대다. 약세시장 제1국면에서 대중들은 여전히 자신있게 주식을 사지만 이때 일급투자가는 현금을 갖고 있으며 공매도로 대응한다. 여기서도 세 가지 심리국면을 볼 수 있다. 시장이 나빠진다는 사실을 믿지 않는다. 그러다가 주가하락이 계속되면 그때서야 시장이 변했다는 것을 믿고 더 나아가 극도의 확신을 갖게 된다. 결국 이들은 주식시장의 대바닥에서 극도의 회의를 품게 된다. 일급투자가들은 언제나 반대로 행동한다. 약세시장 제1국면과 제2국면에서는 시장하락에 대한 경계를 풀지 않고 있다가, 마지막 제3국면에서는 주식을 매집하기 시작한다.

시장이 약세지표에도 불구하고 하락하지 않거나, 강세지표에도 불구하고 상승하지 않을 때가 있다. 이처럼 기술적 지표를 따르지 않을 때는 무언가 잘못되었다는 경고로 보아야 한다. 이때 지표가 방향을 바꾸어 시장

그랜빌의 최후의 예언

을 따르거나 아니면 시장이 방향을 바꾸어 기술적 지표를 따라 일치되어야 한다. 이런 상황에서 우리는 무엇을 믿어야 하나? 가장 믿을 만한 지표가 신고가 신저가 지표와 등락주선(ADL)이다. 이것은 뒤에 설명하겠다. 시장이 이 지표들과 보조가 맞지 않을 때는 그 어느 때보다도 이 지표들을 믿고 시장이 바뀌기를 기다려야 한다.

2

강세시장

강세시장이란 상승장으로서 보통 그 기간이 최소 18개월 지속된다. 이 기간은 대개 다우공업주평균으로 측정한다. 증시 초심자는 30개 종목으로 구성된 다우공업주평균지수가 증시의 본모습이라고 믿고 있다. 그러나 사실은 그렇지 않다. 이 책임의 상당부분은 대중매체, 즉 매스컴에 있다. 이런 예가 많이 있다. 대표적인 예가 1987~1990년의 다우지수 상승시기에 있었다. 신고가 신저가 지표와 등락주선에 따르면 진짜 시장은 1989년 8월에 꼭지를 쳤는데, 다우지수는 1990년 7월에서야 꼭지를 쳤다. ADL은 1989년 8월부터 1990년 10월까지 계속 하락했다. 따라서 위 지표에 따르면 진짜강세 사이클은 22개월간 지속된 반면, 다우지수에 따르면 34개월간 지속되었다.

3

강세시장의 세 국면

강세주기는 그 국면별로 서로 다른 특징을 갖고 있다. 이런 특징들을 잘 살펴보면 지금의 시장이 어느 국면에 와 있는지를 확인하는 데 많은 도움이 된다.

강세주기는 각각 9~11개월간 지속되는 세 개의 국면으로 이루어져 있다.

그래서 강세주기의 총기간은 27~33개월 정도가 소요된다. 이러한 강세주기의 각 국면에서 주요지표들이 어떻게 움직이는지 살펴보자.

강세시장 제1국면

〔지표와 특징〕

등락주선(ADL)

장기하락추세를 따라 움직이다가 하락을 멈추고 이전의 중간수치 위로 올라갔다.

신고가 신저가 지표

이전 9개월내에 신저가 종목수가 최고수준에 달하여 그 최고수치가 500~900개에 이르렀다는 것을 볼 수 있다. 그 이후로 신고가 종목수가 꾸준히 증가하여 신저가 종목수를 넘고 있다.

다우존스공업주

이전 6~9개월 사이의 어느 시점에 주요한 바닥(가바닥 혹은 진바닥)을 형성했다. 이 바닥은 다우운수주가에 의해 확인된 바닥을 말한다. 그 후로 다우지수는 저점과 고점이 차츰 높아지는 뚜렷한 상승 패턴이 나타나거나 신저가를 기록한다고 하더라도 다우운수주가평균으로 확인되지 않는 상태이다.

다우존스운수주

이전 6~9개월 사이의 어느 시점에 주요한 바닥(가바닥 혹은 진바닥)을 형성했다. 이 바닥은 다우공업주가에 의해 확인된 바닥을 말한다. 그 후로 다우운수주는 저점과 고점이 차츰 높아지는 뚜렷한 상승 패턴이 나타나거나 신저가를 기록한다고 하더라도 다우공업주가평균으로 확인되지 않는 상태이다.

시간 지표

주기적인 장기바닥을 모두 점검해 보라. 지금까지의 주기적인 장기바닥은 1957, 1962, 1966, 1970, 1974, 1978, 1982, 1987, 1990년이었다. 4년에서 4년 반의 주기가 지속적으로 있었다는 사실을 생각하고, 지금의 시장이 이런 주기적인 바닥들 중의 하나를 기록한 지 1~9개월 안에 있어야 한다.

다우존스공업주 200일 이동평균추세선

다우지수 200일 장기추세선은 장기하락추세를 오랫동안 지속해 왔다. 약세시장하에서의 단순한 반등시세가 아님을 확실히 하기 위해서는, 이 추세선의 하락은 9개월 이상 지속되어 왔어야 한다. 다우지수는 200일 추세선을 상향돌파한다. 시간상으로 보면 이전의 강세시장의 제1국면에서 이것과 유사한 상향돌파가 있은 지 대략 4년~4년반 후에 일어난다.

50% 원칙

다우존스공업주평균이 완결된 약세시장의 하락폭의 50%를 회복하면, 이것은 새로운 강세시장의 제1국면이 진행중에 있다는 가장 확실한 증거가 된다.

뉴스

뉴스는 대체로 악재들로 가득차 있다. 강제시장 제1국면은 호재에 이끌려 진행되는 법이 없다. 호재에 의해 진행되는 강세시장 제1국면이 있다면, 이것은 시장 게임의 원리를 파괴하기 때문이다. 즉, 기본적 분석가가 기술적 분석가를 따라 같이 매수하면 주식을 팔 사람이 없다. 이것은 시장 게임의 원리를 벗어나는 일이다. 강세시장 제1국면의 처음 3개월 동안 뉴스는 악재로 가득차 있고 그러다가 악재들이 서서히 줄어든다. 흔히 그렇듯이 강세시장 제1국면에서는 나라 전체가 경기침체하에 있고, 경기침체에 비롯된 악재 때문에 기본적 분석의 경향을 띠는 대중들은 날마다 나오는 머리기사에 걱정을 하는 반면에, 기술적 분석의 영향을 받는 사람들은 이 악재를 방패로 삼고 주식을 매수한다. 새로운 강세시장 제1국면에서는 언제나 시장이 악재를 뿌리치며 '걱정의 벽'을 타고 기어오르는 모습을 나타낸다. 급등하는 상승 패턴이 아니라 서서히 등락을 계속하면서 서서히 오르는 패턴을 말하는데, 이것은 그런 빈약한 기본여건에도 불구하고 시장이 상승할 수 있다는 사실을 믿지 못하는 대중들이 계속 매물을 내놓기 때문에 생기는 현상이다. 즉 '걱정의 벽'을 타고 기어올라가는 상승 패턴은 대중들이 시장에 대하여 얼마나 불신하고 있는지를 나타내주는 좋은 증거이다.

제너럴 모터스주

강세시장 제1국면의 최초시기에 GM주가는 4년~4년 반 사이 기간중 최저가로 떨어진다. 이런 일이 생기면, 즉각 시장바닥을 이미 찍었는지 기술적 증거를 점검하라. GM주는 흔히 다우지수보다 늦게 저가를 기록하기 때문이다. 최저가 기록 후에 GM주는 '강세의 GM 4개월 규칙' — 저가를 기록한 후 4개월 동안 그 저가를 깨지 않는 규칙 — 을 잘 지킨다. 일단 그 주식이 '강세의 GM 4개월 규칙'을 지키고 있는 게 확인되면, 강세시장 제1국면은 일반적으로 3개월이 남아 있다.

역자주

1. 다우지수 바닥 → GM주가 바닥 → 4개월 후 '강세의 GM 4개월 규칙' 확인 → 강세시장 제1국면임을 확인: 이런 과정에서 강세시장 제1국면이 대체로 6개월 정도가 지난다. 따라서 제1국면의 전체기간이 9~11개월이라면 3~5개월 정도가 남게 된다.
2. 한국시장에서는 현대자동차 주식에 적용해 보기 바란다.

금융시장 유동자산으로 측정한 시장분위기

대세바닥 이후 처음 몇 개월 동안은 금융자산총액의 추세가 꾸준히 올라간다. 대중들이 주가하락에 대한 두려움이 여전히 남아 있어서 자금을 주식시장이 아닌 금융시장에 투자하기 때문이다. 그러다가 금융자산총액이 절정을 이루고 내려오기 시작하지만, 주식시장이 약세를 보일 것이라는 생각이 아직도 널리 퍼져 있다.

강세시장 제2국면

〔지표와 특징〕

등락주선(ADL)

ADL은 강세시장 제1국면 동안 두 개의 꼭지 중 첫번째 ADL 꼭지를 만들었다. 강세시장 제2국면이 진행됨에 따라 ADL은 다우지수와 보조를 맞추지 못하고 간격이 점점 벌어지는 모양(divergence 현상)을 나타내면서, 일시적으로 저가를 만들고, 제1국면의 강력한 상승에 대한 조정양상을 보인다. 제2국면의 중간기에 다우지수는 '대중을 속이는 하락'(中間期大反落)이라고 불리는 좀더 심한 조정파동이 일어난다. 이 과정에서 ADL은 다시는 회복하기 어려울 정도로 상당히 깊게 하락한다. 중간기 대반락 이후 시장이 회복되면서 ADL도 상승하게 되는데, 두번째 ADL 꼭지는 제1국면의 ADL 꼭지보다 높을 수도 있고 낮을 수도 있다. 그리고 이 두번째 ADL 꼭지는 제2국면 마지막에 일어나는데 실제로는 제2국면과 제3국면을 구분짓는 경계선에서 나타난다. ADL이 제2국면중에 급상승을 하든 그렇지 않든 상관없이, 일반적인 패턴은 제1국면에서의 첫번째 ADL 꼭지와 제2국면에서의 두번째 ADL 꼭지를 만들고 두번째 ADL 꼭지는 첫번째 ADL 꼭지와 비슷하거나 더 높다.

신고가 신저가 지표

개별주식의 신고가 종목수는 강세시장 제1국면의 마지막에 꼭지를 쳤을 수도 있다. 그렇지 않으면 제2국면에서 최고치가 나온다. 그것은 주로 제1국면의 시장움직임이 거래량이 많으냐 적으냐에 달려 있다. 만약에 제1국면이 거래량이 많고 다우지수도 크게 오르면, 그때는 신고가 종목수가 제1국면에서 꼭지를 칠 가능성이 크다. 약세시장에서 신저가 종목수보다 강세시장의 신고가 종목수가 많은 경우는 절대로 없다. 보통 신고가 종목수의 최고기록은 300~400개 종목인 반면 신저가 종목수의 최고기록은 550~900개 정도로 더 많다. 1987년 10월 20일에는 신저가 종목수가 1,174개를 기록하고 시장대폭락이 끝났다. 강세시장 제1국면에서 대량거래를 수반한 다우지수의 큰 상승이 있었다면, 강세시장 제2국면에서의 신고가 종목수는 제1국면의 최고수치보다 언제나 낮으며, 일반적으로 80~150종목 사이에서 왔다갔다 한다. 반대로 거래량이 적고 다우지수도 다소 완만한 강세시장 제1국면을 거쳤다면, 신고가 종목수는 제2국면 말에 가서야 최고수치를 기록할 가능성이 크다.

다우존스공업주

제2국면 중간기의 급격한 하락조정에 앞서 제1국면의 최고가를 넘을 수도 있고 넘지 못할 수도 있다. 중간기 대반락을 거친 후 제2국면의 말에 강세시장의 신고가를 기록하게 될 것이다.

다우존스운수주

중간기의 조정파동에 앞서 다우공업주와의 디버전스 현상이 일어나지 않는다면, 제2국면중에는 다우공업지수와 보조를 맞춰 상승할 것이다. 중간기대반락 이후 다우공업주의 상승을 확인시켜 주지 못하면, 시장에 심각한 문제가 있다고 생각해야 한다.

시간 지표

확인된 대세바닥 이후로 10~20개월이 지났다. 중간기대반락은 대세바닥 이후 대략 15~18개월 사이에 일어난다.

다우존스공업주 200일 이동평균추세선

추세선은 강세시장 제2국면 내내 제1국면의 다우지수 최고치보다 아래에 있다.

50% 원칙

이 지표는 제2국면 중간기대반락의 하락폭(상승폭의 50%를 넘지 않는 반락)을 정확하게 집어내는 것 외에 제2국면 동안 주요한 기능이 없다.

뉴스

제1국면 동안 주가가 '걱정의 벽'을 기어오르는 동안, 뉴스를 중요시하는 기본적 분석가들은 시장이 상승할 이유가 없다고 생각하고 있는데도 주가가 상승하자 머리가 돌 지경이었다. 그러나 이제는 뉴스 내용이 변화하면서, 제1국면에서의 대중들의 불신은 확신으로 바뀌게 된다. 강세시장 제2국면은 일반적으로 이러한 뉴스 내용의 변화로 시작된다. 만약에 제1

국면 내내 경기 침체하에 있었다면, 경기침체가 끝났다는 보도나 경기침체가 끝나가고 있다는 보도로 강세시장 제2국면으로 들어가는데 그 진입시기는 대중들이 시장에 들어와 최고가로 주식을 사는 시장반락기와 일치할 가능성이 크다.

제너럴 모터스주

강세시장 제2국면 내내 상승추세를 보이며, 어떤 반락이 있어도 앞의 약세시장 최저가보다 훨씬 높은 주가를 견지한다.

금융시장 유동자산으로 측정한 시장분위기

주가상승에 대한 자신감을 가진 대중들이 주식시장으로 들어오기 위해 금융자산을 팔기 때문에 금융자산총액의 추세는 계속 떨어진다. 이것은 자금이 주식·채권 펀드로 들어가는 것을 포함한다.

강세시장 제3국면

〔지표와 특징〕

등락주선(ADL)

강세 제2국면 말에 대천장을 기록하고, 강세시장 제3국면 내내 다우존스공업주평균과 보조를 맞추지 않고 반대로 움직이는 불일치현상(디버전스 현상)이 일어난다.

신고가 신저가 지표

강세시장 제1국면이나 제2국면에서 기록한 신고가 종목수의 최고기록을 향해 오를 것 같은 마지막 시도가 있으나, 실패하여 그 수준에 도달하지 못한다. 신저가 종목수는 증가하고 있지만, 그 수치가 신고가 수치와 같아지거나 신고가 수치를 넘어서는 경우는 거의 없다.

다우존스공업주

제3국면중에 다우지수는 다른 지표들과는 동떨어져 앞질러가면서, 그 절정에 달한다. 시세의 마지막에 보통 나타나는 말단가속운동으로 급격한 수직상승 패턴을 보이면서 다우지수의 신고가가 수차에 걸쳐 기록된다. 그러나 그 움직임은 일부 주요지표들의 확인을 받지 못한다.

다우존스운수주

강세시장 제3국면중에는 다우공업주와 다우운수주 사이가 현저하게 벌어지는 디버전스 현상이 생길 것으로 보이며, 서로 상대방의 주가움직임을 확인하지 못한다.

그러나 제3국면의 종결을 밝혀내는 데 두 지표의 괴리가 절대적으로 요구되는 것은 아니다. 두 주가평균이 서로 상승을 확인하는 상태에서 대세 꼭지를 기록할 수 있다. 그런 경우라고 할지라도 다른 지표 특히 ADL과 신고가 종목수로 확인받지 못하는 기술적인 약점을 갖게 된다.

시간 지표

확인된 대세바닥이 기록된 이후로 21~33개월이 지났다. 이 지표만으로도 지금의 상승시세가 늙어가고 있으며 그 출구를 찾기 시작할 때가 임박했음을 알 수 있을 것이다.

다우존스공업주 200일 이동평균추세선

강세시장 제3국면임을 알려주는 분명한 신호는 다우존스200일 이동평균추세선에서 확인된다. 이 추세선이 제2국면 반락기 후에 상승하여 지그재그형을 그리면서 강세시장의 신고가권으로 들어가면서 고가를 돌파하면 제3국면이 시작되었음을 알린다. 그 시점에서부터 강세시장은 일반적으로 6~8개월간 계속되며, 길어도 1년을 넘지 않는다.

50% 원칙

강세시장 제3국면에서는 중요하게 적용되는 경우가 없다.

뉴스

경제 뉴스가 빛을 내고 일반대중은 초강세관을 갖는다. 산업이 활기를 띠고 있는 것을 반영하여 기업이익이 엄청나게 늘어날 것이라는 전망이 발표된다. 그러나 ADL이 하락하는 것에서 알 수 있듯이, 초강세를 보도하는 뉴스에도 불구하고 전반적으로 시장이 잘 반응하지 않고 있다.

제너럴 모터스주

제너럴 모터스주는 이제 다우존스공업주평균에 앞서서 꼭지를 치고 내려왔다.

금융시장 유동자산으로 측정한 시장분위기

대중들이 주식 채권 펀드에 자금을 쏟아넣기 때문에 금융자산총액은 급속한 하락을 계속한다.

그러나 강세시장 말기에 일급투자가들이 주식을 팔고 현금화하여 주식시장을 떠나기 시작하면서 금융자산총액은 바닥을 치고 상승전환을 시작한다.

4

약세시장의 세 국면

약세시장 제1국면

〔지표와 특징〕

등락주선(ADL)

ADL은 마지막 강세시장에서의 블루칩(우량주) 상승이 있기 직전에 기록된 ADL 최저치를 하향돌파하여 내려가면서 뚜렷한 하락추세를 보인다.

신고가 신저가 지표

신고가 종목수는 줄어들고 있고, 반면에 신저가 종목수가 매일 급증하여 신고가 종목수를 넘어선다. 그 후로는 신고가수보다 신저가수가 많은 상태가 지속된다.

다우존스공업주

다우존스공업주평균이 앞서 기록한 대세꼭지로부터 최초의 급락현상이 일어난다. 약 60일 후에 강력한 반등시도가 있지만, 실패로 끝난다. 그런 다음 다우평균은 최초의 중요한 저점을 하향돌파하여 초약세로 보이는 지그재그형 하락을 보인다.

다우존스운수주

다우공업주와 같이 대세꼭지로부터 급격한 하락을 보이며, 나중에 나오는 반등시도에서도 회복할 수 없게 된다.

시간 지표

대세바닥 이후 22~34개월이 경과하였다. 강세시장 대세꼭지의 모든 특징을 갖는 시장꼭지가 지난 1~5개월 안에 틀림없이 있었을 것이다.

다우존스공업주 200일 이동평균추세선

상승하던 200일 추세선이 수평으로 횡보해 왔고, 이제는 내려가기 시작한다. 다우존스공업주평균이 급락해서 추세선을 하향돌파했다. 후에 다우평균은 이 추세선 위로 약간 올라올지 모르지만, 금방 다시 내려간다. 이 모든 일들이 약세시장 제1국면 안에서 일어나는 것이 보통이다.

50% 원칙

이 원칙의 적용은 빠르면 빠를수록 더욱 더 타당성을 갖는 것 같다. 만약 약세시장 제1국면에서 앞서 종결된 강세시장 상승폭의 50% 이상 하락한다면, 전 약세시장의 최저치(직전의 대세바닥점)가 이번 약세시장중에 하향돌파될 것이라는 점을 강력히 시사하고 있다. 지금까지의 예를 들어보면 다음과 같다. 1966년 하락시세에서는 약세신호가 너무 늦게 나타나서 이 원칙은 효과적이지 못했고 그 때문에 오히려 이 원칙은 속임수가 되고 말았다. 1968~1970년 약세시장의 제1국면중에 있었던 하향돌파에 이 원칙을 적용하여 1970년의 대세바닥이 1966년의 대세바닥점보다 낮을 것이라고 예측하였다.

이것은 1973~1974년 약세시장의 제2국면중에 있었던 하향돌파에도 적용되었으며 여기서도 1970년의 대세바닥보다도 낮은 수준의 대세바닥이 뒤따랐다. 요약해서 말하면 이 원칙이 약세시장의 제1국면과 제2국면에서 발동될 경우 타당성이 크며 따라서 초약세를 나타낸다.

뉴스

뉴스는 아직 강세를 유지하고 있으며 특히 상업부문에 호재가 많다. 대개의 경제지표들은 번영기가 계속될 것이라고 뒷받침해 준다. 한편 시세는 강세시장의 제2국면중에는 호재성을 띤 뉴스에 호응하여 상승시세를 보였고 또 강세시장 제3국면중에는 실제로 호재인 뉴스에 냉담하여 시세는 횡보했고 지금은 호재 뉴스가 계속 나와도 시세는 급격한 하락을 보인다.

제너럴 모터스주

제너럴 모터스주는 이제 초약세로 보이는 하락추세를 보이고 있다. 그 주가는 200일 이동평균선을 하향돌파했으며 200일 추세선은 옆으로 기다가 이제 내려가기 시작한다.

금융시장 유동자산으로 측정한 시장분위기

약세시장 제1국면에서 주가가 더욱 하락함에 따라 금융자산총액은 급속하게 증가하기 시작한다. 이것은 주식시장에 대한 대중들의 공포심이 점차 증가하고 있다는 사실을 반영한다.

약세시장 제2국면

〔지표와 특징〕

등락주선(ADL)

중간기의 강한 반등세(中間期大反騰)에서 ADL은 급격히 상승하여 하향추세에서 벗어나지만, 그 움직임은 일시적임이 밝혀진다. ADL은 그 후에 보다 더 급격하게 떨어져서 전(前)저점을 하향돌파한다.

신고가 신저가 지표

신고가 종목수는 잠시 동안 신저가 종목수보다 많아지지만, 곧 역전된다. 그 후로 신저가 종목수가 신고가 종목수보다 더 많은 현상이 지속되는 초약세 패턴으로 전환된다.

다우존스공업주

대세꼭지 이후 몇 번의 반등을 시도하면서 다우공업주식 중 한두 종목은 실제로 전최고치로 돌아간다. 많은 투자자들은 여기에 속아서 지금까지의 하락세는 결국 강세시장에서의 반락(조정국면)에 불과하였다고 잘못 생각한다. 그같은 종목별 상승세는 곧 대세하락세로 되돌아간다. 강력한 중간기대반등시세에서 최고의 속임수가 일어난다.

다우존스운수주

다우운수주가평균은 중간기대반등시세중에 반등하나 전(前)최고치에는 미치지 못하고 급격하게 하락한다. 그래서 다우존스공업주평균의 상승을 확인하지 못할 가능성이 있으며 또 반대로 확인받지 못할 가능성도 있다.

시간 지표

강세시장의 대세꼭지 이후 7~14개월 사이에 들어와 있다.

다우존스공업주 200일 이동평균추세선

이 추세선은 곧장 아래로 내려오는 까닭에 중간기 대반등시세에서 다우존스공업주평균이 속임수 상향돌파를 쉽게 하게 만든다. 이 반등시세는 대부분의 투자자들을 속인다.

50% 원칙

만약 이 기간중 강세시장의 상승폭의 50% 이상 하락하여 이 원칙이 적용된다면, 그리고 지금이 약세시장의 제2국면임을 모든 신호가 확인해 준다면, 시장이 초약세임을 나타내줄 뿐만 아니라 이전 주기의 약세시장의 대세바닥을 깨고 더 낮은 신저가를 기록할 가능성이 크다.

뉴스

뉴스의 내용이 약세시장 제1국면과 달리 변화했다. 뉴스는 비관적이며 시세 또한 이런 비관적인 뉴스에 반응하여 더욱더 심하게 하락한다.

중간기대반등시세에서는 경기회복설이 나도는 가운데 시세가 올라가지만, 그러한 경기회복설이 시기상조임이 밝혀진다. 그러나 대중들은 시장이 반등할 때마다 강세시장이 다시 살아날 수 있다고 믿고 매수를 계속한다.

제너럴 모터스주

제너럴 모터스주는 중간기대반등시세에서도 거의 오르지 못한다.

이제 장기추세선은 급격하게 하락하고 있다. 주가반등으로 그 장기추세선을 일시적으로 상향돌파하지만 그 후로 저가를 하향돌파하여 신저가로 내려간다.

금융시장 유동자산으로 측정한 시장분위기

약세시장 제2국면 내내 금융자산총액은 최고수준에서 머무른다.

약세시장 제3국면

〔지표와 특징〕

등락주선(ADL)

신저가를 기록하면서 쉬지 않고 지그재그형을 그리면서 계속 내려간다.

신고가 신저가 지표

신고가 종목수는 0에 근접하고 있고 반면에 신저가 종목수는 수백 개로 증가하여 500~900종목 사이에서 최대치를 보인다. 그러나 1987년 10월 20일에는 신저가 종목수가 1,174개로 역사상 최고수치를 기록했다.

다우존스공업주

대개의 다우주식들이 신저가를 기록하고 있는 상태에서 소수의 몇 개 대형주들이 다우존스공업주평균의 하락을 주도한다.

다우존스운수주

다우공업주가와 보조를 맞추면서 급속히 하락하고 약세시장의 신저가를 기록한다.

시간 지표

대세바닥부터 48~54개월내에 있어야 하고 또한 시장꼭지로부터 14~21개월내에 있어야 한다.

그랜빌의 최후의 예언

다우존스공업주 200일 이동평균추세선

이 추세선은 계속 떨어진다. 한편 다우존스공업주평균은 이 추세선의 하락속도보다 더 빨리 하락하며, 전체 약세시장 중의 어느 때보다도 추세선에서 가장 멀리 떨어져 내려간다(이때가 200일선과의 이격도가 가장 크다).

50% 원칙

만약 이 제3국면중에 이 원칙을 적용한다면, 다우존스공업주평균이 바닥에 접근해 있기 때문에 이 원칙을 적용하면 결정적인 약세함정에 걸리게 될 가능성이 매우 크다.

뉴스

대중들은 시세에 대해 완전히 비관적으로 되었고, 조그마한 뉴스에도 대량매도로 대응한다. 그들이 이전에 가졌던 잘못된 자신감이 이제 극단적인 비관으로 바뀌었다. 대중들의 자신감이 완전히 무너지기를 기다리고 있던 일급투자가들은 비관적 시세관에서 시세에 대한 자신감으로 입장을 바꾼다.

제너럴 모터스주

이 선도주는 계속해서 신저가들을 형성하며 사실상 이 종목의 지지선은 존재하지 않는다.

금융시장 유동자산으로 측정한 시장분위기

금융자산총액은 계속 증가하여 최고수준에 이른다.

5

50% 원리에 대한 보충설명

　증시를 검토할 때 늘 염두에 두어야 할 사항이다. 이 원리를 다우지수에 적용하면서 장중 고가와 저가에 적용하는 사람들이 더러 있다. 나는 이 원리를 종가기준으로 적용한다. 이 원리는 50% 이상의 반등 또는 반락에 관한 이론이다.

　즉, 50% 이상을 회복하면 다우지수는 100% 회복될 것이라는 이론이다.

　주가반등시 50% 이상을 회복하지 못하면 약세이고, 주가반락시 상승폭의 50% 이상 반락하지 않으면 주가는 강세다.

6

시장은 항상 걱정의 벽을 기어오른다

증시 역사상 모든 큰 상승시세에는 '과연 오를 수 있을까?'하는 걱정이 언제나 있어왔다. 그러나 강세주기 제1국면과 제2국면 동안에 가장 확실히 존재한다.

강세주기 제3국면, 즉 마지막 국면에서 이 '걱정의 벽'은 대중들의 뇌리에서 사라져 없어진다. 사실 강세시장 제1국면과 제2국면에서는 생각과는 반대로 '걱정의 벽'을 타고 기어올라간다고 미끄러지는 일은 없다. 그러나 강세시장 제3국면의 마지막에는 미끄러지기 쉽다.

7

강세시장에서의 하락

강세시장이 앞으로도 계속 이어진다는 구도 안에서의 일시적 조정양상인가? 아니면 하락의 시작인가? 이것을 판단하기란 쉬운 일이 아니다. 가장 좋은 판단방법은 주요지표의 현재 상태를 점검해서 지금 우리가 시장국면의 어디에 위치하고 있는지를 알아보는 것이다. 그러나 다우지수는 증시의 참모습이 아니니까 그것에 현혹되어 시장의 참모습을 놓치는 우를 범하지 말아야 한다.

지난 몇 년 간 여러 번의 시장꼭지들을 살펴본 결과, 유일한 판단방법은 개별주식의 주가동향을 아는 것이다. 개별주가동향을 통한 기술적 판단은 다른 어떤 시장 통찰방법보다 우선한다. 언뜻 보기에는 터무니없는 일 같지만, 개별주가동향을 알아내는 일을 단순화하기 위해 나는 카운팅기법을 개발했다. 이 방법은 간단하기 때문에 사람들이 조금만 노력해서 손을 뻗으면 얻을 수 있다.

8

강세함정과 약세함정은 양 극단에서 발생

강세함정과 약세함정은 증시가 어디를 향해 가고 있는가 하는 물음에 대해 엄청난 것을 말해 준다. 시장하락이 끝도 없이 이어질 것처럼 보이는 시장바닥에 거대한 약세함정이 있다. 한눈 팔지 말고 늘 지켜보아야 할 것이 신고가 신저가 지표이다. 수백 개의 신저가를 동반하는 아주 비관적인 시장분위기가 보이면, 그때가 바로 모든 약세론자들을 함정에 빠뜨리는 시기이고 상승전환이 무르익고 있는 시기이다. 시장바닥은 보통 시장꼭지보다 알기 쉬운 반면, 확실한 약세시장하에서는 시장분위기가 무르익지 않은 상태에서 너무 일찍 강세반전을 요구하면 곧바로 실패할 수 있다. 확실히, 바닥은 공포심이 일반대중들 사이에 널리 퍼져 있는 상태에서 찾아오는 것이지 약세시장 제1국면에서처럼 대중들이 배부른 상태에서 오는 경우는 없었다.

시장꼭지와 강세함정을 어떻게 구별하는가는 또 다른 문제다. 그 이유는 간단하다. 대부분의 대세바닥은 보편적인 공포와 그로 인한 집중적이고 극적인 Selling Climax 현상이 그 특징이기 때문이다. 반면에 시장꼭지는 행복감과 탐욕의 물결을 타고 상당기간에 걸쳐 형성된다. 그래서 단번에 꼭지를 치고 하락추세로 들어가지는 않는다. 대세꼭지에서 강세함정을 만들기 위해서는 낮은 이자율, 실질적인 노 인플레이션, 경제여건의 개선, 기업이익의 증가 등, 주식시장의 기본적 여건이 좋아서 강력한 시장으로 보임직한 것들이 필요하다.

주식시장의 기본적 분석가들이 가장 상처받기 쉬운 때는 바로 대세꼭지에서의 강세함정에서다. 하늘에 구름이 없다면 모든 것이 좋아 보인다. 그러나 강세함정이 있기 위해서는 기술적인 측면에서 보면 이미 꼭지를 친 주식수가 증가하는 등 내부적으로 시장상황이 악화되고 있어야 한다. 강세함정의 핵심단어는 기술적인 상승 에너지의 소진이다. 따라서 다시 한번 주목해야 할 것은 언제나 그렇듯이 신고가 신저가 지표이다. 강세함정의 핵심경고는 바로 신고가 종목수의 하락이다.

6장
1987~1990년
강세시장

Granville's Last Stand

1985~1997년 강세시장

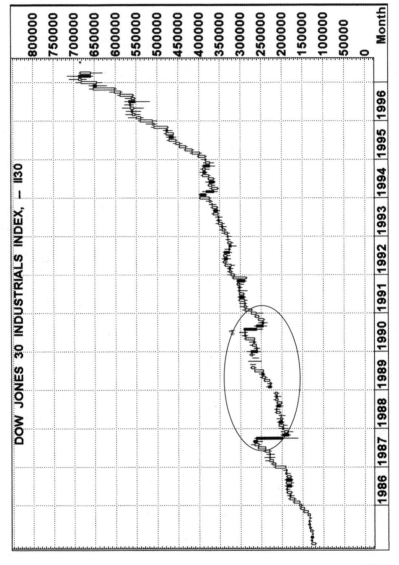

그림 6–1

그랜빌의 최후의 예언

블랙 먼데이까지(일봉)

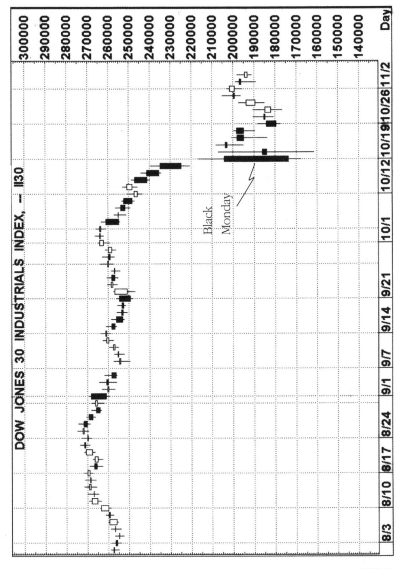

그림 6-2

블랙 먼데이 이후(일봉)

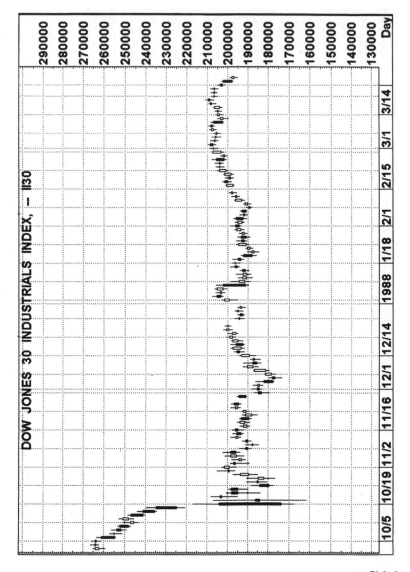

그림 6-3

1987 ~ 1990년 강세시장

1

블랙 먼데이: 1987년 대폭락
(공포심에 대한 연구)

(역자주: 1987년 10월 19일 다우주가평균이 단 하루만에 508p(22.61%)가 하락하는 증시 역사상 전무후무한 기록을 세웠다. 이 날을 블랙 먼데이(Black Monday)라고 부른다)

1987년 시장대폭락 이후 시장이 어떻게 될 것인가?

이 질문에 대한 내 대답은 딱 하나밖에 없다. 이것을 확실히 증명하기 위하여 현대적 기술적 분석기법을 모두 동원했다. 예측결과는 한치의 빗나감도 없이 정확했다. 그러한 전망은 인간심리의 두터운 벽을 뚫고 나왔다. 그리고 이것은 매스콤이 대중들의 우군이 아니라 적군이라는 것을 증명해 주었고, 경제학자들의 잘못된 행태를 폭로했으며, 한편으로는 주식시장에서의 여론은 일고의 가치도 없는 것이라는 걸 잘 드러내준다.

1987년 10월 19일의 주식시장 대폭락은 독특한 성격을 띠고 있다. 주식시장 역사상 이것과 비교할 만한 것은 없다. 대부분의 시장관계자들은 1929년의 대공황과 비교하려고 노력했지만, 그건 잘못된 것이다. 그들은 시장대폭락으로 대단한 약세시장이 전개될 것이라고 생각했지만 기술적 분석결과는 달랐다. 폭락 후의 주가움직임은 애초부터 1929년의 시나리오와는 완전히 달랐다. 그러나 대중들은 이런 내 생각을 받아들이지 않았다. 내가 1987년 10월 26일 강력한 매수신호라고 발표할 당시, 내 시황관은 소수의견에 불과했고 심지어는 나를 미친 사람으로 취급했다.

나는 그 날의 대폭락이 시장붕괴의 시작이 아니라 끝이라고 생각했다. 대중들, 매스콤, 경제학자, 대부분의 투자자문업자들의 생각과는 정반대였다. 대폭락현상이 독특했지만, 반대로 기술적 분석결과는 너무나 명쾌해서 논란의 여지가 없을 정도였다.

1987년 10월 19일의 시장대폭락이 있자, 이를 전화위복의 계기라고 생각했다. 그 날 이후의 시장움직임은 지금까지와는 완전히 달랐다. 주식시장은 엄청난 상승을 위한 기술적 준비를 마치고 바닥 패턴을 구축하기 시작했다. 폭락 이후 10개월이 지났지만 다우지수는 바닥에서 22° 각도의 완만한 상승을 보이고 있었다. 주가상승의 잠재력이 점점 커지고 있다고 보았다. 가파르지만 시간이 짧은 상승, 즉 약세시장의 전형적인 반등이 아닌 서서히 저점을 높이면서 진행되는 상승추세였다. 새로운 강세시장을 암시해 주는 것이었다. 약세시장에서 10개월간의 상승추세를 이어가는 일은 없는 법이다. 약세론자들은 처음에는 다우지수가 1,738p(블랙 먼데이의 종가)를 깨고 내려갈 것이라고 예측했지만, 시간이 흐르면서 입을 다물어버렸다. 폭락 이후, 다우이론상 매수신호가 계속 나오고 있었다. 다우이론상 종가기준으로 신저가를 딱 한 번이라도 기록해야 약세시장이 진행중이라는 주장을 할 수 있다. 그런데 10개월이 지나도록 신저가를 기록하지 않으니까 매수신호가 나올 수밖에 없는 상황이었다.

물론 도로에서 다른 차들이 전부 한 길로 가고 있을 때 나만 딴길로 가기란 쉬운 일이 아니다. 그러나 나는 차트를 믿었고, 무엇보다도 내 지표를 믿었다.

1987년 대폭락으로 사람들은 주식시장을 떠났다. 사람들은 환멸을 느끼고 시장에 관심을 두지 않았다. 거래량이 꾸준히 줄어들었다. 증권주가 떨어지고 증권회사는 직원을 해고하기 시작했다. 그래서 사람들은 시장이 계속 나빠질 것이고 심각한 불경기나 더 심하면 불황이 올 것이라고 믿게끔 되었다. 심지어 증권산업은 끝났다고 말할 정도였다. 이런 보편적인 믿음 때문에, 1988년에 시장이 좋아지고 나서도 사람들의 생각은 바뀌지 않았다. '약세시장에서의 일시적 반등에 불과하며 선거가 끝나고 나면 아주 시장이 나빠질 것'이라고 생각하게끔 되었다. 그리고 라비 바트라가 쓴 《1990년의 대불황》이라는 책이 불티나게 팔렸다. 대불황이 올 것이라고 굳게 믿었다. 대중들은 주식을 매매하고 싶어하지 않았다.

(역자주: 라비 바트라의 《1990년의 대불황》은 그 당시 세계적인 베스트셀러였고 한국에서도 이 책이 번역되어 상당한 인기를 누렸었다)

《주식시장전략서》를 쓰던 1975년 초가 생각이 났다. 1973~1974년의 약세시장은 1974년 가을에 끝났다. 그리고 나는 그 당시 주식시장을 위협하던 문제점들은 시장대바닥에서 일어나는 현상이라고 생각했다. 이 책의 도입부에다 이렇게 썼다.

　　이제까지 사람들을 가장 혼란스럽게 만들어온 시장배경들에 대하여 이 책의 대부분을 할애했다. 1973~1974년의 약세시장에서 월 스트리트는 위기를 맞았다. 총체적인 시장붕괴를 막을 수 없다고 생각하는 사람들이 늘어갔다. 사람들은 고인플레이션과 처절하게 싸우고 있었다.

　　경제전망에 대한 비관론이 전국을 공포의 도가니로 몰아갔고, 주가는 큰 폭으로 떨어졌다. 이로 인해 공포 신드롬이 다시 시장을 휘감아버렸고 대중들은 그 분위기에 눈이 멀어 절호의 매수기회를 놓쳤다. 1974년 하반기, 하락은 극에 달했다.

　　주식시장 게임은 운동장에서 펼쳐지는 운동경기와 같다. 골대의 한쪽은 공포심이고 다른 한쪽은 욕심이다. 이처럼 일단 한쪽 끝에 다다르면 그 움직임은 방향을 바꿔 반대쪽 끝을 향해 나아가는 것이다. 마찬가지로 시장도 양쪽 끝을 오가는 왕복운동을 끊임없이 되풀이한다. 그리고 그러한 운동은 결코 멈추는 일이 없다.

　　욕심이나 공포심의 끝에 이르면 상승추세나 하락추세는 더 이상 계속되지 않는다. 시장은 하나의 추세를 마무리짓고 지금까지의 추세와 비슷한 기간만큼 또 다른 장기적인 추세로 전환한다. 추세전환은 시기적으로 가장 비논리적인 시기에 이루어진다. 즉, 시장과 기본적 분석 데이터 사이에는 시간적 간격이 존재한다. 정보에 어두운 사람들에게는 비논리적인 시장움직임으로 보이지만 정보에 밝은 사람들에게는 가장 논리적인 시장움직임으로 보인다. 비논리적 시장움직임이 있고 나서 몇 개월 후에야 기본적 분석 데이터가 나와서 지금까지 진행된 시장의 논리를 확인시켜 준다. 그러나 바로 그 순간에 시장은 다시 방향을 돌려 새로운 목표지점을 향하여 나아가는 것이다. 아마도 9개월 후쯤에는 기본적 분석가들이 뒤늦게 따라와서 놀게 될 그 곳을 향하여…

　　1974년 말 논쟁의 소용돌이 속에서 몇몇 사려 깊은 사람들도 불황을 겪지 않고서는 1974년의 인플레이션을 탈출할 방법이 없다고 생각했다. 그러나 그때는 이미 주식시장은 추세전환점을 돌아 한참 멀리 가고 있었다. 이런 상황에서도 그들은 시장바닥이 보이지 않는다고 주장했다.

　　이런 상태를 '평행선'이라 한다. 나는 바로 그것을 찾고 있었다. 1987년 10월 19일에 있었던 극도의 공포심에 대해 이러쿵저러쿵 논쟁하는 사람은 아무도 없었다. 극단적인 공포심은 시장의 시간표를 바꿔버린다. 대중들은 주식시장이 약세시장에서 강세시장으로 바뀔 때까지도 공포감을 느끼지 못한다. 1976년의 《새 전략서》에 확실한 원칙을 써 놓았다. 당신이 시장에서 성공하려면 대중들이 공포심을 느낄 때 주식을 매집하고 대중들이 자신에 차 있을 때 주식을 처분하라는 원칙이다. 이것이 바로 게임이다. 다음의 표는 1976년 《새 전략서》와 1988년 《증권시장교본》에서 다룬 것이다.

	강세1	강세2	강세3	약세1	약세2	약세3
대중	공포심	공포심	자신감	자신감	자신감	공포심
일급투자가	자신감	자신감	공포심	공포심	공포심	자신감

극단적인 대폭락과 공포심 때문에 1987. 9. 25~1987. 10. 19 사이에 약세시장 사이클이 전부 끝나버렸다고 나는 주장했다. 그러나 약세론자들은

대폭락 이후의 시장움직임을 보고 전형적인 약세시장의 초기국면이라고 확신하고 있었다. 만약에 시장이 약세시장 초기국면에 들어 있었다면, 앞의 표에서 보았듯이 대중들은 자신감에 차 있어야 했다. 그러나 대중들은 자신감이 아니라 공포심에 사로잡혀 있었다. 그것도 극단적인 공포심이었다. 그런 태도는 새로운 강세시장을 암시해 준다. 대중들은 주식시장에 진절머리가 났다. 1973~1974년의 약세시장에서도 똑같은 태도를 보였다.

그러나 한 가지 아주 중요한 의문이 생긴다. 1973~1974년의 약세시장은 23개월 동안 지속되었는 데 반하여 1987년의 약세시장은 2개월밖에 지속되지 않았다. 그런데 어떻게 1987~1988년의 시장움직임이 1974년의 시장바닥과 같을 수 있는가? 이러한 의문이 시장관계자들의 논점이었다. 그것에 대하여 나는 이렇게 말했다. 1987년의 시장대폭락은 1973~1974년의 기간중에 있었던 하락보다 더 심했다는 점, 그리고 둘 다 극단적인 공포심*이 시장을 휩쓸었다는 점에서 하락시세가 끝났다고 판단했다.

1987년 시장대폭락 이후의 시장움직임은 지금까지 경험하지 못했던 새로운 현상이었기에 기술적 분석의 스펙트럼으로 그 새로운 빛을 면밀히 조사해야 할 필요가 있었다.

---

* 1973~1974년의 약세시장과 1987년 9~10월 사이의 주가하락을 비교하는 나의 관점은 한 시장은 2년에 걸쳐 일어났고, 다른 하나는 단기적이면서도 더 파괴적이었다는 것이다. 그래서 우리는 두 시장을 같은 것으로 보는 것이 합리적이다. 왜냐하면 짧은 기간에 이루어진 파괴적인 하락양상과 길지만 완만한 하락 패턴은 결과적으로 똑같이 바닥을 만들기 때문이다. 내가 이것을 합리적인 비교라고 하는 이유는 두 가지 경우 모두, 이 시기가 지나고 몇 달 후에 200일이동평균선이 상승전환되어 장기상승국면이 이어졌기 때문이다.

그랜빌의 최후의 예언

1987년 10월 19일 다우주가평균이 단 하루 만에 508p가 하락하는 전무후무한 기록을 세웠기 때문에 공포심과 혼란을 빚어낸 것은 당연한 일이었다.

이 날 이후로 시장여론은 극단적으로 분열되었다. 다수의견은 공포심과 확실성을 좇는 것이었는데, 다우이론상 매도신호가 바닥을 치기 이틀 전에 나왔다는 사실에 집착하고 있었다. 약세시장이 진행중이라는 믿음이었다. 그 의견을 지지하는 사람들은 시장대폭락은 경고신호에 불과하다고 믿었다.

반대로 소수의견은 그 날의 시장대폭락현상을 바닥을 확인해 주는 것으로 보았다. 즉, 소수의견론자는 절호의 매수기회라고 본 반면, 다수의견론자는 주식을 팔고 시장을 떠나라는 경고로 해석했다.

비행기를 타기에 가장 안전한 시기는 언제일까? 아이러니컬하게 대형 비행사고가 나고 난 직후이다. 그러나 주식시장이 붕괴되었을 때는 너무 겁이 나서 절호의 매수기회를 놓치게 된다. 투자자문전문가들은 고객들에게 낙하산을 사라고 말했지만 사실 그때는 비행기 티켓을 샀어야 했다. 보통 때 같으면 1~2년 걸려야 할 일을 단 하루 만에 끝냈다. '포물선' 하락 패턴을 만들어내었다(포물선 하락은 차트상 수직에 가까운 급격한 하락을 말한다).

차트 분석가들은 예전에 이렇게 심한 대폭락을 본 적이 없었다. 그래서 그들은 당황했다. 그러나 차트 분석가들은 '포물선'이 시장 사이클을 마무리한다는 사실을 알았어야 했다. 약세시장이 마지막 펀치를 날린 것이다. 약세시장이 이겼고, 경기는 끝났다. 경기는 이제 시작이라고 생각하고 있던 바로 그 순간에.

2

1987년의 시장바닥을 깊이 생각해 보자

　몇 년 전에 빈센트 프라이스라는 사람이 〈트링거〉라는 공포영화에 나왔다. 그 영화는 인간의 공포심을 모양과 형태를 가진 물체*로 표현했다. 너무나 무섭고 리얼했다. 내가 처음 그 영화를 보았을 때는 깊은 인상을 받지 않았다.

　1987년 10월 19일 시장이 대폭락하기 전에는 〈트링거〉를 주식시장과 연관짓지 않았다. 주식시장 역사상 영원히 잊지 못할 그 날에, 사람들은 '벌거벗은 공포'를 만나게 되었고, 공포의 실제모습을 보았다. 그것은 그림으로 그려지고 차트화되어 시장이라는 영혼 속에 영원히 보존될 그런 것이었다.

---

* 1991년 9월 23일 월 스트리트 저널지에 재미있는 기사가 실렸는데, 호주의 맨프레드 크리네스가 쓴 감정에 관한 연구기사였다. 감정이란 사람이 볼 수 있고 재생산할 수도 있는 형태를 갖춘 것이라고 말했다. 그는 생물과 마찬가지로 음악에서도 분명한 감정 패턴을 발견했다. 그는 자기가 만든 프로그램을 사용해서, 말씨와 음성 등을 조종했다. 나는 주식시장을 음악, 의학, 물리학 등에 비유했었다. 그러나 내 연구가 공포심이라는 감정을 포함하고 있다는 것을 알았다. 그 연구는 가장 값진 것이었다. 기술적으로 말하자면 시장의 극단에서 그런 감정이 형태를 드러낸다.

그런 극단적인 하락은 끝을 의미한다. 엄청난 공포심을 불러일으켰고, 시장관계자들의 눈을 멀게 했다. 손만 뻗으면 되는 보장된 매수기회를 보지 못하게 했다. 주식시장에서 돈을 버는 고전적인 원칙은 싸게 사서 비싸게 파는 것이다(LB/HS).

그러나 엄청난 공포분위기는 저가에 주식을 살 수 있는 절호의 기회를 주지만, 동시에 사람들을 전신마비시켜 감히 주식을 사지 못하게 한다. 얼마나 아이러니컬한 일인가?

1987년 10월 19일 다우지수가 508p 하락했는데 그것은 하나의 사건이었다. 사건은 예측할 수가 없는 것이다. 사건은 완벽한 깜짝쇼다. 사건이 일어나면 주식시장은 왜곡된 것을 금방 바로잡는다. 시장 외부적인 사건도 마찬가지다.

아이젠하워 대통령이 1955년 9월 심장마비를 일으켰을 때나 1963년 12월 케네디 대통령이 암살당했을 때도 그러했다. 1991년 8월 19일의 소련사태 때도 그러했다.

이런 사건들이 일어날 때가 주식을 사기에 가장 안전한 시기이다. 왜냐하면 주가하락의 극단(바닥)에서는 대부분의 사람들이 겁이 나서 주식을 팔았다는 사실을 보면 안다.

1987년 주가폭락도 극적인 사건이었다. 그때 1,174개 종목이 52주 최저가를 기록했었다. 그 기록은 앞으로 다시는 볼 수 없을 것이다.

3

참새 모이주기

카렌이 '참새 모이주기'라는 중요한 투자원칙을 말해 주었다. 캔자스시티에 '에밀'이라는 유명한 독일 식당이 있었다. 그 식당의 야외 테이블에서 식사를 하곤 했다. 그 곳에는 참새들이 있어서 먹이를 줄 수 있었다. 카렌은 자기 위에 있는 큰 나뭇가지에다가 빵조각을 죽 늘어놓았다.

그랬더니 용기있는 새 몇 마리는 바로 큰 가지로 날아와 빵조각을 먹어치웠다. 아무런 위험도 없이. 조심스런 새들은 빵조각이 나무 밑으로 떨어지기를 기다렸다. 이것을 보고 새의 세계에서조차도 기술적 분석가와 기본적 분석가가 있구나 하고 감탄했다. 기술적 분석으로 무장한 새들은 사람들이 가까이 있다는 사실을 두려워하지 않고 빵조각을 먹었다. 반면에 기본적 분석으로 무장한 참새들은 안전한 것을 확인하고 나서 마지막에 먹기 시작했다. 그러나 그때쯤에는 큰 빵조각은 없고 빵 부스러기 몇 개만 남아 있었다.

1987년 10월의 시장바닥에서도 그랬다. 대부분의 사람들이 주식시장이 위험한 상태라고 생각했지만, 용기있는 기술적 분석가들은 두려워하지 않고 참새처럼 위에서 날아와 먹이를 덮쳤다. 그들은 그때가 주식을 사기에 가장 안전한 시기라는 것을 알고 있었다. 그들은 제일 먼저 그 보상을 받았다. 그러나 공포에 사로잡힌 대중들은 기술적 분석가들이 처음

매수하여 배를 채울 때까지 그저 바라보고만 있었다. 기본적 분석을 추종하는 참새들처럼 대중들은 빵 부스러기 몇 개를 얻었을 뿐이다. 몇 마리 안 되는 똑똑한 참새들은 겁을 먹지 않고 기회를 노렸고 기회가 오자 잽싸게 먹이를 낚아채었던 것이다.

4

1987년 10월 30일

지난주 정보지에, '곧 매수신호가 나올 것이다'고 말했다.

대부분의 주식들이 최저가를 기록했던 10월 19일 이후 내 관심은 끊임없이 지표 하나에 집중되어 있었다. 그것은 신저가 종목수인데, 10월 20일에 그 수치가 1,174로 정점을 기록했다. 10월 19일은 블루 먼데이(Blue Monday) ― 나는 이를 빅 블루(Big Blue)라고 불렀다. 그리고 10월 26일은 리틀 블루(Little Blue)라고 할 수 있는 날인데, 그 날 다우지수가 156p나 떨어졌다. 그러나 지표상으로는 10월 19일 대폭락 이후의 전형적인 하락이었고 신저가를 기록할 정도의 하락은 아니었다. 매수신호를 확인하기 위해 종가까지 기다릴 필요도 없었다. 나는 다우지수가 1,815p를 기록하고 있던 11시 30분(뉴욕 시간)부터 전화로 매수신호를 즉각 보냈다. 바로 그 시간에 마이애미에 있는 메릴린치 증권회사 사무실에서 아더 케인이 살인을 하고 자기도 자살한 사건이 일어났다. 그 사건은 또 다른 시장 바닥징후였다. 10월 26일 오후에 정보지 구독자들에게 매수신호를 알리고, 10월 29일자 정보지에 다음과 같은 글을 실었다.

> 두 개의 주가 사이클이 똑같은 경우는 없다. 그런데도 1929년 주가 시나리오를 매스컴에서 너무 떠들어댔기 때문에 사람들이 지금의 매수신호를 놓치게 될 것이라는 생각이 들었다. 1929년에는 대폭락 이후 9일간 하락하면서 신저가를 계속 기록했기 때문에 요번에도 신저가를 기록할 것이라고 사람들은 예상하고 있다. 그러나 지금 우리는 상당한 강세의 패턴 변화를 읽고 있다 (이 글은 10월 29일에 쓴 것이다). 10월 19일 시장대폭락 이후 8일이 지났지만, 오늘까지 다우지수는 1,738p를 위협하지 않고 있으며 오히려 시장은 시험국면을 끝내고 수백 포인트 상승할 준비가 되어 있는 상태다.

나는 매주 수요일 정기적으로 TV방송을 하는데 10월 28일 FNN(경제뉴스 전문 채널) 방송에서 이렇게 말했다.

> 지금이 시장바닥이다. 모든 시장바닥이 그렇듯이 대부분의 사람들은 시장바닥에서 약세관에 사로잡혀 있게 마련이다. 지금이 그러하다. 이것은 '투자자감정지표'를 보면 알 수 있는데 지금 약세관이 강세관을 압도하고 있다. 그래서 지금은 주식을 사야 할 시점이다(2장 19 참조).

FNN 경제쇼를 진행하는 빌 그리프스에게 이렇게 말했다.

> 나는 매스컴에 대해 불만이 많다. 큰 기사거리가 있으면 가능

한 한 톱뉴스로 다루려고 애쓴다. 올해 초 PLT스캔들, 콘트라 청문회나 이란 게이트 청문회 등은 아주 좋은 예다. 지금은 주식시장의 대폭락이 기사거리가 되고 있다. 기술적인 측면에서 말하자면 지금 얘기하는 주식시장의 대폭락은 이제 지나간 뉴스에 불과하다. 그런데도 이것을 중요한 기사로 취급하려는 것은 매스콤의 전형적인 행태다. 왜냐하면 매스콤은 기사거리가 될 만하면 무엇이든 좋아하기 때문이다. 지금은 멸종되어 없어진 도도새처럼 블랙 먼데이 사건도 한물간 뉴스라는 것은 시장을 읽어보면 알게 된다. 시장을 보라. 지금까지 일주일이나 계속 알려주고 있지 않은가?

그래서 여러분들이 신문, 라디오나 TV를 볼 때, 매스콤에서는 시장대폭락기사를 가능한 한 오래 다루고 싶어한다는 사실을 염두에 두고 있어야 한다. 그렇게 하는 것이 매스콤 사업에 도움이 되기 때문이다. 주식매수의 적기가 한참 지나고 난 후에까지도 부정적인 얘기들을 보도하게 된다. 그러나 주식시장이 회복되고 있음이 매일 증명되고 있는 지금으로서는 "주식시장 회복국면에 있다"는 기사가 톱뉴스거리로 되어야 하지만, 매스콤은 시장폭락기사에 너무 깊이 빠져들어 진실한 뉴스거리를 놓치고 있다. 최악의 주식시장을 이미 보았고, 대개의 주식들이 신저가를 기록하는 것도 보았기 때문에 지금 우리는 급속도로 회복되고 있는 주식시장을 보고 있는지도 모른다.

'추세선 차트집'을 넘겨보면 아주 드물게 일어나는 한 가지 기술적 현상을 보게 된다. 다시는 보지 못할지도 모를 아주 희귀한 일이다. 10월 초의 하락으로 모든 주식의 차트가 포물선을 그리면서 수직하락하고 있다. 마치 차트 밑에다가 큰 자석을 놓아둔 것처럼 똑같은 시기에 수직선을 그어놓았다. 그것을 보면 이런 결론이 나온다. 즉, 완벽한 매수기회다. 혹은 차트집을 거꾸로 놓고 보면 완벽한 매도기회가 된다. 이런 희귀한 현상은 모든 차트가 동시에 보여주고 있다. 눈을 가리고 월 스트리트 저널의 증권시세면을 펴놓고 다트를 던져서 그것이 꽂히는 종목을 사면 된다. 그렇게 해도 돈을 벌 가능성이 아주 크다. 첫번째 기술적 움직임은 주가가 추세선으로 되돌아가는 반등시세로 나타나는데 이때 주가가 바로 두 배로 뛰어오르는 주식은 많다.

대폭락 이후 진행된 시장의 초기국면을 면밀히 살펴보고, 편견이나 감정개입없이 단지 시장이 무엇을 말하고 있는지 냉정하게 판단해 보자.

날짜	다우지수	CLX	시장상황	NFI	신고/제가종목	ADL
10.19	1738.74	-30	고전적 셀링클라이맥스	-14	4-542	-70,913
10.20	1841.01	-19	반등시작	-15	1-1174	-71,849
10.21	2027.85	0	반등마무리	-15	2-108	-70,309
10.22	1950.43	-3	저점 테스트	-15	2-108	-70,309
10.23	1950.76	-5	상승이 요구되는 시점	-15	1-144	-71,866
10.26	1793.93	-15	중요한 매수신호	-16	2-467	-73,523
10.27	1846.49	+1	CLX상향돌파-강세	-16	0-341	-73.403
10.28	1846.82	-4	급락에서 회복됨	-16	0-477	-73,965
10.29	1938.33	+12	돌파로 가는 길	-14	2-169	-72,196
10.30	1993.53	+21	아주 강력해 보임	-14	1-39	-71,539
11.2	2014.09	+18	CLX 반락신호	-14	1-37	-71,075
11.3	1963.53	+2	반락심화	-14	1-37	-71,793
11.4	1945.29	+1	반락심화	-14	2-39	-72,013
11.5	1985.41	+3	예상대로 급등	-12	2-45	-71,182
11.6	1959.05	-1	새로운 반락진행중	-12	0-21	-71,189
11.9	1900.20	-13	계속 약세	-12	2-46	-72,061
11.10	1878.15	-16	눌림목바닥	-14	1-75	-72,193
11.11	1899.20	-4	기대되는 시장	-15	2-39	-72,515

(역자주: 신고가 신저가 종목수는 52주(최근 1년간)를 기준으로 계산한다)

10월 19일, 무조건 바닥임을 가리키고 있다. 그냥 바닥이 아니라 진정한 바닥(진바닥)이었다. 그 바닥은 너무나 강력해서 어떤 조건하에서도 지지될 만한 바닥이다. 불투명한 전망이나 경제학자들의 극단적인 무시무시한 예측, 증권업계의 저명한 분석가들의 극단적인 약세관 등에도 불구하고 지지될 바닥이었다. 확실한 바닥이라고 선언하는 최초의 기술적 지표는 무엇이었나? 그것은 클라이맥스 지표*였다.

클라이맥스 지표에 이어 다음 날 신저가 종목수가 증시 역사상 최고기록을 냈다. 이것을 보고 역사적 대바닥이 왔다는 것을 알아야 한다.

5

경제학자의 오류

주식시장 연구라는 측면에서 살펴보면 경제학자들은 멍청하다. 그 이유는 무엇일까? 간단하고 논리적으로 설명된다. 경제학자들은 경제를 연

---

* 다우주가평균에 속한 종목이 30개뿐이기 때문에 OBV up down 돌파를 기록하는 종목수는 -30 밑으로 더 내려갈 수 없다. 1961년 9월에 이 지표를 개발했는데 -30을 기록한 것은 1987년 10월 19일밖에 없었다. -30을 기록했다는 것은 앞으로 이 수치가 올라갈 수밖에 없다는 것을 말해 준다.

구하는 사람들인데 경제는 후행지표이기 때문이다. 주식시장은 미래를 예측하는 게임이다. 미래를 내다보고 내일에 관심을 집중한다. 경제는 후행지표이기 때문에 말 그대로 경제학자들이 늦게 예측할 수밖에 없다. 증시대폭락 이후에 경기후퇴가 임박했다거나 심지어는 경제적 불황이 닥쳐올 것이라는 등 경제학자들의 말은 그리 놀랄 일이 아니다. 이런 빗나간 과격한 말들은 대중들에게 확실히 해를 끼친다. 대폭락 이후에 경제학자들은 낙하산을 사라고 대중들에게 소리 높여 말했다. 그 멍청한 충고는 아주 잘못된 것이었다. 비행기는 벌써 추락했다. 그래서 바로 그 때가 비행기 여행을 하기에 가장 안전한 때였다. 그래서 낙하산을 사지 말고 비행기 티켓을 사야 했다.

6

매스콤의 속성

매스콤도 경제학자처럼 대중들에게 해를 끼치기는 마찬가지다. 어쩌면 그보다 더할지도 모른다. 매스콤은 빗나간 시장관을 널리 퍼뜨리기 때문이다. 뉴스에 굶주린 대중들을 향해 매일 뉴스를 토해내고 있다. 대중들은 어떤 사건, 특히 시장을 휘몰아치는 대폭락이 있고 나면 거기에 흥분되어 시장움직임에 민감하지 못하다. 그런 때 대중들은 완전히 뉴스에 의존하게 된다. 특히 결산실적이 발표되는 시기에는 더욱 그러하다. 매스콤은 자기들 기사에 사로잡혀 시장이 뉴스에 어떻게 반응하는지에는 관심이 없다. 전국적인 관심이 자기들에게 집중되면 젊은 경제 뉴스 해설가들은 자기가 무슨 월터 크론키트나 되는 것처럼 새로 발견된 전국적 관심거리에 지나치게 빠져든다. 해설가들도 기자들처럼 큰 기사거리를 덥석 물어, 냄새맡기를 즐겨하고, '신이 주신 음식'인 빅뉴스가 끝나는 것을 아주 싫어한다. 그래서 주식시장이 좋아진지 오래되어도 토해내고 되씹기를 반복한다.

달리 말하면, 매스콤은 이미 지나간 얘깃거리를 꼭 껴안고 있지만, 사실 그때는 이미 시장은 새로운 얘기, 내일의 얘기를 쓰고 있는 때이다. 이런 때 TV를 보고 있자면 기자들이 주식시장대폭락을 얼마나 즐기고 있는지 알게 된다. 이런 식의 특종기사에 대한 흥분은 언론의 적절한 기능 — 대중들에게 봉사하고 시장이 대바닥신호를 보인다는 것 등을 보도해야 하는 기능 — 을 넘어서는 행위이다. 그러나 대바닥은 기자들에게는 흥미있는 기사거리가 아니다. 바닥은 톱뉴스가 되지 못한다. 그러나 증시대폭락은 흥미있는 기사거리다. 시장이 회복되어 증시폭락기사가 더 이상 톱뉴스가 되지 못하게 되면 매우 아쉬워한다. 주식매수기회가 왔다는 기사는 쓰지 않는다. 그런 기사로는 신문이 팔리지 않을뿐더러 명성을 안겨주지도 않기 때문이다.

1987년에도 그랬다. 매스콤의 속성은 옛날이나 지금이나 똑같다. 그리고 미래에도 그럴 것이다. 1991년 CNBC가 FNN을 인수했을 때 지성있는 경제기사보도를 강조했는데 그래서 지금까지와는 다른 시각의 보도 — 시장의 진실을 보도 — 를 하지 않을까 하고 기대를 했었다. 그러나 CNBC 역시 여전히 비생산적인 보도를 계속했다. 지금까지의 경제기사보도의 잘못을 그대로 답습했다. 경제학자들과의 인터뷰로 프로그램을 가득 채웠고 그 결과 주식시장을 적절히 보도하지 못했다. 그들은 뉴스에 대한 시장반응보다는 뉴스거리에 더 관심을 두었다. 특히 아무짝에도 쓸모없는 다양한 분야의 분석가들과 인터뷰를 함으로써 대중들에게 비생산적인 정보를 제공했다.

예외없이, 이들 경제 프로그램은 언제나 기본적 사고의 틀을 벗어나지 못한다. 이들은 기업이익 주가수익비율(PER), 배당률, 자산가치, 경영, 생산, 경기 등을 강조한다. 자기들이 보도하는 기사가 균형잡힌 보도라는 인상을 주기 위하여 자기들 주재원들을 기술적 분석가라고 부르기도 한다. 그러나 그 사람은 자기의견의 위험부담을 줄이기 위해 생각을 자주 바꾸는 바람에 대중들을 혼란에 빠뜨린다. 그래서 가끔은 명석함을 나타내기도 하지만 이런 말바꾸기 때문에 그들의 명석함이 상쇄되어 버린다.

기술적 분석을 절대로 믿지 않는 칼럼니스트가 가장 대중들에게 해를 입히는 부류이다. 대신에 그들은 시장에 떠도는 루머와 기사거리를 퍼뜨리는 데 시간을 다 보낸다. 심지어 어떤 동기를 가진 누군가가 자기에게 넘겨주는 쓰레기 같은 기사거리를 보도해 주고 있다. 이 때문에 대중들은 시장에서 많은 손해를 입는다.

아마도 CNBC가 저지른 가장 큰 잘못은 이런 것이다. 즉, 1991년의 경우 시장상황으로 봐서 가장 긍정적인 시각을 가져야 할 때 부정적인 것을 강조했다. 1993년 말의 경우에는 부정적인 시각을 가져야 할 때 긍정적인 것을 강조했다. 그러나 그러한 잘못을 반드시 고쳐야 한다는 뜻은 아니다. 왜냐하면 매스콤의 잘못된 보도행위도 나의 게임 이론을 구성하는 일부분이니까.

1989.5~1989.10

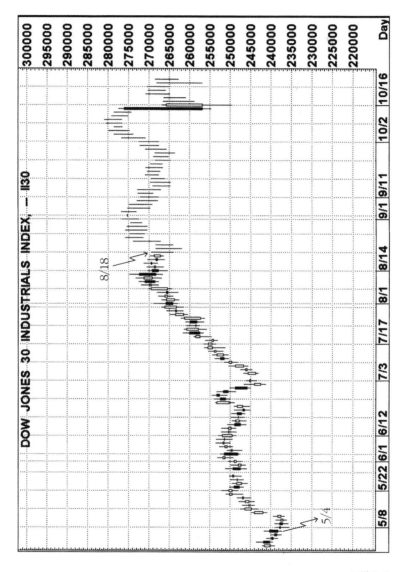

그림 6-4

7

숨 고르기

1989년 초에 카운팅 기법을 주로 사용했는데 이 기법 때문에 1987~1989년의 강세시장 내내 투자성과가 좋았다. 카운팅 기법이 얼마나 중요한지를 보여주겠다.

단순히 신고가 신저가 종목수만을 보고 시장을 예측하면 전혀 엉뚱한 결과가 나오는 경우가 가끔 있기 때문이다. 실제적인 시장상황을 보려면 시장속을 파고들어갈 필요가 있다. 1989년 5월의 예를 살펴보자(그림 6-4 참조).

1989년 5월 4일

사람들은 대체로 천성이 게으른 편이다. 그래서 지금 보여주는 수치들은 여기서 처음 공개하는 것이다.

52주 신고가를 기록하는 종목수가 차츰 감소하고 있는 것으로 분석되면 약세론자들은 겉으로 드러난 지표들에 의해 완전히 엉뚱한 판단을 하게 된다. 4월 14일자 약세시황을 하는 A정보지를 인용해 보자.

2,300p를 뚫기 위해 세번째 도전하고 있는데, 매번 신고가 종목

수가 줄어들고 있다. 2월 8일 꼭지에서 144개 종목; 3월 16일 꼭지에서 120개 종목; 4월 12일 꼭지에서 102개 종목. 이 시장은 점점 약해지고 있다. 주가하락을 경계하라. "

정반대로, 4월 13일 나는 이렇게 말했다.

"　　시장은 궤도에 진입하기 직전이다. 수일내에 시장대폭락 이후의 신고가에 도달할 것이다. 시장에 들어오고 있는 새로운 힘을 보면 놀라게 될 것이다. 다우지수가 신고가로 진입할 준비가 되어 있다. "

분명한 것은 4월 14일자 A정보지 저자는 52주 신고가 1포인트 범위내 종목수를 세어볼 시간이 없었던 게 분명하다. 그 수치가 꾸준히 증가하는 것을 보았다면 그런 예측을 하지 않았을 것이다.

그래서 보통의 시장관계자들은 4월 5일 신고가 종목수가 65개 종목인 것을 알았지만, 그 날 나는 뉴욕증권거래소 상장주식 중 신고가 1포인트 범위내 종목수가 432개 종목으로 증가했다고 FNN 방송에서 말했다. 그래서 4월 18일 173개의 신고가 종목수가 증가한 것은 하나도 놀랄 일이 아니었다.

그런데 지금은 4월 18일 이후에 신고가 종목수가 차츰 감소하는 것을 보고 또다시 경고신호라고 주장하는 잘못을 반복하고 있다. 그들은 게으르다. 그들은 아직도 신고가 1포인트 범위내 종목수를 세는 일을 하지 않고 있다. 그들이 카운팅 기법을 이용해서 이 수치를 세어 보았다면 시장 속을 흐르는 엄청난 힘을 간파했을 텐데.

4월 5일~4월 28일 사이에 그 수치는 432종목에서 643종목으로 증가했다. 그런데도 4월 28일에 시장관계자들은 신고가 종목수가 120개로 줄어든 것만 보고 신고가 종목수 지표가 하향돌파할 것이라고 생각하고 있다.

그러나 시장 내부적으로 잠재적 신고가 종목수가 643개에 이르고 있었던 바다. 4월 24일 FNN에 나온 기술적 분석가가 강세종목수가 점차 감소하고 있다고 말하는 것을 듣고 아주 실망했다. 그것은 얼토당토 않는 거짓말이며 신고가 1포인트 범위내 종목수를 세어보지 못한 결과일 뿐이었다.

이제 이 카운팅 기법을 한 단계 더 확대시켜 보자. 이 기법은 신고가 신저가 지표가 향후 어떻게 변화할 것인지를 예측해 주는 가장 명백한 선행지표들이다. 뉴욕증권거래소 상장주식 중 52주 2포인트에서 1-1/8p내의 신고가 종목수를 세어 1포인트 범위내 신고가 종목수에 더해서 만들었다.

4월 28일자에 기록된 수치들을 보자.

신고가 1포인트 범위내 종목수: 606

신고가 2 내지 1-1/8p 범위내 종목수: 544

4월 28일자 52주 신고가 2포인트 이내의 종목수는 도합 1,150개 종목에 달한다. 이 수치는 뉴욕증권거래소 상장종목의 거의 반을 차지한다.

시장이 극도의 강세를 보일 것이라는 예측대로, 실제로 그 후 시장은 신고가 종목수가 계속 증가하여 1989년 8월 1일 신고가 종목수가 306개에 이르렀다.

8

꼭지를 향해 달려가는 주가

1989년 8월 19일, 토요일

블랙 먼데이 이전 수준으로 주가가 회복되었다(그림 6-4 참조). 동시에 대꼭지를 치기 위한 마지막 상승시세에 대비해야 할 때가 왔다.

그래서 나는 보이 스카우트의 구호를 반복한다. 준비 또 준비(유비무환). 아직 스위치를 누를 때는 아니지만 정보지 구독자들에게 지정가 매도주문을 늘리라고 말했다. 동시에 콜옵션 매수로 100% 수익이 나면 콜옵션 이익을 챙기고, 이 달 말까지 현금화시키라고 말했다.

지난주 현금보유비중을 25%까지 늘리라고 요구했다. 이번 주는 현금보유비중을 50%까지 늘리고 있다.

솔직히 말하면, 지금 시장을 떠나고 싶지만 분석결과 다우지수상 목표치는 좀더 높은 수준까지 오르게 되어 있다. 내 지표가 올라가는 한 다우지수는 꼭지를 아직 친 것은 아니다. 내 지표는 지금 상승중이다. 그러나 남은 시간이 많지 않다. 이번 상승파동의 꼭지는 내가 예상하는 것보다 좀더 일찍 올 수 있다. 다우운수주가평균을 간단히 살펴보면, 포물선 상승을 보이고 있다.

시장을 예측하는 데 도움을 주는 4가지 반대논리를 살펴보겠다.

 미국시장과 일본시장을 비교해 보니까 특별한 차트 패턴이 나왔다. 그것은 미국주식시장이 일본시장을 뒤쫓아가는 모양이었다. 그래서 닛케이지수가 35,000까지 상승할 것으로 예측하고, 그 때까지는 미국시장도 괜찮다고 생각했다.

사람들이 일본시장이 폭락할 것이라고 했지만, 정치적인 혼란과 일련의 스캔들에도 불구하고 약세를 보이지 않자 모든 약세론자들이 놀라고 있다.

그후로 미국시장은 일본시장의 영향을 받아 자기만족에 빠져 있다. 그런데 지금은 닛케이지수가 앞으로 더 상승할 것이라는 자신을 가질 수 없다.

 1987년 10월 19일 주식시장이 대폭락했을 때, 금값은 같은 날 온스당 500달러로 꼭지를 쳤다. 시장이 대바닥을 친 바로 그때, 대중들은 시장을 떠나 금시장으로 몰려갔다. 금시장이 바닥일 때 주식시장은 꼭지를 친다. 금시장은 주식시장을 보는 또 다른 지표이다.

 증권회사들이 시장대바닥에서 직원들을 고용한다면 그것은 센스있는 행동이 될텐데 그들은 정반대로 하고 있다. 바닥에서 해고하고 꼭지에서 고용한다.

시장바닥에서는 브로커들에게 급료를 줄 정도로 고객이 많지 않기 때문에 어쩔 수 없이 그렇게 한다. 똑똑한 시장관계자들은 증권회사와는 정반대로 행동한다. 증권회사 브로커들이 해고되던

1987년 10월(1987년 10월 26일 다우지수 1,793p) 이것을 강력한 매수신호로 보고 행동에 옮기고 있었다.

지금은 그 후로 967p가 상승했고, 증권회사는 새 브로커들을 다시 고용하고 있다. 그래서 증권회사가 브로커들을 해고할 때가 바닥이고 고용할 때가 꼭지다. 이것은 가슴에 새겨두어야 할 반대지표이다.

 1988년 5월로 되돌아가 보자. 당시 내가 FNN 방송에서 빌 그리페스 기자에게 말했다. 패니매주의 주가가 33달러로 상승 돌파한 걸 보면 시장이 크게 올라갈 것 같다고 했다.

패니매주는 이자율의 예고지표로서 상당히 믿을 만한 주식이라고 말했다. 패니매 주가는 최근 100-5/8달러까지 올라갔다. 단순한 선차트로 볼 때 포물선 상승을 하고 있기 때문에 시세가 끝나가는 것으로 판단된다.

지금은 패니매 주가가 연착륙을 할 것인지 경착륙을 할 것인지 잘 모르겠다. 경제를 보면, 지금은 과열도 침체도 아니다. 경제는 인플레이션과 디플레이션의 사이를 시계추처럼 왔다갔다 하는 법이다.

이런 상황을 고려하여 패니매 주가를 볼 때 지나친 낙관론, 즉 조정없이 다우지수가 3,000p를 넘을 가능성은 없어 보인다.

9

매도신호

1989년 8월 15일

8월 1일 다우지수신고가, 8월 8일 ADL최고치.

이것을 보고 대부분의 주식들이 신고가를 냈겠구나 하고 믿었다. 52주 신고가 종목수가 306개에 이른다고 보도되었지만 신고가 1포인트 범위내 주식수는 뉴욕증권거래소 상장종목 중 800개나 나왔다. 그것은 포물선상 승이 극에 달한 것이며, 끝을 의미한다.

1989년 8월 16일
확실한 매도신호

8월 1일 장중최고가인 2,747.53p에 접근하자, 시장은 하락으로 대역전 되었다. 다우지수가 신고가를 내지 못하는 것을 확인할 때까지 기다렸다 가 매도신호를 내는 게 보통이다.

그러나 지금은 2,747.53p를 거뜬히 뛰어넘기에는 남은 시간이 없어 보 인다. 대부분의 주식이 이미 꼭지를 친 것으로 보인다.

52주 신고가 종목수가 점점 적어지고 있다는 개념에서 보면 꼭지가 분명했다. 그래서 8월 15일 저녁에 회원들에게 다음과 같이 조기경보를 발했다.

> 주식을 현금화하라는 전화입니다. 꼭지신호가 너무나 확실해서 지금 이를 무시할 수가 없습니다. 다우지수는 8월 말경까지 상승할 수 있지만 대부분의 주식들이 이미 최고가를 기록한 것으로 판단됩니다. 9~10월 시간구도상 급락이 올 위험성이 너무 커서 이를 무시할 수가 없습니다. 금광주는 괜찮겠지만 그 외의 모든 주식은 의심스럽습니다.

지난 주 4가지 중요한 반대논리를 지적했는데 지금 이 현상들이 일어나고 있다. 그 반대논리를 다시 한번 요약해 보자.

① 일본주식시장이 꼭지를 쳤다.

② 주식은 매도이고, 금광주는 매수다.

③ 증권회사들은 브로커들을 고용하고 있고 이것은 주식시장의 꼭지 지표이다.

④ 패니매주를 보면 이자율이 저점을 이미 찍고 곧 상승하리라는 것을 알려주고 있다.

이제는 현재 일어나고 있는 또 다른 반대논리를 추가할 수 있다. 1987~1988년 당시 가장 열정적인 비관론자들이 지금 시장꼭지에서 강세론자가 되어가고 있다는 사실이다.

증시대폭락 이후 정보지와 광고에서 비관론을 주장했던 사람들이 다우지수가 2,722p 수준을 넘어서면 강세시장이 시작된다고 주장하고 있다. 다우지수가 2,700p 이상으로 올라간다면 새로운 상승목표치는 3,584p가 될 것이라고 말하고 있다.

여기에 또 다른 의미있는 반대논리가 있다. 증시대폭락 이후 그들이 얼마나 오랫동안 약세관을 가지고 있었는지 기억하는가? 다우지수 3,000p라는 예측이 바로 그들에게서 나오고 있다.

그렇다고 내가 3,000p 이상으로 올라갈 수 없다고 말하는 건 아니다. 먼저 상당한 하락조정이 없이는 3,000p로 올라가는 상승장은 볼 수가 없다는 뜻이다.

8월 14일자 바론지를 보자. 표지기사만으로도 좋은 매도신호가 된다. 머리기사는 "금년중 다우지수 3,000p?"라고 쓰고 큰 박스로 "와우!"(탄성)라고 썼다. 1987년 10월 바닥에서 "퓨우~"(한숨)라고 썼던 것을 벌써 잊었는가? "퓨우~"가 진짜 매수신호라면 지금의 "와우!"는 매도신호가 되는 셈이다. 1987년 10월의 "퓨우~"는 악재 뉴스를 배경으로 나온 것이다.

10

포물선 상승

포물선 상승이란 주가가 꾸준히 상승하고 상승각도가 상향으로 점점 커져 거의 수직선에 가까운 것을 말한다. 어떤 주식이 수직상승중이라면 그 상승추세는 곧 끝나게 된다.

포물선 상승의 좋은 예를 몇 개 들어보자.

1980년 1월 21일 금값이 온스당 875달러, 은값이 온스당 50달러에 이르렀다. 투기열풍이 마구 퍼지고 사람들은 여기에 눈이 멀어 무엇이 어떻게 돌아가는지 하나도 모를 지경이었다. 이것이 포물선 상승의 완벽한 예였다.

마지막 몇 달 동안 금값의 상승은 거의 수직에 가까웠다. 꼭지를 치기 전 날 나는 미니애폴리스에 있었는데 그 날 미니애폴리스트리뷴지의 머리기사에 귀금속주의 붕괴를 예측한 내 말이 실렸다. "금과 은은 곧 쇠똥으로 변하게 될 것이라고 예측하다." 그 다음 날이 꼭지였고 금과 은은 그 후 12년간 약세를 보였다.

1987년 10월 26일 이후로 회원들에게 100% 전부를 주식에 투자하게 해왔다. 198년 10월 15일 나는 약세관으로 방향을 바꾸고 그 날 매도신호를 보냈다. 이틀 후 댄 딜런과 인터뷰를 했다.

그는 내가 가장 좋아하는 대주종목이 무엇이냐고 물었다. 나는 지체없이 UAL(미국항공)주가 뉴욕상장주 중에 가장 완벽한 대주종목이며 곧 폭락할 것이라고 말했다. 10월 17일 CNN(Cable News Network)방송의 Moneyline쇼에서 도프만이 류 돕스에게 말하기를 "UAL주가 그랜빌이 가장 좋아하는 대주종목"이라고 말하자, "UAL주는 인수협상이 잘된 주식이라는 것을 그랜빌이 모르고 있는 건가?", "앞으로 이 주식이 어떻게 될지를 보고 나서 그랜빌의 생각을 평가해 보자"고 말했다.

내가 예상했던 대로 UAL주가는 붕괴되었고 1989년 10월 13일의 작은 폭락장세를 선도하는 종목이 되었다. 포물선 상승 패턴을 보여주는 UAL 주가 차트를 보라. 포물선 상승 패턴의 절정을 이루고 있다.

11

UAL주 – 1989년 포물선 상승곡선과 붕괴

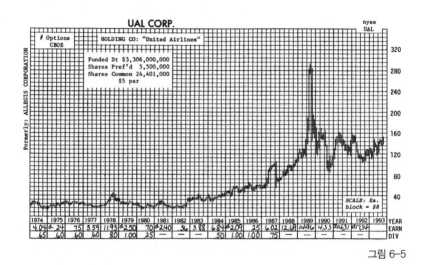

그림 6–5

UAL주

자 이제 '52주 신저가 1포인트 범위내 종목수'가 급격히 증가하는 현상이 어떤 의미를 갖고 있는지 보여주겠다.

1989년 10월에 시장은 190p의 작은 폭락장을 겪었다. UAL주가폭락이 그 원인이라고 알려진다. 카운팅 기법에서 나온 기술적 조기경보신호가 나온 뒤에 UAL 사건이 일어났다. 기술적 분석으로는 구체적으로 무슨 사건이 일어날지는 알 수 없지만, '무슨 일이 터질 것 같다'고 말할 수는 있다.

1989년 9월에 있었던 예를 보여주겠다.

1989년 9월 21일

8월 꼭지 이후, 신고가 종목수가 80% 감소하면 시장은 회복될 수 없다고 강조했다. 내가 관찰해 본 바에 의하면 여기에는 예외가 없다. 지금 대부분의 주식평론가들이 강세전망을 하고 있다. 그러나 이들은 신고가 신저가 지표를 절대로 참조하지 않는다.

말 그대로 이 수치를 보면 강세시장이라고 말할 수가 없다. 신고가 종목수가 8월 306개에서 9월 14개 종목으로 감소한 것은 거의 붕괴라고 해야 할 정도이다.

이처럼 8월 1일 이후 신고가 종목수가 95% 감소한 것도 중요하지만, 신저가 종목수가 증가하고 있다는 사실에 더 관심을 가져야 한다. 여기서 나는 카운팅 기법을 적용했다.

카운팅 기법 때문에 지난 8월 내내 내가 강세관을 갖고 있었다. 신고가 1포인트 범위내의 종목수를 세는 대신에 이제 신저가 1포인트 범위내 종목수를 세고 있다.

그리고 여기서 나는 중요한 발견을 했다! 너무 흥분해서 월 스트리트 저널지의 존 도프만에게 전화를 걸었다.

9월 18일자 신문에 내가 발견한 것들을 실어주었다. 9월 14일 12개월중 신저가 1포인트 범위내의 주식수가 359개 종목이나 된다는 것을 발견했다.

여기서 우리가 주목해야 할 것은 말 그대로 신저가 종목수가 수백 개까지 나올 수 있는 급박한 상태라는 것이다.

이것이 3,000p 혹은 잘하면 그 이상의 다우지수상승을 운운하는 강세론자들의 주장에 내가 코웃음을 치는 이유다. 시장이 상당한 하락조정을 거칠 수 있다는 기술적 증거다.

12

증가하고 있는 신저가 종목수를 잘 보라

1989년 9월 28일

시장은 T자 형태의 패턴으로 아주 확실한 약세 패턴을 보이고 있다. 신고가 종목수가 306개를 기록했던 8월 초의 시장시세는 꼭지를 쳤다. 그 이후로 신고가 종목수가 급감하여 80% 이상 감소한 경우가 여러 차례이다.

특히 8월시장 꼭지를 벗어나면서 시장은 대학살로 진입하든가 아니면 폭락에 가까운 주가하락이 없고서는 신고가 종목수의 감소현상에서 벗어날 수 없다는 것을 경험으로 잘 알고 있다.

지난 봄 약세론자들이 판을 치고 있을 때, 12개월 신고가 1포인트 범위내 종목수가 수백 개에 이른다고 관심을 촉구한 일이 있었다. 이 가치있는 분석 때문에 8월 꼭지까지 강세관을 유지할 수 있었다. 지금 나는 신저가 종목수가 수백 개나 된다고 얘기하고 있다!

내가 처음 카운트를 했을 때 월 스트리트 저널의 존 도프만에게 전화를 해서 이 사실을 말했다. 그는 깜짝 놀라서 즉각 그 중요성을 알아차리고 다음 날 아침 신문에 그 수치를 실었다. 그후로 수치는 계속 늘어나서 400개에 가까워졌다. 내가 올해 봄에 신고가 종목수가 늘어나는 것을 보고 강세관을 가졌던 것처럼 오늘 나는 신저가 종목수가 늘어나는 것을 보고 약세관을 갖게 되었다.

추세선 차트집을 보면 차트로 된 신고가 신저가 지표를 볼 수 있다. 그걸 보면 신고가 수치가 지그재그로 하락하는 큰 모양을 볼 수 있다. 그리고 1987년 시장대폭락 이전에 지그재그형이 마지막으로 나타났다.

시장관계자들이 내게 전화를 해서 이 시장에 위험요인은 없다고 말했다. 눈만 크게 뜨고 보면 1978년 10월의 대학살 이전인 9월에 이와 유사한 패턴이 있었음을 관찰할 수 있었을 텐데. 그때 신저가 종목수는 천천히 증가했고 56개에 이르자 모든 것이 즉각 떨어졌다! 영업일수로 7일 이내에 신저가 종목수가 극적으로 늘어나서 583개 종목에 달했다. 이런 변화는 시장대학살에서나 볼 수 있는 일이다.

52주 신저가 1포인트 범위내 종목수가 거의 400개 종목에 달한다! 이 간단한 정보 한 조각이 너무나 강한 인상을 주었기 때문에 다른 정보는 중요하게 여겨지지 않을 정도이다.

이제, 50개 이상의 신저가 종목수가 나오면 시장이 가속화되어 하락할 가능성이 크다. 이때는 시장이 아주 급박한 상태라 1/4포인트 범위내 신저가 종목수가 거의 100개에 달하고 있다는 사실 때문에 향후 극적인 변화가 예상된다.

그래서 시장은 신저가 종목수가 증가할 때 폭포현상이 나타날 수밖에 없다. 그렇지 않고서는 향후의 약세를 견뎌낼 수가 없다.

기술적인 측면에서 볼 때 시장은 지금 수준에서 회복을 기대할 만한 기술적 근거가 없다.

2주 후에 시장은 붕괴되었다

1987~1990년의 강세 사이클은 다우지수 2,999.75p를 기록하고 1990년 7월 중순에 끝이 났다. 꼭지 이후에 다우지수는 635p가 하락하였다. 그렇다면 하락을 경고하였던 주식 카운팅 기법은 과연 얼마나 효과적이었다고 생각하는가? 여러분들의 판단에 맡긴다.

1989.10~1990.7 꼭지까지

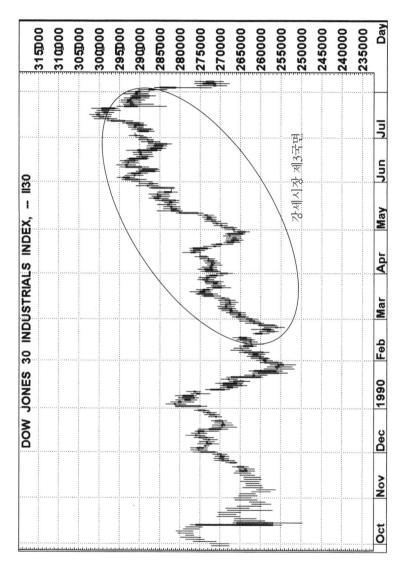

그림 6-6

13

강세 사이클 제3국면으로 진입

1989년 10월의 하락 이후 다우지수는 바닥에 도달했다. 그리고 1987~1990년 강세시장의 마지막 제3국면에 진입했다.

강세 사이클의 마지막 국면에서는 다우지수가 크게 상승하는 반면 많은 개별주식들은 그렇지 못한 게 보통이다. 디카토미 현상이 작용하기 때문이다. 1989년 11월~1990년 7월에도 그랬다. 마지막 강세 사이클은 1990년 7월에 다우지수 2,999.75p를 기록하고 끝났다.

강세 사이클의 최고꼭지를 기록하던 순간에 카렌의 주식 카운팅에서 심각한 약세전환현상이 나타났다.

1990년 7월 주식 카운트

날짜	신고가 종목수*	신저가 종목수*
7. 13	351	475
7. 20	167	500
7. 24	142	582

---

* 1포인트 이내

그랜빌의 최후의 예언

14

강세시장 제3국면에서 느끼는 좌절감
(1990년 5월~1990년 7월)

시장꼭지를 모두 분석해 보니까 꼭지에는 항상 디카토미 현상이 있어서 어느 정도의 좌절이 있게 마련이다. 디카토미 현상은 기술적인 측면에서 시장 내부의 병이라고 할 수 있다.

이것은 내부적으로 시장이 파괴되고 있음에도, 겉으로는 개별주식과는 별개로 다우지수만이 제홀로 걷기(지금의 경우에는 상승)를 하는 현상을 말한다. 다우지수는 계속 상승하고 있는데 시장이 꼭지를 치고 있다고 말하면 매스콤에서는 그를 미친 사람으로 취급할 것이다. 이런 상황에서 매스콤을 납득시키기는 너무나 어렵다. 그것이 1990년 꼭지에서 내가 처한 곤혹스런 상황이었다.

다우지수에 편입된 블루칩(대형우량주)주는 강세시장의 마지막 단계에서 상승하다가 약세시장으로 넘어갈 때 하락한다. 1990년 5월 21일 바론지에 다음과 같은 독자편지가 실렸다. 이 편지는 디카토미 현상에 대해 정확하게 경고하고 있다. 그때는 다우지수가 마지막 시세를 분출하고 있었다(7월 이후 다우지수는 635p가 하락했다).

우울한 전망

알랜 아벨슨이 쓴 〈월스트리트의 상승과 하락〉이라는 칼럼은 볼 만한 가치가 있었다. 우선은 내 생각과 완전히 일치하고 있었다. 그래서 나는 그 칼럼을 좋아한다. 상식적으로 봤을 때, 텅 빈 상가가 엄청나게 많이 있고, 자동차판매와 주택판매가 줄고 있으며 파산, 생산감축, 해고 등이 점차 증가하고 있다는 사실은 증권시장의 하락을 예고해 주고 있다.

요인들은 서로 다를지 몰라도, 1972~1974년의 약세시장과 유사하다는 생각이 든다. 그때는 주식시장이 가끔씩 반등을 주면서 서서히 고민스럽게 하락했었다. 자산의 50% 정도 손실은 아주 보통이었다. Amex 시장과 OTC 시장은 훨씬 더 큰 손실을 입혔다. 그 당시 약세시장이 1974년 12월에 끝났는데 많은 투자자들을 시장에서 몰아냈다.

1970년대 초와 지금의 유사성을 살펴보면 아주 똑같다. 그때는 경기침체에 둔감한 훌륭한 기업들, 즉 니프티 피브티(Nifty Fifty, 당시에 인기있던 우량주 50종목을 말함)가 전체시장을 떠받치고 있었다. 이 주식들이 영원히 상승할 것처럼 보였지만 그렇지 않았다.

지금 상황에서 다우존스주가평균(DJIA)이 전체시장을 떠받치고 있지만, ADL(등락주선)과 신고가 신저가 종목들을 보면 다우지수 관련 종목을 뺀 나머지 주식들은 하락하고 있다는 것을 알 수 있다. 경제상황이 나빠지고 있기 때문에 다우지수가 그러한 종목별 하락에 동참할 가능성이 아주 높다.

로버트 A 홀슨, 뉴저지주 마화에서

FNN의 리처드 색턴과의 인터뷰 내용을 보면, 디카토미 현상 속에서 고통스러워하는 내 모습이 잘 나타나 있다.

1990년 6월 6일 – FNN 방송

리처드, 당신이 알다시피 나는 최근의 반등시세(상승세로 보지 않았기 때문에 반등시세라 표현하고 있다)를 놓쳤다. 그러나 시장이 폭락할 가능성이 커 보인다. 지금의 상승세가 장기적으로 계속 이어질 조짐은 어디에서도 찾아볼 수가 없다. 1990~1992년까지 약세시장이 진행될 가능성이 아주 커 보인다.

월요일 아침에 2,950p에 접근하자 강세함정을 만들었다. 다우지수가 최근의 장중저가 밑으로 빠져 버렸기 때문에 최근에 산 투자자들은 물을 먹고 있다. 5월 중순 이후로, 시장의 상승 모멘텀이 위험할 정도로 약화되었다. 그래서 우리는 지금까지 가져온 강세관을 버렸다. 다음의 반등시도에서 진정한 기술적 테스트가 있게 될 것이다. 그 과정에서 곧바로 매수신호가 나오지는 않을 것으로 본다. 2,850~2,875p까지 하락하면 매수기회라고 모든 사람들이 말하고 있지만, 일단 거기까지 하락하고 나면 주식을 사고 싶은 생각이 들지 않을 것이다.

1929년의 대폭락을 앞두고 그랬던 것처럼, 지금도 그때와 비슷한 기술적 경고가 나오고 있다는 사실을 사람들은 깨닫지 못하고 있다. 다우가 미친 듯이 급등하고 있지만, 뉴욕증시상장주식의 52%가 벌써 9개월 전부터 약세시장으로 들어가 있다. 1929년도에 이런 현상이 나타난 후에 시장이 어떻게 되었는지 나는 너무나 잘 알고 있다. 그래서 지난 8월 신고가 종목수, ADL, 운수주가평균이 꼭지를 치는 것을 보고 시장을 떠나라고 사람들에게 말했다. 다우공업주가 최근 신고가를 계속 내고 있지만 이들 중요한 지표들은 지난 여름의 고가에는 훨씬 못 미치고 있다. 그래서 리처드, 나는 기술적 분석의 역사 그리고 인간의 본성을 믿고 거기에 승부를 걸고 있다.

내 의견을 말하자면, 기술적 분석결과와 과거의 증시역사를 볼 때 지금 주식을 사라고 얘기하는 사람은 무책임한 사람이다.

15

밥슨이 경고한 요지는 무엇인가

다우지수 상승을 바라보면 좌절감을 느끼지만, 시장폭락을 경고하고 있는 지표들을 보면 주가하락에 대한 신념도 함께 생긴다.

1990년 6월 14일

1929년 9월 3일 다우존스공업주평균이 381.17p로 꼭지를 치면서, 월스트리트 증시역사상 가장 길고 가장 강력했던 강세시장은 끝났다. 그 후 25년 동안 다우지수는 다시는 그 수준으로 회복되지 못했다. 꼭지를 치고 이틀 후 로저 밥슨은 다우지수가 300p까지 하락할 것이라고 말했다. 9월 5일 다우지수는 거의 10p 하락했다. 지금의 시장에 비교해 보면 약 73p 정도의 하락폭이다. 11월 13일 다우지수는 198.69p로 하락했고, 1932년 7월 8일에는 도저히 믿기지 않는 수준인 41.22p에서 하락을 멈추었다. 사실 로저 밥슨의 약세관은 그렇게 심한 정도는 아니었다. 밥슨의 예측을 지금의 시장에 견주어보건대 다우지수가 2,289p 정도로 하락할 것이라고 예측하는 것과 같다.

간단히 말하자면, 밥슨의 경고는 이렇다. 1929년 꼭지를 치기 전 마지막 9개월의 상승은 블루칩에 집중되었다는 것이다. 대개의 주식들은

1928년에 꼭지를 쳤고 다우지수가 급등하여 미친 듯이 날아가고 있는 상황에서 불과 몇 개 되지 않는 주식들만이 신고가를 만들고 있다는 사실에 대하여 특별히 위험을 느낀 것이다. 1929년 9월 3일 신고가를 기록한 그날에 54개 종목만이 신고가를 기록하였고 19개 종목이 신저가를 기록하였다.

가끔은 월 스트리트 저널지도 로저 밥슨을 괴롭혔던 디카토미 현상에 대해 언급을 하려 했지만 낙관적 전망이 많아서 묻혀버렸다. 대폭락을 목전에 두고 있을 때는 언제나 그렇다.

결론적으로 나의 충고는 이렇다.

다우지수의 마지막 진통, 즉 포물선 상승을 지금 목격하고 있다. 이 시장에서 성공적으로 투자하고 싶다면 지금 적어도 75% 정도는 현금화하라. 1990~1992년에 약세시장이 올 것이라는 내 예측이 맞다면 공매도와 풋옵션 매수기회는 앞으로도 많이 있을 것이다. 지금 우리는 공매도나 풋옵션 매수는 하지 않고 있다. 1929년 9월 25일로 되돌아가서 그 당시 애널리스트들을 괴롭힌 게 무엇인지 보고 싶다. 여러분은 그것을 보고 나서 공매도와 풋옵션 매수를 하라.

저널지에서 인용(1929. 9. 25)

다우존스 주가 차트를 면밀히 연구해 보면, 최근의 시장 움직임 때문에 약간 혼란스럽다. 모든 하락은 전저점을 깨고 새로운 저점을 만드는 반면에, 반등은 전고점 바로 아래에서 멈춘다. 이것을 보면, 주가가 더 하락하지 않을까 하는 생각이 든다.

1929년 대폭락 직전에도 그랬듯이, 지금도 매스컴에서는 약세론자들을 놀려대기 시작했다.

곤경에 빠진 사람들: 강세시장에서의 약세론자들

(1990. 6. 18 바론지 머리기사)

이 기사 내용중에 내 시황관도 함께 실렸는데 다음과 같다.

> 나는 1987~1989년 사이의 상승시세를 '완전한 1,000p 상승시세'라고 불렀지만, 지금의 상승시세는 마지막 환호성이며 엄청난 강세함정이고, 대중들을 속이는 반등이다.

바론지 기사가 나간 뒤 FNN방송에서도 나는 다음과 같이 주장했다.

1990년 6월 20일 FNN 방송

> 리처드, 지금의 상승시세는 매우 위험스러워 보이는 끝장시세로 보인다. 장기적인 관점에서 어디에서도 강세조짐을 찾을 수 없다고 지난 6월 6일 당신에게 말한 적이 있다. 그런데 6월 4일과 6월 15일의 더블톱(쌍봉, 쌍꼭지, 마주보기천장 등으로 표현하기도 한다)을 만들었고 이것으로 지금의 상승시세는 끝났다. 6월 15일 고점은 기술적으로 완벽한 힘의 소진양상을 그대로 보여 준 것이다.

16

달리는 마차에서 바퀴가 빠지다

1990년 6월 21일

6월 18일자 바론지에 시장이 하락할 것이라는 나의 경고가 실리자 다우지수는 54p가 하락했다. 내 말 한마디에 시장이 빠지는 걸 보면, 시장은 도저히 다시 일어서기가 불가능한 상태라는 것을 단적으로 보여주고 있다.

1929년 9월 10일 월 스트리트 저널지에 실린 글을 인용해 보자. "많은 시장관계자들은 밥슨의 예언에 시장이 민감하게 반응하는 것을 보고 시장이 회복이 불가능한 상태라고 느꼈다."

1929년 9월 5일의 밥슨의 유명한 경고를 다시 참고해 보자. 밥슨도 똑같은 기술적 증거에 의존했기 때문에 그의 경고가 오늘 이 시점에서도 있을 수 있다.

밥슨은 특히 신고가 신저가 지표와 ADL에 관심을 두고 있었다. 그는 이 두 지표가 1928년에 꼭지를 쳤다는 점, 1929년의 상승시세는 블루칩에 집중되었다는 점, 뉴욕증권거래소 상장종목 중 52%는 9개월 전에 이미 꼭지를 치고 약세시장에 들어가 있었다는 점을 강조했다.

작년 8월 1일 이후 75%의 현금을 유지하라고 한 이유를 독자들은 알 수 있을 것이다. 강세시장의 진정한 꼭지는 작년 8월에 기록했다. 결국, 대개의 주식들은 그 달에 꼭지를 쳤는데, 1989년 8월 1일에 신고가 종목수는 306개에 달했다. ADL은 일주일 후인 1989년 8월 8일에 꼭지를 쳤다. 기술적 꼭지를 완성하고, 다우운수주가평균은 1989년 9월 8일에 꼭지를 쳤다. 이제 다음 사실을 깊이 마음에 새겨두자. 최근 다우공업주가지수가 연일 신고가를 기록하고 있는데도 불구하고, 이들 세 가지 주요지표들은 아직도 1989년의 고가에 훨씬 못 미치고 있다. 다시 말하겠다. 이 상태에서 누군가가 당신에게 주식을 사라고 한다면, 그 사람은 아주 무책임한 사람이다. 이것은 마치 1929년으로 돌아가서 그때 주식을 사라고 말하는 것과 똑같다.

나는 증시일지를 매일 자세하게 쓴다. 시장이 꼭지에 이르면 언제나 더 상승할 것이라는 예측들이 난무하고 강세론자들은 자신만만해져서 오히려 건방져 보일 정도다. 그러나 우리는 잘 안다. 지금이 시장대꼭지이고 결국에는 붕괴될 수밖에 없다는 것을. 이 모든 일들이 올해 여름에 일어날 것이다.

시장에는 강세전망이 난무하고 있다. 다우지수가 금방 3,000p를 뚫는다고 말한 지 9개월이 지났지만, 지금도 똑같은 말을 하고 있다. 심지어 5,000p를 전망하는 사람들도 있다. 바로 그런 사람들이 지금 강세전망을 내놓고 있다. 이런 것들을 보고 시장상황을 판단하기도 하는데 이것을 나는 인간지표(person indicator)라고 부른다.

6월중에 나온 낙관적인 전망들

6월 7일 - 다우지수가 더 상승하리라고 본다. 다우지수는 2,900p에서 잘 지지되고 있다. 이번주 후반에 상승을 시작할 수 있을 것임.

6월 7일　- 6월 말에 3,000~3,100p에 도달할 것으로 전망

6월 7일　- 기대보다 일찍 3,250p에 갈 것으로 보임.

6월 7일　- 초강세시장

6월 8일　- 다우지수 2,880p 지지

6월 8일　- 1년 후에 3,250p

6월 12일　- 초강세

6월 13일　- 다우지수 초강세 전망. 7월중 3,100p 예상

6월 15일　- 다우지수 3,000p 이상으로 상승 예상

6월 16일　- 다우지수 3,200p 예상

6월 16일　- 다우지수 3,000p를 향해 달음박질

6월 16일　- 다우지수 3,400p 예상

6월 16일　- 8~9월중 꼭지 예상

6월 16일　- 2~3개월내에 다우지수 10~15% 상승 예상

6월 16일　- 다우지수 3,150p 예상되고 장기적으로는 3,500p 전망

6월 18일　- 2주일 이내 3,000p

6월 18일　- 수요일 경 바닥, 월말까지 강세 예상

6월 19일　- 18개월(1년 6개월) 이내 다우지수 4,000p 예상

분석가들의 한결같은 전망의 핵심은 2/4분기중 3,000p를 돌파한다는 것이었다. 이제 2/4분기가 끝나가고 있다. 정말로 그들이 제대로 된 분석가라면 그런 전망을 할 리가 없다. 왜냐하면 최근의 시장하락은 1989년 10월이나 1990년 1월과 유사한 상황이기 때문이다. 그러나 그때보다 더욱 나쁜 것은 지금은 고원천장형의 패턴이 완성되려는 단계에 있기 때문이다.

만약에 고점하락 패턴이 된다면 더욱 심각한 하락 패턴으로 진행될 것이다. 그래서 7월 초의 반등이 실패하고 이 달에 2,820p 수준으로 하락한

다고 하더라도 할 말이 없는 상황이다. 반등실패란 신고가를 내지 못하는 반등을 말한다. 그러고 나면, 다우지수는 붕괴될 것이다. 기술적인 측면에서 봤을 때 시장은 생각보다 더 나빠 보인다. 만약에 다우지수가 2,800p의 결정적인 수준을 지지하지 못한다면, 즉시 추가적으로 공매도와 풋옵션매수를 할 것이다.

6월 18일자 바론지의 기사를 구독자들이 봤기를 바란다. 거기에는 "곤경에 빠진 사람들: 강세시장에서의 약세론자들"이라고 머리기사가 실렸다. 내가 분석한 시장관을 캐스린 웰링에게 넘겨주었다.

그랜빌 시장관

기술적 경고신호들
① 1929년과 1973년의 꼭지가 거의 정확하게 똑같다.
② 정확히 9개월의 시간간격을 갖고 있다.
③ 고원천장형 패턴
④ 상승비확인 현상
⑤ 다우지수 상승의 절반은 5개 종목에 의한 것으로 다우지수 상승이 일부 종목에 지나치게 의존하고 있다.
⑥ 과도한 주가분할
⑦ 주요한 경고신고들
    ⓐ 신고가 종목수의 감소
    ⓑ ADL 하락
    ⓒ 운수주가평균이 1989년 고점에 훨씬 못미치고 있다.
    ⓓ 공익사업주가평균이 1989년 고점에 훨씬 못미치고 있다.

결론과 예측

최근의 반등은 마지막 환호성이다.

하락 패턴이 확실하게 나타날 때까지 공매도 금지

붕괴 가능성이 아주 높다.

1990~1992년 기간중 약세시장, 1992년 4월경 다우지수 바닥 예상

추천

자산의 75%를 신속히 현금화할 것.

1929년 1973년 시장상황과 동일하다는 내 생각이 맞다면 1990~1992년의 약세시장에서 금값이 상승세로 전환할 것으로 기대된다.

내부지표들은 5월 중순에 꼭지를 쳤고, 그 후에 나온 바론지의 머리기사는 시장꼭지를 암시하는 신뢰할 만한 시사점을 알려준다.

5월 28일자와 6월 4일자에 실린 머리기사도 그런 점에서 고전적인 것이다. 5월 28일자 머리기사는 "모든 것이 떨어지는 이유는 IBM주가를 위해서다"였다. 그 표지기사를 보고 IBM주를 샀던 사람들은 거의 수수료도 떼지 못했다.

6월 4일자 머리기사는 "큰손들은 여전히 강세시장을 사랑한다"였다. 그래서 지금 그들의 사랑놀이는 꼭지에서 뜨겁다.

17

약세시장에서는 약세론자가 옳다

1990년 6월 28일

총공매도주수가 즉각 올라갔다. 강세시장에서 그 수치는 초강세의 기술적 의미를 갖고 있다. 그러나 지금은 강세시장이 아니기 때문에 시장을 지지해 주는 역할은 전혀 하지 못한다. 총공매도주수가 상승한 이후로 다우지수는 거의 100p가 빠졌다는 사실을 주목하라. 설명은 아주 간단하다.

지금은 강세시장이 아니기 때문이다. 지금은 약세시장이며 약세시장에서는 약세론자들이 옳다. 1929년 대폭락 이전에 공매도주수가 급격히 늘었다는 사실을 6월 14일자 정보지에 실었다. 1929년 9월 16일, 9월 26일, 10월 9일, 10월 25일자 월 스트리트 저널지를 인용해서 그 당시의 공매도주수를 회원들에게 제공했다.

갑자기 약세시장을 전망하는 정보지들이 엄청나게 많아졌다. 강세시장에서는 이런 현상을 강세요인으로 볼 수 있다. 그러나 지금은 강세시장이 아니기 때문에 시장을 지지해 주는 역할은 전혀 하지 못한다.

6월 15일 이후 다우지수가 거의 100p나 빠졌기 때문에 대부분의 강세론자들이 약세론자로 변했다. 몇몇 주식평론가들은 이런 사실을 두고 시장바닥의 신호로 해석할 정도이다. 그러나 결정적 차이점을 간과했다. 약세시장에서는 약세론자가 옳다. 회원들에게 내 말을 믿으라고 요구하지 않았다. 6월 14일자 정보지에서, 1929년 9월 24일, 9월 26일, 10월 1일자 월 스트리트 저널지를 보면 대폭락 몇 주 전부터 약세론자들의 수가 크게 늘어났다는 정보를 알렸을 뿐이다.

물론 약세시장에서는 약세론자들이 옳다! 약세전망을 하는 정보지의 수를 조사한 우리 정보지의 평론가는 한 달 전부터 많아졌다고 했다. 벨이 다시 울렸다. 나는 거기에서도 똑같은 현상을 보았다. 1929년 10월 1일자 저널지를 다시 한번 인용해서 새로운 점을 강조하겠다.

> 시장전망을 하는 정보지들을 읽어보니까, 그 중 75%가 약세전망을 하고 있다는 것을 알았다. 주가가 더 빠질 것이라는 전망밖에 없다. 이런 전망을 하는 사람들이 누군가 하면, 시장이 주가가 꼭지가격에 있거나 낙관론이 팽배할 때 시장이 계속 상승한다고 말하던 바로 그 사람들이다.
>
> - 1929년 10월 1일자 월 스트리트 저널지

다른 주식평론가는 이런 단기파동에 대하여 걱정하지 않는다고 지난주 말했다. 좋은 주식을 사서 장기간 보유하는 것이 시장 게임에서 이기는 길이라고 말했다. 이런 평론도 1929년 대폭락 이전의 평론과 거의 똑같다.

그 밖에도 똑같은 경우가 많다. 여론조사에서도 발견된다. "지금의 조정국면이 지나면 다우지수는 신고가로 상승할 것이다"라고 주장한다. 1929년에도 그랬다.

"6월 15일 다우지수상 고가는 마지막 상승이었고, 그 날의 고가는 실패로 끝난 반등시도에 불과하다. 그 후에는 총체적으로 시장이 붕괴될 것이다. 기술적 분석수치가 점점 약해지고 있어서 공매도나 풋옵션매수를 미룰 수가 없었다. 6월 15일의 반등시도가 실패로 끝났다는 사실이 확인될 때까지 기다릴 수가 없었다"라고 가능한 한 또렷하게 회원들에게 말했다.

시장붕괴전망이 공공연하게 떠돌았다. 이런 상황을 보면서 내린 결론은 이렇다. "시장붕괴는 생각보다 더 빨리 일어날 것이다." 왜냐하면 1929년의 상황과 너무나 똑같아서 9월이나 10월까지 기다릴 필요없이 곧 붕괴될 것으로 보였기 때문이다. 기술적으로 시장은 벌써 급속도로 약화되고 있기 때문에 낙관적인 전망을 절대 믿어서는 안 된다. 내 생각으로는, 누군가가 9월에 다우지수가 3,249p까지 상승할 거라고 믿는다 해도 이런 상황하에서 제 잘난 맛에 여름 내내 주식을 보유하고 싶은 사람은 아무도 없을 것이다.

18

반등실패

1990년 7월 5일

큰 서머랠리가 있을 것이라고 사람들은 믿고 있다. 9월에 3,249p까지 상승할 것이라는 전망이 가장 보편적이다. 그러나 나는 완전히 다른 의견을 갖고 있다. 나는 6월 15일 다우지수의 고가 이후 하락, 뒤이어 반등실패 그리고 총체적인 시장붕괴로 이어지는 시나리오를 예측했다. 이러한 예측은 신고가 신저가 지표, ADL, 다우운수주가평균, 다우공익사업주가평균 등에서 나온 기술적 경고신호에 근거한 것이다.

최근의 쟁점은 시간에 대한 것이다. 나는 처음에는 5~6월 하락을 기대했다. 다우지수를 기준으로 보는 사람들은 5~6월중 하락이 일어나지 않았다고 말한다. 그러나 시장을 기준으로 보는 사람들은 5월 중순에 시장은 꼭지를 쳤고 6월에는 하락세로 전환되었다고 본다. 5월 18일 필드 트렌드 순지표가 +15에서 꼭지를 치고 내려왔다는 사실은 기술적으로 5~6월 시장이 하락세로 전환되었다는 증거로 보기에 충분하다. 지금은 초기의 기술적 약세표시에 이어 다우지수도 9월 2일의 노동절까지 버티지 못하고 올여름에 붕괴될 가능성이 크다.

클라이맥스 지표를 정확하게 해석해 보면, 누적 클라이맥스 지표가 한 달 전에 꼭지를 쳤고 지금은 시장붕괴신호를 보내고 있다. 7월 4일에 이 글을 쓰고 있는데 회원들에게 도착될 7월 9일경이면 이미 시장이 무너져 있을 수도 있다. 다우지수가 5일째 반등했기 때문에 7월 3일 클라이맥스 지표는 +12로 상승했다. 그러나 클라이맥스 지표를 자세히 들여다보면 개운치 않다. 7월 3일 클라이맥스 수치 +12는 8개의 lower-up표시를 포함한 것이다. 진정한 Up(대문자 UP) 표시는 4개에 불과하다. 이것은 필드 트렌드의 힘이 상실되었다는 의미이다. 필드 트렌드의 힘은 higher-up〉higher-down〉lower-up〉lower-down 순서라고 볼 수 있다. 7월 3일 lower-up 종목수는 6월 15일 이후로 최고치인 8개를 기록했다. 6월 15일 lower-up 종목수는 6개였다. 다음 날인 6월 16일 다우지수는 거의 54p가 하락했다. 이것을 보면 7월 3일은 6월 15일과 기술적으로 비슷한 상황이다. 또 한 번 급락이 있을 것으로 예상된다.

6월 21일자 정보지 발송 이후로 변한 것은 거의 없다. 아메리칸 텔레폰주, 엑슨주, 굿이어주는 상승력이 크게 약화되었다. 베들레헴 스틸주, 시어즈주, 유니온 카바이드주는 주가가 하락해서 약세 패턴을 보이고 있으며 크게 하락할 가능성이 크다. 제너럴 모터스주는 하락 필드 트렌드에 들어 있다. 이번주 OBV신고가를 기록한 종목은 3개에 불과하다.

총공매도주수가 신고치를 기록했다. 이것은 시장붕괴를 암시한다는 것을 다시 한번 주목하라. 이런 현상은 1929년과 똑같다. 지난주에 강조했듯이, 약세시장에서는 약세론자가 옳다. 투자자들의 약세감정은 강세표시라고 확신하고 있는 강세론자들의 주장은 결국 실패로 끝날 것이다. 1929년 시장과 똑같은 현상이 또 하나 있다. 1929년 9월 3일 최고가를 기록한 후 시장이 하락하고 있을 때, 저널지는 "이익이 많이 난 기업들을 찾는 투자자가 늘어나고 있다"고 지적했다. 6월 29일의 저널지의 머리기사와 똑같은 것이었다. 6월 5일자 인베스터즈 데일리지(뒤에 이름이 바뀌었다)는 "투자자들이 이익률 상위종목을 찾고 있다"라고 썼다.

의심스러울 때는 '거울 테스트'(mirror test)를 해보라. 거울을 보듯이 차트를 거꾸로 보라. 그렇게 해놓고 주식을 사야 할지 팔아야 할지 판단해보라. 거울 테스트로 차트를 보면, 다우공업주는 바닥을 강력히 굳히고 있고, 다우운수주는 더블톱을 돌파하려고 하고, 다우공익사업주는 더블톱을 향하고 있다. 자, 이제 다시 원래대로 놓고 진짜 시장상황을 보자. 다우공업주는 대상투권에 있고, 다우운수주는 쌍바닥을 깨려 하고 있고, 다우공익사업주도 비슷한 모양이다.

4월 27일과 6월 15일 사이의 반등시세가 강력하다고 하지만, ADL은

5월 14일 이후 겨우 586p가 올랐을 뿐이다. ADL이 이렇게 조금 상승했는데 다우지수가 90p씩이나 상승하다니. 확실히 뭔가가 잘못되어가고 있다.

은행주가 매일 신저가를 기록하는 것을 보면 알 것도 같다. 작년 8월(1989년 8월) 은행주가 최고가를 기록하자 시장 전체에 대한 매도신호가 나왔던 것을 기억해 보라. 은행주의 바닥이 확인되어야 상승을 기대할 수 있다.

19

하늘에서 내려오는 계시

1990년 7월 12일

강세론자에 따르면, 여름시장은 아주 뜨겁게 달궈질 것으로 보고 있다. 어떤 강세론자는 "폭죽의 달! 우주의 별들 속에 폭발적 상승이 보인다"라고 썼다. 1920년대로 돌아가보자. 그때 미국의 가장 유명한 점성술가는 에반제린 아담스였다. 그녀는 주식시장 예언으로 대단한 명성을 얻었다. 1929년 9월 2일 노동절에 있었던 예언이 가장 유명하다. 9월의 주식시장이 어디로 갈 것인가 하는 물음에 "다우존스는 하늘까지 기어올라갈 것이다"라고 답했다. 바로 그 다음 날 다우지수는 381.17p로 신고가를 기록했다. 그리고 그 지수는 그 후 25년간 다시는 보지 못했다. 아담스는 별들 속에서 무엇을 보았길래 주가가 하늘까지 오를 것이라고 예언했을까? 나는 밤에 별보기를 사랑한다. 하늘의 별을 보고 주식시장을 예측하지는 못하지만, 우주의 무언가가 땅으로 내려주는 조금 터무니없어 보이는 시장경고를 읽을 수 있다. 신고가 신저가 지표, ADL, 다우운수주가평균, 다우공익사업주가평균 등이 바로 나에게 시장경고를 내려주는 우주의 사물들이다. 9월까지 3,249p까지 상승한다는 따위의 여름의 폭등시세를 암시해 주는 지표는 하나도 없다. 반대로 시장붕괴를 경고하고 있을 뿐이다.

리처드 러셀은 지금의 주식시장이 안고 있는 기술적 약세징후를 자세히 설명했다. 그러자 FNN의 빌 그리피스가 그에게 물었다. "그런데 왜 다우지수는 계속 올라가고 있는가?" 내가 대답하고 싶어 죽을 뻔했지만 내게 대답할 기회를 주지 않았다. 정확한 대답은 이렇다. 1929년 8월, 1973년 1월, 1987년 8월, 1989년 10월 케이스 중에 하나가 그 답이다. 그때도 마찬가지로 다우지수는 계속 상승하고 있었다. 다우지수가 상승한다고 무조건 강세시장이라고 할 수는 없다. 기술적인 경고는 이미 있었고, 지금은 그 경고가 승리했다. 되돌아보면, 사람들이 기술적 지표를 믿었다면, "다우와 함께 지옥으로나 가라"고 간단히 한마디만 했다면, 꼭지시점에서 시장을 빠져 나올 수 있었을 텐데! 지금 우리도 이런 중차대한 시기에 들어와 있다. 기술적 지표들은 이렇게 말하고 있다. "다우지수야! 너 혼자서 어디로 가니?"

나는 시장에 많은 것을 묻지 않는다. "진실을 말해 달라"고 간단히 물어볼 뿐이다. 나는 시장이 내게 해주는 말을 믿고, 하루에 한 번 그 말을 해석하는 데 최선을 다하고 있다. 만약에 어떤 날이 기술적으로 좋다면, 공업주, 운수주, 공익사업주, 이 세 가지의 주가변동폭과 거래량이 다같이 좋은지 확인할 뿐이다. 매스컴에서는 주식시장이 엄청난 강세라고 매일 말하지만, 기술적으로 좋은 날은 그렇게 많지 않았다. 다우공업주가평균, 다우운수주가평균, 다우공익사업주가평균이 종가기준으로 동반상승한 날은 6월 4일 이후 딱 네 번밖에 없었다는 사실을 아는가? 오늘은 5번째 동반상승하는 날이 될지도 모르겠다.

기술적 분석의 한가지 원칙이 있다. 1987년 10월 1,000p 상승시세에 동참하게 해주었고, 1989년 8월 시장에서 탈출하라고 말해 준 것이 바로 그 지표들이다. 이 지표들이 신고가 신저가 지표, ADL, 다우운수주가평균, 다우공익사업주가평균이다. 지난 10개월 동안 다우지수는 더 상승했지만, 이 지표들은 하락추세에 있다! 지금이 강세시장이라고 주장하는 사람들은 월 스트리트 저널지의 섹션 C로 눈을 돌려보라. 25개의 지수들을 담은 주식시장 데이터 뱅크를 보라. 25개 지수 중에 16개가 하락해 있다. 나는 구시대의 기술적 분석가이다.

강세시장이란 신고가를 만드는 주식의 수가 늘어나는 것을 말한다고 배웠다. 1989년 8월 1일 이후, 시장은 강세시장의 정의와 더 이상 맞아떨어지지 않았다. 강세시장이란 빠지는 주식보다 오르는 주식이 더 많아야 한다고 배웠다. 1989년 8월 8일 이후 시장은 강세시장의 정의와 더 이상 맞아떨어지지 않았다. 운수주는 신고가중인 공업주를 확인해 주어야 한다고 배웠다. 이것 또한 1989년 9월 5일 이후 더 이상 맞아떨어지지 않았다. 그래서 나는 매일 밤 기도할 때, 항상 이렇게 끝맺는다. "신이여, 계시를 주시옵소서." 작년 8월 이후로 그 기도는 답을 얻지 못했다.

7월 7일 토요일 핫라인에서 이렇게 말했다. "다음주는 강세론자들에게는 가장 결정적인 한 주다. 왜냐하면 내가 보기에 7월 13일 이후 시장은 약세론자들의 편에 서 있기 때문이다."

20

요점정리

1990년 7월 초 다우지수가 이번 강세시장의 상투를 기록하기 며칠 전에 투자자들 사이에 두 가지 투자전략이 제시되었다. 첫째는 실적호전 상위종목에 대한 매수집중이고, 둘째는 실적악화에 따른 주가폭락 충격을 피해갈 수 있다고 생각되는 종목에 대한 매수집중이었다.

그런데 1990~1993년의 시장주기에서도 꼭지를 바로 앞두고 똑같은 현상이 있었다. 투자자들은 하락시장에서도 상승할 수 있는 주식을 찾고 있었다.

1987~1990년 시장주기에서 의문점이 하나 눈에 번쩍 띈다. 1987년 10월~1989년 8월의 1,000p 상승시세에서 내가 지속적으로 강세관을 가질 수 있었던 이유는 무엇인가?

그리고 그때 1989년 8월부터 1990년 여름 사이에 나의 약세관을 정당화시켜 준 것은 무엇인가? 뭐가 잘못되어가고 있었는가?

기술적으로 잘못되어가는 것은 아무것도 없었다. 1987년 10월 시장바닥에서의 매수결정과 1989년 8월 시장꼭지에서의 매도결정은 똑같은 지표에 의한 것이다.

그러나 이들 지표들은 1989년 여름에 최고치를 기록한 후에 한 번도 고가 근처에 가보지 못했다.

문제의 핵심은 간단하다. 다우공업주평균이 1990년 6월 15일 2,939.89p를 기록했을 때, 시장전망에 대한 사람들의 생각은 다음 둘 중의 하나였다.

① 시장이 고가를 기록했으니까 강세시장이라고 무작정 판단했거나

② 아니면, 기술적분석이 요구하는 원칙을 고수한 결과, 약세시장이 시작되었는데도 다우지수가 상승세를 계속하면서 시장의 진실을 은폐하고 있다는 것을 정확히 알았다.

기술적 분석의 원칙은 단 한 가지 대답을 허용할 뿐이다. 1990년 7월 초의 글처럼 약세 시나리오를 강세 시나리오로 변화시키기 위해서는 기술적 주요지표들의 극적인 상승이 필요했다. 여기에 문제가 있다. 상승시세는 논리적으로 신고가 종목수가 계속 증가해야 하는데, 1989년 8월 1일에 신고가 종목수는 306개 종목을 기록하고 꼭지를 쳤다. 상승시세는 하락종목수보다 상승종목수가 계속적으로 더 많아야 한다. 그런데 이것도 1989년 8월 8일로 끝났다. 건전한 시장은 다우공업주와 다우운수주가 동반상승해야 한다. 그런데 1989년 9월 8일 이후에는 이런 동반상승은 더 이상 이어지지 않았다.

'52주 신저가 1포인트 범위내 종목수'가 뉴욕상장주식 중에 582개 종목에 달한다는 깜짝 놀랄 만한 사실을 알고 있는 강세론자는 아무도 없을 것이다. 여기에 내기를 걸어도 좋다. 이 사실을 안다면 절대로 강세관을 가질 수 없다. 이 정도 수치는 주가붕괴 직전에 나오는 수치다.

다우지수 3,000p 돌파는 확실하다고 사람들이 생각하지만, 신저가 종목수가 무려 475~500개에 이른다! 7월 20일 '52주 신고가 1포인트 범위내 종목수'가 50% 감소한 것을 보고, 시장이 곧 붕괴할 것이라고 아주 쉽게 예측했다. 그 수치들은 거짓말을 한 적이 없다. 기대했던 대로 7월의 다우지수는 꼭지를 치고 있고 앞으로 시장은 죽음의 길로 갈 것이다.

1990년 7월 이후의 폭락시세

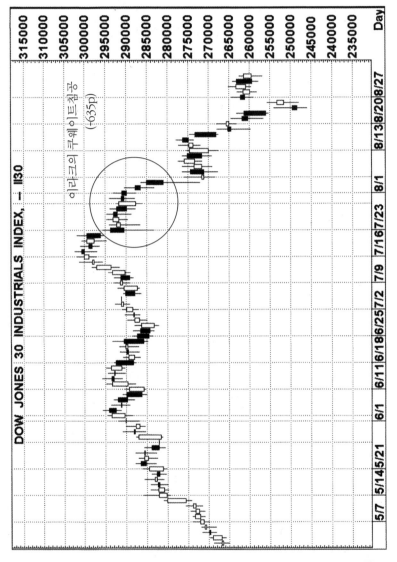

그림 6-7

21

땅에 떨어지다

1990년 7월 16일

증시예측점성가들에게 이런 충고를 하고 싶다. 우주에서 무슨 일이 일어나는지에 관심을 두지 말고 바로 여기 지구에서 지금 무슨 일이 일어나고 있는지에 관심을 가지라는 것이다. 그들은 7월이 폭죽을 터뜨리는 달이 될 거라고 말하지만, ADL은 탈출구를 못 찾아서 난리중이다. 7월중 기껏해야 ADL은 100 정도 올랐을 뿐이다.

달리 말하면 이 달은 점성가의 말에 따르면 폭발적인 상승을 기록하기로 되어 있는데, 내 생각으로는 상승종목보다는 하락종목이 더 많을 것으로 보인다. 벌써 이 달의 반 이상이 지나갔다. 다른 지표보다 먼저 ADL이 여름의 붕괴를 예보해 주고 있다.

내가 강세관을 갖고 있던 1987년 10월부터 1989년 8월까지의 시장은 기술적인 측면에서 보면 진정한 상승시세였다. 그러나 1,000p 상승시세를 맛있게 먹고 나서 시장을 탈출하라고 말하던 1989년 8월 이후에는 시장의 상승을 믿지 않았다.

지난 11개월 동안의 시장은 확인된 상승추세가 아니었다. ADL이 꼭지를 치던 1989년 8월에 정보지를 통해 주식을 팔라고 말했다. 대개의 주식들이 1989년 8월에 꼭지에 도달했다는 데 의심의 여지가 없다. 그래서 지난 4월(1990년) 이후 진행된 약세시장하에서의 반등시세를 놓친 것에 대해 사과할 이유가 없다. 왜냐하면 나를 따르는 투자자들은 작년 8월 이후의 하락시장에서 다른 사람들이 입었던 엄청난 손실을 피해갔기 때문이다.

예를 들면 정보지를 통해 작년 8월 정확히 꼭지에서 은행주를 팔고 시장을 떠나라고 말했다. 시장이 곧 강세로 간다고 작년 8월 이후 지금까지 줄기차게 자랑하는 사람들에게 강력한 이의를 제기해야겠다. 대부분의 주식들은 작년 8월 이후로 주가가 내려갔는데 그들의 자랑은 무엇에 근거한 것인가? 시장 내부적으로 작년 8월 이후로 약세시장으로 진입했고 지금은 다우지수로 표현되는 시장 외부적으로도 약세시장이 진행되려는 시점이다.

1990년 엄청난 강세시장이라는 인상을 심어주려고 많은 강세론자들이 노력해 왔다. 그러나 진실을 벗어날 수는 없다. 나는 1989년의 ADL과 지금의 ADL을 비교해 보여주고자 한다. 다우지수가 상승한 달과 하락한 달, 그리고 ADL이 상승한 달과 하락한 달을 보자. 그리고 그 해의 합계치를 보자. 1990년의 수치를 보면 충격을 받을 것이다.

기술적 분석을 통해서 어떤 돌발사건이 일어날 것인가를 예측하려는 것은 아니다. 그렇지만 지금 시장의 기술적 상태를 보면 돌발악재가 튀어나올 것 같았다. 강세론자들은 자기들의 시나리오가 맞다고 확신했기 때문에 시장 내부적으로 갖고 있는 몇 가지 모순점들은 무시해도 된다고 생각했다.

그러나 ADL, 신고가 종목수, 다우운수주가평균 등에서 경고신호가 오랫동안 계속 나와서 무시해 버릴 수 없게 되었다. ADL에 결코 맞서지 말라. ADL은 아직도 가장 중요한 지표다.

ADL 비교

	1989년		1990년	
	지수변화	ADL변화	지수변화	ADL변화
1월	+174	+4322	-63	-5793
2월	-84	-1479	+37	-44
3월	+35	+802	+80	+651
4월	+125	+2221	-51	-4263
5월	+62	+2418	+220	+4471
6월	-40	-569	+4	+550
7월 현재	+104	+2612	+100	+123
1~7월	+386	+10515	+227	-5405

이 충고는 고통스런 경험에 근거한 것이다. 그것을 무시하면 깊은 후회를 하게 된다. 뉴욕증시가 ADL상 경고신호를 보내고 있고 나스닥과 아멕스도 비슷한 모양을 보이고 있다. 아멕스 ADL은 1989년 8월 이후로 최저가를 기록하기 직전이다. 이번 주의 돌발악재는 적자예산계획의 발표였다. 이 악재로 모든 것이 끝났다. 시장 게임이 끝났다는 종료호각이 들렸다. 속은 쓰라리지만 급히 뭔가를 결정해야 한다.

그리고 지금으로서는 혹시 잘못되면 어쩌나 하는 걱정을 할 여유가 없다. 이리하여 어쩔 수 없이 우리는 1990~1992년 약세시장을 치르지 않을 수 없게 되었다. 이제는 재정적으로 진퇴양난의 어려운 입장에 처하게 되었다.

22

한여름날의 꿈

1990년 7월 26일

강세론자들은 오랫동안 다우지수 3,000p라는 꿈을 갖고 있었지만, 결국 이루어지지 않았다. 말 그대로 꿈으로 끝났을 뿐이다. 조만간 그들은 악몽에서 깨어나 현실을 깨닫게 될 것이다. 다우지수 3,000, 3,100, 3,249 등의 예측시한이 다 지났다.

그들의 그 달콤한 주가전망은 깊이 생각해 보고 내린 결론이었을까? 1989년 8월 1일을 고비로 신고가 종목수가 감소추세에 있고, 1989년 8월 8일을 정점으로 ADL이 하락추세이고, 1989년 9월 5일 이후로 다우운수 주가평균이 하락추세로 있고, 1989년 8월 이후로 은행주가 하락추세에 있고, 다우공익사업주가평균은 지금 연중 최저가로 하락추세에 있는 것을 알고 있었을까? 기술적 분석가라면 누구라도 알고 있었을 것이다. 이런 확실한 기술적 안내푯말을 인식하지 못했다면, 주식시장의 기술적 분석가라고 할 수 없다. 강세시장이고 다우지수가 폭발 직전이니까 은행주를 많이 사라고 해도, 이런 사실을 아는 사람이라면 아무도 듣지 않을 것이다. 그 수치들을 보면 너무나 뻔하니까. 작년 8월(1989년 8월)에 시장을 탈출하라고 말할 때 뉴잉글랜드 은행주는 주당 24달러였다. 지금은 주당 2-7/8달러밖에 되지 않는다. 1989년 8월 이후 강세관을 계속 갖고 있던 분석가들은 누구나 할 것 없이 은행주, 자동차주, 방위산업주 등을 매수하도록 그의 추종자들을 끌어들였다. 그리고 그 결과는 처참할 정도였다.

23

8월의 대재앙
(1929년과의 비교)

1990년 8월 2일

잊어버렸을 경우에 대비하여 1987년 10월 19일의 증시대폭락으로 이끌었던 신저가 종목수를 다시 적어보자.

날짜(1987년)	신저가 종목수	
10.7	54	
10.8	78	
10.9	89	
10.12	112	
10.13	88	
10.14	123	
10.15	189	
10.16	327	
10.19	542	블랙 먼데이
10.20	1174	

1990년 7월 31일 신저가 종목수가 74개였는데, 이 정도의 수치를 가지고 왜 그렇게 떠들어대는지 잘 이해하지 못하는 독자들이 있을 수 있다. 그러나 사람들이 '52주 신저가 1포인트 범위내 종목수'를 세어보기만 한다면 생각이 달라질 것이다. 사람들이 다우지수상승이라는 자아도취에 빠지고 나면 기술적 분석을 거의 하지 않는다. 게다가 이 일은 시간과 수고가 많이 든다. '52주 신저가 1포인트 범위내 종목수' 570개로, 1987년 10월 중순 시장대폭락 당시의 극단적인 수치에 거의 접근하고 있다. 며칠내로 그 수치에 근접할 수 있을 정도이다. 7월 23일 실제 신저가 종목수는 118개였다. 그러다가 어느 날 갑자기 1987년 10월 15일~10월 19일처럼 189개로, 327개로, 542개로 늘어나게 되면 더 이상의 경고신호도 필요하지 않을 것이다.

이제 이것을 생각해 보자. 앞의 표를 보면 신저가 종목수가 189개/327개/542개로 3일간 급증하고 있다. 그 전에 먼저 '52주 신저가 1포인트 범위내 종목수'가 수백 개에 이르지 않고서는 이렇게 매일 급증할 수는 없다. 이제 결정적인 시장의 붕괴, 파멸, 그리고 대재앙이 며칠 남지 않았다고 주장하는 이유를 알게 되었을 것이다. '52주 신저가 1포인트 범위내 종목수' 570개는 1987년 10월 19일의 신저가 종목수 542개보다 더 큰 수치다.

그래서 잠재적으로 파국에 더욱 가깝게 와 있다. 그러나 그러한 시장붕괴는 주식을 살 좋은 기회를 제공할 수도 있다. 그래서 189/327/542와 같은 신저가 시리즈가 나타나면 긴장해야 한다.

특기사항

이 정보지를 보낸 다음 날 "이라크의 쿠웨이트 침공"기사가 나왔고, 다우지수는 635p가 하락했다. 1987년에 그랬던 것처럼, '52주 신저가 1포인트 범위내 종목수'가 크게 증가하고 나서 결정적인 시장하락이 정확히 일어났다. 뿐만 아니라 결정적인 사건도 함께 일어났다.

밥슨의 경고

> 대부분의 주식들이 선도주의 뒤를 따르지 않고 있다. 40개의 선도주를 제외하고, 1,200개 상장주식 가운데 614개 종목이 올해 초에 비해 주가가 하락했다.
>
> 1929.9.6 월 스트리트 저널지, 밥슨

> 약세시장이 시작되었는가? 하는 질문이 나오기 시작했다. 이런 질문을 하는 사람들은 상장주식의 60%가 9개월 전부터 약세시장에 벌써 들어가 있다는 사실을 잊고 있는 것 같다.
>
> 1929.9.30 월 스트리트 저널지, 밥슨

> 통계를 내 보니까, 1928년 하반기에 주식 1주를 사서 오늘 주식을 팔았다면 손해를 보았을 것이다.
>
> 1929.10.5 월 스트리트 저널지, 밥슨

이것이 유명한 밥슨 경고의 핵심이다. 밥슨이 오늘 살아 있다면, 1929년으로 되돌아가서 그 당시 자기를 괴롭혔던 시장상황을 지금의 지표로 설명할 수 있을 것이다(그 당시에는 제대로 된 지표가 없었기 때문에 시장을 설명하기 위한 증거를 제시하기 어려웠다). 아마도 그는 이렇게 말할 것이다. "신고가 신저가 지표와 ADL에서 예측한 대로 9개월 전에 대개의 주식들은 꼭지를 쳤고, 과도한 주식분할이 있었다." 지금 그가 살아 있다면, 공매도수량이 증가하면 시장은 강세로 전환한다는 잘못된 신화와 증시 주변의 풍부한 대기자금에 대한 미신을 타파할 것이다. 밥슨을 대신해서 오늘의 증시상황에 적용해서 보여주겠다.

1929년의 미신

투자를 기다리며 주변에 포진하고 있는 자금이 얼마나 많은지를 자주 말한다. 그리고 역사상 최고의 공매도 수량을 보라고 말한다. 약세론자들이 너무 많다는 사실을 강조한다. 나는 이제 1929년 당시의 월 스트리트 저널지로 되돌아가서 이런 미신들을 깨버릴 것이다. 이런 모든 상황은 증시대폭락이 있기 직전에 항상 있어왔다는 것을 보여주겠다.

(1) 대량의 공매도수량에 대하여

그 당시에는 공식적인 수치발표가 없었기 때문에 수치는 단지 추측될 뿐이다.

공매도총수량이 주식시장에 많이 있다고 믿기 때문에 향후 시장은 기술적으로 양호한 주가회복이 있을 것이라는 생각이 점증하고 있다. 최근에 약세관으로 바뀐 주식거래자들이 너무 많기 때문에 내부적인 시장구조는 어느 때보다 더 강력한 것 같다(1929년 9월 16일).

브로커들은 공매도총수량이 평소보다 훨씬 많다고 말한다. 그런 시장은 공매도를 유도한다. 자동차주식에 공매도수량이 가장 많다(1929년 9월 26일).

물론 어느 때보다 공매도수량이 많아서 시장은 기술적으로 과매도상태가 되었다. 이것이 시장의 반등요인이었다(1929년 10월 9일).

엄청난 공매도수량이 있다는 시장분석가들의 의견이 많다(1929년 10월 25일).

(2) 증시대기자금에 관하여

모든 사람들이 사고 있다. 시장은 조정을 거친 후 상승밖에 남은 것이 없다(1929년 9월 18일).

대중들의 주식매수가 줄어들지 않고 계속되고 있다(1929년 9월 19일).

그러나 공업은 탄탄한 기조하에 있다. 사실 역사상 어느 때보다도 좋은 상태이다. 기업과 개인들은 전례없이 많은 자금을 가지고 있다(1929년 10월 2일).

우리는 전례없이 부유하다. 투자잉여자금이 가장 풍부한 상태이다. 경제기반은 1년 전보다 훨씬 강해서 1930년에는 번영이 약속되어 있다(1929년 10월 4일).

투자를 기다리는 막대한 자금이 있다. 수많은 주식거래자들이 지난 몇 주에 걸쳐 일어난 주가급락이 다시 일어나면 즉각 주식을 사겠다고 기다리고 있다. 조만간 시장의 추세가 즉각 바뀔 것이다(1929년 10월 22일).

(3) 약세론자가 많다는 사실에 대하여

금융계에 약세론자들이 많다. 소위 정보관련회사들은 주식을 현금화하라고 강력하게 충고하고 있다(1929년 9월 24일).

약세론자가 너무 많지만 이들은 대부분 일시적인 약세관을 갖고 있다(1929년 9월 26일).

시장예측가들의 정보지를 읽어보면서, 이들 중 75%가 약세관을 갖고 있다는 사실을 알았다. 그들은 무조건 주가가 하락할 것이라고 한다. 원래 이들은 시장꼭지였을 때 주가가 엄청나게 상승할 것이라고 말하며 낙관론이 크게 번지고 있다고 말한 사람들이다(1929년 10월 1일).

이런 식의 예는 얼마든지 있다. 마지막 글은 특히 관심을 끈다. 시장이 꼭지일 때가 장밋빛 전망이 생기는 때이다. 물론 이름을 들 것도 없이, 다우지수가 3,250p나 그 이상까지 올라가야 하는 이유를 자신있게 말하는 사람들이 바로 그 사람들이다. 유명한 칼럼니스트들이 TV에 나와 다우지수가 7월중에 3,100p까지 상승할 것이라고 말하고, 머크주는 100달러까지, 프록터 캠블주는 100달러까지, 제너럴 모터스주는 65달러까지, 아이비엠주는 140~150달러까지, 제너럴 일렉트릭주는 90달러까지 오를 것이라고 말한다. 이런 식의 TV해설은 무책임한 것이다. 1929년 9월 20일 월스트리트 저널지는 이 같은 주가전망을 인용하면서 이렇게 썼다.

"주가전망 - 초강세론자의 전망에 비하면 이런 전망은 너무 보수적이다."

24

시장국면분석: 1987~1990년 강세시장

1987~1990년 강세시장을 되돌아보고 강세시장국면의 전형적인 형태와 얼마나 유사한지 알아보자(5장 시장국면분석 참조).

강세시장 제1국면

이번 강세 사이클은 1987년 10월 19일 증시대폭락을 계기로 만들어진 바닥에서 시작되었다. 이때 거의 모든 지표들도 동시에 바닥을 형성했다. 증시대붕괴로 감정지표들은 모두 약세로 바뀌었다.

그래서 불신감이 즉각 폭 넓게 번졌고 반대로 이 때문에 시장은 상승시세로 전환할 수 있었다. 증시대폭락은 새로운 강세국면의 시작을 알리는 가장 확실한 증거이다. 즉, 폭락을 계기로 주가는 '걱정의 벽'을 기어오를 준비를 갖추게 되었다.

첫번째 국면은 시종일관 전형적인 패턴으로 진행되었다. 제1국면은 1987년 10월~1988년 11월까지 13개월 동안 지속되었다고 본다. 내가 실증적으로 분석해낸 표준적인 기간보다 약간 더 길었다. 처음에는 9개월을 표준으로 사용하다가 나중에는 11개월이 더 일반적이라고 생각을 바꾸었다.

강세시장 제2국면

제2국면은 1988년 11월~1989년 10월까지 11개월에 걸쳐 지속되었다. 강세시장 제2국면은 시장대바닥 이후로 10~20개월이 지난 시점에서 시작된다고 본 시간지표와 일치한다. 이 경우에는 1987년 10월의 시장대바닥 이후 13개월이 지났다. 가장 믿을 만한 국면확인 방법은 신고가 신저가 지표에 있다. 강세시장 제1국면에서 신고가 종목수의 꼭지가 시장꼭지와 일치하지 않는 경우가 가끔 있지만, 강세시장 제2국면 말에서는 신고가 종목수의 꼭지는 시장꼭지의 보편적인 증거로서 안정성을 갖고 있기 때문에 강세시장 제2국면에서는 언제나 더욱 편안함을 느꼈다. 그래서

1989년 5월에 주식 카운팅 기법에서 나온 아주 강력한 표시 — 신고가 종목수가 고작 80개밖에 되지 않지만 '52주 신저가 1포인트 범위내 종목수'가 643개 종목에 이르는 것 — 를 보았을 때, 시장이 강세시장 제2국면 말에 와 있다는 것을 알았다. 대중들은 시장으로 돌아오고 있었고, 이들의 투자심리는 불신감에서 자신감으로 바뀌어 있었다.

잠재적 신고가 종목수가 643개에 이르자, 신고가 종목수가 300개를 기록하면 강세시장 제2국면의 끝이 될 거라고 생각했다. 오래 기다릴 필요가 없었다. 1989년 10월 1일에 신고가 종목수는 306개를 기록했다. 동시에 '52주 신저가 1포인트 범위내 종목수'는 폭발적으로 늘어나 800개를 넘어섰다. 반대로 이런 수치를 보면 신고가 종목수가 계속 올라서 400, 500, 600종목으로 늘어날 수 있는 것이 아니냐고 주장할 수도 있다.

그러나 나는 다음과 같은 두 가지 이유 때문에 그런 생각이 잘못이라고 보았다. ① 신고가 종목이 800개를 넘는다는 것은 포물선 상승의 마지막 폭발이라는 점, ② 실제 신고가 종목수가 300개가 넘을 때는 대개 꼭지신호였다는 점. 그러나 논란을 벌일 필요도 없이 금방 결과가 나왔다. 바로 그 다음 날 신고가 종목수는 306개에서 156개로 줄어들었고, 8월 14일에는 54개로 감소했다. 이 수치는 82% 이상의 감소를 기록한 것이다. 나의 '80% 감소법칙'에 따르면 신고가 종목수는 다시는 회복될 수 없다는 의미였다.

ADL(등락주선)은 8월 8일 꼭지를 쳤다. 이미 꼭지를 친 주요지표를 확인하면서 나는 1989년 8월 15일 매도신호를 계속 보냈다. 마지막 한 번의 상승시도로 2,791p까지 오른 다우지수는 곧 바로 8월 13일 작은 폭락장세로 이어졌다. 나는 그 사건을 제2국면의 끝을 알리는 공식적인 선언이라고 보았다.

강세시장 제3국면

강세시장 제3국면은 1989년 10월~1990년 7월까지 9개월간 지속되었다. 그것으로 전체 강세시장은 33개월 동안 이어졌는데 시간지표에서 설명한 것처럼 전형적인 기간과 일치했다. 마지막 강세국면에서는 시장은 강세시장 제3국면의 전형적인 패턴을 그대로 따랐다. ADL은 1989년 8월 8일의 꼭지를 한 번도 회복하지 못하는 디버전스 현상(다우지수와의 부조화현상)을 보여주었다.

신고가 신저가 지표도 강세시장 제3국면의 전형적 패턴을 그대로 따랐다. 즉, 1989년 8월 1일의 최고치인 306개를 넘어서지 못했다. 전고점을 회복하기 위한 마지막 시도가 있었지만, 1990년 7월 13일 159개 종목을 기록하는 데 그쳤다.

다우존스공업주평균은 강세시장 제3국면의 전형적인 패턴을 완벽하게 준수했다. 블루칩들이 각광을 받았다. 다우존스공업주평균은 다른 지수들의 움직임과는 동떨어져 저 혼자 상승했다. 다우지수의 마지막 꼭지는 1990년 7월 16일 2,999.75p를 기록했다. 이것으로 1989~1990년의 강세시장은 완결되었다.

이것을 인식하지 못하고, 대중들은 과도한 자신감으로 강세시장 제3국면 내내 강세관을 갖고 있었다. 일급투자가들은 1989년 10월 이후 약세관으로 바뀌어 강세관을 가진 대중들에게 주식을 모두 팔아넘겼다. 이것 또한 강세시장 제3국면의 전형적인 패턴이다.

7장

1990~1993년
강세시장

Granville's Last Stand

1990~1993년 강세시장(월봉)

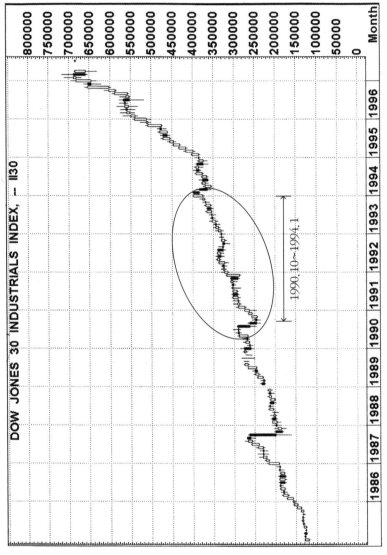

그림 7-1

그랜빌의 최후의 예언

1990.7~1991.12

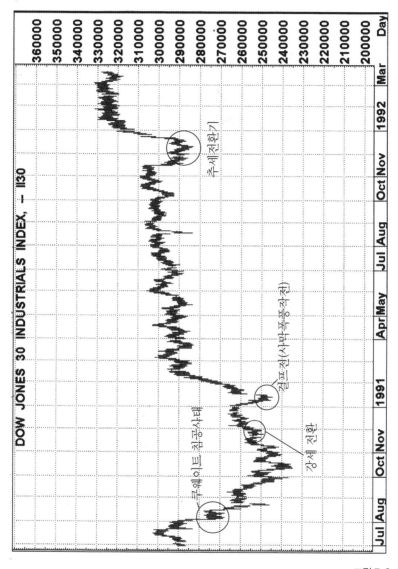

DOW JONES 30 INDUSTRIALS INDEX, - 1130

쿠웨이트 침공사태

강세 전환

흩표점(차바꿍뚱작점)

추세전환기

그림 7-2

1990.12~1991.1(걸프전 전후)

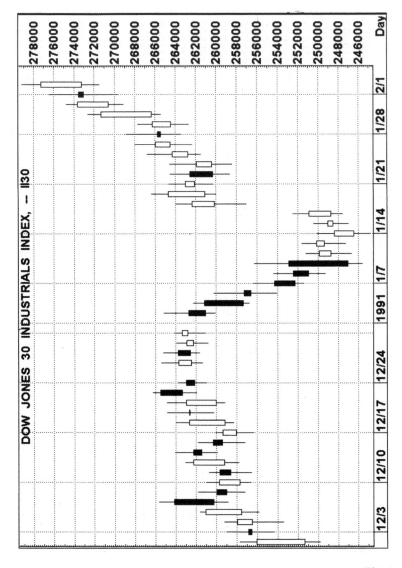

그림 7-3

그랜빌의 최후의 예언

1990 ~ 1993년 강세시장

1

1990년 12월 4일 강세관으로 전환하다

    1990년 11월에 나는 이렇게 말했었다. "다우지수가 2,580p를 넘어서면 시장관을 강세관으로 바꿀 수 있다." 12월 4일 다우지수는 2,579.70p로 끝났다. 시장 내부세 분석결과를 보니, 당황스러울 정도로 이미 강세로 전환되어 있었다. 정통 클라이맥스 지표(이하 CLX)는 +18, 필드 트렌드 순지표(이하 NFI)는 +17로 껑충 뛰어올랐다. 등락주선(이하 ADL)은 10월 31일 저가를 기록하고 급격하게 상승하여, 10월 2일 이후 최고수준을 기록했다. ADL은 1989년 8월 8일부터 1990년 10월 31일까지 계속 하락했다. 그 긴 하락기간 동안 내내 나는 약세관을 갖고 있었다. 1990년 12월 4일 그동안의 약세관을 버리고 이제 강세관으로 전환할 때가 왔다.

며칠 전인 11월 29일에, 미국은 1월 15일까지 이라크가 쿠웨이트를 철수하도록 최후통첩을 보냈다. 나는 1990년 9월 3일자 뉴스위크지에서 전쟁이 발발하면 주식시장은 급등할 것이라고 기고했다. 이제 주사위는 던져졌다. 최후통첩으로 전쟁은 피할 수 없을 것으로 보였고 나는 전쟁이 일어나는 바로 그 순간에 미국의 증시는 급등할 것이라고 공개적으로 예언했던 것이다.

시장관을 바꾸기란 정말 어려운 일이다. 1990년 8월 13일 신저가 종목 수가 최고치를 기록했고, 다우지수 바닥은 1990년 10월 11일 찍었는데, 12월 4일까지도 나는 약세관을 갖고 있었기 때문에 그동안 마음이 편치 않았다. ADL은 1990년 10월 31일까지 계속 하락했다. 바로 그때가 강세관으로 전환하고 싶었던 시기였다. 그런데도 나는 그 시기를 놓치고 거의 한 달이 지나서야 조금씩 그런 생각을 했다. 그러나 무슨 일이든 하지 않는 것보다는 조금 늦더라도 하는 것이 언제나 낫다. 존 리스코(그 당시에는 바론지에 근무했다)는 1990년 12월 17일자 Trader 칼럼에서 1990년 12월 4일자로 내가 강세 캠프로 돌아왔다는 사실을 다음과 같이 보도했다.

　　조 그랜빌도 최근 강세 캠프로 옮겼다. 그의 극적인 전환은 사도 바울이 기독교에 귀의한 것만큼이나 흥미를 끈다. 12월 4일 화요일 오후 종가 30분 전까지도 30p 가까이 다우지수가 하락하자, 그랜빌은 벌통을 발견한 곰처럼 아주 즐거워했다(약세론자를 곰이라고 표현하는 데 비유한 말). 그러나 그 이후 갑자기 40p 이상 강력히 상승하여 종가기준으로는 전일 대비 14p 상승으로 끝났다. 그랜빌은 겁에 질려 정신이 멍해졌다. 주식시장

그랜빌의 최후의 예언

은 연방정부의 준비금 감축요구 때문에 하락했었다. 그리고 지금은 사담 후세인이 쿠웨이트 철군협상을 할 용의가 있다는 BBC의 보도로 급등했다. BBC는 루퍼트 머독이 소유하고 있는데, 머독은 뉴욕 포스트지에 "인공위성이 알라신의 아들을 놓치다"라는 머리기사를 쓴 호주출신의 언론 거물이다(정보위성이 사담 후세인의 행동을 눈치채지 못했다는 뜻).

그랜빌은 극도로 긴장하여 그의 일지에 이렇게 썼다.

"낌새가 이상해. 8월 5일 일요일 오후 이라크가 쿠웨이트에서 철수할 것이라고 세바르드나제 국방장관이 말했을 때에 낌새가 이상하다고 느꼈었다. 그때 이라크는 철수를 하지 않았고 다우지수는 그 다음 날 무려 123p나 빠졌었다. 지금도 그때처럼 이상한 느낌이 든다. 그때처럼 지금은 약세시장 반등의 마지막 국면에 있다. 그래서 이 달에 어떤 강세를 보이더라도 믿을 수 없다. 내년 1월에 가서 되돌아봤을 때, 지금 일어나고 있는 주가강세가 바로 강세함정이었구나 하고 알게 될 것이다."

그리고 나서 그랜빌이 머리에 열을 식히고 자기 차트를 세밀히 보니까, 강력한 기술적 힘이 시장 내부에 흐르고 있다는 사실을 인정하지 않을 수 없었다. 그 날의 주가상승에는 거래량과 주가변동폭에 힘이 실려 있었다. 그랜빌의 클라이맥스 지표를 보면 상승돌과 거래량이 하락거래량보다 엄청나게 많았다는 것이 드러났다. 필드 트렌드 순지표(NFI)는 30개 종목 중 17개가 상승 지그재그 패턴 안에서 움직이고 있었는데, 7월 16일 다우지수가 3,000p 근처에서 왔다갔다 하던 그때 이후로 가장 높은 수치를 기록했다. 그리고 조가 크랙 지수(월 스트리트 저널지의 C섹션 2페이지에 실리는 25개 지수들의 등락선(ADL))라고 부르는 지수등락선을 보면, 10월 11일 다우지수 2,430p일 때 +11로 저점을 기록한 후 꾸준히 상승하여 12월 4일 +178을 기록하고 있다(크랙지수는 7월 16일 +376으로 최고치를 기록했었다).
(역자주: 1990년 7월 16일은 2,999p로 전고점을 기록한 날)

2

1991년 1월 걸프전

예고된 전쟁, 강세시장으로의 추세전환에 앞서[*]

1991년 1월 2일, 수요일 저녁

새해 첫날 다우지수는 23.02p 하락하여 시작했다. 대단한 강세출발이었다. 사람들은 대체로 주식시장에서 일어난 일을 오래 기억하지 못한다. 1989년 개장일의 주가는 23.93p 하락했다. 그리고 나서 시장은 즉각 상승하여 신고가로 뛰어올랐고, 그 해 8월까지 지속적 상승추세를 유지하며 수백 포인트나 올랐다. 무엇인가를 예측하려면 많은 증거가 필요한 법이다.

ADL은 조금밖에 하락하지 않았다.

CLX는 -11로 하락했는데 놀랍게도 1989년 개장일의 하락에서도 똑같이 -11을 기록했었다. 그뿐만이 아니다. down 표시종목 중에는 12개의

---

* 1991년 1월 15일은 최근 역사상 가장 널리 알려진 날이다. 그 날은 이라크의 쿠웨이트 철수 요구시한일, 최후통첩일이었다. 전쟁을 피할 수 없다는 공포심이 점점 커지고 있었다. 기술적 분석으로 보면, 그런 공포심은 근거 없는 것이었다.

higher-down 표시종목이 포함되어 있는 것을 보면 시장 내부세가 아주 좋다는 것을 뜻한다.

NFI는 머크주와 필립모리스주의 필드 상실로 +13으로 하락했다. 자 이제 숨을 멈추고 1989년 개장일을 되돌아보자. 1989년 1월 3일에는 4개의 필드를 잃었지만 이틀 후에 바로 회복되었다는 사실을 잊지 말아야 한다.

프라임 레이트(prime rate, 우대금리)가 인하된다는 보도가 호재로 작용하면서 은행주들은 대부분 상승했다. 중동사태의 평화적 해결 노력이 진행되고 있다는 보도로 채권값이 급등했고 반대로 석유와 귀금속값이 급락했다. 금값은 최근 상향돌파가 일어났지만, 지금부터는 금매수는 아주 위험하다.

결국 오늘은 강세관을 변화시킬 만한 일은 일어나지 않았다.

1991년 1월 3일, 목요일 저녁

오늘은 다우지수가 2,575p 수준으로 하락했지만, 10월 이후의 상승추세를 위협할 정도는 아니었다. 만약 2,500p를 깨고 내려가면 그 추세가 깨어질지도 모른다. 10월의 저가를 깨지 않는다는 좋은 증거가 있다. 수요일이었던 어제 23p나 하락했지만, 신저가 종목수는 11개에 불과했다. 지금의 하락은 별게 아니라는 좋은 증거를 ADL에서도 볼 수 있다. 예를 들어보면, 월요일에는 ADL이 422가 상승했다. 그 후로 다우지수는 60p가 하락했지만, 이틀간의 하락에도 불구하고 ADL은 482가 하락했다. 그래서 ADL은 지난 3일간 불과 60이 하락했을 뿐이다.

이 달중에 깜짝 놀랄 만한 일이 일어날 것으로 기대한다. 오늘 약간의 기술적 타격을 입었지만, 전체적인 회복을 어렵게 할 정도로 위협적인 것은 하나도 없다. 1988년 상승시세에서도 여러 차례 주가폭락이 있었다. 그때도 상승시세가 마무리될 것처럼 보였다. 1988년 1월 8일의 140p 폭락, 1988년 4월 14일의 100p 폭락 등, 이러한 주가폭락은 저점상승 패턴을 만드는 과정이었을 뿐이다. 오늘의 하락도 그런 예에 불과하다고 생각한다.

CLX는 11개의 higher-down을 포함하여 -16으로 하락했다. NFI는 알코아주와 코카콜라주의 필드 상실로 +11로 떨어졌다.

2,500~2,575p 수준에서 아주 강력한 주가상승이 있을 것으로 생각하고 강세관을 굳게 지키고 있다.

1991년 1월 5일, 토요일 오후

기술적으로 강력하고 짧은 3일간의 하락에서, 신고가 신저가 지표와 ADL상 금요일이 바닥 가능한 자리라는 좋은 증거가 나왔다. 첫째, 신저가수치는 11-16-21이라는 3일간의 시리즈를 보여주었는데 이것은 다우지수 67p 하락에 비하면 시장 내부세가 아주 강력하다고 볼 수 있다. ADL도 아주 인상적이었는데 금요일에 거의 100이 상승해서 다우지수가 2,629p였던 지난 12월 28일보다 더 높은 상태이다. CLX도 바닥 가능성이 큰 수준인 -16에서 지지되어 그 후 -10으로 상승하면서 다우지수의 하락을 확인해 주지 않고 있다. 그리고 다우지수를 보면 바닥모양을 짜고 있고, 장중에 거의 20p 이상 빠져 2,550p까지 하락했다가 종가에는 7.42p 하락으로 돌려놓았다. NFI는 +11로 보합을 유지하였는데 엑슨주가 필드를 얻고 제너럴 일렉트릭주가 필드를 잃었다.

제임스 베이커 외무장관이 이라크와 1월 9일 회담을 갖기로 했다는 보도로 장 초반 하락하던 주가가 강력히 회복된 것을 보면, 1월 15일이 다가옴에 따라 전쟁에 대한 신경과민증상에 의해 주가등락이 심하게 나타나고 있음을 알 수 있다. 회담날짜에 대한 합의가 있었다. 이것은 중동사태 이후로 미국과 이라크가 합의한 최초의 사건이었다.

다시 한번 강조하건대, 나의 기술적 분석수치들은 이 달에 주가가 상승할 것이라고 강력히 예고하고 있다. 매수추천종목은 팬핸들 이스턴 4월물 콜옵션(행사가격 10달러)이다. 은행주로 말하자면, 은행주지수가 올해 들어 거의 매일 상당폭 상승해 왔다는 사실을 주목하라.

1991년 1월 7일, 월요일 저녁

오늘 시장은 공포소설을 연상케 한다. 모든 것이 전쟁공포에 휩싸여 있다. 달러·유가·금값이 치솟았고, 주식시장은 곤두박질쳤다. 완전히 뉴스에 의해 좌우되는 시장이다. 그렇기 때문에 반대로 해석하자면 뉴스 하나만 가지고도 시장이 충분히 역전될 수 있다는 뜻도 된다.

그러나 결과를 섣불리 예측하는 것은 주사위 던지기만큼이나 무모한 일이다. 다우지수가 63p 하락했다고 공포에 떠는 것은 어찌 보면 좀 어이없는 일이다. 왜냐하면 신저가 종목수가 40개밖에 없지 않은가. 작년 8월의 신저가 종목수가 700개였다는 것에 비하면 현격한 차이를 보이고 있다.

다우지수의 하락에 비하면 대부분의 개별주식들은 아주 좋아 보인다.

클라이맥스 지표는 -19로 떨어졌지만, higher-down 표시종목이 10개나 있다. NFI는 P&G주의 필드 상실로 +9로 하락했다. 그런데 금요일 울워스주가 필드 상실한 것을 계산에 넣지 않았기 때문에 금요일의 NFI는

+11이 아니고 +10으로 정정되었다.

다우지수 2,500p는 최근 상승의 50% 반락수준인데 어쩌면 이 수준을 깨고 하락할지도 모르겠다. 그러나 그 수준을 깨고 하락하더라도 그 하락이 신고가 신저가 지표나 ADL로 확인되지 않는다면 이것은 오히려 더욱 긍정적인 하락이 될 것이다.

전쟁공포에 관한 얘기는 이 정도로 해두자. 보스턴 은행만이 오늘 진짜 down(대문자 DOWN)을 기록했을 뿐, 지금 대부분의 은행주는 바닥을 이미 쳤다. 지금의 포트폴리오(portpolio, 위험회피를 위한 분산투자)의 대부분을 은행주들로 구성했기 때문에 오늘은 지수하락에도 불구하고 괜찮은 날이었다.

1991년 1월 8일, 화요일 저녁

제네바 회담 전날인데도 다우지수가 빠질 수 있을까? 그러나 예상을 뒤집고 지수는 13p 하락했다. 그렇지만 그 하락은 정상적인 하락이었고, 다우공업주 중 13개 종목은 사실상 올랐다. 이 때문에 다우지수 하락에도 불구하고 클라이맥스 지표는 정정수치 -18에서 -10으로 오히려 올랐다. NFI는 쉐브론주가 필드 획득했지만 IBM과 시어즈주의 필드 상실로 +8로 떨어졌다.

물론 월요일과는 달리, 다우운수주가평균은 3.76p 상승했고 다우공익사업주가평균도 1.26p 상승했다. 종가전 마지막 30분 동안 ADL은 -500을 넘어섰다가 -366으로 회복되면서 장을 마감했다.

다우지수는 2,500p 수준 이상으로 돌려놓음으로써 지지력이 강하다는 것을 확인해 주었다. 그러나 만약에 다우지수가 2,500p 수준을 깨고 내려간다 하더라도, 신저가 종목수가 아주 적다는 사실을 기억해 두는 게 좋겠다. 오늘 신저가 종목수는 54개에 불과하다. 작년 8월 700개 이상의 신저가 종목수를 기록했던 것과 비교해 볼 때, 시장은 약세에서 강세시장으로 전환되고 있다고 볼 수 있다.

은행주가 여전히 우리를 혼란스럽게 하고 있지만, 시장바닥권에서 나타나는 전형적인 패턴이다. 오늘 보스턴 은행주를 매도했다. 뱅크 원주와 BOA주 그리고 웰스 파고주에서도 OBV 신저치 기록이 나왔다. 그러나 우리는 보스턴 은행주에서만 손해를 보았다.

1월 15일 이후의 시장상황이 어떻게 될 것인가? 확신하지는 못하지만, 오늘 아침의 월 스트리트 저널지의 머리기사에 관심을 두는 게 좋겠다. "월 스트리트 증권가에서 매도하라고 할 때는 매도하기에 너무 늦은 때이다." 이 말은 은행주의 경우에 확실히 그렇다.

1991년 1월 9일, 수요일 저녁

대단한 날이다. 그렇지만 놀랄 일은 아니다. 제네바 회담에서 오늘 무슨 결정이 내려질 것이라고는 아무도 생각하지 못했다. 진짜 발표가 나오려고 한다.

다우지수는 기대감으로 45p가 상승했다가 무려 84p나 후퇴했다. 그럼에도 불구하고 시장은 이제 무언가 일을 저지르려고 한다. 다우지수가 2,500p를 깨자 사람들은 모두 약세관으로 돌아서고 있다.

대중들은 오늘의 하락이 있기 전부터 약세관을 갖고 있었고 오늘의 하락은 거대한 약세 함정을 만들었다. 크게 보면 작년 8월 신저가 종목수가 700개였고, 10월에는 375개, 그리고 지금은 53개이다. 오늘의 폭락에도 불구하고 신저가 종목수가 55개에서 53개로 축소되었다. 도저히 믿기 어려운 사실이다.

클라이맥스 지표는 급락하여 -22로 바닥권에 다다랐다. NFI는 아메리칸 익스프레스주와 엑슨주, 프리메리카주의 필드 상실로 +5로 하락했다.

시장은 과매도상태로 보인다. 어쩌면 셀링 클라이맥스(총매도현상)일지 모른다. 어떤 경우이든 1월 2일 극적이고 돌발적으로 장이 시작되었던 것처럼 그런 방식으로 조만간 하락이 끝날 것 같다. 그리고 지금의 시장은 1월 15일의 역사적인 날과 단단히 연계되어 있는 것 같다.

이런 생각을 마음속에 두고서, 내 입장을 고수하면서 가만히 기다릴 것이다. 그 날을 전후해서 시장은 변화가 있을 것으로 믿는다.

1991년 1월 10일, 목요일 저녁

시장의 과매도상태가 호재로 작용하여 다우지수는 28p 이상 상승했다. 거래량이 적었기 때문에 오늘의 움직임 속에서 읽어낼 수 있는 것이 거의 없다. 그러나 클라이맥스 지표 패턴을 보면 지금이 바닥권임을 확실히 말해 주고 있다. -22에서 -1로 급격하게 개선되었다. -22를 깨고 더 하락하기는 어렵다. 더구나 전쟁을 눈앞에 두고 이런 재미있는 현상이 생기다니. 이것을 보면, 시장은 붕괴되지 않는다는 해석이 가능하다.

NFI는 웨스팅 하우스의 필드 상실로 +4로 하락했다.

패니매주는 오늘 아주 좋았다. 6월물 콜옵션(행사가격 35달러)을 매수할까 고려중이다. 메릴린치주는 오늘 1-5/8달러 상승했다. 나는 4월물 콜옵션(행사가격 20달러)의 매수를 추천하고 있다.

우리가 갖고 있는 은행주의 반은 오늘 상승했지만, 시간과 인내를 요구하는 종목군이다.

베들레헴 철강주 같은 주가 패턴을 나는 좋아한다. 그 주식은 올해 내내 OBV 신고치를 기록하면서 움직이는데 추가상승을 위한 숨고르기가 진행되고 있다.

1991년 1월 12일, 토요일 저녁

진실의 순간이 빨리 다가오고 있다. 신고가 신저가 지표와 다우운수주 가평균이 견조한 모습을 보여주고 있다. 이것을 보면 주식들이 전쟁을 잘 견딜 것으로 기대할 수 있다.

다우지수는 금요일 오후의 하락세에서 장 막판에 상승전환하여 끝남으로써 많은 사람들을 깜짝 놀라게 만들었다. 이틀째 연속상승이고 동시에 전쟁개시 4일 전에 일어난 일이다. 그래서 앞으로 남은 4일 동안 사람들의 생각이 어떻게 변할지 모르지만, 주가의 방향을 결정하는 것은 시장이 지금 어떤 위치에 있는가에 달려 있다.

CLX는 -1에서 -4로 조금 떨어졌다. 지난 수요일 -22를 기록하면서 바닥권에 들어왔다는 것이 분명히 드러나고 있다. 다시 한번 강조하건대, 걸프전의 결정적인 국면에서 신저가 종목수가 적다는 것은 중요한 시장 메시지다. 전쟁이 일어난다고 하더라도 전쟁악재는 이미 시장에 반영되었다는 메시지가 아닐까?

금요일 NFI는 변화가 없이 +4를 유지했다.

금요일도 은행주는 반이 오르고 반이 빠졌다. 뉴욕은행주와 케미컬 은행주의 상승이 아주 인상적이었다.

1991년 1월 14일, 월요일 저녁

오늘은 아마게돈에서 탈출한 날이다. 66개의 신저가 종목수를 기록했을 뿐이다. 이것은 정말 믿기지 않을 정도의 기술적인 강세다. 오늘은 패턴상 강세변화가 있었다. 다우지수는 장중 최저가로 43p가 하락했는데 종가에는 극적으로 17.58p가 하락한 2,483.91p를 기록했다.

NFI는 +4로 불변이다. CLX는 -22를 바닥으로 화요일 -1로 상승하여 전형적인 바닥을 완성했다. 오늘은 -9로 후퇴했다. CLX와 신저가 종목수를 결부시켜 보면, 전쟁이 임박했음에도 시장은 기술적 강세를 보이고 있다고 볼 수 있다. 시장이 뭔가를 알고 있음에 틀림없다.

어떤 경우든 장기보유를 지속하라. 그러나 언제나 지정가 매도는 준수하라. 내가 2주간 폴란드에 가 있는 동안 시장이 더 상승해 있기를 기대한다.

1991년 1월 15일, 화요일 저녁

오늘은 시간이 중요한 날이다. 오늘은 사막에서 전쟁시한을 향하여 시계가 똑딱똑딱 하면서 가는 것을 보느라 모두들 최면술에 걸려 있었다. 투매현상은 없었다. 오히려 과매도로 지쳐서 힘이 완전히 소진된 시장 같았다. 팔고 싶은 사람은 이미 다 팔아버린 상태로 보인다. 설사 전쟁이 일어난다고 해도 시장에 이미 반영된 것으로 보인다. 이런 것들은 아주 긍정적인 요인들이다. 전쟁을 막 시작하려고 하는 순간인데도 오늘 신저가 종목수가 59개를 기록했을 뿐이다. 이런 기술적 강세는 도저히 믿기지 않을 정도이다.

그랜빌의 최후의 예언

CLX는 -9에서 -5로 올랐고, NFI는 이스트만 코닥주가 탈락하여 +3으로 떨어졌다.

은행주는 전쟁에도 불구하고 상승했지만 지정가 매도주문가격 수준에는 못 미쳤다. 뉴욕은행주는 약세였지만 OBV 상승추세는 살아 있다. 믿거나 말거나, 올해에 가장 거래가 활발한 주식은 체이스 맨해튼 은행주이다. 이 주식은 한푼도 손해를 보이지 않고 12월 31일의 가격으로 오늘 회복되었다. 매니해니주는 다시 하락했지만, OBV가 강력해서 신저가로 떨어지지는 않을 것이다. 웰스 파고주는 크게 상승했지만, 지정가 매도주문가격에 1/4달러 못 미쳐 매도되지 않았다.

메릴린치주는 오늘 21달러로 올랐는데 차트상으로 아주 매력있어 보인다. 며칠 전에 나는 행사가격 20달러의 4월물 콜옵션을 매수추천했었다.

1991년 1월 16일, 수요일 저녁

미국은 이제 공식적으로 전쟁중이다. 그것으로 시장의 거대한 불확실성은 제거되었다. 이제 시장은 전쟁이 얼마나 빨리 끝나는지에 관심이 있을 뿐이다. 시장은 전쟁 걱정 속에서도 오늘 상승했다. 18p가 상승하여 내 시나리오대로 움직이고 있다. 전쟁이 시장을 가로막지는 못할 것이다. 일주일 전 CLX가 -22로 떨어졌던 2,470p 수준이 바닥이었다는 사실이 명백해졌다. 이제 심리적인 이유로 투매가 나와 2,470p를 깬다고 해도 그것은 신저가 신고가 지표상 비확인된 하락으로 의미없는 하락이 될 것이다. 오늘 CLX는 0에서 +5로 상승했다. NFI는 엑슨주의 필드 상실로 +2로 떨어졌다.

신저가 종목수는 54개이다. 이것은 지금이 매수적기임을 시사해 주고 있다. 전쟁이 있든 없든 상관없이.

오늘 웰스파고주는 지정가 매도되었다. 다른 대부분의 은행주는 종가에 올랐다. 충분히 회복될 시간이 있기 때문에 이 주식들의 콜옵션 매수 포지션을 유지하고 있다.

새로운 매수추천종목은 알래스카 항공주와 사우스웨스턴주이다. 콜옵션은 알래스카 항공주 4월물 콜옵션(행사가격 20달러)과 사우스웨스턴항공주 6월물 콜옵션(행사가격 17-1/2달러)이다.

패니매주는 오늘 멋지게 상승했다. 신고가를 낼 것으로 예상된다.

일급투자가들은 전쟁이 시작되는 순간을 절호의 매수기회라고 보고 그 순간을 기다리고 있는 것 같다. 전쟁은 시작되었다.*

---

* 페르시아 걸프전은 동부표준시간 1월 16일 오전 7시에 시작되었다. 그 날 저녁 이라크는 스커드 미사일 공격을 감행했다. 빌 그리피스(당시 FNN 기자)는 그 날 저녁 나와 인터뷰하면서 만약 스커드 미사일 공격이 감행되면 내 시장관을 약세관으로 바꿀 거냐고 물었다. 그러나 그런 질문은 기술적 분석을 완전히 모르고 하는 말이다. 뿐만 아니라 주식시장에 관한 토론을 할 자격이 없는 전형적인 매스콤 진행자의 멍청한 질문이다.

그랜빌의 최후의 예언

1991.12~1992.1까지의 상승시세

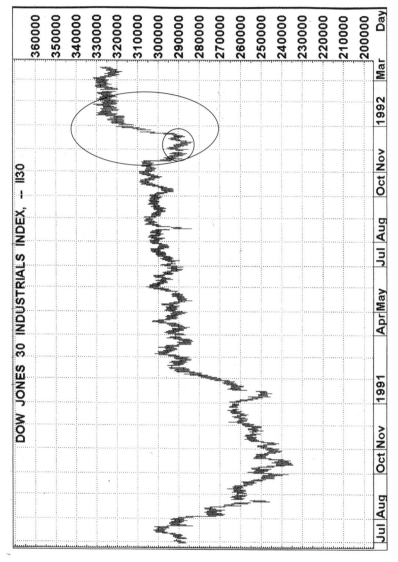

그림 7-4

1991.11〜1991.12(일봉) 추세전환기

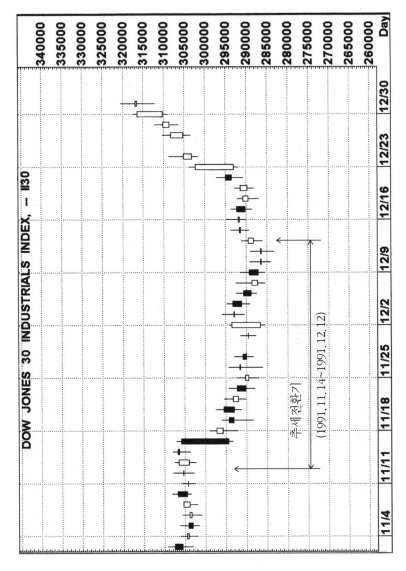

그림 7-5

3

1991년 12월~1992년 1월 폭발적 상승

추세전환기

1991년 11월 14일, 목요일 저녁

오늘은 강세론자들이 기술적 승리를 거둔 날이다. 다우지수는 장중 -17p에서 -2p 미만으로 하락폭이 줄어들었다. 이 정도의 하락은 오히려 상승한 것과 마찬가지다.

왜냐하면 카터필러 트랙터주가 3-1/8달러 하락했었는데 이 종목의 하락폭은 다우지수 6-1/4p 하락에 해당된다. 이 주식이 없었다면 다우지수는 4-1/2p 정도 상승했을 것이다. ADL은 소폭 하락하였다. ADL은 단숨에 고가를 기록할 수 있는 수준에서 유지되고 있다.

CLX는 +4에서 0으로 후퇴했다. 진짜 down 표시(대문자 DOWN)종목 수가 4개를 기록하고 있어 다우공업주는 기술적으로 조금 약화되었다. 그렇지만, 운수주와 공익사업주는 공업주의 약세를 상쇄시키고도 남을 정도의 기술적 강세를 약속하고 있으며 시장 내부적으로 CLX수치를 신고치로 계속 밀어올리고 있다.

한편 NFI는 공업주의 약세를 반영하여 0으로 떨어졌다. 머크주는 필드 획득, 보잉주는 필드 상실, 카터필러 트랙터주는 두 개의 필드를 잃어 전체적으로 두 개의 필드를 상실했다.

쇼니즈주는 최근의 상향돌파로 기술적 강세를 보이면서 18달러 이상을 유지하고 있다가, 오늘 강력히 상승하여 22달러로 올랐다. 32달러까지는 큰 저항선이 없다.

우리가 좋아하는 마리온 메릴 다우주(의약주)는 32달러로 강력하게 상승했다. 이 주식은 한 달 전에 28달러 밑에서 바닥을 쳤다. 댄 도르프만은 어제 그 주식을 매도하라고 했지만, 나는 똑같은 시간에 매수신호를 냈다. 나는 1월물 콜옵션(행사가격 30달러)을 사라고 추천했다. 추천종목인 유에스항공주는 오늘 10-3/8달러로 상승했다. 댄 도르프만은 이 주식도 팔라고 했지만 나는 매수신호를 냈다. 차트로 보면 바닥을 잘 만들고 있다. 3월물 콜옵션(행사가격 10달러)을 매수하라.

나의 초강세전망은 변함이 없다. 나는 다우지수가 올해말 3,200p, 내년 여름에는 3,600p까지 상승할 것으로 기대하고 있다.

1991년 11월 16일, 토요일 오후

너무 확실한 것은 오히려 반대로 확실히 잘못된 것이다. 금요일의 다우지수는 120p 폭락. 시장 역사상 다섯번째로 최악의 폭락을 보였지만, 시장을 자세히 들여다보면 강세로 보인다. 기술적인 강세의 증거를 보자.

① 클라이맥스 지표와는 달리 조기경보 클라이맥스 지표는 higher-down 종목수가 많아져서 신고치를 기록했다.
② ADL상으로 하락이 확인되지 않았다. 다우지수는 10월 25일의 저가

밑으로 61p가 내려가 있지만, ADL은 10월 25일보다 1,019p나 더 높다.

③ OBV 수치는 8월 19일 바닥과 완전히 일치한다.

④ 다우주식 중 상당수가 up, down 표시가 없거나 higher-down 표시이기 때문에 전체하락의 77%는 기술적으로 의미없어 보였다.

⑤ S&P 500 지수는 다우지수의 하락을 확인하지 않았다.

⑥ NYSE 종합지수는 다우지수의 하락을 확인하지 않았다.

⑦ 그리고 놀랍게도, 금요일의 120p 폭락에도 불구하고 신고가 종목이 78개이고, 신저가 종목수는 37개로 강세를 보여주고 있다.

그래서 금요일의 돌발하락은 향후 강력한 반등을 예고한다고 본다. 금요일이 진바닥이거나 아니면 월요일 전장 초반 한 시간 정도 한 번 더 하락하면 그것을 바닥으로 하여 금방 상승으로 전환될 것으로 본다(역자주: 실제로 바닥을 찍은 것은 12월 11일이었다).

매수한 콜옵션이 두 배가 되면 반을 팔고 세 배가 되면 몽땅 판다는 투자원칙을 항상 준수하고 있다. 그래서 금요일의 급락이 있기 전에 자동적으로 상당한 이익을 챙겨 그 중 일부를 강제로 빼놓았다. 금요일의 폭락에서도 지정가 매도주문으로 어느 정도의 큰 수익을 남겼다. 우리는 완벽하지 못하다. 이런 식의 투자원칙을 늘상 지켜오고 있다. 그래서 어떤 경우에도 우리는 폭풍우를 헤쳐나올 수 있었고 꼭지에서 무사히 빠져나올 수 있었다.

1991년 1월에 추세전환이 있고 나서 주식을 매수했었는데, 이제 두번째로 매수를 시도한다.

1991년 11월 18일, 월요일 저녁

다우지수는 기대했던 대로 대량거래를 수반하면서 강력히 반등하여, 29.52p 상승한 2,972.72p로 올랐다. 반면에 ADL은 하락했다. 그래서 다우지수 하락에 대한 비확인현상이 여전히 남아 있다. 신고가 신저가 지표는 약세를 보였지만, 나의 입장을 곤란하게 할 정도는 아니다.

CLX는 -17에서 -2로 급등했다. 이전에 있었던 강력한 반등세와 똑같은 패턴이다. NFI는 금요일의 -3에서 인터내셔널 페이퍼주의 필드 획득으로 -2로 올랐다.

1987년의 재판이 아니라는 것이 오늘 시장의 메시지다(1987년에는 대폭락세가 며칠간 이어졌다). 그때와는 너무나 다른 점이 많다. 그 메시지는 금요일 날 분명히 드러났다.

우리의 포트폴리오에 오늘 편입된 주식은 엘신트(Eliscint)주, 푸콰(Fuqua)주, 산타나 페 퍼시픽(Santana Fe Pacific)주, 피어 원(Pier One)주, 쇼니즈(Shoney's)주, 마리온 메렐 다우(Marrion Merrell Dow)주 등이다. 미스터 커피(Mr. Coffee)주는 오늘 거래가 아주 좋았고, 다음호 정보지에서는 아마도 그 주식이 많이 올랐다고 쓰게 될 것 같다.

다우지수가 다음 2~3주 이상에 걸쳐 신고가를 기록해서 올해 말경에는 3,200p 정도로 상승할 것이고 내년에는 더욱 올라갈 것으로 기대하고 있다.

금요일의 120p 폭락은 강세시장 제2국면에서 일어나는 전형적인 조정파동이다. 그것으로 11월의 전체적인 조정파동이 끝났다. 이제 올해의 나머지 기간 동안은 틀림없이 순조롭게 상승할 것이다.

1991년 11월 19일, 화요일 저녁

오늘 시장은 올해 1월 9일 바닥 당시와 똑같아 보였다. 장중에 78p가 하락했지만, 마지막 한 시간 반 동안 반등해서 종가로는 41p 하락한 2,931.57p로 끝났다. 오늘 ADL은 장중에 -1,400에서 -1,080으로 급격히 줄었는데 반등의 최고점에서는 -500 정도 수준이었다. 그래서 다우지수가 지지선을 형성했던 장중 최저점 수준에서의 ADL은 8월 19일 수준이었고 오늘의 ADL은 그 위에서 끝났다.

후반의 강세가 좋아 보였다. 게다가 더욱 중요한 사실은 CLX가 다우지수의 하락을 확인해 주지 못했다는 점이다. CLX는 -2에서 -12로 떨어졌지만, 금요일의 저가인 -17 위에서 끝났다.

그래서 오늘 이번 조정파동의 저점을 확인했다. 만약 이 저점을 깨면 나는 시장을 의심하게 될 것이다. 4/4분기의 남은 기간 동안 순항할 것이라고 생각한다.

오늘 인상적인 것 세 가지는 후반의 반등, 다우지수 하락에 대한 CLX의 비확인, 다우지수 하락에 대한 ADL의 계속되는 비확인 현상 등이다. 특히 ADL은 8월 19일 수준 위에서 잘 버티고 있다.

1991년 1월 첫주와 마찬가지로, 시장은 하락하고 있지만 시장 내부의 조기경보수치들은 신고치를 만들고 있다. 그래서 시장이 곧 상승할 것으로 기대할 수 있다.

오늘 암젠(Amgen)주는 장중 52.12달러의 저가에서 56-1/4달러로 종가 마감하면서 아주 강력한 힘을 보여주었다. 나는 리스크 관리 차원에서 이 주식의 '4월물 콜옵션(행사가격 55달러)'을 매수추천한다.

1991년 11월 20일, 수요일 저녁

머크(Merck)주가 6달러 상승했지만 다른 다우지수 관련종목들 대부분이 약세를 보여 다우지수는 하락했다. CLX는 -12에서 -14로 하락했지만 금요일의 -17 위에서 잘 견디고 있다. 알코아(Alcoa)주가 필드 획득했지만, 제너럴 모터스(Ceneral Motors)주와 맥도날드(McDonald)주의 필드 상실로 NFI는 -4로 하락했다. 오늘 긍정적인 패턴의 변화가 있었다. 미국 증권거래소(AMEX) 지수와 나스닥(NASDAQ) 지수가 상승한 것이 바로 그것이다.

신저가 종목수는 70개에서 35개로 축소되어 긍정적으로 보인다.

ADL은 조금 하락했지만, 8월 19일 수준 위에서 잘 버티고 있다, 바론지의 최근호에 ADL 차트가 실렸는데 관심있게 보았으면 좋겠다. 이 차트를 보면 아주 긍정적인 디버전스 현상이 나타났음을 잘 지적하고 있다(지수 하락과는 반대로 ADL 저점이 상대적으로 높게 형성).

생명공학주의 하락은 끝났다고 생각한다. 오늘 바이오젠(Biogen)주는 38-1/4달러에서 41-1/4달러까지 껑충 뛰어올랐다. 리스크 관리 차원에서 4월물 콜옵션(행사가격 40달러)을 매수 추천한다. 바이오젠주에 이어 치론(Chiron)주가 뒤따라 오를 가능성이 크다. 오늘 이 주식은 62-1/8달러로 하락했다.

엘신트주, 푸콰주, 유에스 항공주 등 추천종목들이 견조한 모습을 보여주고 있다.

그랜빌의 최후의 예언

1991년 11월 21일, 목요일 저녁

다우운수주와 다우공익사업주가 좋은 움직임을 보여주고 있다. 오늘 같은 주가움직임을 좋아한다. 앞으로 4일 안에 무슨 큰 일이 터질 것 같다. 1월 초 대상승이 있기 바로 직전에도 지금과 똑같은 패턴이 있었다는 사실에 근거하여 말하는 것이다. 크리스마스 성수기를 앞두고 감사절 전날 금리를 추가로 인하한다면 시장은 크게 상승할 것이다.

무슨 일이 일어나든 상관없이, 시장은 지금 전형적인 바닥을 만들고 있다. 조만간 대량매수가 있을 것으로 기대한다.

단주공매도량이 8월 19일 이래 최고치를 기록했음에 주목했다. 최근의 여론조사로는 미국인들의 3분의 2가 내년도에 경제가 나아지지 않을 거라고 생각한다는 것이다. 1987년 가을에도 비슷한 여론조사 결과가 나왔었다.

CLX는 -14에서 -11로 올랐다. 크게 개선된 것은 아니지만, 다우지수가 신저가를 기록하더라도 그 하락을 확인해 주지는 않을 정도, 즉 CLX신저치를 기록하지 않고 전저점 이상을 유지하기에 충분히 높은 수치이다. NFI는 변함없이 -4에 있다.

저가주인 엘신트주는 훨씬 더 견조함을 보여주었다. 오늘 4-3/4달러로 상승했다. 미스터 커피주는 견조하게 6-1/2달러로 아주 좋은 모습을 보이고 있다. 크라이슬러주는 오늘 아주 좋았다. 마리온 메렐 다우주는 31-1/8달러로 상승했는데 이번의 시장폭락 중에서도 최고의 움직임을 보여주었었다. 저가주인 유에스 항공주는 10-3/8달러로 상승했다. 이 주식은 시장이 기대에 못 미치더라도 크게 상승할 주식이다.

그래서 다우지수상 2,895p 수준 언저리에서 지난 화요일 바닥을 찍었다고 볼 수 있다. 주가가 더 빠지면 사겠다는 대기매수세력은 앞으로 더 이상의 저가에 사지 못할 것이다.

1991년 11월 23일, 토요일 오후

내가 기술적인 작업을 해본 결과, 조만간 폭발적 상승이 있을 것이라는 사실은 의심의 여지가 없다. 지금의 기술적인 현상들을 보면, 1월의 시장 바닥과 똑같다. 감사절 이전에 시작될 가능성이 아주 크다.

오늘도 2,890p대에서 성공적으로 지지되고 있다. 그러나 우리가 이 수준을 지키지 못한다고 하더라도 다우지수 2,850p는 깨어지지 않을 것이다. 2,850p는 신성불가침의 수준이다. 어느 경우이든, 수요일경에는 그동안의 속박에서 풀려날 것이다. 내가 내다보는 견지에서는 시장을 더 이상 묶어둘 수는 없다. 즉, 시장은 곧 강세로 전환할 것이다.

매스콤은 부정적인 뉴스를 계속 확대시키고 있다. CNBC-FNN 방송은 금요일 하루종일 크리스마스 경기가 좋지 않을 것으로 떠들어댄다. 아직 감사절도 되지 않았는데 너무 성급한 판단이다. 이 모든 상황이 끝나면 누가 스크루지 역을 했는지 공개적으로 알려주겠다.

결론적으로, 지금 시장은 부정적인 뉴스, 화요일 저가의 성공적인 테스트, 1월 바닥과 똑같은 분석수치 등이 혼재된 상황 속에 있다.

CLX는 -19로 끝났고, NFI는 -6으로 떨어졌다. 코카콜라주의 필드 획득, 듀퐁주의 필드 상실, 그리고 미네소타 마이닝주에서 2개의 필드 상실이 있었다.

엘신트주, 마리온 메렐 다우주와 미스터 커피주의 견조한 주가에 관해 화요일 밤에 말했었다. 신문을 보라. 금요일의 40p 하락에도 불구하고 오늘 이 세 종목은 모두 상승했다. 엘신트주는 4-7/8달러, 마리온 메렐 다우주는 31-1/2달러, 미스터 커피주는 6-5/8달러로 끝났다. 아놀드 슈왈츠네거주(역자주: 시장의 약세에도 불구하고 강한 상승을 계속하는 종목을 말한다. 미국영화 액션 스타인 아놀드 슈왈츠네거는 최악의 상황에서도 살아남아 임무를 완수하는 강한 군인의 모습을 연기하는 주인공. 람보 시리즈의 영화 주연배우인데 이런 유의 주식을 우리 나라에서는 한때 '람보주'라고 부르기도 했다)로 선택된 종목군에 포함되어 있다. 아놀드 슈왈츠네거주는 어떠한 시장 약세에도 강력한 힘을 보여주는 종목들을 말한다.

강세론을 고수하라. 우리는 곧 불꽃 튀는 강세시장을 보게 될 것이다.

1991년 11월 25일, 월요일 저녁

오늘 주식시장은 농구의 올코트 프레싱 작전을 방불케 했다. 그래서 참패는 간신히 모면했다. 다우지수는 전장 초반 19p가 하락했다가 후장에 12p 이상 상승했다.

장 막판에 다시 11p 하락으로 밀렸지만 막판 견조한 지지가 형성되어 종가에는 0.67p가 하락하여 장을 마감했다. 종가 기준으로 마이너스로 끝났다는 사실은 매우 중요한 의미를 던져준다. 왜냐하면 다우지수의 하락에도 불구하고 CLX는 오늘 -19에서 -12로 상승함으로써 다우지수의 하락을 확인해 주지 않았기 때문이다.

NFI는 이스트만 코닥주의 필드 상실로 -7로 하락했다. 이 지표가 상당한 약세를 나타냈다. 그러나 1988년 7월 강세주기가 진행되던 중에도 -11로 하락했던 일을 마음에 잘 새겨두라.

운수주가평균은 하락했지만, 10월의 저가를 깨지는 못했다. 공익사업주는 강세를 보였다. 그래서 월요일 시장의 전체적인 분위기는 기술적 테스트를 성공적으로 해냈다. 다우지수는 전장 초반에 상당히 저가로 내려갔지만, 이후 종가기준으로는 2,900p 위에서 유지되었다. 그래서 2,890p대의 강력한 지지선이 다시 한번 확인되었다.

오늘의 아놀드 슈왈츠네거주는 보스턴 은행주, 크라이슬러주, 컴퓨터 어소시에이트주, 푸콰주, 팬핸들 이스턴주, 산타페 퍼시픽주, 유에스 항공주 등이 포함되었다. 새 추천종목인 바이오젠주는 강력한 상승세를 보여주었다. 엘신트주, 마리온 메렐 다우주, 미스터 커피주는 정상적인 하락조정 양상을 보였다.

다우지수가 운수주와 공익사업주에서 보여준 것과 같이 상승한다면, 감사절 이전에 바닥이 완성될 것이고 더 이상의 심한 하락은 올해중에는 없을 것이다.

11월의 조정국면은 아주 좋은 매수기회를 제공했다.

1991년 11월 26일, 화요일 저녁

저가들을 면밀히 조사해 보면, 시장은 아주 중요한 테스트를 다시 한번 통과했다는 사실을 알게 된다. 월요일의 강세가 확실한 것처럼 보였지만. 다우지수가 일시적으로 무너져 -33p로 하락할 때는 클라이맥스 지표상 바닥확인이 완전히 실패한 모습이었다. 그러나 다우지수가 2,916.14p로 +14p 이상 상승하면서 종가 마감되었다. 그리고 나서야 감사절 이전에 상승전환할 것으로 본 나의 기술적 예측이 맞다는 것을 알게 되었다. 저점 테스트는 더 이상 필요하지 않다. 다우지수 2,850p 수준이 마지막 지지선임을 말해 주고 있다.

클라이맥스 지표는 -12에서 -5로 상승했는데 금요일의 -19에서 멋지게 반등했다. NFI는 -7에서 -3으로 뛰어올랐는데 엑슨주와 시어스주에서 각각 두 개씩의 필드 획득으로 모두 4개가 상승했다. 소비자 신뢰도가 감소했다는 발표에도 불구하고 시어스주가 상승했다. 주목할 만한 일이다.

운수주와 공익사업주의 도움으로 다우지수가 오늘 상승마감한다면 감사절 이전에 바닥이 완성될 것이고, 더 이상의 심한 하락은 없을 것이라고 월요일 밤에 말했다. 그래서 나는 바닥이 완성되었음을 공식적으로 선언한다.

확실한 악재에 맞서서 상승하는 시장은 앞으로 아주 큰 상승이 있다는 것을 예고하는 것이다.

11월 조정기간중에도 아놀드 슈왈츠네거 종목들의 수가 점차 증가하고 있다. 보스턴 은행주, 크라이슬러주, 컴퓨터 어소시에이트주, 푸콰주, 팬핸들 이스턴주, 산타페 퍼시픽주, 유에스 항공주 등이 건조한 주가 모양을 보여주고 있다. 그리고 암젠주, 바이오젠주, 치론주 등이 새롭게 강세를 띨 것으로 기대한다.

12월 한 달 내내, 새로운 주도주 찾기와 투자자금 마련에 힘을 쓸 생각이다.

1991년 11월 28일, 목요일 오후

1991. 11. 28(목) 추수감사절 휴장

감사절 전에 큰 일이 일어나리라고 기대했던 4일간이 이제 끝났다. 이 기간중에 주가상승을 위한 큰 변화가 있었다. 기술적 신호들은 극도로 강세를 띠고 있다. 수요일 시장은 전형적인 강세를 기록했다. 여기에 몇 가지 기술적 강세 증거를 들어보겠다.

① 클라이맥스 지표가 실제로 -5에서 -4로 올랐다. 이것은 또 다른 다우
　지수 하락의 비확인현상이었다.
② 다우지수 16p 하락의 절반은 IBM주 하락에 기인한 것이다. 그런데
　도 불구하고 IBM주는 OBV down 표시가 나오지 않았다.
③ 공익사업주의 강세는 운수주의 하락을 상쇄하고도 남을 정도이다.
　다우공익사업주 중 8개 종목이 진짜 UP 표시(대문자 UP)를 내고 있
　다. 그런 현상은 8월 6일 이래 처음 있는 일이다.

필드 트렌드 순지표는 -3으로 불변.

CNBC-FNN 방송의 인사이더즈 프로그램 수요일 방송에서 나는 지금
의 시장이 완전한 바닥임을 선언하고 주식을 매수하라고 말했다. 그리고
향후 9개월간 이어지는 강력한 상승추세가 다시 시작될 것이라고 큰소리
쳤다(역자주: 실제로는 다우지수기준으로 1991년 12월 11일에 시작된 상
승시세는 1992년 5월까지 6개월 만에 단명으로 끝났다).

그래서 위에 언급한 사실들로 보건대 시세는 극적인 반등시세가 전개
될 것 같다. 무슨 재료가 나와서 상승의 계기를 만들지는 모르지만, 폭발
적 상승이 있을 것이라는 것은 확실하다.

아놀드 슈왈츠네거주들: 나의 종목 리스트에서 4개의 종목을 골라내어
보면, 알코 케미컬주, 애플 컴퓨터주, 바이오 메트주, 카덴스 디자인주이
다.

알코 케미컬주의 4월물 콜옵션(행사가격 35달러), 애플 컴퓨터주의 4
월물 콜옵션(행사가격 50달러), 바이오메트주의 4월물 콜옵션(행사가격

45달러), 카덴스 디자인주의 2월물 콜옵션(행사가격 20달러)을 매수추천한다. 이 중에서 한 개만 고르라면, 최고의 선택 종목은 카덴스주의 콜옵션일 것이다.

1991년 11월 30일, 토요일 오후

기술적 견지에서 보면 이번 한 주는 믿을 수 없을 정도의 강세를 보인 한 주였다. 뉴스는 악재가 많았지만, 추수감사절 휴일이 낀 이번 주 동안 다우지수는 8p 하락에 그쳤다. 다우공익사업주가평균이 초강세를 보이면서 다른 주가평균의 약세를 상쇄해 주었다. 그 결과 시장 전체로는 바닥이 완성되었고 매수신호를 보였다. 일주일 전 클라이맥스 지표는 -19였다. 지난 한 주간 다우지수는 저가를 기록했지만, 클라이맥스 지표는 -12, -5, -4, -7로 변화하면서 강세 패턴을 만들었다. 다우지수 하락에도 불구하고 금요일의 거래량이 아주 적었기 때문에 OBV down 표시를 내지 않았다. 그 결과 기술적 강세를 유지할 수 있었다.

클라이맥스 지표가 -4에서 -7로 조금 하락했기 때문에 다우지수의 저가 기록을 확인해 주지 않았다. 강력한 상승이 준비되었다. 필드 트렌드 순지표는 -3으로 변함이 없다.

ADL은 금요일 오전장에 급락했지만, 종가에는 전일 수준을 회복했다.

금요일 CNBC-TV에서는 하루종일 악재 뉴스만을 방송해댔다. 특히, 다음주에 러시아 사태가 다시 시작될 것이라는 보도가 눈길을 끌었다. 약세론자들은 금요일과 8월 16일의 주가대폭락 사태를 비교하려고 애쓰고 있다.

그러나 오랜만에 보는 조용한 금요일이었다. 암흑의 월요일(블랙 먼데이)의 전야라고 볼 수는 없는 상황이다. 오히려 그 반대로 강력한 상승폭발이 임박한 것으로 보인다.

추천종목인 공익사업주에 속한 팬핸들 이스턴주의 강한 상승세가 깊은 인상을 심어주고 있다. 또 운수주에 속한 유에스 항공주는 금요일 약세를 보였다. 그러나 다우운수주가평균이 10월의 저가를 깨고 하락하는 와중에서도 지금처럼 매수신호가 나오는 것은 정말 인상적인 일이다.

12월은 강세를 보이는 달이 될 것이다.

1991년 12월 2일, 월요일 저녁

이제 그동안의 고생에 대한 보상을 받을 때가 왔다. 토요일 일지에서 나는 12월이 틀림없이 강세달이 될 것이라고 말했었다. 내 예측대로 시장은 더 이상 시간을 허비하지 않았다. 다우지수는 전장 초반에 그 날의 저가를 찍고 -30p에서 +40p로 역전되어 2,935.38p 수준에서 종가 마감되었다. 운수주가평균은 10월의 저가를 깨뜨렸지만 일시적인 약세함정이었다. 다우공익사업주가평균이 연중 최고치를 상향돌파하면서 신고가를 기록하자, 약세론자들은 곤경에 빠졌다.

클라이맥스 지표는 -7에서 +8로 크게 상승했다. 다우공업주의 OBV up 표시는 대부분 lower-up 표시였지만, 현재의 상승 모멘텀이 지속될 것이다. 조만간 지금의 lower-up에서 higher-up으로 전환될 것으로 믿는다. 필드 트렌드 순지표는 변함없이 -3을 기록하고 있다.

오늘의 시장상황을 나타내주는 종목들이 많이 있다. 공익사업주 중에 추천종목인 팬핸들 이스턴주는 16-1/4달러로 상승하면서 올해 신고가를 기록했다. 우리가 행사가격 12-1/2달러에 매수한 1월물 콜옵션가격은 행사가격대비 거의 4달러 가까이 올라 166%의 수익을 올리고 있다. 4-1/2달러가 상승하면 우리의 수익률이 200%가 되니까 이때는 투자원칙에 따라 매도한다는 사실을 잊지 말아라. 산타페 퍼시픽주는 9-7/8달러로 하락했다가 멋지게 상승전환하여 10-3/4달러로 올랐다. 12월물 콜옵션(행사가격 10달러)을 매수했었다. 생명공학주들도 아주 좋았는데 암젠주, 바이오메트주 등에서도 상당한 수익을 내고 있다. 카덴스 디자인주는 21달러로 상승하면서 최고의 주식임을 보여주었다. 미스터 커피주는 6-1/2 달러로 상승했는데 저가주 중에서 가장 좋은 움직임을 보여주었다.

다우지수 2,850p 수준에 대한 저점 테스트는 앞으로 없을 것으로 보인다. 새로운 시세가 진행중에 있고 이 시세는 아주 좋아 보인다.

1991년 12월 3일, 화요일 저녁

매스컴은 지금의 시장상황에 대해 장기적 안목을 가지고 있지 않다. 시장은 완벽하고 확실한 매수신호를 보냈다. 어떤 사람들은 2,850p 수준에 대한 테스트를 한 번 더 할 것이라고 말한다. 그러나 시장은 결코 시간을 낭비하지 않는다. 시장은 벌써 2,850p 수준에 대한 저점 테스트를 두 번이나 마쳤기 때문에 다시는 되풀이하지 않을 것이다. 눈에는 확 드러나지는 않지만 경제는 천천히 그리고 조금씩 개선되고 있다. 지금부터 6~9개월 정도 후에는 경제가 급격히 나아질 것이다.

클라이맥스 지표가 +8에서 +5로 내렸고, 다우존스공업주평균은 조정을 잘 받았다. 오늘의 시장움직임은 강세를 보였다고 할 수 있다. 클라이맥스 지표는 10월 말 이후 처음으로 추세가 전환되어 강세 패턴을 보이고 있다.

필드 트렌드 순지표는 변함없이 +3에 있다.

그러나 오늘 나타난 최고의 모습은 다우운수주가평균이 24p나 상승했다는 점이다. 운수주가평균이 10월의 저가를 일시적으로 깨고 내려간 것은 약세함정이었음을 증명해 주는 것이다.

반면에 다우공익사업주가평균은 1p 하락했지만 이 정도의 하락으로는 OBV down 표시가 나오지는 않는다. 결론적으로 12월 2일의 상승은 단순한 반등이 아니었다는 점이다. 약세론자들에게는 고통스러울 대상승시세의 시작이다.

오늘 우리의 스타 종목은 마리온 메렐 다우주였다. 이 주식은 33-1/4달러로 마감했다. 첫번째 상승목표치는 38달러로 보고 있다. 내가 매수추천한 이 종목의 4월물 콜옵션(행사가격 30달러)은 좋은 수익을 내고 있다.

장 마감 후에 존 수누누의 사임 발표가 있었는데, 내일 시장에서 강세요인으로 작용할 것이다. 무엇이든 간에 시장을 상승시키는 재료가 앞으로 계속 생기게 될 것이다.

1991년 12월 4일, 수요일 저녁

오늘 같은 시장이 너무나 사랑스럽다. 기술적인 측면에서 지금의 시장상황보다 앞으로 더 강할 수 있을지 의심스러울 정도이다. 뮤추얼 펀드의 현금보유가 최고수준에 이르렀다는 사실은 주요한 강세신호이다. 풋옵션 대 콜옵션의 비율이 크게 올라서 시장은 과매도 상태를 나타내고 있고 동시에 맥클란 오실레이터와 에이암스 인덱스도 과매도 상태임을 알려주고 있다. 이것 외에도 투자자 인텔리전스는 강세 36%, 약세 39%로 극도의 강세를 보이고 있다.

오늘 CLX는 정상적인 하락조정으로 -5로 하락했다. NFI는 머크주와 P&G주에서 각각 한 개씩의 필드를 획득하였고 웨스팅하우스주에서 한 개의 필드를 상실하여 -3에서 -2로 올랐다.

다우지수가 17.89p 하락했지만, 이 중 3분의 1은 보잉주 하락이 지수를 끌어내린 것임을 감안해 보면 괜찮은 수준이다. 물론 등락주선도 다우지수가 18p나 하락한 것에 비하면 -84의 아주 미미한 하락을 기록했을 뿐이다. 다우운수주는 3.92p 하락했지만, 이것은 UAL(유나이티드 항공)의 하락이 다우운수주 하락폭을 다 잡아먹었다.

새로운 매수추천 종목(콜옵션 포함)이 많이 나왔다.

매수추천종목: 리미티드주 2월물 콜옵션(행사가격 25달러), 로웨스주 4월물 콜옵션(행사가격 25달러), 미라쥬 리조트주 2월물 콜옵션(행사가격 25달러), 모렉스주 4월물 콜옵션(행사가격 20달러), 텔레딘주 2월물 콜옵션(행사가격 25달러), 바리안 어소시에이츠주 2월물 콜옵션(행사가격 35달러). 여기에다가 저가주 포트폴리오에 제니스 전자주를 추가한다.

바이오메트주는 생명공학 테마주의 강세 속에 50달러로 상승했다. 카덴스 디자인주는 21-1/2달러로 껑충 뛰어올랐다. 팬핸들 이스턴주는 16-3/8달러로 상승하면서 주도주로 부상했고, 유에스 항공주는 오늘 항공주들의 약세 속에서도 11-1/4달러로 상승하여 돋보였다. 이 주식들은 오늘 시장의 관심주들이었다.

곧바로 상승시세가 전개될 것으로 기대한다.

1991년 12월 5일, 목요일 저녁

오늘의 기술적 분석수치들은 겉으로 드러난 시장상황보다 훨씬 강했다. 다우지수는 오늘 종가기준으로 신저가를 기록했지만, 시장 내부세수치들은 다우지수의 하락을 확인시켜 주지 않고 있어서 다우지수가 2,850p 수준을 지킬 것으로 믿게 한다.

신저가 종목수는 지난 11월 22일에 기록된 74개를 넘지 못하고 있다. 지금부터는 신저가 종목수를 면밀히 관찰해야 한다. 왜냐하면, 내 시장 예측이 맞다면, 조만간 신저가 종목수가 감소하고 신고가 종목수는 증가해야 하기 때문이다.

클라이맥스 지표는 -9로 떨어졌는데 11월 21일의 -19와는 상당한 차이를 보이고 있다. 65종목 클라이맥스 지표는 -8을 기록하고 있는데, 11월 15일의 -32와 비교해 볼 때 지금 수준은 다우지수의 하락을 여전히 확인시켜 주지 않고 있다. 운수주가평균이 심하게 하락했지만, UAL주의 하락이 주범으로 작용했음을 고려해야 한다.

더 나아가 철도주인 버링턴 노스주, 노포크 앤드 사우스주, 산타페 퍼시픽주 등과 같은 우리의 최고 추천종목들은 상승했다. 이 종목들은 다우 공익사업주 종목과 동반 강세를 보여주고 있어 전체 시장상황보다 강세를 보여주고 있다.

그래서 오늘의 하락에도 불구하고 변화된 것은 하나도 없다.

마리온 매렐 다우주는 오늘의 다우지수 하락을 견뎌내고 강세를 계속 유지하고 있는데 오늘은 33-1/8 달러의 보합으로 끝났다.

1991년 12월 7일, 토요일 오후

시장이 바닥임이 확실하다. 다우공업주가 21p 하락했다가 11월 26일과 12월 2일의 지지선에서 강력히 반등함으로써 금요일날 다시 확인되었다.

그랜빌의 최후의 예언

다우지수가 소폭 하락하여 신저가를 기록했지만, 다우지수 하락에 대한 비확인현상은 수차에 걸쳐 충분히 확인된 바 있다. 금요일 클라이맥스 지표는 -9에서 -6으로 올랐고 다우65종목의 클라이맥스 지표 또한 -8에서 -3으로 올랐다. 다우지수는 더 낮은 저가를 기록했지만, 11월 15일 -32에서 -3으로 개선되었다는 사실은 가치있는 변화이다.

필드 트렌드 순지표는 목요일 -4로 떨어졌는데 인터내셔널 페이퍼주와 맥도날드주의 필드 상실로 인한 것이다. 금요일에는 굿이어주와 유니온 카바이드주의 필드 상실로 -6으로 더 떨어졌다.

공익사업주가 크게 상승해서 다우지수의 하락비확인현상을 또 한 번 보여주었고, 이것으로 시장바닥에 대한 신뢰를 높여주었다.

그래서 지금은 한걸음 물러서서 큰 흐름을 볼 때이다. 악재를 맞고도 시장이 하락하지 않는 것은 큰 상승을 예고한다고 봐야 한다. 경제관련 뉴스는 6월 이후 점점 악화되고 있지만, 아직도 등락주선은 6월 26일 저가 위에 있다.

금요일 신문의 헤드라인에 생명공학주 3인방을 다루었다. 암젠주는 62-1/4달러로, 바이오젠주는 42달러로, 치론주는 63-3/4달러로 상승했다. 바이오메트주는 48달러의 보합으로 끝났고 암젠주 4월물 콜옵션(행사가격 55달러)은 거의 100%의 수익을 남기고 있다. 바이오젠주 4월물 콜옵션은 64% 상승했고 치론주 4월물 콜옵션은 27%가 올랐다, 모든 것은 시간문제이다.

그러나 지금 의약주 중에서 가장 사랑스런 주식은 마리온 메렐 다우주인데, 금요일 33-5/8달러로 상승했고 매수추천한 4월물 콜옵션(행사가격 30달러)은 4-3/8달러로 상승해서 46%의 수익을 남겨주고 있다.

1991년 12월 9일, 월요일 저녁

시장은 사람을 가지고 놀고 어루만지고 비틀고 고통을 주고 고문하고 그리고 나서는 쥐어짠다. 그래서 사람들이 지금까지 가지고 있던 시장에 대한 믿음을 바꾸도록 만든다. 그리고 녹초가 되어 더 이상의 감각과 생각이 없어지면 시장은 추세를 바꾸어버린다.

오늘이 바로 그런 날이었다. 엄청나게 많은 하락비확인현상이 생겼다. 클라이맥스 지표는 -7로 떨어졌다. 필드 트렌드 순지표는 듀퐁주의 필드 획득으로 -6에서 -5로 올랐다.

세 번에 걸쳐 지지되었던 바로 그 지수대에서 다시 한 번 지지될 것으로 믿는다.

믿기지 않겠지만, NYSE 종합주가지수와 S&P 500 지수는 다우지수의 하락에도 불구하고, 오히려 올랐다.

제너럴 모터스주와 아이비엠주는 오늘 신저가를 기록했고 이 두 종목의 하락은 다우지수 하락의 72%를 차지했다. 이 두 종목의 하락은 속임수로 보인다. 주식의 매집이 이루어지고 있다는 사실을 위장하기 위한 연막전술로 보인다.

지금의 시장상황을 보면, 뭔가 엄청난 일을 꾸미고 있다는 사실을 다시 한번 알게 된다. 금요일 경제관련 대악재가 나왔고 오늘 아침에는 소련연방의 붕괴보도가 나왔다. 이 이틀 동안에 NYSE 종합지수와 S&P 지수들은 오히려 올랐다.

우리 추천종목들은 오늘 견조한 모습을 보여주었다. Aarms Index나 TRN은 지난 4년중 최고수치를 기록했다. 4년중 블록 비율이 최저치를 기록했고, 전문가비율은 31%로 하락하여 극도의 강세를 나타내고 있다.

그랜빌의 최후의 예언

1991년 12월 10일, 화요일 저녁

오늘 시장이 저가를 잘 벗어났다는 사실에 아주 기분이 좋다. 다우지수 2,850p대에서 얼마나 많은 테스트를 거쳐야 할지 모르겠다. 오늘로서 네 번째 테스트였다. 다우지수는 전장에 2,852p로 하락했다가 종가에는 2,864.04p로 마감되어 성공적인 테스트를 거쳤다.

지금까지 다우지수 하락을 주도했던 두 종목 GM주와 IBM주가 오늘은 거꾸로 상승했다. GM주는 7/8달러가 상승해서 28-1/2달러로 올랐고, IBM주는 대량거래를 수반하면서 1-3/8달러 상승해서 86-1/2달러로 올랐다.

이 두 종목의 주가회복으로 클라이맥스 지표는 오늘 -7을 기록하면서 다시 한번 다우지수 하락을 확인하지 않았다(비확인현상). 이것은 4개의 연속적인 다우지수 하락에 대한 비확인현상이었다.

금융자산으로 자금이 옮겨가는 것을 보면, 대중들이 시장에 대해 두려움을 갖고 있음을 알 수 있다. 반면, 일급투자가들은 이런 현상을 십분 이용해서 매집을 하고 있는 것으로 보인다.

매스콤에서 떠드는 것처럼 경제가 아주 나쁜 것은 아니다. 어떠한 경우에도, 지나친 과매도상태에 있기 때문에 더 이상 하락하지는 않을 것이다.

개별종목을 보면, 신규추천한 더 리미티드주는 27달러를 상향돌파했고, 조만간 32달러로 상승할 것으로 보인다. 2월물 콜옵션(행사가격 25달러)을 매수추천한다. 우리 추천종목은 지금 계속 상승하고 있다. 마리온 메렐 다우주는 오늘 1/4달러 상승한 34-1/8달러로 종가마감했다. 4월물 콜옵션(행사가격 30달러)을 매수했었다. 다음 저항선은 38달러 수준이다.

1991년 12월 11일, 수요일 저녁

11월 22일 이후 클라이맥스 지표상 다우지수하락에 대한 비확인현상을 일곱 번 이상 보아왔다. 12월 10일 4개의 연속적 비확인현상이 나왔다. 그랬기 때문에 오늘 시장이 상승세로 반전한 것은 놀랄 일이 아니다. 이미 기술적으로 확실히 암시해 주었다. 장중에 다우지수는 24p 하락하여 2,839p까지 하락했었다. 이것은 약세함정이었다. 이때 다우지수는 2,850p밑으로 내려갔다가 그 후로 2,865.38p로 완전히 회복되었다. 2,850p에 대한 다섯번째 테스트를 성공적으로 끝냈다. 시장의 과매도현상은 큰 상승이 임박했다는 완벽한 증거이다.

시장에는 약세감정이 팽배했지만, 뉴욕증권거래소(NYSE) 종합주가지수는 이달 내내 상승을 계속하고 있다. 11월 29일 207.75p 수준이었는데 12월 11일에는 208.53p를 기록하고 있다. 이 달에 보여준 다우지수 31p 하락은 기술적으로는 약세함정이다. 뉴욕증권거래소 종합주가지수와 동떨어진 움직임을 보이고 있는 다우지수도 실제 하락폭은 4.7%에 불과하다는 점을 강조하고 싶다. NYSE 주가평균은 뉴욕증권거래소의 모든 주식들을 다 반영하는 것이다.

클라이맥스 지표는 오늘 -7에서 -1로 올랐고, 필드 트렌드 순지표는 코카콜라주와 유나이티드 테크놀로지주의 필드 획득으로 -3으로 올랐다.

이런 현상들을 보면, 이 달중에는 더 이상의 심한 하락은 없을 것이라는 충분한 기술적 증거가 된다.

로웨주는 오늘 전장에 25-5/8달러로 떨어졌다가 종가에는 강력히 반등해서 27-1/4달러로 끝났다. 4월물 콜옵션(행사가격 25달러)을 계속 매수하라. 바이오메트주는 전장에 47달러로 하락했다가 종가에는 강력히 반등하여 48-1/8달러로 끝났다. 이 종목의 4월물 콜옵션(행사가격 45달러)을 매수추천했었다.

1991년 12월 12일, 목요일 저녁

수요일의 상승반전에 근거하여 오늘은 시장이 강력히 상승할 거라고 기대했다. 시장은 나를 실망시키지 않았다. 수요일에 언급했듯이 NYSE 종합주가지수는 12월중 계속 강세를 보였고, 다우지수의 하락은 속임수에 불과하다는 것을 확인해 주었다. 다우지수는 기대했던 대로 오늘 강력히 상승해서 2,895.13p를 기록하며 전일 대비 거의 30p 상승했다. 다우지수가 2,935.38p를 기록했던 12월 2일 NYSE 지수가 210.65p를 기록했었는데 NYSE 지수는 210.45p를 기록하고 있다. 이것을 보면, 다우지수는 금년 남은 기간 동안 지속적 상승세를 약속하고 있다.

클라이맥스 지표는 -1에서 +10으로 크게 상승했고, 필드 트렌드 순지표는 이스트만 코닥주의 필드 상실로 -4로 도로 후퇴했다. 운수주가평균은 거의 40p가 급등해서 1,199.74p로 올랐는데 이것은 초강세시장을 의미한다. 다우공익사업주가평균은 0.07p의 미세한 하락을 나타냈는데 이것은 댄 도르프만 기자가 아크라주(Arkla)에 대하여 무책임하게 혹평을 했기 때문에 이 주식의 급락으로 인한 결과였다. 나는 이것을 중요한 매수신호로 보고 적극매수를 추천한다. 2월물 콜옵션(행사가격 10달러)을 매수추천한다. 일전에도 도르프만이 팬핸들 이스턴주를 혹평했을 때 우리는 그 종목을 사서 이익을 봤다. 아크라주도 잘 될 것이라고 생각한다.

귀금속주는 오늘 완전히 박살났다. 이들 주식은 오랫동안 움직이지 못할 것이다. 나는 회원들에게 이 주식들을 팔고 빠져 나오라고 말해 왔고,

지금도 계속 매도하라고 말한다.

보스턴 은행주는 11-3/8달러로 상승했는데 아주 모양이 좋았다. 컴퓨터 어소시에이트즈주에 관심을 두어라. 지금 가격은 9달러에 있다. 이 주식은 크게 오를 것으로 본다. 크라이슬러 자동차주는 오늘 1/2달러 상승해서 11-1/2달러가 되었다. 생명공학주도 오늘은 강세를 보였다.

4

선구자들: 바닥과 꼭지에서 나타나는 현상

1991년 1월과 11월~12월의 시장바닥을 회고해 보면 약세시장에서 강세시장으로 전환되는 과정에는 지표상 확실한 패턴이 있다는 것을 알 수 있다. 필연적으로 시장이 가야만 하는 방향을 여러 가지 지표를 통해 미리 알려주고 있다.

이것들을 정리해 보면 다음과 같다.

그랜빌의 최후의 예언

강세시장의 선구자들

1. 강세시장은 언제나 약세시장에서 시작된다.
2. OBV higher-down 표시 종목수가 많다.
3. 약세함정은 공감대를 형성한 지지선을 깨면서 생긴다.
4. 주요 지표들은 저점상승형을 보인다.
5. 클라이맥스 지표는 다우지수의 하락을 확인하지 않는다.
6. 확실한 공포심
7. 신저가 종목수가 상대적으로 적다.
8. 클라이맥스 지표상 -19에서 -22 사이의 범위는 바닥이다.
9. 약세감정이 널리 퍼진다.
10. 시장은 과매도상태이다.
11. 내가 열을 받는다.
12. 틀림없이 분노와 혼란을 느낀다.
13. 주가가 상방으로 역전된다.

약세시장의 선구자들

1. 약세시장은 항상 강세시장에서 시작된다.
2. OBV lower-up 표시종목수가 많다.
3. 강세함정은 공감대를 형성한 저항선을 깨면서 생긴다.
4. 주요지표들은 고점하락형을 보인다.
5. 클라이맥스 지표는 다우지수의 상승을 확인하지 않는다.
6. 확실한 욕심
7. 신고가 종목수가 상대적으로 적다.
8. 클라이맥스 지표상 +19에서 +22 사이의 범위는 꼭지이다.
9. 강세감정이 널리 퍼진다.
10. 시장은 과매수상태이다.
11. 내가 열을 받는다.
12. 틀림없이 분노와 혼란을 느낀다.
13. 주가가 하방으로 역전된다.

1992년 1월 시장꼭지

1992년 1월 대중들이 시장으로 달려왔다. 나는 1991년 12월 바닥에서 올라온 대상승시세를 즐기고 있다. 나의 추종자들에게 1월 중순까지는 그 동안에 벌어놓은 엄청난 이익을 챙기라고 말하고 있다. 내가 강세 캠프에서 떠나는 날, 그 날은 대폭락의 날이 될 것이라고 많은 사람들이 말한다.

시장 꼭지는 언제나 상승 모멘텀이 상실되면서 시작된다. 1992년 1월 22일 바로 그 날이 내가 강세 캠프를 떠나는 날이었다. 그 날 밤 내가 사람들에게 보낸 글들을 여기에 소개한다.

1992년 1월 22일, 수요일 저녁

오늘 다우지수는 32p나 급등해 어제의 하락을 상쇄하고도 남았다. 어제의 하락은 아무 문제도 없어 보였다.

그러나 오늘은 무언가가 다르다. 오늘 같은 시장동향을 나는 싫어했다. 오늘 상승에도 불구하고 클라이맥스 지표는 0으로 떨어졌고, 신고가 종목수가 76개로 감소했다.

이것을 보고 나는 충격을 받았다. 신고가 종목수가 80%나 줄었다. 이것은 지금부터 두 달 이내 주식을 매도해야 한다는 뜻임을 잘 안다. 나는 이번 상승시세를 오랫동안 즐겼다.

그러나 이런 현상이 나타나면, 나는 마음이 괴롭다. 그렇다고 지금 당장 하락하는 것은 아니다. 그렇지만, 시장은 하락을 암시하고 있다. 조기 경고신호를 보내고 있는 것이다.

잘 살펴보면, 내 태도가 약간 변화하고 있다는 것을 알게 될 것이다. 신규 매수는 아주 조심스럽게 하고 있다. 오늘은 이익실현을 할 좋은 기회였다.

이익실현은 시장추세와는 아무런 관계가 없이 공식적이고 기계적으로 움직이지만 이런 기회들을 여러 번 가지다 보면, 추세를 읽는 데 도움이 된다. 추천종목인 컴퓨터 어소시에이트즈주는 폭발적으로 상승해서 3-1/4달러가 올라 15-1/8달러로 끝났다.

최근에 우리는 4월물 콜옵션(행사가격 10달러)을 샀는데 6달러로 올라 200%의 수익을 올리고 있다.

그래서 이제는 모든 콜옵션을 현금화한다. 과도한 이익이 나면 판다는 단순한 투자원칙을 따르다 보면 저절로 엄청난 이익을 얻고 시장을 떠나게 된다. 과도한 이익, 이것도 하나의 지표다.

1992.7(일봉) 서머랠리

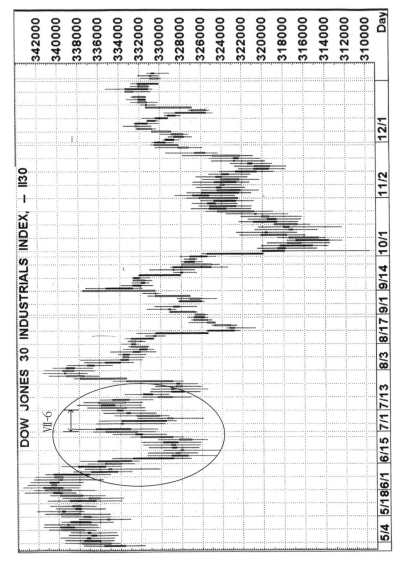

그림 7-6

그랜빌의 최후의 예언

5

빗나간 예측 – 1992년
서머랠리가 있을 것이라고 부추기다

월 스트리트 최고 애널리스트들은 1992년 여름장이 크게 설 것이라고
계속 말했다.

Lower-Up 표시의 경고신호

장세가 급락하기 전에 기술적으로 OBV lower-up 표시종목의 수치가
높게 나온다. 그런 증거가 나오면 시장이 급락하면서 lower-up 표시종목
수가 최대로 많이 나오고 그리고 나서 시장은 하향의 지그재그 모양을 완
성시킨다.

1992년 약세시장에서 나타난 OBV up과 down의 극단적인 수치들을
살펴보자.

1991. 12. 30	41 higher-up	(이후 상승)
1992. 1. 29	22 higher-down	(이후 상승)
1992. 7. 1	24 lower-up	(이후 하락)

1992년 7월 1일 과다한 lower-up 종목수에서 보여준 기술적 약세증거가 나타나자, 기대하던 서머랠리는 시작도 못하고 끝났다. 나의 일일 코멘터리를 보면 약세관이 점점 커지고 있음을 알 수 있다. 여기서 그 당시의 일지를 보자.

(역자주: 1992년 7월 1일 3,354p에서 1992년 10월 3일 3,100p까지 하락하였다[그림 7-6 참조])

1992년 7월 1일, 수요일 저녁

다우지수는 오늘 35.58p가 상승해서 3,354.10p로 끝났다. 전형적인 강세함정으로 보인다. 다우운수주는 25.60p가 올라 1,341.37p를 기록했다. 이것으로 반등시세가 완성되었고, 더 이상 크게 상승할 가능성은 없어 보인다. 신고가 신저가 지표와 ADL은 멋지게 상승했지만, 이전의 고점과 비교해 볼 때 이번 상승은 거의 마지막 상승으로 보인다.

클라이맥스 지표는 다우지수의 신고가에도 불구하고 +10으로 올랐다. 그래서 다우지수의 상승을 확인시켜 주지 못하고 있다. 이 중에서 8개는 lower-up을 기록했다. 이것을 보면 오늘의 상승은 강세함정으로 보인다.

만약에 다우지수종목의 가격이 올라가는데 OBV상으로 아무 표시가 나오지 않거나 lower-up 표시가 나오게 되면, 그런 상승은 아무 가치가 없는 것이다.

필드 트렌드 순지표는 오늘 엑슨주에서 두 개의 필드를 상실하여 -5로 떨어졌다. 다우지수상 겉으로 보기에 아무 흠이 없는 완벽한 날에 이런 변화가 생기면 그것이 바로 강세함정이다.

패니매 주는 62-3/8 달러로 올랐는데 우리는 61-1/2 달러에 지정가 매도했다. 새로운 큰 상승시세가 있는 것이 아니라 연방준비은행(Fed)이 조만간 금리를 인하할 것이라는 기대를 반영한 것이다. 기대감에 의한 상승 이후에는, 대개 실망매물에 의해 시장은 하락하게 된다.

은행주는 다시 올랐지만, 지정가 매도주문은 없었다. 금광주는 다시 신고가를 기록했다. 페가수스금광주는 15달러로 올라서 우리는 20%의 수익을 올리고 있다. 10월물 콜옵션(행사가격 10달러)은 5-1/2달러로 상승해서 수익률 340%를 기록하고 있다.

1992년 7월 4일, 토요일 오후

강세론자들의 마지막 희망이 불꽃 속에서 사라졌다. 6월 고용수치가 예상을 뒤엎고 악화되자 연방준비은행은 이에 대응하기 위해 재할인율을 3.5%에서 3%로 내렸다.

이 발표가 나오자 첫번째 반응으로 다우지수가 19p 올랐지만 곧바로 매물이 쏟아져 나와, 종가기준으로 23p가 하락하여 끝났다. 경제가 어려움에 처하지 않았다면 연방준비은행이 그런 대책을 내놓지 않았을 것이다.

그것이 후장에 지수가 밀린 이유였다. 강세론자들은 이제서야 잠에서 깨어나 현실로 돌아왔다. 기업이익이 크게 나아지지 않을 것이라는 것을 깨달았던 것이다. 그들의 희망이 바로 기업이익의 급증에 달려 있었는데 바로 그 환상이 깨어진 것이다.

클라이맥스 지표는 +10에서 +1로 떨어졌다. 필드 트렌드 순지표는 J.P.Morgan주의 필드 획득으로 -4로 올랐다. 최대의 강세는 공익사업주가평균에서 나왔다. 다우공익사업주가평균의 필드 트렌드 순지표는 +4로 크게 상승했는데, American Electric Power주, Detroit Edison주, Houston Inderstries주의 필드 획득에 힘입었다. 그러나 이것은 투자자들이 투자수익률 게임에 관심이 쏠렸기 때문에 일어난 방어적인 투자행태의 결과로 보인다.

우리는 12월에 공익사업주의 상승시세에서 이미 성공적인 수익을 올렸다. 시장은 지금 꼭지를 치려는 순간에 있다.

금값은 상향돌파 양상을 보이고 있다.

주식형 뮤추얼 펀드(EMF)는 2/4분기 동안 감소하고 있다. MMF(금융시장 펀드)는 증가하고 금광주는 오르고 있다. 우리 추종자들은 MMF와 금광주에 자산을 편입해 두고 있어 완벽한 자산관리에 들어가 있다.

기업이익에 대한 기대가 무산된 목요일의 증시충격으로 이번주 내내 주가 하락세가 이어질 것이다. 서머랠리에 대한 희망은 깨지게 될 것이다.

금융주는 금리인하 소식에 강세를 보였지만 은행주들은 지금 꼭지를 형성하고 있는 것으로 본다. 패니매주도 마찬가지다.

1992년 7월 6일, 월요일 저녁

자료더미를 뒤적이면서 시장 내부세 분석수치들을 검토해 보니까, 다우지수가 8p 이상 상승하기는 무리였다. 자료들은 자기 자신의 메시지를 담고 있다.

공업주들을 잘 살펴보면 클라이맥스가 +1에서 +2로밖에 오르지 못한 상황에서 다우지수가 그 정도라도 오른 것은 다행한 일이다. 수요일 클라이맥스 지표는 +10을 기록했다가, 목요일에는 +1로 급락했고 오늘 +2로 오른 것은 너무 미약한 반등이다.

운수주가평균을 보면, 3p 이상 하락했다. 운수주 때문에 시장은 고장난 차처럼 멈춰서 버린 것이다. 공익사업주는 강력했다. 토요일 메시지에서 관심을 표명했지만, 그것은 방어적 투자를 위해 자산을 편입한 것에 불과하며, 수익률 게임의 한 방편이었다.

공익사업주의 강세가 계속 이어질 정도의 힘은 없어 보인다. 지금의 공익사업주 강세는 지난 12월 이미 보여준 바가 있고, 지금은 꼭지를 치고 있는 것으로 생각된다.

필드 트렌드 순지표(NFI)는 이스트만 코닥주와 엑슨주의 필드 획득으로 오늘 -2로 상승했다. 운수주들의 하락으로 NFI의 상승의미가 상쇄되어 특별한 강세로 볼 수가 없다.

종목별 변화를 보자. 오늘 은행주들은 하락했다. J.P.Morgan주는 매도했지만, 10월물 콜옵션(행사가격 55달러) 매수 포지션은 계속 유지할 것이다.

금광주는 오늘 엄청나게 좋았다. 특히 뉴몬트(Newmonts) 관련주는 초강세를 기록했다. 뉴몬트 금광주는 48-5/8달러를 기록했고, 뉴몬트 광산주는 51-1/4달러의 신고가를 기록해서 주목을 받았다. 오늘의 상승으로 뉴몬트 금광주 8월물 콜옵션(행사가격 40달러)은 9달러로 상승해 177%의 수익을 올리고 있고, 뉴몬트 광산주 8월물 콜옵션은 12달러로 올라 152%의 수익을 올리고 있다. 페가수스 금광주는 15-1/8달러로 올랐는데 8월물 콜옵션(행사가격 12-1/2달러)은 2-3/4달러로 상승해서 175%의 수익을 올리고 있다.

무엇보다도 경제정상회담이라는 호재에 대하여 시장이 아무런 반응을 보이지 않았다. 이것은 시장이 호재에 둔감해지고 있다는 것을 말한다.

1992년 7월 7일, 화요일 저녁

서머랠리가 없을 것이라고 나는 강조했다. 금리인하와 고용수치악화 보도로 지난 목요일 시장이 하락반전함으로써, 경제회복 없이는 기업의 수익증가도 있을 수 없다는 것을 시사해 주었다. 이것으로 강세론자들의 서머랠리 기대는 무산되었고 강세론의 근거가 송두리째 붕괴되었다.

오늘의 시장상황을 보자. 다우지수는 전장 초반에 약 12p가 상승했다가 프로그램 매도가 매도를 부르는 연쇄반응을 일으키면서 종가에는 44p가 하락한 3,295.17p로 끝났다. 이번 하락의 원인이라고 말하는 금리가 다음주에 어떻게 변하든 상관없이, 실망매물이 시장에 나올 것이다. 나의 분석수치가 말해 주고 있다.

운수주가평균은 +6p 상승 출발해서 -6p 하락으로 끝났다. 공익사업주 가평균은 상승했지만, 지난 12월에 이와 유사한 상승이 있었다는 것을 다시 한번 강조한다.

오늘 미 달러화가 붕괴되었다. 이것은 미국의 신용이 극도로 팽창하면서 생긴 미 달러가치의 마지막 수직상승 패턴이 나왔기 때문이 아닌가 생각한다. 뮌헨 G-7 정상회담의 둘째날인 오늘 이 회담에서 아무런 진전이 없었다.

등락주선(ADL)은 저점과의 이격을 좁혀놓았다. 이것으로 볼 때 6월의 ADL 저점을 탈출하고 상승추세로 전환되었다고 볼 만한 징후는 없다. 신고가 종목수는 오늘 102개로 반등했지만, 최고치를 기록한 이후 급락한 정도에 비교해 볼 때 별것이 아니다. 그래서 신고가 종목수가 또다시 급락할 것으로 기대할 수 있다.

대부분의 은행주들은 오늘 하락했지만 소폭에 불과했다. 금광주는 금값의 정상적인 하락으로 거래가 활발하지 못했다.

클라이맥스 지표는 +2에서 -10으로 급락했다. 아주 나쁜 모습이다. 필드 트렌드 순지표는 -2로 불변이다.

곧바로 하락이 이어질 것으로 기대된다.

1992년 7월 8일, 수요일 저녁

다우지수는 전장 -21p 하락했다가 후장에 회복되어 -2p로 끝났다. 그러나 강세의 징후를 보여주지는 못했다. 운수주가평균은 거의 25p 급락을 보였다. 공익사업주가평균은 강세를 보이고 있지만, 지난 12월의 재판으로 보면 된다.

등락주선(ADL)은 -88의 등락차를 기록하며 하락폭이 줄어들었지만, 하락추세는 계속 이어지고 있다. 신고가 신저가 지표는 시장의 약세를 반영하여 신고가 종목수가 80개로 줄었고, 신저가 종목수는 53개로 늘어났다.

클라이맥스 지표는 -10에서 -9로 올랐지만 의미없는 상승이었다. 필드 트렌드 순지표는 인터내셔널 페이퍼주가 필드 획득한 반면, 유니온 카바이드주가 필드 상실하여 -2로 불변이다.

은행주들이 하락한 반면 금광주들은 올랐다. 주요 은행주들을 살펴보면, 뱅크원주가 38달러, 보스턴 은행주가 16달러, 뉴욕 은행주가 26달러, 아메리카 은행(BOA)주가 31달러, 뱅커스 트러스터(BTC)주가 50달러, 바네트뱅크스주가 26달러, 체이스 맨해튼 은행(CMB)주가 20달러, 케미컬 뱅킹주가 29달러, 시티 은행주가 14.5달러, 멜론주가 31.5달러, 모간주(J. P. Morgan)가 40달러, 웰스 파고주가 52달러를 기록하고 있다.

뮌헨 G-7 정상회담이 오늘 끝났다. 정상회담의 결과가 좋지 않은 것으로 평가되면서 시장에는 악재로 받아들여졌다.

금융시장이 혼란에 빠져 있고, 강세론자들이 상승요인으로 보았던 것들이 실제로는 하락요인으로 작용하고 말았다. 내 생각으로는 지금의 시장은 바닥이 보이지 않는다. 당연히 서머랠리도 없다.

1992년 7월 9일, 목요일 저녁

오늘 다우공업주들이 강력한 상승을 보인 건 사실이다. 그러나 우리는 화요일 아침 12p가 상승했다가 종가에는 -44p 하락하여 그 날 56p의 하락폭을 보였던 것을 기억해야 한다. 그러므로 다우지수가 오늘 장중 42p가 상승하고 종가기준으로는 30p 이상 상승했지만 깊은 인상을 주지 못했다.

간단히 보자면, 오늘 상승으로 다우지수는 이 달에 5p가 올랐을 뿐이다. 운수주가평균은 거의 12p가 올랐지만, 어제 25p 하락한 것에 대한 반등이다. 이것이 정확한 시각이다.

만약에 신고가 종목수를 매일 검토하고 있다면, 그들의 반이 우선주이거나 공익사업주라는 것을 알게 될 것이다. 이것은 방어적인 투자를 의미하는 약세의 징조다.

클라이맥스 지표는 오늘 5가 상승했지만 단순한 반등에 불과하다. 다우공업주가평균이 30p나 상승한 것에 비하면, 다소 약한 상승이라 볼 수 있다.

게다가 다우공업주 30종목 가운데 단지 7개만이 진짜 OBV 신고가를 기록할 수 있는 상태이고, 나머지 23개는 기술적으로 마치 무거운 닻처럼 이미 물속에 잠겨 다시는 올라올 수 없는 상태이다.

필드 트렌드 순지표(NFI)는 제너럴 일렉트릭주의 필드 획득으로 -1로 올랐다.

상품거래소(COMEX)의 금값이 오후에 1달러 상승하여 349.40달러를 기록했다. 꽤 인상적이었다. 내일이면 350달러를 돌파할 것이다.

은행주는 거의 신고가로 올랐다. 뱅크원주와 BOA주만 하락했다.

무엇보다도, 겉모습과는 달리 시장이 강해 보이지 않는다. 하락추세선 상의 단순한 반등으로 보일 뿐이다.

아주 강한 주식들이 몇 개 남아 있기는 하지만, 오늘의 강세가 계속 이어질 정도의 힘은 없어 보인다. 왜냐하면 이런 주식들은 주로 방어적인 투자종목이기 때문이다. 바로 이 점이 시장의 힘이 약하다는 증거이다.

(역자주: 1992년 7월 1일 3,354p에서 1992년 10월 3일 3,100p까지 하락하였다. 결국 기대하던 서머랠리는 오지 않았다)

1992.9(일봉) 재난경고

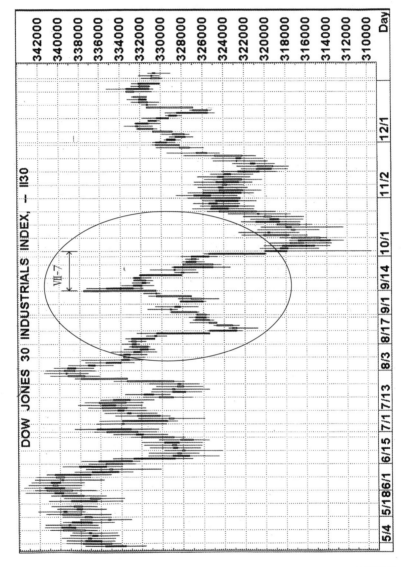

그림 7-7

6

재난을 경고한 조각그림들

(역자주: 1992년 9월 14일 3,370p에서 단기꼭지를 치고, 1992년 10월 3
일 3,100p까지 급락했다[그림 7-7 참조]).

상호 연관성이 없어 보이는 생각의 조각들이 항상 내 머리 속에서 맴돌
고 있었다.

나는 모든 말과 생각과 이론을 따로 저장해 두려고 노력한다. 나중에
언젠가는 가치있는 것으로 판명될지도 모르는 사소한 일들뿐만 아니라
엄청나게 가치있는 것들로 내 일지는 가득차 있다. 아주 결정적인 시기에
이런 조각그림들이 서로 딱 맞아떨어져 미래에 일어날 일들을 정확하게
알려줄 때는 정말 스릴을 느낀다.

이제 이들 조각그림들 몇 개를 조사해 보고, 1992년 시장붕괴가 일어나
기 전에 이들 조각그림들을 내가 어떻게 서로 끼워 맞추었는지 그 기법을
알아보자.

월스트리트 증권가의 생각과는 정반대로, 1992년 9월 필드 트렌드 순
지표(NFI)는 1987년 10월 19일 블랙 먼데이 직전의 NFI와 거의 유사한 패
턴을 보여주고 있었다.

날짜	다우지수	NFI	날짜	다우지수	NFI
1987.10.7	2551.08	11	1992.9.14	3376.22	-1
1987.10.8	2516.64	0	1992.9.15	3327.32	-3
1987.10.9	2482.21	-2	1992.9.16	3319.21	-5
1987.10.12	2471.44	-3	1992.9.17	3315.70	-6
1987.10.13	2508.16	-2	1992.9.18	3327.05	-5
1987.10.14	2412.70	-5	1992.9.21	3320.83	-4
1987.10.15	2355.09	-12	1992.9.22	3280.85	-4
1987.10.16	2246.74	-13	1992.9.23	3278.69	-7
1987.10.19	1738.74	-14	1992.9.24	3287.87	-6
1987.10.20	1841.01	-15	1992.9.25	3250.30	-7

그러나 NFI는 제쳐두고 클라이맥스 지표, 신고가 신저가 지표, 등락주선(ADL)과 같은 다른 중요지표들은 벌써 똑같은 방향을 가리키고 있었다. 주식시장에 짙은 그림자가 드리워지고 있었다.

증시폭락 직전에 루 에린크란츠가 CNBC-TV에서 재미있는 말을 했다.

"다음 100p는 올해 남은 기간 동안의 다우지수 방향을 결정하게 될 것이다."

9월 14일에서 25일 사이에 다우지수는 126p가 떨어졌다.

그의 말에 따르면 이것으로 올해 남은 3개월간의 주식시장은 하락시장이 된다는 뜻이었다.

몇 년 전에 네드 데이비스는 강세시장을 마무리짓는 패턴은 '6주 상승, 3주 하락, 2주 상승 패턴'이라고 말했다. 1992년 9월에 이 패턴이 나왔다.

1992년 9월 조지 린드세이의 3봉 천장형과 돔 천장 패턴이 나타났다. 이 패턴은 일명 '죽음의 경고'라고 불리는 패턴이다. 1년 전에는 그런 패턴이 나왔다고 사람들이 떠들어댈 때, 나는 그들을 비난했었다. 그러나 지금은 나의 분석수치에서 1년 전에는 없었던 장세악화의 징조가 강하게 나오고 있기 때문에 신경이 쓰였다. 린드세이 패턴은 다우 2,900p를 하향돌파해야 유효했고, 궁극적으로 2,350p를 하향돌파하여야 했다. 선거일경에 다우지수 3,000p를 하향돌파한다면 나의 시장전망과 정확히 일치하는것이다.

그런데 9월 25일 불길한 사건이 일어났다. 그 사건은 주식시장 급락이 임박했다는 신호였다. 그 사건은 바로 메디컬 케어 아메리카주의 수익감소 보도였는데, 보도가 나가자 주가는 58달러에서 33달러로 거의 57%가 폭락했다.

이것이 무엇을 뜻하는가? 지금의 주식시장에서는 어떤 주식도 안전할 수 없다는 뜻이었다. 특히 고가주들의 경우는 더욱 그러했다.

주제에서 조금 벗어난 얘기지만, 애널리스트(기업분석가)나 TV시장정보취재기자들이 기업수익전망에 지나치게 의존하고 있다는 것을 단적으로 증명해 준 사건이기도 했다. 사실 기업수익 전망이라는 것은 강세시장에서는 가치가 의문시되는 것이고, 약세시장에서는 시간낭비에 불과한 것이다.

그래서 1992년 9월에 이런 조각 그림 몇 개를 짜 맞추어보니, 주가의 급락이 있을 것이라는 경고그림이 나왔다.

1992.10〜1992.12(일봉) 10월 바닥 이후

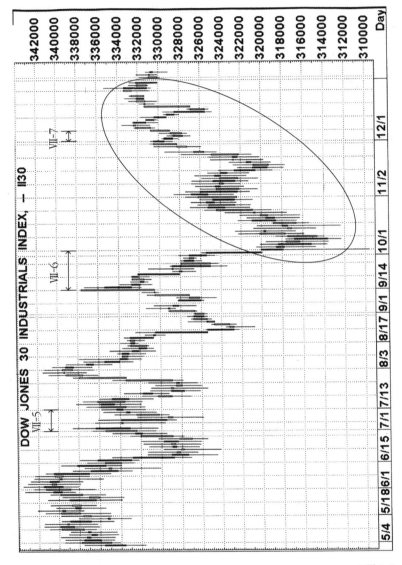

그림 7-8

그랜빌의 최후의 예언

7

금광주를 총매수하라

(역자주: 1992년 12월 중 약 80p 정도의 등락이 있었을 뿐 큰 변화는 없었다. 12월은 보합권장세였다. 오히려 1993년 1월과 2월을 바닥으로 (3,270p) 1994년 1월말까지 지속적으로 상승하여 4,000p까지 올랐다[그림 7-8 참조])

다가오고 있는 경고신호
1992년 12월 1일, 화요일 저녁

오늘은 결정적인 날이었다. 변명할 여지없이 확실한 하락일이었다. 아침에 다우지수는 19p 정도 가파르게 하락하였다가 나중에는 플러스로 돌아섰다.

오후에는 반등이 이어지지 못하고, 10.80p 하락한 3,294.36p로 종가마감되었다. 운수주가평균은 추세를 깨고 7p가 상승했지만, 클러스터 파워의 상실로 꼭지를 친 꼴이 되었다. 공익사업주는 하락했다. 등락주선은 실제로 변하지 않았지만, 다우공업주의 내부세 약화는 썩 좋아 보이지 않았다.

앞으로 내부세 약화현상이 더 나타난다면, 내부의 UP 클러스터는 박살이 나게 된다. 제너럴 일렉트릭주가 하락하면서 6개의 UP 클러스터를 잃었고, IBM주가 하락하면서 4개의 UP 클러스터를 잃었다.

다우공업주의 클러스터 파워는 +27에서 +17로 크게 하락했다. 지난 이틀간의 하락으로 65개 다우주식의 총합계 클러스터 파워는 결정적으로 약화되었다.

클라이맥스 지표는 +12에서 +3으로 하락했는데, 다우지수의 상승을 확인해 주지 않는 비확인현상이 연속적으로 3개가 나타나 시장약세를 경고했다.

필드 트렌드 순지표(NFI)는 디즈니주의 필드 상실로 +4를 기록했다. 오늘의 수치는 6월 2일의 꼭지수치와 동일하다.

지난 며칠간 금광주를 잘 살펴보았더니 너무나 인상적이었다. 귀금속주의 계절적 성수기 때와 같은 강세를 보이고 있다. 금광주 전종목에 대한 매수추천을 다시 하고 있다. 원숭이도 나무에서 떨어진다고 하는데 어떨지 모르겠다.

1992년 12월 2일, 수요일 저녁

오늘 시장은 다시 떨어졌다. 다우지수는 8.11p가 하락해서 3,286.25p에 접근했다. 운수주가평균은 3p 소폭 상승했고 공익사업주가평균은 다시 내렸다. 11월 30일 고점대비 18.91p 떨어졌다.

신고가 종목수는 91개로 축소되어 여전히 약간의 문제가 남아 있다.

클라이맥스 지표는 +1에서 -1로 하락했다. 필드 트렌드 순지표는 어라인드 시그널주가 1개의 필드 획득, 필립모리스주 2개의 필드 획득으로 +7로 올랐다.

현재 OBV 클러스터 파워 지표는 화요일 +17에서 오늘은 +7을 기록했다. 알코아주가 하락해서 5개의 UP 클러스터를 잃었고, 유니온 카바이드주의 하락으로 4개의 UP 클러스터 파워를 잃었다. 코카콜라주와 P&G주에서 의미있는 변화가 있었다.

이 두 종목은 3개의 연속적인 OBV lower-down을 기록했다. 그래서 GM주에서 나온 3개의 연속적인 OBV up 기록이 희석되었다.

다우종목들은 하향추세가 진행되고 있다. 상승 모멘텀이 이렇게 빨리 사라질 수도 있다는 것을 보여주었다. 다우종목들 사이에 OBV up이 점점 보기 드물게 되어가고 있다.

게임은 이제 귀금속주로 압축되고 있다. 이들 주식들은 대부분 오늘 올랐다. ASA주에 특히 관심이 쏠렸다. 이 주식은 오늘 34달러로 올랐다. 다음 저항선은 40달러 수준이다.

다우지수는 최근 200일 이동평균선을 상회하고 있다가 이제 200일 이동평균선으로 거의 되돌아왔다. 이 이동평균선을 깨고 내려가면 시장은 초약세가 될 것이다.

이렇게 되면 지난 11월 30일의 상승고점이 꼭지가 된다. 결론적으로 지금의 전투명령은 강력한 매도이다. 일급투자가들은 지금 재빨리 탈출구로 빠져나가고 있다.

8

매수자의 위험부담

1992년 12월 3일

내 일지를 대충 훑어보면서, 앞으로 주식시장이 심각한 하락국면을 맞게 될 것이라는 증거를 찾고 있다. 이 작업은 약세결론을 내리기 위한 작업이다.

그러나 먼저 현재의 꼭지국면과 강세함정의 모든 특징들을 리스트로 만들고 싶다. 지난 정보지에서 이것을 '클린턴 강세함정'이라고 말한 바 있다. 여기서 강세함정의 현재 특징들을 보자.

대중들이 들은 얘기들

① 시장전망이 좋은 시절: 차기 대통령 빌 클린턴이 선거공약을 지킬 것이라는 전제하에서, 앞으로 경제가 좋아질 것이라는 전망이 월 스트리트 증권가와 미 전역에 퍼져 있다.

② 경제는 개선되고 있다.

③ 대중들이 주식시장에 자금을 쏟아붓고 있다. 주식형 뮤추얼 펀드가 급속히 증가하고 있다.

④ 전문가들이 대중들에게 저가주를 사라고 말하고 있다.

⑤ 인플레이션에 대한 공포심은 전혀 찾아볼 수 없다.

1992년 12월 바닥 이후 귀금속주의 움직임이 신통치 않다는 것을 보면 알 수 있다.

⑥ 경제회복에 따라 기업이익의 증가가 예상된다.

⑦ 공매도 총수량이 최고치를 기록하고 있다.

⑧ 강력한 연말장세가 기대되고, 이 상승시세는 내년 1월까지 이어질 것으로 보고 있다.

이런 것들은 TV를 통해서 대중들이 매일 듣고 있는 말들이다. 경제학자들이 사과와 오렌지라는 간단한 개념으로 쉽게 설명하고 있기 때문에 대중들은 이런 말들을 잘 이해하고 있다.

이 말들을 1-2-3 식으로 벗겨보자. ① 경제개선, ② 기업수익증가, ③ 주가상승. 이것은 너무 쉬운 개념이기 때문에 설득력이 있다. 동시에 월 스트리트 증권가는 이것들을 가능한 한 매력적으로 포장을 해서 대중들에게 팔고 있다.

자, 무엇이 틀렸을까? 타이밍만 맞다면 틀린 것은 아무것도 없다. 그러나 타이밍이 틀렸다.

9

타이밍: 급작스럽게 악화된 기술적 지표[*]

1992년 12월 17일

또다시 월 스트리트 증권가의 꼬임에 빠져 대중들은 시장꼭지에서 주식시장으로 뛰어들었다. 매스콤은 이런 논리를 폭 넓게 시중에 퍼뜨렸다. 저인플레이션, 생산자물가지수, 소비자물가지수, 도매물가지수, 미시건 대학의 경제전망 연구자료, 소말리아 사태의 원만한 해결 그리고 리틀록 에서의 경제회담 석상에서 나온 좋은 얘기들 등을 그럴듯하게 잘 포장해

---

[*] 나중에 내가 분석해 본 결과 1993년 1월, 대중들은 대량매수를 했고 이후 다우지수는 3,250p에서 4,000p까지 상승했지만, 1994년 1월경에는 손실을 본 것으로 나타났다. 1992년 12월 대중들이 들은 이야기들은 모두 옳았지만, 그럼에도 불구하고 주가가 하락하기 직전에 매수하는 함정에 빠진 것이다. 그 당시에는 분명한 기술적 약세의 시작이라고 보았는데, 그 이유는 대부분의 주식들은 이미 꼭지를 치고 있었기 때문에 대중들은 강세시장 마지막 국면에서 나타나는 블루칩의 강세에 현혹되고 있다고 생각했다. 이 1992년 12월의 혼란스럽고 이중적인 시장의 반응(기술적 약세, 지수의 강세)을 이성적으로 인식할 수 있는 유일한 방법은 시장이 쓰고 있는 가면을 벗기는 것이다. 즉, 블루칩주들이 강세시장 제3국면에서 신고가를 내고 움직이는 반면, 대부분의 다른 주식들은 꼭지를 치고 내려오고 있었다는 사실을 정확하게 알아차리고 이것을 경고하는 것이다.

그랜빌의 최후의 예언

서, 지금이 주식을 사야 할 때라는 것을 사람들에게 확신시켜 주고 있다.

　　그러나 시장을 분석해 보면 그게 아니다. 시장을 뉴스라는 개념으로 읽으려 하는 사람들은 실망과 혼란에 빠지게 될 것이다. 시장은 뉴스로 말하는 게 아니고, 시장언어로 말할 뿐이다. 그러므로 우리는 기술적인 언어로 시장을 읽어야 한다.

　　기술적인 언어로 시장을 읽어보면 다음과 같다.

① 상승시세가 너무 빨리 시작되어 12월에는 지나치게 팽창해 있다.

② 기술적 강세가 11월에 붕괴되었다.

③ 11~12월의 상승은 역추세상승으로 반등에 불과하다.

④ 거래 패턴이 전장강세 후장약세를 보이고 있다.

⑤ 12월의 약세는 전형적인 현상이 아니다.

⑥ 나스닥 시장의 수직상승은 말기증상이고 이것은 1월의 상승예정분을 앞당겨 12월에 상승한 것으로 보인다.

⑦ 최근의 상승시세는 강세함정으로 끝났다.

⑧ 다우지수가 200일 이동평균선을 깨고 내려가는 것은 큰 문제다.

10

디키의 편지

1993년 3월에 편지를 한 통 받았다. 미시건주 더본에 사는 디키라는 사람이 보내온 것이다.

그는 이 편지에서 시장의 미래에 대한 예리한 관찰력을 보여주고 있다. 그리고 이런 현상이 "30년 만에 한 번 일어나는 일"이라고 분명히 언급하고 있다.

"30년 만에 한 번 일어나는 일"이라고 하는 말은 모든 것이 상승에서 하락으로 변하는 시장붕괴 바로 직전에 시장이 처해 있는 입장 즉, 나의 버뮤다 삼각지 이론과 같은 전환기에만 경험할 수 있는 심각한 시장 왜곡현상 때문에 시장이 앞을 볼 수 없는 곳으로 나아가고 있다는 뜻으로 해석된다.

이 편지를 소개하겠다.

친애하는 조 그랜빌 씨께

　"당신이 나를 기억하실지 모르지만, 나는 2년 전에 걸프전이 경제에 도움이 되는 이유를 기본적 분석 측면에서 편지를 올린 사람입니다(당신이 원하신다면 이런 내 생각을 당신의 이름으로 발표하셔도 무방합니다). 지금 나는 시장이 하락할 수밖에 없다는 당신의 기술적 지표들이 옳다고 믿습니다. 그러나 너무 이릅니다. 지금 금융시장에서 엄청난 자금이 빠져나와 주식형 뮤추얼 펀드로 들어가고 있다는 점에서 시장이 당장 하락할 것이라는 당신의 생각은 너무 이르다고 생각합니다. 이런 현상이 계속되는 한 시장의 형태가 뒤틀려서 시장은 횡보하거나 상승할 것입니다. 지금 시장은 기술적 이유 때문에 내려갈 필요가 있는 상황입니다.

　지금 시장은 30년 만에 한 번 있는 일입니다. 당신이 사용하는 기술적 지표들은 진실되지만 총체적인 현상에 비하면 부수적인 것입니다.

　당신에게서 많은 좋은 아이디어를 받아왔고, 지금도 당신과 같이하기를 기대합니다. NYSE 상장종목의 신저가 종목수를 잘 보십시오. 60~70 사이에 들어오면 그것으로 끝입니다. 언젠가는 제방향(하락)으로 가게 될 겁니다.

　얼마나 걸리냐고요? 일주일? 10개월? 다른 사람들이 생각하는 것처럼 생각하지 않습니다. 왜냐하면 순수한 기술적 분석으로는 알 수 없는 30년 만에 한 번 나오는 그런 왜곡현상이 있는 시장이니까요. 앞으로 남은 상승폭은 약 10% 정도 될지 모릅니다(나는 그렇게 생각하지 않지만, 그럴 수도 있겠지요). 당신이 위험과 보상(수익)이라는 것을 강조하는 그 말은 시장이 횡보해주기를 원한다는 뜻이고, 어떤 방향으로 움직이든 돈을 벌지 않겠다는 뜻으로 나는 받아들이고 있습니다. 시장 밖에 자금을 대기시켜 놓고, 시장이 깨어질 때 돈을 버시오. 이런 일이 너무 빨리 닥칠지도 모릅니다. 그러나 시장이 물속에 빠져 허우적대고 있을 때, 적어도 당신은 주식으로 물을 먹지는 않을 것입니다.

　시장분석이 쉽다고 말하는 사람은 결코 없습니다. 그렇습니다!

　일급투자가들은 강력한 매도를 계속하고 있습니다.

　당신은 내가 알고 있는 최고의 일급투자가라고

　생각합니다.

1993년 3월 19일

조 디키

11

시장국면 분석

1990~1993년 강세시장 국면분석

1990~1993년 강세시장을 되돌아보고 강세시장 국면의 전형적인 형태와 얼마나 유사한지 알아보자(5장 참조).

강세시장 제1국면

이번 강세 사이클은 다우지수를 기준으로 1990년 10월 11일 2,365.10p에서 시작하였다. 그러나 진정한 시장 내부세를 기준으로 보면 바닥은 8월에 시작되었다.

이때 신저가 종목수가 700개 이상으로 폭증했다. 그런 관점에서 볼 때, 이번 강세시장은 1987년 10월 증시대폭락(블랙 먼데이)으로 만들어진 바닥과 비교된다. 1990년 7월에서 10월 사이 3개월의 짧은 기간에 무려 635p나 되는 다우지수 하락은 약세시장 국면이라기보다는 급격한 조정국면으로 보였다. 되돌아보면, 이 기간은 두 개의 강세주기 사이에 나타난 짧은 폭락이었다.

전형적인 강세시장 제1국면의 모습을 보여준 첫번째 지표는 신고가 신저가 지표였다. 내가 분석하는 '시장국면 확인법'에 의하면 강세시장 제1국면은 지난 9개월 중의 어느 시점에 500~900개의 신저가 종목수를 기록함으로써 확인된다고 하였다. 1990년 여름에 수많은 지표들이 1929년의 패턴을 나타내고 있었기 때문에 신고가 신저가 지표가 바닥을 치는 것을 보고도 시장이 강세시장으로 진입했다는 생각을 빨리 하지 못했다. 그러나 1990년 12월 4일 강세시장 제1국면의 특징이 확실하다는 것을 알았다. 공업주와 운수주가 시간상 동시에 바닥을 형성했고 ADL도 초강세를 보이고 있었다. 심지어 시간 지표는 4년~4년 반 주기에 꼭 들어맞았다.

그러나 이것을 확인하는 데 많은 시간이 걸렸다. 12월 4일이 되어서야 시장에 대한 의문점들이 사라졌다. 그리고 비로소 1991년 1월에 시작된 걸프전 상승시세에서 수익을 올릴 수 있었다. 1991년의 걸프전에 앞서 1990년 9월의 쿠웨이트 침공 이후 전쟁공포가 널리 퍼져 대중들은 약세관을 갖기 쉬웠다.

제너럴 모터스주는 전형적인 국면 패턴을 따르지 않았다. 1991년 새해 초에 30달러 수준 근처에서 바닥을 쳤지만, 그것이 마지막 바닥은 아니었고 1992년 말에 27달러에서 바닥을 쳤다. 그때쯤에는 강세 사이클은 제2국면의 초기에 들어가 있었다. 그 주식은 29달러에서 조금 높은 또 하나의 바닥을 만들었고 그리고 나서 전형적인 강세시장 제3국면에서 상승세를 타기 시작했다. 제너럴 모터스주는 어떤 지표에도 의존하지 않는 독자적인 움직임을 보여주었다. 이런 경우에는 강세시장이 시작된 것도 모르고 지나가는 경우가 많다.

강세시장 제2국면

15개월간 지속된 1990~1991년의 강세시장 제1국면 내내 전형적인 대중들의 시장불신감이 팽배해 있었던 것을 보면, 1992년 1월이 강세시장 제2국면의 출발점이라는 것이 드러난다. 시장이 상승세를 보이고 있다는 사실을 대중들이 인정한다는 것은 시장에 대한 불신감이 확신으로 바뀌었다는 뜻이다. 그런 심리변화와 거의 동시에 주요 주식들은 꼭지를 치게 된다. 특히 의약주와 건강 관련주들이 그랬다. 시장은 디카토미 현상이 시작되었고 전체 강세주기상 무릎까지 올라왔다. 이것을 보고 1992년 초에 시장의 기술적 암세포가 시장 내부에서 자라고 있다는 사실을 알게 되었다.

주지표들은 정상적인 강세시장 제2국면의 패턴을 계속 준수하고 있었다. 상승비확인현상들은 생기지 않았고, 이런 현상들은 강세시장 제3국면으로 넘겨졌다. 강세시장 제2국면이 그렇게 빨리 끝나리라고 생각하지 못했다. 강세시장 제2국면은 1992년 10월 바닥을 찍으면서 10개월 만에 끝이 났다.

강세시장 제3국면

강세시장 제3국면이 진행됨에 따라, '시장이 상승할 것'이라는 대중들의 확신이 '시장은 반드시 상승한다'는 과신으로 전환되었다. 반면에, 나는 다우지수의 상승에도 불구하고 수많은 주식들이 물을 먹고 있다는 사실, 즉 시장 내부세가 점점 악화되고 있는 디카토미 현상에 더욱 관심을 기울이고 있었다.

비확인현상들이 강세시장 제3국면 말기에 심각하게 일어났지만, 투기가 극심해지는 마지막 제3국면에서 대중들은 시장에 대한 과신과 욕심에 눈이 멀어 일급투자가들이 시장의 탈출구로 빠져나가는 것을 눈치채지 못했다.

ADL은 강세시장 제 3국면에서 피크를 쳤다. 이것이 강세시장 제3국면의 진행시간을 확장시키는 요인으로 작용했을 수도 있다. 신고가 신저가 지표는 제3국면중에 신고가 종목수가 표준 이하에서 계속 맴돌았다. 이것은 정상적인 강세시장 제3국면의 패턴이었다.

1993년 9월 초 공익사업주가평균이 꼭지를 치자, 강세시장 제3국면의 기술적 강세가 가장 심각하게 타격을 입었다. 공익사업주가평균은 그 후로 다시는 회복되지 못할 정도로 급격한 하락추세를 시작했다.

전형적인 강세시장 제3국면의 원칙대로, 다우존스공업주평균은 1992~1994년의 확장된 강세시장 제3국면에서 각광을 받았다. 강세주기가 끝났고, 단지 다우공업지수만 생명이 연장되는 경우가 아주 많다. 그런 움직임은 정상적인 강세시장의 전형적 형태이지만, 1929년과 1987년의 시장꼭지를 생각나게 해준다. 이들 시장꼭지들의 공통적인 특징은 다우지수만 '제홀로' 상승하고, 시장 내부적으로는 기술적 암세포가 확산되는 심각한 디카토미 현상이 나타난다는 것이다.

시장이 1994년에 들어가자 강세시장 제3국면은 1991년 10월 이후 15개월간 지속되고 있었다. 강세시장 제3국면에서 마지막 피크가 장기간 연장되어 전체 강세주기가 1990년 10월 이후 39개월로 확장되었다.

기술적으로 약세가 확실한데도 불구하고 다우지수가 계속 올라갈 때, 나는 이 현상을 '블록 지표'라고 불렀다(벽돌로 둘러싸여 주변상황을 알지 못한다는 뜻으로). 상승추세가 지속되는 것이 아니라, 다만 약세시장의 시작을 미루고 있었을…. 그렇지만, 그것도 그리 오래 가지는 못한다.

이제 얘기를 바꿔 시장의 이중적인 성격을 살펴보고, 기업의 이익과 디카토미 현상에 대해 알아보자. 그리고 이런 것들이 어떻게 해서 가장 결정적인 시기에 대중들의 투자를 망치게 하는지 알아보자.

8장

기업이익
- 최악의 지표

Granville's Last Stand

기업이익 - 최악의 지표

1

상식을 이용하라

주식시장에서 성공하는 가장 기본적인 방법은 싸게 사서 비싸게 파는 것이다. 이 말은 기업이익에도 적용되는 원칙이다. 그래서 기업이익이 가장 낮을 때 그 주식을 사고 기업이익이 가장 높을 때 그 주식을 팔아야 한다. 그러나 사람들은 어떻게 하고 있는가? 반대로 하고 있다. 기업이익이 최고에 달해 있을 때 사람들은 관심을 갖는다. 그리고 그때는 대체로 주식시장이 마지막 시세에 있을 때이다. 그런 때에 주식을 사고 나서 그 기업이 수익이 나빠질 때까지 보유하고 있다가 기업의 수익이 나빠지면 그때서야 주식을 판다. 손바닥도 마주쳐야 소리가 나듯이, 일급투자가들은 기업이익이 최고조에 달했을 때 대중들에게 주식을 판다. 그리고 기업이익이 최악의 상태로 저조해졌을 때쯤 지친 대중들이 주식을 팔면 그때 되사들인다.

기업이익이라는 속임수는 강세시장의 세 국면과 정확히 들어맞는다. 강세시장 제1국면이 지나고 제2국면에 들어갈 때까지 대중들은 강세관을 갖고 있지 않다. 약세시장 제1국면이 시작될 때쯤에야 대중들은 강세관을 갖게 된다. 기업이익이 크게 늘어난 것을 확인하고 대중들은 비싼 값에 주식을 산다.

만약에 기업이익은 '신뢰할 수 없는 시장지표'라는 것을 증명할 수 있다면, 기업이익에 근거한 투자방식은 모두 엉터리라는 게 증명된다. 이익관련 지표 중에 가장 보편적인 지표는 주가수익비율(PER)이다. 그러나 실제로는 주가수익비율은 가치가 전혀 없는 속임수이다. 이것은 가장 비싼 가격에 주식을 사도록 꼬드기는 미끼다. 기업이익과 주가 사이에 깊은 상관관계가 있다면, 주가수익비율은 안정성이 있어야 한다. 그러나 주가수익비율은 주가수준에 따라 탁구공처럼 올라갔다 내려갔다 한다. 그런데도 대중들은 이 지표를 확실성이 있는 것으로 받아들이고 있다. 실제로는 결정적인 결점을 발견하기가 너무 쉽다.

주식시장 역사상 가장 존경받는 사람 중에도 기업이익의 중요성을 인정하는 사람들이 있다. 1957~1963년 사이에 E.F.휴톤사에 근무하던 시절 제럴드 로브와 함께 일하는 영광을 누렸다. 그 당시 내가 읽은 책은 제럴드 로브의 위대한 저서 《생존투자를 위한 전쟁》(The Battle For Investment Survival)이었다.

기업이익에 대한 로브의 견해를 한번 보자. 아래 내용은 그 책의 원전에서 따온 것이다.

2

이익이라는 신기루

로브의 견해

먼저 기업이익 전망치와 실제 결과치를 비교해서 점수를 매겨보면 알게 된다. 자료는 매주 발행되는 S&P(스탠더드 앤드 푸어)사의 《기업이익전망》 책자를 보면 잘 나와 있다. 1968년 말에 1969년 말 기준으로 기업이익을 전망하는 것은 너무나 어려운 일이기 때문에 추정치나 전망치가 불확실하고 신뢰성이 없는 건 당연하다. 그러나 기업이익 전망에 잔뜩 신경을 곤두세우고 있던 투자자들은 1969년의 추정치가 기대에 미치지 못하자 실망매물을 쏟아내었고 시장은 급락했다.

이들 예측치들이 실제 수치와 얼마나 다른지를 보여주는 좋은 예를 들어보자. 펜 센트럴주를 보자. 1968년 말에 펜 센트럴사를 조사·분석한 애널리스트는 1969년의 수익 전망치를 주당 4.25달러에서 5.50달러로 오를 것이라고 공표했다. 실제 수익은 주당 16센트에 불과했다. 크라이슬러사의 주당순이익은 5달러에서 8달러로 증가할 것이라고 전망되었다. 실제 수치는 주당 1.87달러에 불과했다.

이 두 종목은 특별히 주목을 받았던 종목이었다. 1969년 MGM사의 주당순이익은 3달러로 전망되었지만, 실제 수치는 주당 6달러의 적자를 기록했다. 타임사는 4.50달러로 추정되었지만, 2.45달러의 주당순이익을 냈다. 아메리칸 스멜팅사, 암코 철강, 서턴 테드사, TWA항공사 등도 전망치와 실제치와의 격차로 큰 실망을 안겨주었다.

유명한 경영관리 카운셀러인 로넬로 B. 루이스는《이익을 증대시키기 위한 경영관리기법》이라는 그의 저서에서 기업들은 회계방식을 자기들의 목적을 달성하기 위한 수단으로 인식하고 있다고 말한다. "결산보고서나 대차대조표의 주석을 살펴보면 계정상 가짜임을 금방 알 수 있는데도, 그런 간단한 조사조차도 하지 않고 주식을 사는 투자자들이 잘못된 것이다"라고 결론을 내리고 있다.

미국 CPA협회의 회계원칙위원회는 잘못된 회계방식을 바로잡기 위해 '회계조건'을 발표한다. 미국 증권관리위원회와 뉴욕 증권거래소에서도 잘못된 결산서류를 바로잡기 위해 노력하지만, 진척속도가 미미하다. 기업의 경영관리부서에서 정확한 추정결산이 나오기도 하지만, 전혀 그렇지 못한 기업도 있다. 기업 입장에서는 예측보다는 과거사실에 대한 기록이 더 중요하다고 생각하기 때문이다. 그래서 자료를 몇 년씩 모아서 지나간 기록들을 살펴보고, 조사해 보라. 힘은 들어도 기업의 역사를 조사하는 일은 그만한 가치가 있다.

주가의 움직임 그 자체가 기업이익에 관한 정보일 때가 종종 있다. 공표된 결산수치로 보면 주가가 올라야 하는데 주가가 별 볼 일 없이 움직이면 더욱더 조심해야 한다. 기대치에 못 미치는 실적이 나온 후에 대량의 매도주문이 나온다. 콘트롤 데이터주는 이익이 추정치보다 못하게 나오자 단 6주 만에 주가가 반토막이 났다. 한편으로는, 어떤 기업의 이익이 기대했던 것보다 잘 나왔을 때는 대량의 매수세가 일어난다. 중요한 것은 큰 폭의 주가움직임은 — 주가가 오르든 내리든 간에 — 대량거래를 수반한다는 점이다. 그리고 단기적으로 기업이익이라는 요소는 기대치보다 나으냐 못 하냐에 달려 있다는 것을 말해 준다.

주가수익비율(주가/주당순이익)에 의한 주식평가 방법은 상당히 인기가 있는 기법이다. 그러나 이 방법을 받아들이기 전에, 주가와 이익이라는 두 가지 변수의 신뢰성에 대하여 깊이 생각해 보라. 이 비율의 분모인 주당순이익은 독립변수에 가깝다. 그리고 10, 20, 50 등과 같은 승수를 곱하여 적정주가를 계산할 때 사용하는데 이 곱하는 수(승수)는 거의 자의적인 수치이기 때문에 신뢰할 수가 없다. 이론가나 수학자들은 이 승수를 그렇게 곱해야 마땅하다고 말하지만, 실제 시장에서는 전혀 그렇지가 않다. 승수는 오히려 투자자들의 심리적인 산물이기 쉽다. 또한 승수는 10~50 사이(앞의 예)에서 자의적으로 적용되고 또 그 변동폭이 너무 넓어서, 미니 스커트와 맥시 스커트의 치마길이 만큼이나 차이가 난다.

이익은 개별주가의 움직임에 절대적인 영향을 미친다. 론 루이스는 이렇게 말한다. "이익을 조작하는 것은 불명예스런 일이지만, 이런 일이 존재하는 것은 자유기업체제가 안고 있는 약점이기도 하다. 그래서 투자자의 입장에서는 경계를 해야 할 부분이다."

제럴드 로브는 이런 식으로 기업이익의 문제점을 비난했다. 그의 견해의 핵심은 기업이익의 신뢰성이 적다는 점과 추정실적이 실제 결산실적과 큰 차이를 보인다는 점이다. 그렇다고 하더라도 그는 기업이익의 중요성을 인정하고 있다.

우리가 여기서 특히 관심있게 보아야 할 것은 1968년 12월 3일 시장이 꼭지를 치던 당시에 나온 장밋빛 이익전망을 참고로 했다는 사실이다. 그 이후 몇 년이 지나서 1974년 경에 뮤추얼 펀드는 거의 붕괴되었다. 만약에 그 당시에 장밋빛 이익전망이 맞았다면 시장이 꼭지를 치지 않았을까? 그렇다고 하더라도 시장은 어차피 꼭지를 쳤을 것으로 본다. 그것이 그와 나의 견해차이다.

1990~1993년의 강세주기에서 이익이 안고 있는 문제점들이 반복되어 일어났다. 기업이익 등급사정기관인 잭스사는 기업이익보다 더 중요한 것은 없다고 주장하면서 항상 자기들이 하는 일을 자랑해 왔다. 그러나 강세국면과 약세국면에서의 기업이익과 주가의 상관관계를 잘 조사해 보면, 다음과 같은 사실을 발견하게 된다.

즉, 이익이 저조할 때 주식을 사고 이익이 높을 때 주식을 파는 것이 최선의 투자방법이다. 얼마나 놀라운 사실인가! 1991년 9월 14일 잭스사는 기업의 주당순이익이 점점 낮아지고 있다고 발표했다. 그러나 그때 나는 주식시장에 대하여 초강세관을 갖고 있었다. 반대로 1993년 9월 30일 잭스사는 1993년 3/4분기의 이익이 급증했다고 발표했다. 잭스사의 말에 따랐던 사람들은 더욱더 강세관을 갖게 되었다. 그러나 그 당시에 나는 극도의 약세관을 갖고 있었다.

자, 이제 내 친구인 아더 메릴에 대한 얘기를 해보자. 그는 기업의 이익이 얼마나 나쁜 지표인지를 잘 알고 있는 사람이다. 그는 그 당시로서는 놀랄 만한 차트를 개발해서 책으로 발간했다. 이익증가에도 주가는 하락하고, 이익감소에도 주가는 상승하는 경향이 강하다는 것을 차트로 설명했다. 나는 그의 허락을 얻어 《1976년 새 전략서》에 그 차트를 인용했다. 그 차트는 시장 게임 즉, 시장은 일급투자가와 일반투자자의 싸움터라는 사실을 가장 잘 설명해 준다. 여기에 그 차트의 예를 실었다.

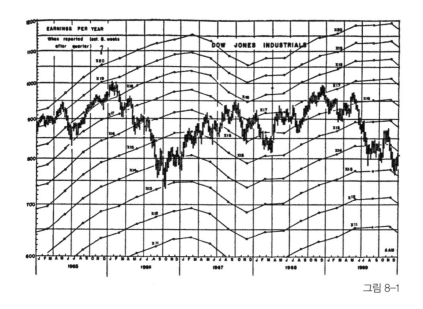

그림 8–1

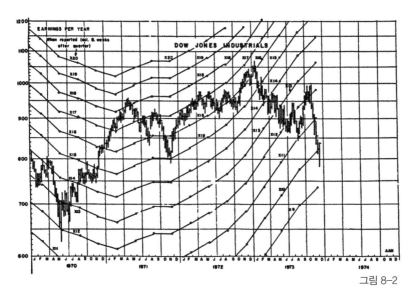

그림 8–2

3

오닐의 엉터리 주장

이익이 주가의 변화를 예측하는 데 신뢰할 수 없는 지표라는 것을 증명해 주는 좋은 예가 또 하나 있다.

윌리엄 오닐과 IBD(일간투자정보지)의 '이익등급 시스템' 이론이다. 자기들이 만든 이익등급 시스템을 이용하면 최고의 종목을 선택할 수 있다고 목청 돋우어 말했다. 오닐이 쓴 《주식시장에서 돈버는 법》이라는 책의 172쪽을 보면 다음과 같은 글이 있다.

> 투자할 만한 최고의 주식들은 일반적으로 EPS(주당순이익)와RS(상대강도)가 둘 다 80점 이상에 들어 있다. EPS는 기본적 분석 도구이고 RS는 시장가치를 나타낸 것이기 때문에 이 두 수치가 강한 것은 상승장세에서 예전의 낡고 비과학적인 종목선택방식인 여론이나 학문적 이론, 풍문, 정보지의 정보 등과 비교해 볼 때 상당히 좋은 종목선택 방법임에 틀림없다.

이처럼 기업의 이익을 쓸데없이 강조하는 것은 일급투자가들을 도와주는 일에 불과하다. 즉, 꼭지에서 대중들이 주식을 사도록 끌어들이고 반대로 일급투자가들이 주식을 팔게 해준다. 그래서 일급투자가들은 이것을 '이익함정'이라 부른다. 대중들이 주머니에서 돈을 언제 꺼내는지 알 수 있게 해준다. 이런 기능 때문에 일급투자가들은 주식매도 타이밍을 잡아

준다고 생각한다. 이런 식으로 일급투자가들은 그 엉터리 지표를 이용하여 시장 게임에서 항상 승리자가 되는 것이다.

1992년 1월에 나온 최상위등급 종목들을 소개한다. 이 종목들은 우리가 최고가격에서 팔아먹은 종목들이다. 최상위등급 종목들이 종목선택에 전혀 도움이 되지 않을 뿐만 아니라 쇼킹한 결과를 보게 될 것이다. EPS와 RS 통계치에 의존하는 종목선택 방법은 위험하다.

1992년 1월 시장꼭지에서, 정확히 말하면 주식을 몽땅 팔아야 할 그런 시점에서 오닐의 최상위등급을 받은 수많은 주식들은 이런 종목들이다. 암젠주, 바이오메트주, 초이스 의약주, 써콘주, 데이터스코프주, 피프티 오프 스토어주(할인판매 체인), 유에스 써지컬주 등. 그 시점에서는 이 주식들을 팔았어야 했는데 오닐의 IBD에서 나온 정보가 무슨 도움이 되겠는가?

그 중에서 유에스 써지컬(U.S. Sergical)주가 가장 대표적인 주식이었다. 오닐은 이 주식의 등급을 EPS 99점, RS 95점(1993년 1월 15일 기준)의 최고점수를 주었다. 이 주식은 최고등급을 받았는데도 불구하고, 그 후 2년 동안 주가는 135달러에서 15-7/8달러로 붕괴되었다. 거의 119달러나 하락했던 것이다.

저가에 사서 고가에 판다는 단순한 투자원칙을 기업이익에 적용해서 그 유용성을 증명해 보자. 그렇게 하자면, 오닐의 EPS가 최상위등급을 기록할 때 주가는 하락했고, 오닐의 EPS가 최하위등급을 기록할 때 주가는 상승했다는 것을 증명해 보여주어야 했다. 나는 1993년 5월에 그 증거를 제시했다.

종목	오닐 등급 (1992.1.15)		우리가 매도한 가격 (1992.1)	하락 최저주가	하락률
	EPS	RS			
Allied Clin Labs	99	91	40	20-1/8	-49%
American Claims	99	99	24	3-1/2	-85%
Amgen	95	93	80	35-5/8	-55%
Astro-Med	96	92	24-1/4	14-1/4	-41%
BMC Sofware	99	90	75-1/4	44-5/8	-40%
Ballard Medical	98	90	46-1/2	12-1/4	-73%
Biomet	97	93	32	10-1/4	-68%
Cambex	99	97	40-1/2	7-1/4	-69%
Cannon Express	96	96	24-1/4	7-1/2	-69%
Choice Drugs	94	99	11-3/8	3-1/8	-72%
Circon	90	97	50	15	-70%
Clearly CD Bv	94	94	27-1/4	8-1/4	-69%
Comprsn Lab	96	93	35-1/4	10	-71%
Cyber-Optics	99	98	14-1/2	4-5/8	-68%
Datascope	96	95	33	12-1/2	-62%
Deprenyl Research	91	94	19-5/8	2-7/8	-85%
Easel Corp.	99	93	41	9	-79%
Electromedics	95	92	9-5/8	4-1/8	-57%
Fifty OffStores	99	97	27-3/4	7-7/8	-71%
Hauser Chemical	94	99	27-1/2	13	-52%
Healthcare Comp.	99	97	44	10-1/2	-76%
Healthinfsn	97	97	27-1/4	8-1/4	-69%
ILC Technology	99	92	23	13-1/4	-42%
Isco	98	93	25-3/4	14-1/4	-44%
Laser Precision	96	93	16-1/2	6-7/8	-58%
Merit Medical	94	96	21-1/2	5-1/2	-74%
NView Corp.	99	97	27	4-3/4	-82%
OI Corp.	97	94	17-5/8	6-1/8	-65%
U.S.Surgical	99	95	134-1/2	31-3/8	-76%
Value Merchants	97	92	38	4-3/8	-88%

4

달의 어두운 면

주가의 향방을 결정하는 효과적인 도구로서 기업이익과 상대강도를 사용하는 것은 좋은 방법이 아니라는 사실에 흥미를 두고 있던 차에, 1992년 1월에 IBD에서 출판한 EPS와 RS 최상위등급을 받은 종목 중에 상당수가 엄청나게 하락했다는 사실을 보여주었다.

이제 여기에 덧붙여, 정반대편의 종목들을 살펴보자. 오닐이 최하위등급을 매긴 종목들이 어떻게 되었는지를 보여주겠다.

내가 내린 결론은 간단하고 논리적이다.

오닐의 최상위등급 종목들이 상당수 급락했다는 사실을 보여주었기 때문에 오닐의 최하위등급 종목들이 주가가 크게 상승했다는 사실을 논리적으로 보여주면 되는 것이다.

여기에 그 증거들이 있다.

오닐 EPS 최하위기업 – 1992년 1월

종 목	EPS*	가격	발표후 최고가	수익
ADT	34	7-1/8	9-7/8	+38%
Acme Electric	42	4-7/8	9-1/4	+89%
Arco Chemical	36	35-5/8	47-1/4	+22%
ARX Inc.	23	1-1/2	2-1/4	+50%
Affiliated Pubs.	18	9-3/8	14-1/2	+54%
Airlease Ltd.	42	9-7/8	14-3/8	+45%
Alex and Alex	29	22-1/4	28-7/8	+30%
Alexanders	11	24-7/8	59-3/4	+140%
Allied Irish ADR	42	18-3/4	24-3/8	+30%
Allied Product	12	3	9-3/4	+225%
Alcoa	41	62-1/2	80-5/8	+29%
AMAX	29	18-1/2	23-3/8	+26%
Amoco	43	48-1/4	59-1/4	+22%
Amrep	3	3-1/2	6	+71%
Anadarko	48	21-3/4	40-1/2	+86%
Ann Taylor	30	18-1/8	25	+36%
Applied Magnetics	18	5-3/8	14-1/2	+169%
Aquarian	41	22-1/2	27-7/8	+23%
Armco	21	4-3/4	8-3/8	+76%
Armstrong World	29	27-3/4	37-1/2	+35%
Asarco	36	20-5/8	31-3/4	+54%
Atlantic Richfield	46	108-3/8	127-3/4	+17%
Augat	14	8-7/8	15-1/8	+70%
BRT Realty Trust	48	2-1/4	4-1/4	+80%
Bairnco	34	6-5/8	9-1/2	+28%
Baltimore Bancorp	17	5-5/8	9-3/8	+66%
Bany Mtg Inv Fund	27	9/16	7/8	+63%
Berkshire Realty	18	9-1/8	12-1/8	+32%
Bethlehem Steel	20	13-5/7	20-3/8	+49%
Biocraft Labs	25	16-1/2	25-7/8	+56%
British Stell	9	12-1/2	15-3/8	+23%
Browning Ferris	43	23-1/4	28-5/8	+23%
Brush Wellman	30	12-7/8	18-1/4	+41%
Burger King	42	12-1/4	15	+22%

* EPS는 주당순이익이다. 오닐의 등급점수상 최고점은 99점이다.

이 자료는 오닐의 최하위등급 판정종목들의 주가가 크게 상승했다는 것을 증명해서 보여준다. 그런데도 오닐의 엉터리 등급판정 시스템이 상당히 널리 퍼져 있는 이유는 무엇일까? 그것은 아무도 그 잘못을 캐어내려고 노력한 사람이 없었기 때문이다. 이제 진실을 캐보도록 하겠다. 오닐의 등급판정 시스템이 옳다면, 주식시장에서 기술적 분석이론은 아무 쓸모가 없게 된다.

오닐의 등급기록의 숨겨진 참뜻은 최상위등급을 받은 주식들은 주로 지나치게 매수되어(과매수상태) 이제는 떨어질 일만 남은 종목이란 뜻이 되고, 반대로 최하위등급을 받은 종목들은 대개의 경우 지나치게 매도되어(과매도상태) 이제는 올라가는 일만 남은 종목이란 뜻이 된다. 이런 예를 수도 없이 들 수 있지만, 공간이 부족해서 유감이다.

한 가지 좋은 예로 시너젠주를 보자. 이 주식은 1992년 1월 75달러에 꼭지를 치고 내려왔다. 바로 그 꼭지에서 IBD는 최상위등급점수인 99점을 주었다. 나는 그 주식을 71-3/4달러에 팔라고 투자자들에게 말했다. 그 후에 그 주식은 8달러로 폭락해서 주가가 90%나 하락했다. 내가 상대강도(RS)를 절대 보지 않는 이유가 이해될 것이다. 나는 이것을 기술적 지표라고 생각하지 않는다. 기본적 분석가가 좋아하는 지표이다. 기본적 분석이론에서는 대단히 중요한 지표이다. 그러나 이 지표는 시장을 읽는 방법이 될 수 없다.

오닐의 등급판정 시스템은 거의 신뢰성이 없다는 또 다른 증거가 있다. 그의 책에 따르면 최상위등급일 때 주식을 사고 하위등급의 주식은 피하라고 되어 있다. 그런데 사실은 오닐의 하위등급 주식을 샀어야 했고, 상위등급 주식을 팔았어야 했다.

투자자들이 이익에 현혹되어 계속 투자에 실패하는 것을 보고 상당히 혼란스러웠다. 증권회사들은 다양한 분야별 애널리스트가 있다. 예를 들면, 자동차 애널리스트, 의약 애널리스트 등. 이익이 분기마다 발표되는데, 이익발표일을 제외한 나머지 89일간은 무엇을 하면서 봉급값을 하는지 알 수가 없다.

심지어 3~4개 종목만을 담당하는 애널리스트도 많다. 정반대로 기술적 분석가들은 할 일이 언제나 많다.

1992년 1월 오닐의 등급발표일의 경우, 'A'로 시작하는 뉴욕 증권거래소 상장주식이 122개인데, 그 중에서 74개(61%)가 상승하고, 48개(39%)는 하락했다. 그런데 오닐이 최상위등급으로 판정한 주식 중에 62%는 하락했다. 1992년 1월에 오닐이 최하위등급으로 판정한 주식 중에 75%는 상승했다.

'A'로 시작하는 나스닥 상장주식이 155개인데, 그 중에서 81개(52%)가 상승하고, 74개(48%)는 하락했다. 그런데 오닐이 최상위등급으로 판정한 주식 중에 53%는 하락했다. 오닐이 최하위등급으로 판정한 주식 중에 75%는 상승했다.

물론 이 방법이 '동전 던져 앞뒷면 맞추기'하는 것처럼 전혀 엉터리는 아니다.

내가 이 글을 쓰는 동안, 노벨주는 18-1/8달러로 또 떨어졌다. 그러나 이 주식이 1992년 1월 65달러에 꼭지를 치고 내려왔다는 것을 얼마나 많은 사람들이 알고 있을까? 1992년 1월 15일자 IBD지를 보자. 가격은 종가 기준으로 63-1/4달러라고 되어 있고, 그 날 꼭지 가격에서 IBD는 이 주식에 최상위등급점수를 주었다.

기업이익에 근거한 종목선택 방식은 대체로 좋은 성과를 기대할 수 없다는 사실을 나는 항상 주지시켜 왔다. 기업이익은 최악의 지표이다. 그러므로 이익에 근거한 등급 판정 시스템은 정말이지 아주 나쁜 시스템이다.

전형적인 예를 한 가지 들어보자. 이익증대에 대한 기대감과 낙관론으로 애플 컴퓨터주는 1992년 1월에 64-1/2달러까지 상승했는데, 중간등급으로 낮아질 것이라는 전망 때문에 1993년 7월에 27-1/2달러로 하락했다. 나는 시장정보지에 이 사실은 다음과 같이 썼다.

"대부분의 사람들이 이익이 최고로 좋아 보일 때 주식을 사라고 말하기 때문에 기업의 이익은 최악의 지표라고 나는 1976년 전략서에서 분명히 말했다. 이 주식도 그런 케이스다."

애플 컴퓨터주에 대한 IBD의 기사 두 가지를 비교해 보자. 그들의 기사가 주가꼭지에서 얼마나 열광적이었고, 주가바닥에서 얼마나 비관적이었는지를 한눈에 알게 될 것이다.

그리고 이익에 관한 논평을 비교해 보라.

《IBD지의 애플 컴퓨터 관련기사 1》

1992년 7월 15일
주가 64-1/2달러

"지난 몇 주 동안 상승추세를 계속해 온 애플주는 다음주 화요일 종가 이후에 이익이 증대되었다는 분기보고서가 발표될 것이라는 기대가 있다."

"사업이 잘되고 있기 때문에 사람들은 분기결산 실적이 아주 좋을 것으로 기대하고 있다"라고 브라운 브라더스 해리만사의 애널리스트 월터 위니츠키가 말했다. 지난해 같은 기간에 주당 1.28달러의 이익을 냈는데 올해도 주당 1.20달러 정도의 상당한 이익을 낼 것으로 그는 기대하고 있다."

"애플사의 제품에 대한 수요가 상당하고, 복합상품도 사람들의 기대보다 더 잘 팔리고 있다. 미 달러화의 환율인상(가치하락)으로 수출수요가 증가되어 수익은 더 크게 날 것으로 본다"라고 위니츠키는 말했다.

《IBD지의 애플 컴퓨터 관련기사 2》

1993년 7월 16일
주가 27-1/2달러

실망스런 이익보고서가 나오자 몇몇 애널리스트들이 추정실적을 하향조정했다. 애플사의 매출총이익이 16% 감소했는데, 생산비용을 줄일 필요가 있다고 말했다. 그리고 새로운 제품이 나왔지만, 1995년까지는 경상이익에 반영되지는 못할 것으로 보고 있다. 딜론 리드사의 월터 위니츠키는 1993년 주당순이익의 추정전망치를 하향조정했다. 3.95달러에서 2.45달러로, 1994년 4.25달러에서 순이익은 2.45달러로 감소될 것으로 추정하고 있다. 1992 회계연도에 애플사는 주당 4.33달러다. 이 주식은 향후 몇 달 동안은 중위등급에 머물러 있어야 한다고 위니츠키는 말했다. 전환기를 지나고 있는 첨단기술 관련주들은 보통 주당순이익의 10배가 적정주가 수준이라고 덧붙여 말했다.

위의 기사를 읽어보면, 셜록 홈즈 같은 대단한 탐정이 아니라도 깜짝 놀랄 만한 결론을 끌어낼 수 있다.

① 기업이익에 근거한 매수매도 추천방식이 좋은 방법이 아니라는 증거가 다시 나왔다. 주가가 꼭지를 치는 그런 순간에 1992년 1월 IBD 지에서는 이익증대에 대한 기대감을 인용하고 있다.

② 꼭지에서 이익이 증가될 것으로 예측하고 반대로 바닥에서 이익이 감소할 것으로 예측하고 있다. 홈즈라면 이 사실에 관심을 두었을 법하다. 윌리엄 오닐의 등급판정 시스템이 이익에 근거하고 있기 때문에 꼭지에서 주식을 사게 된다는 사실이 증명되었다. 애플사의 경우에서 보듯이, '이익'이라는 것은 파리끈끈이와 같아서 주가꼭지에서 사람들을 유혹해서 잡아먹는다는 것도 증명되었다.

③ 기본적 분석가인 위니츠키는 1992년에 주가예측을 잘못한 적이 있는 사람이다. 그런 그를 1993년에도 또 다시 인터뷰했다는 사실을 알 수 있다. 또 위니츠키가 회사를 옮겼다는 사실도 알 수 있다. 설록 홈즈라면 이런 사실을 금방 눈치챘을까? 브라운 브라더스 해리만 사에서는 그를 해고했을까? 아니면 그가 좋은 조건으로 회사를 자발적으로 옮겼을까? 추천 직후에 애플주의 주가가 붕괴된 것을 보면 아마도 그가 해고되었을 것으로 추측하는 게 좀더 논리적이지 않을까 싶다. 기본적 분석가들은 기술적 분석가와는 경쟁상대가 되지 않는다.

④ 자기들이 가장 빈번하게 인용하는 애널리스트들이 1992년 1월 주가 꼭지에서 그 종목들을 추천했다는 사실은 알고 있을까? 나중에라도 그런 정도는 알았을 것이다. 왜냐하면, 추천 직후에 바로 그 종목들의 주가가 붕괴했으니까.

5

주식 브로커들은 기본적 분석가이고
못난 대중과 다를 바 없다

　대개의 주식 브로커들은 기본적 분석가이고, 동시에 못난 대중들과 같이 움직인다는 것을 증명해 보자.

　브로커들의 매수추천이 얼마나 비싼 대가를 치르게 하는지 보여주겠다. 다음 표에 나온 추천종목들은 1992년 4~5월 사이에 리블 리서치 그룹사에서 412명의 브로커들을 대상으로 한 여론조사를 통해 선정한 것이다. 추천조건으로, 1년 후인 1993년 중반까지 보유했을 때 큰 수익을 낼 수 있는 종목을 추천받았다.

　표에는 1992년 주가꼭지에서 발표한 오닐의 EPS와 RS 등급과 1993년 7월의 등급을 같이 실어 서로 비교할 수 있도록 만들었다(EPS는 윌리엄 오닐의 주당순이익 등급점수이고 RS는 상대강도 등급점수이다).

6

1992년 5월에 브로커들이
가장 선호했던 주식들

(선호종목표 − 인기순위순)

종 목	1992 매수추천단가	1993.7.7 현재가	등락률	1992 EPS	RS	1993.7 EPS	RS
Philip Morris	85	48-1/8	-43%	96	68	87	8
Merck	52	34-1/2	-33%	96	82	86	16
Glaxo	31	16-1/2	-46%	96	88	62	10
IBM	100	48-1/2	-51%	27	18	22	11
Coca Cola	45	42-3/4	-5%	91	81	84	85
Disney	41	40-3/4	-0%	50	59	86	43
Telefonos de Mexico	52	47	-9%	99	66	91	93
Walmart	30	25-5/8	-15%	96	79	91	17
AT & T	44	62-1/4	+41%	77	60	56	75
Boeing	40	36-3/4	-8%	83	45	50	32
Microsoft	75	87-1/4	+16%	99	90	96	47
Pepsico	37	36-1/4	-2%	62	66	66	24
Bristol-Myers	72	56-5/8	-21%	90	56	55	22
Syntex	40	18-1/8	-55%	80	80	41	11
Home Deport	40	43-5/8	+9%	98	90	96	43
Amgen	78	35-3/8	-54%	95	93	95	7
General Motors	44	43-5/8	-0%	18	15	58	70
Pfizer	84	63-1/2	-24%	85	86	86	29
Nike	75	54-5/8	-27%	85	87	79	8
Abbott Labs	33	25-1/4	-23%	91	74	84	23

1992년 추천 당시 이 종목들의 평균가격은 54.90달러였다. 1년이 지난 1993년 여름에 평균가격은 43.30달러로 21%의 하락률을 기록했다. 20개 추천종목 중 85%는 하락했다. 오닐의 EPS를 기준으로 보면, 이들 20개 종목의 75%는 매수 당시에 EPS등급 80점 이상이었다. 상대강도의 평균등급은 매수 당시 69점이었다. 1년 후인 비교기간 말에 EPS등급은 13%가 낮아졌고, RS 등급은 69점에서 25점으로 낮아졌다. 이것을 보면 오닐의 EPS 등급점수와 RS 등급점수가 전혀 신뢰성이 없다는 것이 다시 한번 증명되었다.

이들 412명의 브로커들이 추천한 20개 종목들의 주가 차트를 보자.

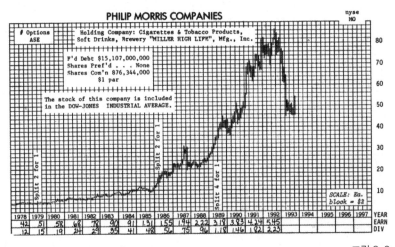

그림 8-3

그랜빌의 최후의 예언

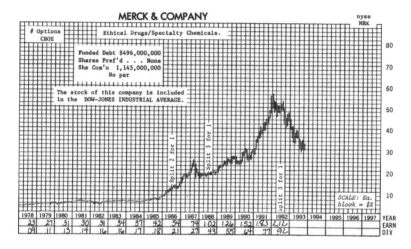

그림 8-4

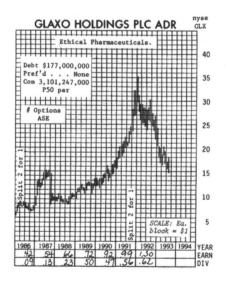

그림 8-5

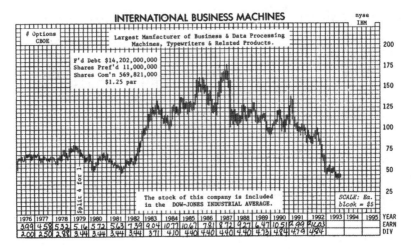

INTERNATIONAL BUSINESS MACHINES

nyse
IBM

Options
CBOE

Largest Manfacturer of Business & Data Processing
Machines, Typewriters & Related Products.

F'd Debt $14,202,000,000
Shares Pref'd 11,000,000
Shares Com'n 569,821,000
$1.25 par

The stock of this company is included
in the DOW-JONES INDUSTRIAL AVERAGE.

SCALE: Ea.
block = $5

YEAR	1976	1977	1978	1979	1980	1981	1982	1983	1984	1985	1986	1987	1988	1989	1990	1991	1992	1993	1994	1995
EARN	3.99	4.58	5.32	5.16	5.72	5.63	7.39	9.04	10.77	10.67	7.81	8.72	9.27	6.47	10.51	12.99	d12.03			
DIV	2.00	2.50	2.88	3.44	3.44	3.44	3.44	3.71	4.10	4.40	4.40	4.40	4.40	4.73	4.84	4.79	4.84			

그림 8-6

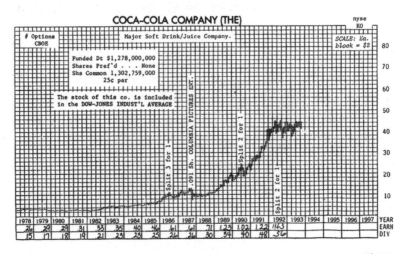

COCA-COLA COMPANY (THE)

nyse
KO

Options
CBOE

Major Soft Drink/Juice Company.

SCALE: Ea.
block = $2

Funded Dt $1,278,000,000
Shares Pref'd . . . None
Shs Common 1,302,759,000
25c par

The stock of this co. is included
in the DOW-JONES INDUST'L AVERAGE

Split 3 for 1

.091 Sh. COLUMBIA PICTURES ENT.

Split 2 for 1

Split 2 for 1

YEAR	1978	1979	1980	1981	1982	1983	1984	1985	1986	1987	1988	1989	1990	1991	1992	1993	1994	1995	1996	1997
EARN		.26	.29	.29	.31	.33	.35	.40	.46	.61	.61	.711	1.23	1.02	1.22	1.43				
DIV		.15	.17	.18	.19	.21	.23	.23	.25	.26	.26	.30	.34	.40	.48	.56				

그림 8-7

그랜빌의 최후의 예언

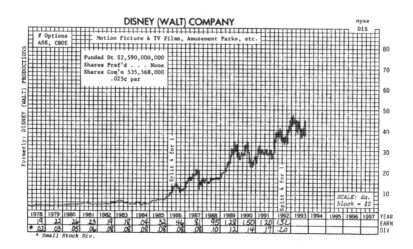

그림 8-8

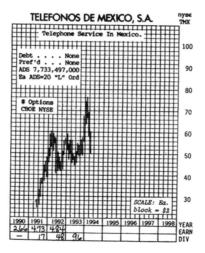

그림 8-9

WAL-MART STORES, INC.

그림 8-10

AMERICAN TELEPHONE & TELEGRAPH CO.

그림 8-11

그랜빌의 최후의 예언

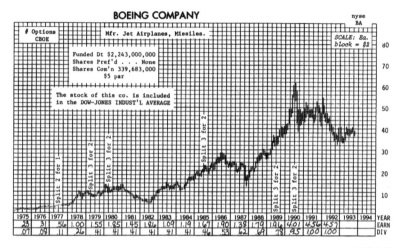

그림 8–12

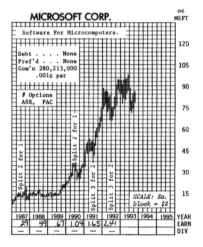

그림 8–13

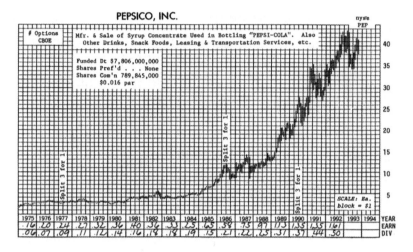

그림 8-14

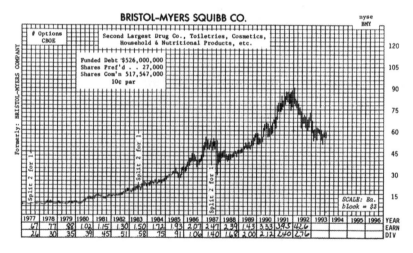

그림 8-15

그랜빌의 최후의 예언

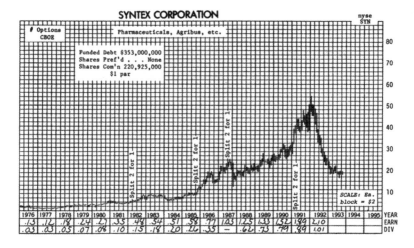

그림 8-16

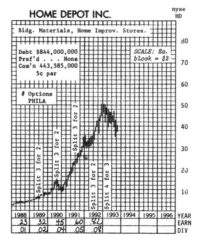

그림 8-17

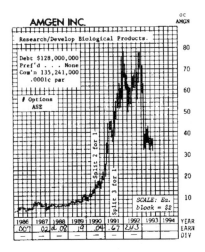

그림 8-18

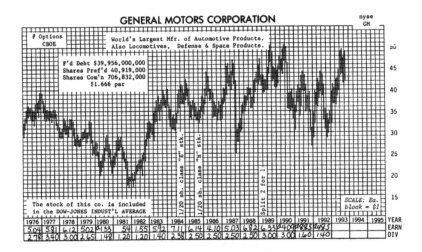

그림 8-19

그랜빌의 최후의 예언

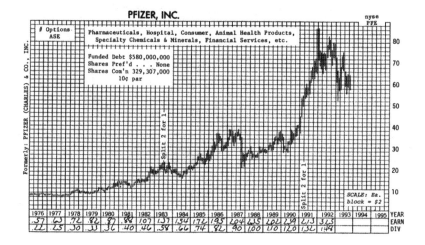

그림 8-20

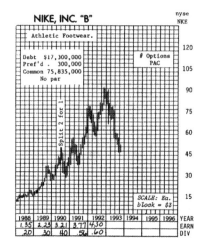

그림 8-21

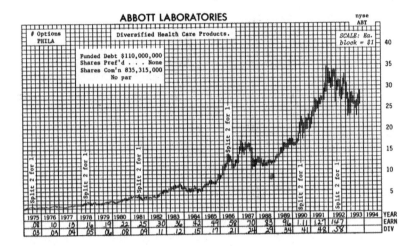

그림 8-22

그랜빌의 최후의 예언

7

금광주 폭등을 알아차리지 못한
EPS 상위기업

1993년은 금의 해였다. 금 관련 뮤추얼 펀드는 그 해 82%나 폭등했다. 다른 펀드들의 상승률과는 비교도 안 될 정도였다. 그러나 IBD가 금광주에 대한 EPS등급을 형편없이 낮게 평가했기 때문에, 사람들의 관심을 끌지 못했다.

그러나 12년간 하락추세에 있던 이 종목군들은 1992년 12월에 시작된 강세시장에 불을 당긴 종목군이었다.

금광주의 사례를 통하여 오닐의 등급판정 시스템이 얼마나 가치없는 시스템인지를 다시 증명해 보겠다. 내가 추천한 모든 귀금속주들과 오닐의 EPS와 RS등급들을 1992년 1월과 1993년 7월을 비교하여 살펴보자. 이 작업의 목적은 귀금속들이 1992년 바닥에 있을 때 IBD가 귀금속주들을 왜 무시했는지를 알아보는 데 있다. 그 이유는 너무나 간단하다. 오닐의 등급이 나빴기 때문이다. 이들 귀금속주들은 1992년 주식 브로커들이 추천한 최고유망종목들과는 정반대 현상을 보여주고 있었다는 사실도 증명하고 싶다.

다음의 표를 보면, 오닐의 EPS등급은 비교기간 내내 낮은 점수를 받았고, RS는 처음 33점에서 시작하여 87점까지 급격하게 점수가 올랐다는 것을 알 수 있다. 결과적으로 최고의 주가상승은 오닐 점수가 가장 나쁠 때 시작하고, 최악의 주가하락은 오닐 점수가 가장 좋을 때 시작한다는 것이 증명된다.

왜 그럴까? 해답은 아주 간단하다. 기업이익이란 것은 이미 지나간 일에 불과한 기본적 분석지표이지, 내일의 주가를 말해 주는 것이 아니기 때문이다. 시장은 미래를 대상으로 한 게임이지 과거 게임이 아니다. 그래서 나는 기업이익과 관련된 모든 것들을 무시한다. 다음의 표에 귀금속주에 대한 오닐의 평가점수를 표시해 놓았다.

종 목	1992.1월		1993.7월	
	EPS	RS	EPS	RS
ASA	0	43	-	77
American Barrick	98	70	99	90
Battle Mountain	21	27	19	89
Echo Bay Mines	37	17	27	96
Hecla	23	25	13	87
Homestake	22	20	60	87
Horsham	43	38	74	81
Lac Minerals	61	24	35	89
Newmont Gold	52	53	30	67
Pegasus	36	41	16	89
Placer-Dome	22	9	42	92
Sunshine Mining	67	8	52	99
평균	43	33	42	87

이 종목군들은 1993년 최고로 각광받은 종목이었지만, 오닐의 EPS등급 점수는 주가 바닥에서 43점밖에 얻지 못했고 RS도 33점에 불과했다. 기본

적 분석가들에게는 낮은 EPS와 RS, 그리고 시장관심을 끌지 못했던 종목
군들이었기 때문에 그 주식들을 사고 싶지 않았을 것이다. 결론적으로 오
닐의 시스템은 시장에서 돈버는 가장 기본적인 법칙인 "싸게 사서 비싸게
판다"는 원칙과는 정면으로 배치되는 투자기법이다.

그러나 엄청난 주가상승이 있고 난 후인 1993년 7월에는 어떻게 변했
을까? EPS 등급점수는 여전히 42점에 불과했지만, RS등급점수가 87점으
로 올랐다. 이때에도 이들은 EPS가 낮다는 이유로 이 종목군들을 거들떠
보지도 않았다.

기본적 분석가들이 1993년 금광주들의 상승을 놓치게 된 또 다른 이유
가 있었다면, 인플레이션 조짐이 없다고 보았기 때문이다. 그래서 금광주
는 오를 이유가 없다는 결론을 내린 것이다. 그러나 나는 1993년 7월에 다
음과 같은 시각을 갖고 있었다.

> 귀금속주 폭등의 숨겨진 배경을 시장분석가들은 여전히 모르
> 고 있다. 여러분들은 여러 가지 상승배경을 들어본 적이 있겠지
> 만, 그것이 주된 이유는 아니다. 귀금속주 폭등의 진정한 배경은
> 약세시장으로 전환할 가능성이 크다고 생각한 일급투자가들이
> 위험을 회피하기 위해 강세종목을 팔고 금광주로 교체매매를 하
> 고 있기 때문이다.

사람들은 주식을 살 때 기업이익을 산다고 생각하는 경향이 있다. 그래
서 기업이익이 호조를 보일 때, 즉 주가꼭지일 가능성이 큰 때에 주식을
사게 된다. 그리고 사람들은 주가가 붕괴되고 나서야 주가가 꼭지를 쳤다
는 사실을 알게 된다. 그때는 이미 너무 늦은 때이다. 기업이익에 근거하

여 최고의 등급판정을 받은 주식은 최고로 많이 하락하고, 최저의 등급판정을 받은 주식은 최고의 수익을 남겨준다는 것이 오늘의 종목선택 기법을 연구한 최종 결론이다.

8

거대한 디카토미 1992~1993

전형적인 강세시장에서는, 다우지수가 숨을 거두기 한참 전부터 시장은 '내부적으로' 꼭지를 치고 내려온다. 그러나 매스콤에서는 다우지수가 종가기준으로 신고가를 내기만 하면 입에 거품을 물고 주가가 상승한다고 떠들어댄다. 마치 뿌리도 없는 크리스마스 트리가 쑥쑥 자라난다고 하는 것과 같다. 벌건 대낮에는 새로운 것을 찾지 못한다. 주기적인 시장꼭지에서는 모든 일이 새롭게 보이는 법이다. 그런 때에 딱 맞는 이솝우화 세 가지가 있다.

첫번째 우화는 〈표범과 여우〉 이야기다. 이 우화에서 "아름다움은 피상적인 것이다"라는 교훈을 던져준다. 내가 그 우화를 읽었을 때, 다우지수 편입 30종목이 표범의 탈을 쓰고 자기가 시장의 바로미터라고 주장하고 있다고 생각했다.

두번째 우화는 〈멋을 부린 까마귀〉 이야기다. "멋진 깃털을 가졌다고 좋은 새는 아니다"라는 교훈을 던져준다. 1992년에 암젠주를 80달러에, 그락소주를 38달러에, 머크주를 58달러에, 필립 모리스주를 82달러에, 유에스 써지컬주를 134-1/2달러에 샀던 사람들은 좋은 새를 사지 못했다는 사실을 재빨리 알아차렸다.

마지막 이솝우화는 〈여우와 탈〉 이야기이다. 이 우화는 "겉모습이 아름다운 것이 실제가치는 없는 별볼 일 없다"는 교훈을 던져주고 있다.

역자주

표범과 여우

표범이 자기 가죽을 자랑하고 다니자, 이를 본 여우가 "가죽만 멋있으면 뭘해. 나처럼 머리가 좋아야지" 하고 비아냥거렸다는 우화

멋을 부린 까마귀

숲속나라에서 새 중에 가장 아름다운 새를 새의 왕으로 뽑는 대회가 열렸는데 고민하던 까마귀는 다른 새들이 떨어뜨린 새의 깃털들을 모아서 자기 몸을 장식했다가 들켜서 망신을 당한다는 우화

여우와 탈

여우가 배우의 집에 들어갔다가 멋지게 생긴 탈을 보고 '생기기는 멋있는데 뒤통수가 없는 불쌍한 놈'이라고 했다는 우화

1993년 7월에 반기 결산보고서가 나왔다. 애플 컴퓨터사의 예를 다시 볼 좋은 기회가 왔다. 사람들은 애플사의 이익이 크게 늘어날 것이라는 기대를 하고 주가꼭지에서 그 주식에 열광하던 지난일을 모두 잊어버린 후였다. 시어스주, 콤팩 컴퓨터주 등에서도 그와 비슷한 예가 있었다. 그

래서 그 종목들에 관심을 두었지만, 오히려 은행주에서 이익이 급증했다는 결산보고서가 나왔다. 은행주가 꼭지를 치던 때가 바로 그때였다. 1993년 7월 20일 은행주는 모두 하락했다.

1992년 1월에 꼭지를 친 주식들이 엄청나게 많았다. 내 정보지의 몇 페이지를 차지할 정도였다. 시장 내부상황이 점점 나빠지고 있다는 사실을 증권가에서는 대중들에게 알리고 싶어하지 않는다. 그래서 애널리스트들은 계속해서 암젠주, 애플 컴퓨터주, 그락소주, 머크주, 필립 모리스주 등을 선호했다. 나중에 가서는 그들은 이 주식들을 매도하였고 심지어 대주까지 쳤다. 나는 매스컴이 시장의 디카토미 현상을 지적해 주고 사람들에게 큰 손실을 입지 않도록 안내자 역할을 하리라고 전혀 기대하지 않았다.

1992년 1월 시장이 내부적으로 꼭지를 쳤을 때 내가 사람들을 시장폭락의 위험에서 구조해 주었다. 그 후 몇 달이 지나고 나서 사람들은 '잔치'가 이미 끝났다는 것을 인식했다. 다른 사람들은 그때서야 나를 믿게 되었다. 그러나 주식을 고가에 물려버린 사람들에게 그런 사실을 알았다고 무슨 위안이 되겠는가? 다우이론 정보지의 리처드 러셀이 1993년 7월 7일 이 문제에 대해 대단한 글을 썼다.

질문 : 〈누가 유럽의 위대한 요리사들을 죽이는가?〉라는 영화를 기억하는가? 〈누가 미국의 위대한 주식시장을 죽이는가?〉라는 제목의 속편이 주식시장에 나왔다.

대답 : 터무니없을지 몰라도, 주식들이 하나씩하나씩 무너지고 있다. 월마트주, P&G주, 존슨 앤 존슨주, 유에스 써지컬주, 암젠주,

IBM주, 애플주, 머크주, 에리 릴리주, 브리스톨 마이어주, 해리 버튼주, 질레트주, 디지털 이큅프먼트주, 웨이스트 매니지먼트주 등. 사람들은 뮤추얼 펀드에 잠겨 있다. 고통을 받으면서. 무슨 일이 있었느냐고? IBD지에 20개 뮤추얼 펀드의 가격을 싣고 있는데, 펀드의 가격을 보자. 1993년 1월에 기록한 펀드 최고가를 약간 상회한 수준에 있다. 광분한 대중들이 수십억 달러의 돈을 들고 와서 앞을 다퉈서 펀드에 가입했는데도 불구하고 지난 6개월 동안 펀드가 다른 데 갔다가 지금 주식시장에 들어온 것도 아닌데, 변한 게 하나도 없다니 이게 어찌된 일인가?

같은 달에 러셀은 또다시 시장의 디카토미 현상에 대해 아래와 같이 언급했다.

후기: 시장에 무슨 일이 일어나고 있는지 갈수록 점점 분명해지고 있다. 전에도 수차에 걸쳐 말했듯이, 뉴욕증권거래소 상장주식의 38%가 이자율에 민감하게 움직이고 있다(우선주, 채권 뮤추얼 펀드, 은행주, 증권주 등). 이자율이 계속 하락하고 있는 지금, 이들 38%의 주식들은 조금씩 상승하고 있다. 그러나 이자율하락이라는 껍데기를 벗겨보면, 대부분의 보통주들은 점점 어렵게 되어가고 있다. 보통주의 편입비율이 높은 펀드들은 지금 물을 먹고 있다. 그리고 투자자들은 그 이유를 이해하지 못하고 있다(왜냐하면 주가지수는 자꾸 올라가고 있으니까). 이자율 민감주식들의 상승을 은폐물로 삼고, 지금 약세시장이 진행되고 있는 건 아닌가? 그런 의문이 생긴다. 이런 것들 때문에 마음이 편치 못하다.

1993년 여름경에, 겉으로 드러난 지수상승과 내부적인 약세현상 사이에 틈이 점점 벌어지기 시작하고 있다는 것을 인식한 사람들이 또 있다. 제프 바우어는 대부분의 주식들이 꼭지를 치고 난 지 몇 달 후에 그의 정보지 《구루 리뷰지》(The Gura Revue)에 시장의 기술적 약세를 인정하는 글을 이렇게 썼다. "대부분의 사람들이 손실을 보면서 주식을 보유하고 있는 상태이다." 제임스 딘즈는 이런 현상을 "보이지 않는 틈"이라고 말했다.

개별 주식들 대부분이 폭락하기 직전에 주가상승을 경고하는 것은 TV 기술적 분석가들이 해야 할 역할이다. 그러나 주가가 폭락하기 직전에 이런 사람들이 TV에 거의 나오지 않는다. 그들의 그런 행동에 불만이 많다. 그래서 나는 그들을 기술적 병리학자라고 부른다. 이들은 주식이 죽고 나서 한참 지난 후에 부검이나 행하는 사람들이다. 애플주, 그락소주, 리츠 크레본주, 픽처텔주, 스토리지 테크놀리지주, T-2 메디컬주, 유에스 써지컬주 등 많은 주식들의 주가움직임이 굉장히 나쁘다고 자주 말하지만, 이 주식들의 차트 패턴에서 매도신호가 나오던 1992년 1월에 그들은 어디서 무엇을 하고 있었단 말인가?

1992년 1월 주가가 꼭지를 치던 당시의 몇몇 종목의 주가 차트를 보자.

앞으로 주가는 내려갈지도 모른다. 시장역사상 가장 매혹적으로 보이던 시기에 주가가 내린 것처럼. 주가가 영원히 오를 것같이 보이던 때에 오히려 주가는 내렸다. 나는 이것을 버뮤다 삼각지대라고 정확히 묘사했다. 여기서 내가 독자들에게 보여주고 싶었던 것은 엄청난 주가폭락이 있기 전에 주식시장이 외형상으로 어떤 특징을 갖고 있는지를 보여주는 것이었다.

ACTION INDUSTRIES

ase ACX

Merchandising Programs.

Debt . $9,430,000
Pref'd . . . None
Common 5,539,000
10¢ par

SCALE: Ea.
block= 50¢

YEAR	1987	1988	1989	1990	1991	1992	1993	1994	1995
EARN	d.37	.66	.33	d.508	.44	.44			
DIV	.06	—	—	—	—				

그림 8-23

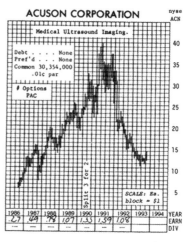

ACUSON CORPORATION

nyse ACN

Medical Ultrasound Imaging.

Debt . . . . None
Pref'd . . . None
Common 30,354,000
.01¢ par

Options
PAC

Split 3 for 2

SCALE: Ea.
block = $1

YEAR	1986	1987	1988	1989	1990	1991	1992	1993	1994
EARN	.27	.49	.78	1.07	1.33	1.59	1.08		
DIV	—	—	—	—	—	—	—		

그림 8-24

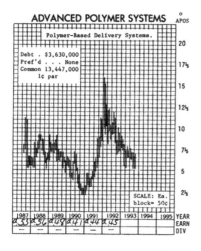

ADVANCED POLYMER SYSTEMS

o APOS

Polymer-Based Delivery Systems.

Debt . $3,630,000
Pref'd . . . None
Common 13,447,000
1¢ par

SCALE: Ea.
block= 50¢

YEAR	1987	1988	1989	1990	1991	1992	1993	1994	1995
EARN	d.33	d.36	d.48	d.41	d.44	d.45			
DIV									

그림 8-25

ADVANCED TECHNOLOGY LABS

oc ATLI

Electronic Patient Monitoring Sys.

Debt . . . . None
Pref'd . . . None
Common 11,242,000
1¢ par

Options
PHILA

Formerly: WESTMARK INTERNATIONAL

SCALE: Ea.
block = $1

All price ranges prior to
6/29/92 adjusted for spin-
off of SPACELABS MEDICAL.

YEAR	1987	1988	1989	1990	1991	1992	1993	1994	1995
EARN	d.67	1.05	1.85	1.61	2.09	.67			
DIV	—	—	—	—	—				

그림 8-26

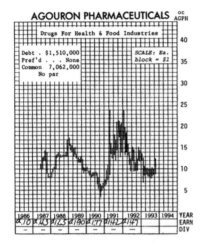

그림 8-27

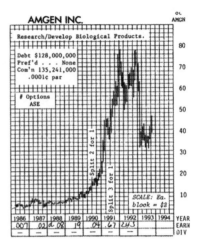

그림 8-28

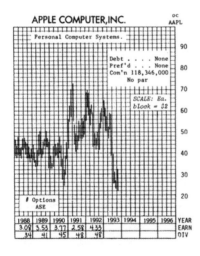

그림 8-29

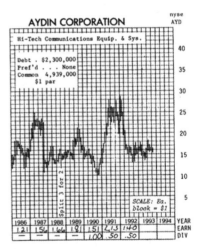

그림 8-30

그랜빌의 최후의 예언

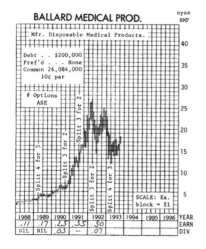

BALLARD MEDICAL PROD. nyse BMP

Mfr. Disposable Medical Products.

Debt . . $200,000
Pref'd . . . None
Common 26,084,000
10¢ par

Options
ASE

Split 4 for 3
Split 3 for 2
Split 3 for 2
Split 3 for 2
Split 3 for 2
Split 4 for 3

SCALE: Ea.
block = $1

YEAR	1988	1989	1990	1991	1992	1993	1994	1995	1996
EARN	.11	.17	.25	.35	.50				
DIV	NIL	NIL	.03	—	.07				

그림 8-31

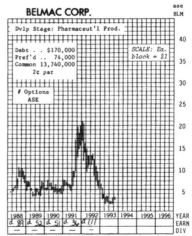

BELMAC CORP. ase BLM

Dvlp Stage: Pharmaceut'l Prod.

Debt . . $170,000
Pref'd .. 74,000
Common 13,740,000
2¢ par

Options
ASE

SCALE: Ea.
block = $1

YEAR	1988	1989	1990	1991	1992	1993	1994	1995	1996
EARN	d.88	d.52	d.51	d.36	d.11				
DIV	—	—	—	—					

그림 8-32

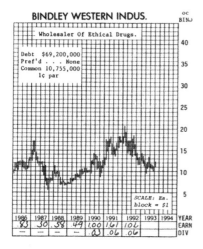

BINDLEY WESTERN INDUS. oc BIND

Wholesaler Of Ethical Drugs.

Debt $69,200,000
Pref'd . . . None
Common 10,755,000
1¢ par

SCALE: Ea.
block = $1

YEAR	1986	1987	1988	1989	1990	1991	1992	1993	1994
EARN	.83	.30	.58	.49	1.00	1.61	1.06		
DIV	—	—	—		.03	.06	.06		

그림 8-33

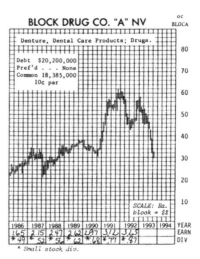

BLOCK DRUG CO. "A" NV oc BLOCA

Denture, Dental Care Products; Drugs.

Debt $20,200,000
Pref'd . . . None
Common 18,385,000
10¢ par

SCALE: Ea.
block = $2

YEAR	1986	1987	1988	1989	1990	1991	1992	1993	1994
EARN	1.65	2.15	2.47	2.62	2.97	3.12	3.65		
DIV	*.49	*.52	*.56	*.62	*.68	*.77	*.87		

* Small stock div.

그림 8-34

8장 기업이익 — 최악의 지표 | 385

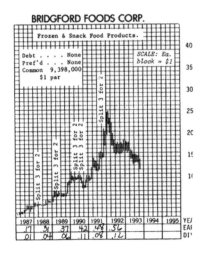

그림 8-35

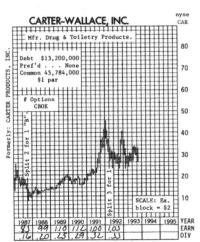

그림 8-36

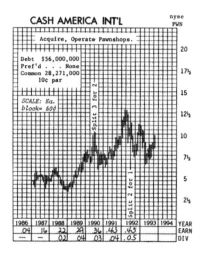

그림 8-37

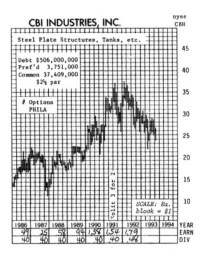

그림 8-38

그랜빌의 최후의 예언

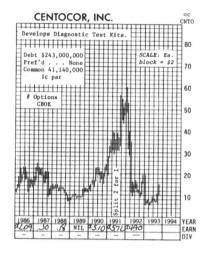

CENTOCOR, INC.

oc
CNTO

Develops Diagnostic Test Kits.

Debt $243,000,000
Pref'd . . . None
Common 41,140,000
1¢ par

SCALE: Ea.
block = $2

Options
CBOE

Split 2 for 1

	1986	1987	1988	1989	1990	1991	1992	1993	1994	YEAR
	209	.30	.18	NIL	3.10	5.72	440			EARN
	—									DIV

그림 8-39

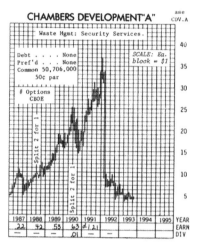

CHAMBERS DEVELOPMENT"A"

ase
CDV.A

Waste Mgmt: Security Services.

Debt . . . . None
Pref'd . . . None
Common 50,706,000
50¢ par

SCALE: Ea.
block = $1

Options
CBOE

Split 2 for 1

Split 2 for 1

	1987	1988	1989	1990	1991	1992	1993	1994	1995	YEAR
	.22	.42	.53	.63	d 1.21					EARN
	—			.01	—	—				DIV

그림 8-40

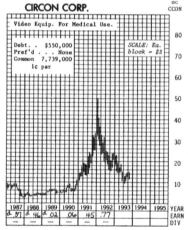

CIRCON CORP.

oc
CCON

Video Equip. For Medical Use.

Debt . . $550,000
Pref'd . . . None
Common 7,739,000
1¢ par

SCALE: Ea.
block = $2

Split 1 for 1

	1987	1988	1989	1990	1991	1992	1993	1994	1995	YEAR
	d.97	d.46	d.02	.06	.45	.77				EARN
	—	—	—	—	—	—				DIV

그림 8-41

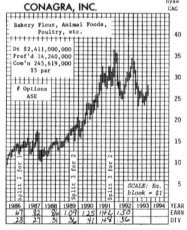

CONAGRA, INC.

nyse
CAG

Bakery Flour, Animal Foods,
Poultry, etc.

Dt $2,411,000,000
Pref'd 14,240,000
Com'n 245,619,000
$5 par

Options
ASE

Split 2 for 1

Split 3 for 2

Split 3 for 2

SCALE: Ea.
block = $1

	1986	1987	1988	1989	1990	1991	1992	1993	1994	YEAR
	.67	.82	.86	1.09	1.25	1.42	1.50			EARN
	.23	.27	.31	.36	.41	.48	.56			DIV

그림 8-42

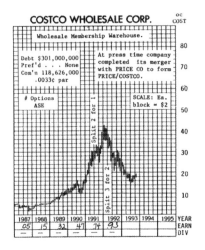

그림 8-43

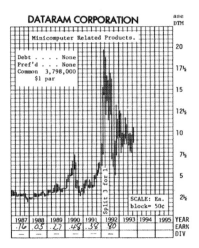

그림 8-44

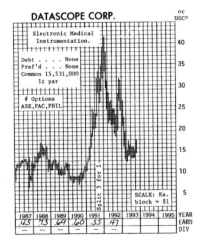

그림 8-45

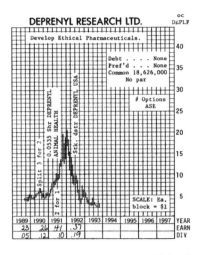

그림 8-46

DREYER'S GRAND ICE CREAM

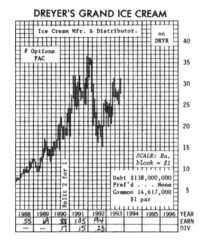

Ice Cream Mfr. & Distributor.
oc DRYR

Options PAC

Split 2 for 1

SCALE: Ea. block = $1

Debt $138,000,000
Pref'd . . . None
Common 14,617,000
$1 par

YEAR	1988	1989	1990	1991	1992	1993	1994	1995	1996
EARN	55	.69	.88	1.05	.94				
DIV	—	—	.17	.15	.23				

그림 8-47

EG&G INC.

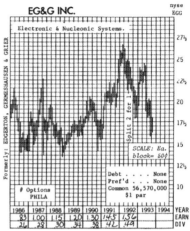

nyse EGG

Electronic & Nucleonic Systems.

Formerly: EDGERTON, GERMESHAUSEN & GRIER

Split 2 for 1

SCALE: Ea. block = 50¢

Options PHILA

Debt . . . None
Pref'd . . . None
Common 56,570,000
$1 par

YEAR	1986	1987	1988	1989	1990	1991	1992	1993	1994
EARN	.83	1.00	1.15	1.20	1.30	1.45	1.56		
DIV	.26	.28	.30	.34	.38	.42	.49		

그림 8-48

EKCO GROUP

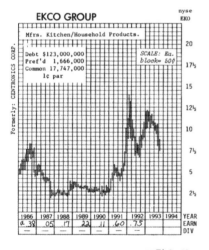

nyse EKO

Mfrs. Kitchen/Household Products.

Formerly: CENTRONICS CORP.

Debt $123,000,000
Pref'd 1,666,000
Common 17,747,000
1¢ par

SCALE: Ea. block = 50¢

YEAR	1986	1987	1988	1989	1990	1991	1992	1993	1994
EARN	d.38	.05	.17	.22	.11	.60	.75		
DIV	—	—	—	—	—	—	—		

그림 8-49

EMCON

oc MCON

Environmental Consulting Services.

Formerly: EMCON Associates

Debt . . . None
Pref'd . . . None
Common 7,338,000
No par

SCALE: Ea. block = $1

Split 3 for 2

YEAR	1987	1988	1989	1990	1991	1992	1993	1994	1995
EARN	.41	.50	.60	.32	.84	.40			
DIV	—	—	—	—	—				

그림 8-50

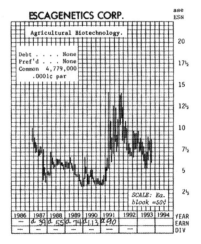

그림 8–51

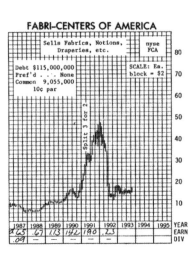

그림 8–52

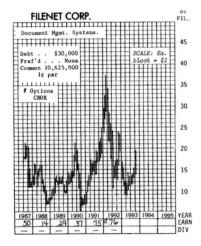

그림 8–53

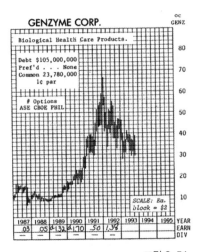

그림 8–54

그랜빌의 최후의 예언

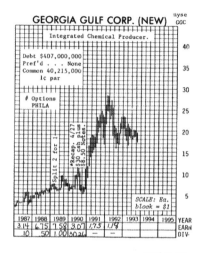

GEORGIA GULF CORP. (NEW) nyse GGC

Integrated Chemical Producer.

Debt $407,000,000
Pref'd . . . None
Common 40,215,000
1¢ par

Options
PHILA

Split 2 for 1

*Recap. 4/27
$30 csh plus
$8.50 Notes.

SCALE: Ea.
block = $1

	1987	1988	1989	1990	1991	1992	1993	1994	1995	YEAR
EARN	3.14	6.75	7.58	3.07	1.75	1.18				
DIV	.10	.50	1.00	.30	.24	—	—			

그림 8–55

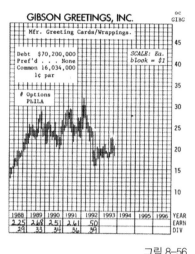

GIBSON GREETINGS, INC. oc GIBG

Mfr. Greeting Cards/Wrappings.

Debt $70,200,000
Pref'd . . . None
Common 16,034,000
1¢ par

Options
PhILA

SCALE: Ea.
block = $1

	1988	1989	1990	1991	1992	1993	1994	1995	1996	YEAR
EARN	2.25	2.68	2.51	2.61	.50					
DIV	.29	.33	.34	.36	.39					

그림 8–56

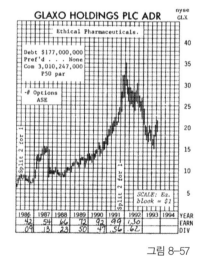

GLAXO HOLDINGS PLC ADR nyse GLX

Ethical Pharmaceuticals.

Debt $177,000,000
Pref'd . . . None
Com 3,010,247,000
P50 par

-# Options
ASE

Split 2 for 1

Split 2 for 1

SCALE: Ea.
block = $1

	1986	1987	1988	1989	1990	1991	1992	1993	1994	YEAR
EARN	.42	.54	.66	.72	.92	.99	1.30			
DIV	.09	.13	.23	.50	.47	.56	.62			

그림 8–57

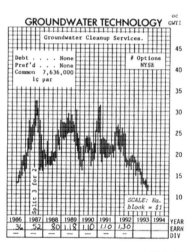

GROUNDWATER TECHNOLOGY oc GWTI

Groundwater Cleanup Services.

Debt . . . None
Pref'd . . . None
Common 7,636,000
1¢ par

Options
NYSE

Split 3 for 2

SCALE: Ea.
block = $1

	1986	1987	1988	1989	1990	1991	1992	1993	1994	YEAR
EARN	.36	.52	.80	1.18	1.10	1.10	1.30			
DIV	—	—	—	—	—	—	—			

그림 8–58

8장 기업이익 — 최악의 지표 | 391

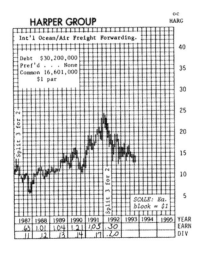

그림 8-59

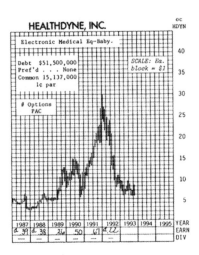

그림 8-60

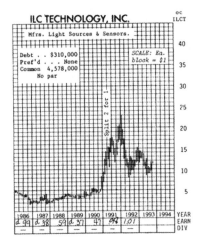

그림 8-61

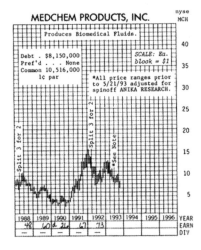

그림 8-62

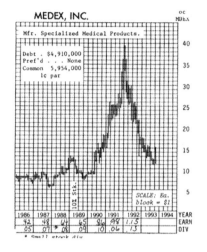

그림 8-63

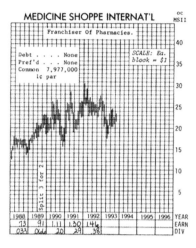

그림 8-64

그림 8-65

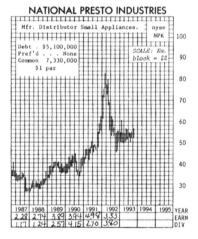

그림 8-66

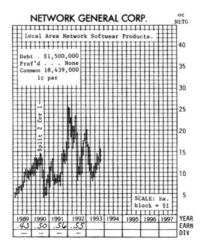

NETWORK GENERAL CORP.

Local Area Network Softwear Products.

Debt . $1,500,000
Pref'd . . . None
Common 18,439,000
  1¢ par

Split 2 for 1

SCALE: Ea.
block = $1

	1989	1990	1991	1992	1993	1994	1995	1996	1997	YEAR
EARN	.43	.50	.56	.35						
DIV	—	—	—	—						

그림 8–67

그랜빌의 최후의 예언

9장

버뮤다 삼각지의 미스터리

Granville's Last Stand

1993.8~1993.11(월봉) 버뮤다 삼각지

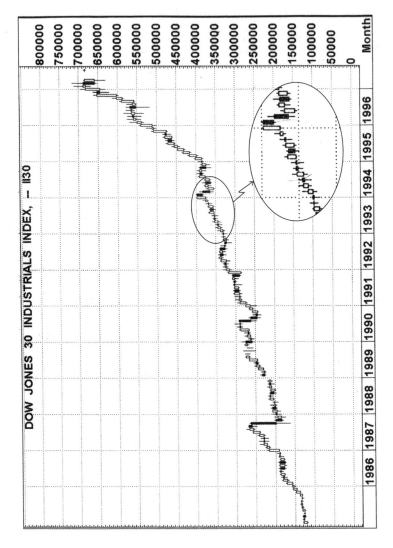

그림 9-1

그랜빌의 최후의 예언

1993.8~1993.11(일봉) 버뮤다 삼각지

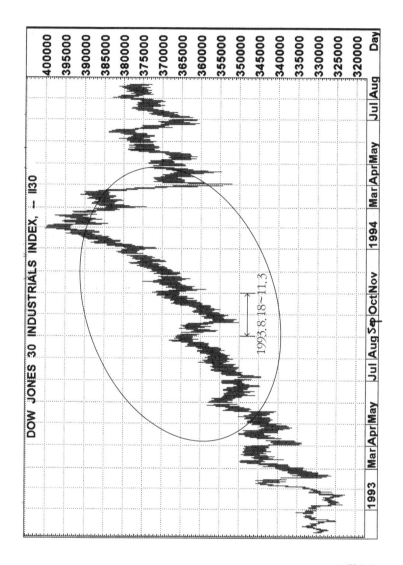

그림 9-2

1993.9~1993.12(일봉) 버뮤다 삼각지

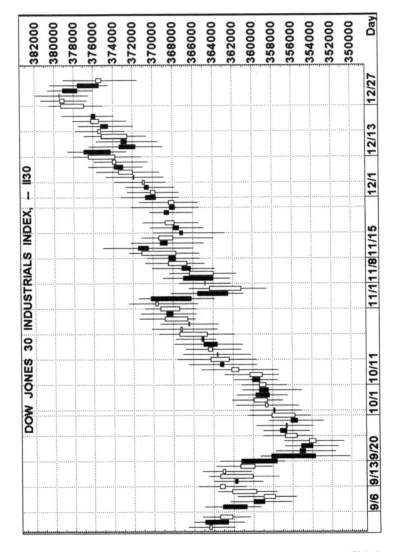

그림 9-3

버뮤다 삼각지의 미스터리

1

시간소멸의 수수께끼

1993년의 늦여름부터 시장 역사상 가장 이상한 시기로 접어들고 있다는 느낌을 받았다. 이 이상한 상황은 과학의 힘으로 풀지 못한 버뮤다 삼각지에 비유할 수 있다.

1945년 12월 5일 5대의 공중어뢰 폭격기가 Fort Lauderdale 공군지기에서 출발하여 다시는 돌아오지 못하였다.

미 공군 비행전문가의 보다 상세한 보고자료에 의하면 기계고장으로 비행기가 뒤집혀서 날았으나 조종사는 그것도 모르고, 고도를 높이려 조정간을 잡아당기자 비행기가 아래로 추락한 것으로 밝혀졌다.

주식시장에도 많은 주요 시장지표가 오작동하여 투자자와 트레이더들을 혼란 속으로 몰고 가는 버뮤다 삼각지와 같은 불가사의한 시간대가 있다. 이 이상한 현상은 주로 시장이 강세장에서 약세장으로 넘어갈 때 발생한다. 주식시장이 강세장을 마치면 그 즉시 약세장으로 넘어가지는 않는다. 처음에 시장은 모든 약세감정지표(bearish sentiment indicator)가 오작동하는 전환기로 접어든다.

약세감정지표가 무엇인가?

강세장에서 약세감정지표가 나오면, 반대로 해석해서 강세신호로 판단한다. 강세장에서 공매도자는 실패하며, 공매도 프리미엄의 상승은 강세를 나타내는 반대신호이다. 강세장에서 풋옵션을 사는 사람은 손실을 본다. 풋매입자수의 증가는 강세를 나타내는 반대지표이다. 그리고 강세장에서 증가하는 약세감정은 강세를 나타내는 반대지표이다. 그러나 약세장에서 약세감정지표는 어떻게 나타나는가? 약세장에서는 약세감정이 올바른 것이기 때문에 이러한 약세지표는 오작동하게 된다. 약세장에서는 공매도자가 올바른 것이기 때문에 공매도 프리미엄의 상승은 더 이상 강세신호가 아니다. 풋옵션을 매입한 사람은 이익을 보므로, 풋매입자수의 증가는 더 이상 강세신호가 아니다. 마지막으로 약세장에서 증가하는 약세감정은 강세장을 뒷받침하는 반대지표가 아니다.

1993년 후반 우리는 공매도 프리미엄의 상승, 풋매입자수의 증가 그리고 명백한 약세감정의 확산(증가)을 보았다. 그 시기에 강세를 주장하는 자는 비행기가 뒤집힌 사실을 모른 채 하늘을 나는 비행사와 같았다. 그들은 앞에서 말한 상황이 강세를 나타내는 반대신호, 즉 강세신호로 생각한 나머지 약세감정이 서서히 맞아들어가는 시기, 즉 강세장에서 약세장으로 전환되는 시기에 접어들었다는 것을 깨닫지 못하였다.

2

난기류, 돌풍 그리고 폭락

1993년 8월 나는 시장의 불규칙한 변동에 혼란스러웠다.

난기류의 사전적 의미는 혼미하고, 불안하며, 교란된 상태를 말한다. 물리학에서는 액체나 기체의 불규칙적인 소용돌이를 의미한다. 특히 비행기나 배 등 장애물이나 마찰에 의한 빠른 속도에 기인한 소용돌이를 의미한다. 기상학적으로는 불규칙적인 바람에 의한 불안한 대기상태를 의미한다. 또 다른 단순한 정의는 혼란이다.

전단응력이란 작용하는 부위에 미치는 내부적인 힘을 말한다. 반대로 돌풍은 항공재해를 유발시키는 외부힘이다. 물론 OBV라는 지표가 있어 시장의 힘을 측정할 수 있다. 일시적으로 등락이 거의 없이 보합시세가 지속되는 것을 지켜보면 정적감이 들기도 한다. 왜냐하면 다음에 뒤따르는 것은 추락이기 때문이다.

1993년의 기술적 지표상의 제반여건은 피할 수 없는 폭락을 가리키고 있었다. 마지막 대결은 시장을 부양하려는 정부의 대량매수와 꼭지에서 매도하려는 두 세력의 공방이 될 것이다. 이러한 돌풍이 끝나면 추락하게 될 것이다.

기상대의 연감에서 급강하란 말을 들을 수 있다. 이 단어는 시장이 급작스레 파탄에 이를 것이란 내 생각을 잘 표현한 말이다.

3

전환기

난기류와 한기류의 충돌. 이 충돌은 방금 설명한 돌풍을 만들어낸다.

주식용어로 말하자면, 기류는 현재 지속적으로 충돌하여 변동성을 크게 만들고 있는 강세, 약세의 힘이다. 이러한 상황은 시장국면이 변화할 때 주로 나타나며, 강세에서 약세로 넘어갈 때 통상적으로 나타난다. 이 모호한 시장의 변화는 혼란을 가중시킨다. 사람들은 널리 알려진 지표가 오작동하는 데 놀라게 된다. 이는 내가 버뮤다 삼각지로 표현한 것과 같은, 모든 것이 뒤집어지는 듯한 시기이다.

다행히도 이 혼란기는 단 수개월의 짧은 시간에 끝난다. 지표가 오작동하는 것으로 보이는 것은 그것이 잘못되어서가 아니라 머지 않아 전개될 국면전환의 상황을 미리 반영하기 때문이다.

이들 지표들이 어느 한쪽으로 방향을 잡으면, 그때는 시장이 보다 분명해질 것이다. 아마도 그것은 약세장의 출현이 될 것이다.

4

약세감정이 옳다

1993년 9월 23일

강세장의 끝에서 약세장의 시작으로 접어드는 혼란스런 시기에 접어들면 시장은 강세장도 약세장도 아닌, 앞서 말한 버뮤다 삼각지에 접어든다. 이 전환기에 정상적인 분석이 안 되는 이유는 대다수 표준적인 지표가 오작동하기 때문이다.

이것은 치명적인 기계고장과 같다. 기계고장으로 비행중에 뒤집힌 사실을 알지 못한 상황과 같다. 고도를 높이려 조정간을 올리는 순간 추락하였다. 시장이 정상을 향해 다가갈수록 버뮤다 삼각지에 가까이 들어서는 것이다. 이러한 때는 지표들을 주의깊게 뒤집어서 살펴볼 필요가 있다.

시장이 혼란스러운 시기를 거치고 있다는 분석이 나오면, 모든 분석을 뒤집어서 생각해 본다.

1993년 여름이 전환기의 초입이라고 확신하고 있었다. 그러던 차에 1993년 9월 20일 인베스터스 비즈니스 데일리지에 실린 사설이 나의 관심을 끌었다. "오랜 시간 동안 시장을 관찰하였지만 가장 이상한 일은 시장이 상승할수록 사람들은 더 비관적으로 된다는 것이다. 내 생각으로는 낙관론이 극에 달할 때까지 시장이 더 상승할 것으로 본다."

만일 이것이 강세장에서 유용한 것이라면 그 반대는 약세장에서 유용할 것이다. 그러나 뒤집어보면 이 주장은 앞뒤가 맞지 않는다. "오랜 시간 동안 시장을 관찰하였지만 가장 이상한 일은 시장이 하락할수록 사람들은 더 낙관적으로 된다는 것이다. 내 생각으로는 비관론이 극에 달할 때까지 시장이 더 하락할 것으로 본다."

올바른 결론은 이렇다. "강세장이 지속될수록 비관론이 증가하지만 비관론의 증가는 강세를 의미하는 반대신호가 아니라 약세를 의미한다." 약세가 맞다. 이것은 계기가 뒤집혔다는 것을 깨닫지 못한 조종사와 같은 경우이다. 그는 고도를 높이기 위해 조정간을 잡아당겼지만, 실제로는 고도를 낮추었으며 추락할 때까지 그 사실을 몰랐다.

마찬가지로 쟈렛은 1993년 여름의 약세감정이 지속적으로 늘고 있는 것을 보고, 강세신호라고 생각하였으나 사실 그것은 약세장의 예언이었다.

우리가 전환기에 접어들 때 가장 처음 오작동하는 것은 감정지표이다. 강세장에서는 강세감정이 맞고 약세감정은 틀린 것이다. 그러나 약세장에서는 그 반대이다. 따라서 약세감정이 강세신호가 아니라 약세신호인 전환기가 있게 마련이다.

1990년 6월에 실린 쟈렛의 다른 기사를 보며 나의 결론은 더욱 확실해졌다. 1990년 여름의 전환기에 인베스터스 비즈니스 데일리지에서 쟈렛은 약세감정을 긍정적(강세)으로 해석하였고, 몇 주후 시장은 꼭지를 치고 635p나 폭락했다(걸프전 당시의 대폭락시세).

5

장세전환에 선행하는 감정변화

1990년 6월 25일 월요일 제프 바우어는 파이낸셜 뉴스 네트워크에서 59%의 투자의견이 약세감정(약세관)이었다고 말했다. 그때 나는 시장이 꼭지라 생각했으므로 바우어의 약세감정은 오히려 심각한 약세장을 의미하는 것으로 생각하였다. 약세감정이 맞는 시기가 왔다고 생각했기 때문이다. 예를 들면, 1929년 10월 1일 월스트리트 저널이 "투자의견의 75%가 약세감정이었다"고 보도했었다. 이것과 똑같은 상황이라고 생각했다.

이에 더하여 바우어는 계속 설명했다.

"감정지표의 수치에 중요한 변화가 있다. 1개월 전 60%의 투자의견이 강세감정(강세관)이었지만, 지금은 59%의 투자의견이 약세감정(약세관)이다."

그 즉시 나는 1929년 월 스트리트 저널지의 기사내용과 일치한다고 생각했다. 증시대공황 직전, 저널지는 〈시황관이 너무 빨리 변한다〉는 기사를 썼다.

1990~1993년 강세장의 마지막에서 CNBC의 마크 하인즈가 그의 시황이 약세로 빠르게 전환되고 있다고 말하였다. 피터 엘리어드는 시장감정지수의 연구에 중대한 예외를 발견했다고 발표하였다. 논문을 발표한 때가 1993년 시장이 꼭지를 칠 무렵이었다.

"현시점에서 시장이 꼭지라는 의견에 가장 강력하게 반박하는 주장은 인베스터스 인텔리전스에 의해 조사된 신문기사 동향이다. 지난 몇 주간 강세관을 주장한 비중은 40~42%이다. 시장꼭지에 선행하는 것은 강세시장동향이 아니다. 결정적인 꼭지는 극도의 강세감정의 수반없이 오는 경우가 대부분이고, 지금이 그때이다. 1968년 12월의 시장꼭지에서 강세감정이 어떻게 변화하였는지 보자(인베스터스 인텔리전스 서베이지는 격주 간행물이었음).

1968년 11월 13일	33.3%
1968년 11월 27일	40.9%
1968년 12월 11일	44.8%
1968년 12월 25일	49.3%
1969년 1월 10일	29.7%

1968년 12월 3일을 꼭지 날짜로 본다. 꼭지날짜를 잡은 기준은 오직 CLX지수와 OBV측정에 의한 것으로 등락주선은 참고하지 않았다.

6

거울 속으로

1993년 9월 30일

시장꼭지에서는 언제나 미스터리와 혼란이 가득한 버뮤다 삼각지와 같다. 강세장에서 약세장으로 변하는 시기는 그처럼 어려운 시기를 거친다. 이 시기에 강세를 예상하는 사람들이 좋아하는 지표는 오작동한다. 이는 마치 눈앞에 있는 모든 사물이 뒤집혀 보이는 거울로 된 방과 같다. 그 거울 속으로 들어가보자.

현재의 시장움직임은 1991년 1월과 12월에 시작되어 크게 상승했던 때와 반대이다. 따라서 현재의 지표를 보면 다우지수가 500~700p 하락할 것을 경고하고 있다. 어쩌면 그것도 약세장의 시작에 불과할 것이다.

이제 우리는 강세시장 제3국면을 지나 약세시장 제1국면으로 접어들고 있다. 1995년이나 그 후에 있을 약세시장 제3국면에 가면 다우지수는 2,000p 이하로 하락할 가능성이 있다.

거꾸로 보는 것은 꽤 쓸 만한 방법이다. 만일 내가 주장하는 대로 현재의 다우 차트가 약세장이라면 거꾸로 보았을 때 그것은 강세장으로 보여야 한다. 월 스트리트 저널지에 실려 있는 다우 차트를 거꾸로 들어 거울에 비추어보면 이 차트는 기술적으로 매우 매혹적으로 보인다.

현명한 투자자들은 기업실적이 낮을 때와 악재 뉴스에 사고, 기업실적이 좋을 때와 호재 뉴스에 판다. 따라서 현명한 투자자가 기업실적이 좋은 주식을 찾는 이유는 단지 주식을 팔기 위해서이다.

나는 아더 메릴의 차트를 신뢰한다. 1976년《새 전략서》(New Strategy)에 인용하기도 했다. 이 차트는 일반인이 생각하는 바와 달리 기업실적이 악화되면 다우지수가 오르고 기업실적이 호전되면 다우지수가 떨어지는 것을 보여준다. 여러분들은 1991년 언론과 경제학자들이 심각한 약세장을 예견하였을 당시, 내가 초강세장을 예견하였던 일을 기억할 것이다. 내 일지에는 1991년 9월 24일과 10월 4일, 10월 10일에 Zacks사가 실적추정치를 계속 낮춘 것이 기록되어 있다.

또한 1990년에 유럽 투자자들이 미국시장을 떠났다. 그때는 주식을 매입하여야 할 시기였다. 1993년인 지금 그들은 다시 미국시장에 들어와 있다. 이 기록은 유럽인들이 미국시장이 꼭지권에 있을 때 매혹을 느끼는 경향이 있음을 단적으로 보여준다. 이 또한 기억할 만한 반대지표이다.

1991년에 나는 때때로 내가 언제쯤 약세관으로 바뀔 것인지를 질문받았다. 그리고 1993년 9월 초에 내가 언제쯤 강세관으로 선회할 것인지를 질문받았다. 아이러니컬하게도 다우지수는 1993년 8월에 꼭지를 쳤으며, 이 또한 주목할 만한 반대지표이다.

1990년 시장꼭지 직전에 많은 투자자들이 약세장에서 잘 버틸 수 있는 기업을 찾고 있다는 기사가 있었다. 지금도 이와 비슷한 하락의 조짐이 보이고 있다. EPS 등급점수를 나는 신뢰하지 않는다. 인베스터스 비즈니스 데일리의 EPS 등급점수 99, 상대강도 95라는 높은 수치를 기록한 유에스 써지컬사의 내부자들은 1992년 1월 134-1/2달러의 고가권에서 어떻게 행동하는지 궁금하였다. Market Logic의 노먼 포스백에게 전화하여 물어보았다. 그는 1992년 1월에 유에스 써지컬사의 내부자들이 대량매도하였다고 알려주었다. 1992~1993년은 가장 이상한 시기이다.

1992년에 강세장이 시작되었음은 이미 주목하였다. 나는 1990년에 시작한 강세 사이클이 끝날 수밖에 없는 이유를 발견하였다. 이상하게도 실적 최상위주식들이 하락하고 있는 것이었다(EPS 등급점수는 인베스터스 비즈니스 데일리의 편집자인 윌리엄 오닐이 발표하고 있는데, 일종의 종목추천이다). 언론에 이런 사실이 보도된 적이 없기 때문에, 대중들은 오닐의 추천종목이 하락하고 있다는 사실을 몰랐다. 인베스터스 비즈니스 데일리는 CNBC의 최대광고주인데, 그래서 이 방송사에서는 광고주를 어렵게 만들고 싶지 않았을 것이다. 오닐의 EPS 등급 최고점수를 받은 주식들이 하나둘 떨어지기 시작하였고 거기에는 암젠, 글락소, 머크, 필립모리스, 유에스 써지컬 등 한때 월가에서 사랑받던 주식들이 포함되었으며, 오닐의 수치를 신뢰한 대중은 많은 피해를 보았다.

그러나 다우공업주식은 이 영향을 받지 않았다. 다우존스공업지수는 1993년 여름까지 계속 상승하였다. 시장이 극도로 양극화되었다.

1992년 초반 MMF에 투자한 고객이 다우지수상승을 보고서 불평하는 사람도 있었다. 그럴 때마다 나는 이렇게 말했다. "1992년부터 수많은 주식들이 하락했고, MMF에 투자했기 때문에 주가하락의 고통을 겪지 않았으니 얼마나 다행이냐"고 설득하곤 했다.

사람들은 다우공업지수를 살핀다. 그러나 개별주식이 폭락하는데도 평균수익을 취할 수 있는가? 다시 말해 GM주가 5달러 오른 것과, 유에스 써지컬주가 119달러 하락한 것 중 어느 것이 더 중요한가?

만일 유에스 써지컬주가 다우공업주식이었다면 다우는 238p나 하락하였을 것이다.

강세장이 마무리될 때 재미있는 변화가 생긴다. 강세장이 길수록 사람들은 시장의 변화를 못보게 된다. 이들은 장기간 동안 강세장에서 생각하는 법과 대응하는 법을 체득하였기 때문이다. 그들은 이제 유연하지 못하고 과거의 습성과 생각을 그대로 유지하게 된다. 강세장은 약세장의 반대라는 사실과 모든 지표가 거꾸로 해석되어야 한다는 사실을 깨닫지 못한다.

초기의 변화는 매우 애매모호해서 훈련된 사람만이 알 수 있다. 변화는 시장 내부에서 일어나기 때문에 시장을 읽을 줄 모르는 사람은 감지할 수 없다. 강세시장이 끝나가고 있음을 알아차리지 못한 사람은 여전히 시장은 건강하다고 주장할 것이다.

약세장에서 맨 처음 인정해야 할 것은 약세관이 옳다는 것이다. 약세장에서는 시황분석 및 투자의견과 공매도 프리미엄, 풋 콜 비율, 단주(odd lot)지표, 뮤추얼 펀드와 자금시장 동향, 심지어 뉴스의 해석조차도 다르게 해야 한다.

투자조언에 관한 여론

강세시장이 진행되는 중에는 약세관은 틀린 것이다. 그래서 약세관이 증가할 때마다 시장은 상승을 계속한다. 그러나 약세시장에서는 그 반대로 해석해야 한다. 약세시장에서 약세관이 증가하면 약세관이 옳다. 예를 들면, 1929년 10월 1일자 월 스트리트 저널지의 조사발표에 의하면 시장이 약세를 보일 것이라는 투자조언이 75%에 달했다.

대주잔고(공매도잔고주수)

지금상황에서 대주잔고는 '반대의견지표'(지표의 뜻과 반대로 해석하는 지표)가 아니다. 왜냐하면 공매도자가 옳기 때문이다. 1929년 증시대공황이 있기 바로 직전에 대주잔고가 크게 증가했다는 것을 아는 사람은 거의 없다. 대주잔고가 올라가면 장래의 주가가 크게 상승할 것으로 판단했던 사람들은 큰 손해를 보았다.

풋/콜 옵션 비율

강세시장에서 풋옵션 매수자는 손해를 보게 된다. 풋옵션 매수자의 수가 많으면 강세시장에서는 강세장이 뒤따른다. 그러나 약세시장에서는 하락을 예상하고 거기에 돈을 건 풋매수자들은 모두 돈을 벌게 된다. 그래서 풋/콜 비율은 약세시장에서는 강세시장과 반대로 해석해야 한다.

단주지표

장래의 시장추세를 예측하기 위해 단주지표에 의존하는 사람들이 아주 많다. 이들은 단주공매도수치가 급상승하면 강세신호로 본다. 단주공매도를 치는 사람들은 보통 시장흐름과 반대로 움직이는 사람들이 많다는 이론에서 출발하고 있다. 그러나 약세시장에서는 단주공매도자들이 이기게 되어 있다.

뮤추얼 펀드의 현금잔고와 MMF잔고(증시주변자금)

약세시장에서는 현금을 보유하고 있는 게 상책이다. 그래서 뮤추얼 펀드의 현금잔고와 MMF잔고가 많다고 강세신호가 아니다. 1929년 증시대공황 직전에 월 스트리트 저널지에서 대중들이 현금보유잔고가 많다는 점을 여러 차례 강조하면서 강세장이 올 것이라고 기사를 써댔지만, 주가는 대폭락했다.

뉴스

강세시장 초기에는 시장은 '걱정의 벽을 타고' 무너질 듯 무너질 듯하면서 서서히 상승한다. 이때 좋은 뉴스가 나오면 주가는 올라가고, 나쁜 뉴스가 나와도 크게 빠지지 않는다. 즉, 뉴스에 긍정적인 반응을 보인다. 반대로 약세시장에서는 좋은 뉴스가 나와도 빠지고, 나쁜 뉴스가 나오면 더 크게 빠진다. 즉, 뉴스에 부정적인 반응을 보인다.

위에서 말한 이런 것들보다 사실 더욱 중요한 것은 시장내부세를 알 수 있는 지표들이 약세로 전환하는 것이다.

시장이 강세시장에서 약세시장으로 전환하는 시기에는 이런 지표들이 오작동하여 강세신호로 보이는 경우가 많다. 버뮤다 삼각지에서 비행하던 조종사처럼 우리도 잘못된 계기판을 보고 엉뚱한 방향으로 날아가다가 추락하기 쉽다. 1993년 말 약세시장으로의 전환기에 나는 이런 오류에 대해 수없이 경고했다. 다우지수는 상승하는데, 개별주식들의 주가는 박살이 나고 있다는 사실을.

CLX(클라이맥스)지표의 수치는 다우공업주 30개 종목을 대상으로 하고 있기 때문에 다우지수와 관련이 있지만, 반면에 개별주식에 관한 문제나 시장내부세에 관한 암발생 경고 등에 관하여는 별로 도움이 안 된다. '필드 트렌드 순지표'도 마찬가지다. 시장내부세의 변화에 관한 가장 유일한 기술적 정보는 '신고가 신저가 종목수'를 통해서 알아내야 된다. 1993년 다우지수가 신고가를 기록했지만, 1992년 1월에 이미 주식시장이 내부적으로 무너지고 있다는 사실을 안다. 그래서 나는 사람들에게 주식을 팔고 시장을 떠나라고 말했지만, 믿는 사람은 별로 없었다.

"무슨 소리야. 시장(다우지수)이 잘 올라가고 있는데, 벌써 꼭지를 쳤다니!"

1994년 1월 31일 다우지수가 꼭지를 친 것을 확인하고 나서야 믿어주었다.

"그 말이 맞았구나. 대부분의 주식이 최고가를 기록한 것은 1992년 1월이었고, 그 후 다우지수가 크게 상승했지만 다우관련종목 몇 개만 빼고 나면 실제로 오른 주식이 몇 개 되지 않는구나!"

(역자주: 이렇게 지수와 종목간의 괴리현상이 나타나는 것을 디카토미 현상이라 한다. 일종의 시장왜곡현상)

디카토미 현상의 증거를 보자. 차트집을 보면 금방 알 수 있다. 대부분의 주식이 1992년 1월중에 꼭지를 쳤다. 이것은 강세시장 제2국면에서 나타나는 전형적인 패턴이다.

이 현상은 인간의 힘으로 어쩔 수 없는 운명적인 현상이다. 동시에 약세시장이 곧 다가올 것이라는 예고이기도 하다.

그래서 이 현상은 좀더 새로운 개념이며, 분석을 통해 밝혀내야 할 숙제이기도 하다. 신고가 신저가 지표를 잘 연구해 보면 그 원인을 알게 된다. 다우지수가 '제홀로 상승'을 하면서 시장 내부에서는 반대로 암세포가 점점 자라나는 디카토미 현상의 전형적인 예가 1929년 증시대공황이다. 그 당시에도, 다우지수는 1929년 내내 급등했다.

그리고 1929년 9월 3일 미친 듯이 열광적으로 상투를 쳤다. 당시 신고가 신저가 종목수치를 보면 신고가 종목이 54개 종목, 신저가 종목수가 19개 종목이었다.

시장 내부의 암세포는 꼭지를 치기 전해인 1928년에 이미 자라나고 있었다. 그리고 1973년 강세시장에서도, 1973년 1월의 다우지수 꼭지에 앞서 1972년에 디카토미 현상이 시작되었다.

1987~1990년 강세시장 주기에서도 1990년 7월 시장꼭지에 앞서 1989년 9월에 디카토미 현상이 시작되었다. 1989년 9월 1일 신고가 종목수는 306개였다. 1990~1993년 강세시장 주기에서 1991년 12월 31일 신고가 종목수가 336개를 기록하면서 신기록을 냈을 때, 나는 시장 내부적으로 기술적 붕괴가 임박했구나 하고 이미 알아차렸다.

7

전환기에 겪는 혼돈

기술적 분석가들은 지표 때문에 고통스러울 때가 많다. 1993년에도 그랬다. 다우지수는 상승하는데 개별종목들은 박살이 나고 있었기 때문이다.

내가 가장 고통스러웠던 날은 아마도 1993년 12월 23일일 것이다. 다우지수는 12월 13일 3,764.43p로 역사적 신고가를 기록했다. 12월 22일 다우지수가 3,762.19p까지 상승하면서 신고가에 바짝 접근했다. 그러나 ADL 지표상으로 볼 때는 10월 15일 다우지수 3,245p 수준에도 미치지 못하는 상황이었다.

즉, 다우지수의 상승이 ADL로 확인받지 못하고 있었다. 10월 18일 이후 이런 현상은 12차례 정도 있었고, 다우지수는 계속 신고가를 경신했다. 12월 말에 또 한 번 이런 현상이 나오자 나는 더 이상 참기 어려웠다. 그래서 12월 23일 오후에 정신적 혼란이 극에 다다랐다. 그 날 다우지수는 12p 상승해서 장중에 3,774p로 신고가를 기록했다.

그러나 다우지수의 '제홀로 상승'은 ADL을 이길 수 없다. 단지 2p만 올라도 신고가를 기록할 수 있었지만 다우지수는 오히려 4p 이상 하락하여 3,757p로 마감했다.

1993년 말 다우지수 상승에 대한 ADL의 비확인 현상들

	날짜	다우지수	ADL	다음 날 다우지수 등락폭
①	10/18	3642.31	-48,942	-6.99
②	10/20	3645.10	-49,588	-8.94
③	10/22	3649.30	-49,769	+24.31
④	10/25	3673.61	-49,925	-1/12
⑤	10/28	3687.86	-49,811	-7.27
⑥	11/1	3692.61	-49,305	+5.03
⑦	11/2	3697.64	-49,548	-35.77
⑧	11/16	3710.77	-51,389	-6.14
⑨	12/7	3718.88	-51,509	+15.65
⑩	12/8	3734.53	-51,445	+23.76
⑪	12/10	3740.67	-51,844	+23.76
⑫	12/13	3764.43	-51,909	-21.80

8

패러독스

'65종목 진짜 클라이맥스 지표'와 '65종목 조기경보 클라이맥스 지표'에 대하여 이미 연구한 바 있다. 이 지표들이 기조적으로 상승추세이거나 혹은 기조적으로 하락추세라는 말은 추세가 진행되고 있는 방향으로 지속적으로 움직인다는 것을 말한다.

어떤 경우에는 추세가 변하려고 하는 것을 미리 알려주는 예고일 수도 있고, 어떨 때는 두 지표가 다우지수처럼 동시에 바닥이나 꼭지를 치는 경우도 있다. 즉, 일정한 추세가 다른 원인에서 오는 예고신호와 함께 끝날 수 있다.

1929년과 같은 상황을 여러 번 보아왔다. 특별한 상황에 대한 연구분석을 통해 우리는 교훈을 얻을 수 있다. 버뮤다 삼각지에서 얻은 교훈을 1993년 8월의 일일시황을 통해 다시 살펴보자.

1993년 8월 17일, 화요일 저녁

다우지수는 3,587.26p로 신고가를 기록했다. 기술적인 면에서 보면 의문투성이이지만. IBM, Merck, Philip Morris, P&G 주가의 상승세가 좋았다. 만약 이 4종목이 아니었다면 다우지수는 8.11p 상승한 게 아니라 아마도 4p 하락했을 것이다.

클라이맥스 지표는 +3에서 +4로 소폭 올랐다. 이것은 다우지수의 상승을 CLX 지표가 확인해 주지 못하고 있다는 뜻이고, 조만간 주가가 하락할 것이라는 신호이기도 하다. 필드 트렌드 순지표(NFI)는 -8로 불변이다. 1987년 주가폭락 직전과 같이 큰 하락이 있기 직전의 상황과 유사하다. 나스닥지수는 오늘 또 신고가를 냈다. 731p 종가마감. 그러나 ADL이 2,000 근처로 2월 4일 수준 밑으로 떨어졌다는 사실에 관심을 갖는 사람은 아무도 없다. 이 모든 지표들이 모두 기술적인 약세신호를 보여주고 있다.

공매도 추천종목 7개를 추가한다. 이들 종목은 모두 포물선 상승 패턴을 보이고 있고, IBD의 기업이익률 상위종목이다. 바로 이런 것들이 폭락할 만한 종목들이다.

금값은 정상적인 하락세를 보이고 있지만, 바로 이 자리가 강력매수시점이다.

1993년 8월 18일, 수요일(생략)
1993년 8월 19일, 목요일(생략)

1993년 8월 21일, 토요일

금요일 옵션 만기가 지나면서 몇몇 기술적으로 흥미있는 변화가 나타났다. 장 마지막에 셰브론주, G.E.주, 인터내셔널 페이퍼주에 대한 매수세 집중으로 다우지수가 장마감 한 시간 전의 -15p에서 +3.35p로 돌아서면서 3,615.48p의 신고기를 만들어냈다. 앞의 세 종목을 제외한다면 다우지수는 -9p로 마감되었을 것이다. 사실상 다우 공업주식 중 20개 종목은 반등없이 하락한 채 그대로 종가마감했다.

다우운수주는 29p 상승후 -21.37p로 마감하며 고점 대비 50p 하락했다.

신고가 종목수도 다시 줄어 110종목에 그쳤다. 물론 우리는 보통주 신고가 종목수에 관심을 기울이고 있다. 보통주 신고가 종목수는 85종목이다. 다우지수는 신고가를 기록하고 있지만, 지난 2월 수준에 훨씬 못미친다.

나스닥은 미약하게 상승하였고 나스닥 ADL은 2월 수준에 훨씬 못미친다.

나는 옵션 만기일에 거래량이 5% 줄어든 것을 보고 깜짝 놀랐다.

채권은 7/32 하락하였고 채권시장의 약세가 주식시장의 하락의 주범으로 꼽힐 것으로 본다.

CLX는 +1에서 +2로 소폭 상승하였다. NFI는 셰브론주, 엑손주에서 각각 한 개씩의 필드 획득, 텍사코주가 두 개의 필드 획득하여 -4에서 0으로 상승하였다. 이는 강세신호로 여겨질 수 있으나, NFI는 1987년의 폭락 직전과 똑같은 모습이었다. 이들 수치는 다음 월요일자 정보지에 기고할 예정이다.

IBD지의 금값과 은값 동향 차트를 보면 바닥을 잘 만들고 있다.

1993년 8월 23일, 월요일(생략)

1993년 8월 24일, 화요일(생략)

1993년 8월 25일, 수요일(생략)

1993년 8월 26일, 목요일(생략)

그랜빌의 최후의 예언

1993년 8월 28일, 토요일

아침에 다우지수는 22p 하락했고 채권시장은 초약세로 위협적인 하락세를 보였다. 그러나 두 시장은 아침의 저점에 비해 많이 회복하였다. 장기채는 14/32 하락하여 수익률을 6.12%로 끌어올렸으며 다우지수는 7.55p 하락한 3,640.63p로 끝났다.

CLX는 +3에서 -2로 하락했다. NFI는 아메리칸 익스프레스주가 필드 상실, 디즈니주가 필드 획득하여 -1 수준을 유지하였다.

폭락은 저지되었지만, 잠재적으로 CLX 지표가 -15까지 하락(이 정도면 폭락이 가능한 수준의 수치)할 수도 있는 최악의 시나리오가 전개될 가능성이 남아 있다. 일단 CLX 지표가 -20에 도달한다면 폭락이 가시화되는 것이다. 이제 시기적으로 중요한 9~10월로 접어들고 있으므로 매일매일 유심히 지켜봐야 한다. 시장은 기술적 지표가 일정범위내에 들지 않으면 폭락하지는 않는다. 아직은 그 범위에 해당하지 않지만, 곧 그렇게 될 것이다.

오늘 KCS에너지주는 8달러 폭락하여 49달러였다. 여기서 내가 강조하고 싶은 것은 이 주식은 EPS 등급수치와 상대강도수치가 99로서 윌리엄 오닐의 지표가 가질 수 있는 최상등급의 주식이라는 것이다.

내셔널 메디컬 엔터프라이즈주는 3-3/8달러 하락, 7-3/4달러이다. 나의 조언을 따른 사람은 이것을 1992년 1월에 17-3/8달러에 매도하였다. 이는 주식시장이 양극화되어 있음을 보여주는 것으로 많은 주요주식들이 1992년 초반의 시세를 회복하지 못하고 있다.

아파치주는 1달러 정도 하락하여 31-1/2달러이다. 이 주식의 1, 2차 지지대는 28달러와 25달러이다. 25달러를 하향돌파하면 20달러까지 지속적으로 하락할 수 있다. 이 주식의 10월물 풋옵션(행사가격 35달러)을 매수추천한 바 있다.

1993년 8월 30일, 월요일(생략)

1993년 8월 31일, 화요일

오늘 장은 지루했다. 강세론자들은 아마도 졸았을 것이다. 그러나 기술적으로는 매우 의미있는 것이었다. 다우지수는 7.26p 올라 3,651.25p 수준이었다. 장 마감 무렵에는 8월 25일 종가기준 최고가인 3,652.09p를 넘어서는 데는 실패하였다. 보다 중요한 것은 다우공업주 중 14 종목이 하락, 보합이 1종목이었다는 것이다. 15개 종목이 올라갔으나 거래가 적어, 단 2종목만이 OBV고점을 높였을 뿐이다. 종가기준으로 7p가 오르긴 하였으나, CLX는 +1에서 -5로 하락하였다. 이 지표로 볼 때 기술적으로 강세가 꺾였음을 의미한다. NFI는 +1 수준에 머물렀다.

ADL은 신고치를 내었다. 나스닥 지수가 특히 강했는데, 나스닥 ADL은 대대적인 상승세를 보였다. 그러나 이러한 지표의 강세는 새로운 상승의 시작이라기보다는 상승을 마무리짓는 느낌이 강하였다. 사실상 현 시점은 1990년 8월의 꼭대기에서의 마지막 상승세와 닮아 있다.

앞으로 다가올 주식시장 약세는 채권시장에서 비롯될 것이다. 오늘 아침 채권시장은 19/32 올라서 시작하였으나 곧바로 되밀리면서 가까스로 8/32 올라 수익률 6.09%로 끝났다. 앞으로는 변동성이 보다 심화되면서 급락할 것으로 예상된다. 나는 주식시장이 월요일에 추세전환을 하였다고 본다. 확실히 오늘의 상승은 강세라고 보기는 어렵다. 금광주 지수가 118.12p 수준을 상향돌파하는 것을 지켜보라. 오늘은 117.87p로 상승 마감하였다.

9

급등 다음에는 언제나 폭락!

1993년 여름에는 주식시장이 이자율의 변동에 따라 출렁거렸다. 이자율은 시장을 지지하는 마지막 버팀목이었다.

그러나 이것도 힘을 다해가고 있었다. 이미 지적한 바와 같이 채권시장의 급등은 채권시장에 드리워진 위험요소이다. 채권시장의 강세추세는 깨어지게 되어 있었다.

1993년 9월 13일 이스라엘-팔레스타인 회담소식이 나왔지만, 채권은 폭락하였다.

때로는 중요한 시기에 중대한 뉴스가 발생하여 사람들로 하여금 관심을 시장 밖으로 돌리게 한다.

꼭지를 치는 날에 채권시장은 전장의 강세에서 종가에 약세로 마감했다. 이것이 마지막 경고였다.

바로 그 다음 날 채권시장은 폭락하였고 그 다음 날도 하락이 이어졌다. 전주와는 판이한 양상으로 패턴이 바뀐 것이다.

10

조정 신드롬

프레데릭 루이스 앨런의 Only Yesterday에는 1993년 여름의 주식시장과 관련한 재미있는 글이 있다.

> 1929년 여름. 지난 몇 년간 주식시장은 여러 차례 폭락한 경험이 있지만, 그때마다 시세는 바로 회복되었다. 그것도 회복의 차원을 넘어서 신고가를 기록해 왔다. 그래서 사람들은 주가하락에 대하여 걱정하지 않았다. 두 단계 오르고 한 단계 하락, 또 두 단계 오르는 식(2단상승, 1단하락 패턴)으로 시장은 상승하였다. 만일 주식을 매도하였다면 다시 폭락하기를 기다려 되사면 되었다. 이러한 상황에서는 팔아야 할 아무 이유가 없었다. 왜냐하면 당신이 가진 주식이 우량하다면 당신은 이기게끔 되어 있었다. 매수하여 보유하는 사람이 결국에는 현명한 사람이 되었다.

모든 되돌림을 건전하고 일시적인 것으로 보게 만드는 심리. 나는 이것을 '조정 신드롬'이라 부른다.

다음 기사는 월 스트리트 저널지에서 인용한 글이다.

1929년 9월 26일

> 시장여론은 다시 혼미해졌다. 그러나 당신은 이내 강세관이 대다수라는 것을 발견할 것이다. 수많은 약세관이 있으나 그들 대부분은 한시적인 약세관에 불과하다. 그들은 브로커의 신용 매물이 줄어들면 다시 시장은 활발해질 것으로 믿고 있다.

1929년 9월 28일

> 월가에서는 지금의 주가조정을 건강한 되돌림현상이라 보고 있다. 이런 조정이 있고 나면 언제나 시장이 회복된다.

1929년 9월 30일

> 이러한 매물정리는 시장내 기술적 제반여건을 건전하게 한다.

한 달 후에 시장은 폭락하였다.

이와 비슷한 것이 월 스트리트 저널 1993년 6월 28일자에도 있다.

> 1987년의 붕괴 이후 개인투자자들은 가격이 하락할 때 사라는 교훈을 얻었다. 뮤추얼 펀드 투자자들은 지수가 하락한 뒤에 투자하길 원하며 이는 시장을 떠받치게 된다. 사람들은 보다 세련되어졌다. 그들은 가격이 낮을 때 사는 것이 유리하다는 것을 알고 시장이 상승할 때나 하락할 때나 투자를 지속한다.

1993년 9월 1일, 수요일(생략)

1993년 9월 2일, 목요일(생략)

1993년 9월 4일, 토요일 오후

다우지수는 7.83p 올라 3,633.93p에 마감되었다. 이번 주 동안 6.7p 하락한 것이었다. 다우운수주는 8.12p 하락, 1,623.86p였고, 이번 주 동안 3.12p 하락하였다.

클라이맥스 지표는 때늦은 강세로 -8에서 -3으로 상승하였다. 다우공업주 중 12개 종목이 상승했는데, 이 종목들이 다우지수를 12p 가깝게 끌어올렸다. 그래서 기술적으로 별 가치 없는 상승이었다. 가치 없는 상승이란 OBV 표시에 영향을 주지 않거나 혹은 OBV lower-up 표시가 나오는 것을 말한다.

NFI 지표는 American Express주가 필드 획득하였으나, Caterpillar주, Tractor주, General Electric주, General Motors주가 필드 상실함으로써 1에서 -1로 떨어졌다. General Motors주와 다른 자동차 주식의 하락세는 주기적인 주식(역자주: 주기적으로 상승과 하락을 반복하는 주식을 말한다. 주가가 하나의 박스권내에서 등락을 계속하는 주식이다. 대체로 바닥에서 횡보하는 주식들이 이에 해당된다. 성장주의 반대개념으로 보면 된다)에 대하여 투자자들이 외면하고 있다는 증거이고, 동시에 경제침체가 임박했음을 나타낸다. 다우지수는 8월 25일 3,652.09p로 신고가를 나타냈고, 다시 다음 날 하루종일 신고가를 기록하며 3,681.71p에 이르렀다. 이 수치들은 1990년 7월 중순의 기록과 거의 비슷하다. 즉, 수백 포인트 폭락할 가능성이 있다.

1990년 7월 3,000p에서 꼭지를 치고, 8월에 600p 이상이 하락했었음을 기억할 것이다. 현재의 시장은 기술적으로 그 당시와 비슷하다.

금값은 다시 하락하였으나 금가격은 차트의 지지선보다 1달러 위에 있다. 금광주 지수가 109.77p로 하락했지만 역지정가 매도주문가격 위에서 마감되어서 팔리지는 않았다. Pegasus주는 역지정가 매도가격인 21달러까지 하락하여 종가마감되었다.

1993년 9월 7일, 화요일 저녁(생략)

1993년 9월 8일, 수요일 저녁(생략)

1993년 9월 9일, 목요일 저녁

마침내 채권시장이 붕괴되었다. 장기채는 1-12/32 하락해서 수익률이 5.96%로 올랐다. 포물선 상승의 각도로 판단할 때 이것은 폭락의 초기에 불과하다. 채권시장의 하락분위기가 주식시장에도 영향을 미칠 것이다. 다우지수는 장 초반에 어느 정도 상승세를 보였으나, 되밀려 0.56p 오른 3,589.49p에 마감되었다. 다우지수가 이번 주 처음 이틀 동안 45p나 하락하였다는 사실을 고려할 때, 1p도 되지 않는 반등이었지만, 그 이상의 의미가 있다.

화요일과 수요일에 잃었던 것에 비하면, 시장이 오늘 얻은 것은 별게 아니다. 예를 들어 운수주는 어제 잃었던 것을 오늘 되찾았다. 나스닥은 좋은 움직임을 보였으나, 완전히 회복될 수 있을까 의심스럽다. 신고가 종목수는 크게 줄었다.

클라이맥스 지표는 -8에서 -5로 상승, NFI 지표는 코카 콜라주에서 필드 획득, 디즈니주에서 필드 상실하여 +1로 변함없었다. 어제는 다우지수 하락에도 CLX 지표가 상승했다(이것을 CLX 하락비확인현상이라 한다). 그런데 오늘은 어제의 'CLX 하락비확인'에 반응하여 시장이 상승했다. 이 때문에 시장은 기술적인 붕괴를 피하게 되었다. 그러나 잠시 미루어둔 것에 불과하다. 아직 확실치 않다.

귀금속관련주들의 반등세를 보고 아주 기뻤다. 귀금속관련 뮤추얼 펀드와 콜옵션을 계속해서 보유하라고 추천했었다. 나는 Sunshine Mining 주가 2-1/2달러로 상승한 것이 가장 기뻤다. 이 종목은 장기적으로 보는 나의 승부종목이다.

11

시장꼭지에서의 심리학

1993년 시장이 꼭지를 치기 얼마 전이었다.

"당신을 강세론자로 돌아서게 하려면 어떤 조건이 있어야 하는가?"

나는 이 질문을 받고, 시장 꼭지가 가까워졌구나 하고 생각했다. 그리고 1993년 9월 9일자 정보지를 통해 그 질문에 자세히 대답해 주었다.

1993년 9월 10일, 금요일
내가 강세론자로 돌아서기 위한 조건

한 구독자가 지난주 나에게 이런 질문을 했다. 그것은 시장이 붕괴되려고 할 때 내가 질문받고 싶어하는 말이다. 8월 19일자 글에, 1994년에는 주가대폭락이 일어날 가능성이 큰 상황이라고 묘사했다. 이제 나는 그 신사의 질문에 답할 것이다. 그 질문에 가장 간단한 대답은 이렇다. "내게 약세관을 갖게 만드는 모든 조건들이 반전되어야만 한다." 다음 몇 가지를 살펴보자.

강세관으로 바꾸기 위해 필요한 조건들

시장붕괴

아이러니컬하게도 이보다 더 좋은 조건은 없다. 최소한 1987년 10월 블랙 먼데이 때처럼 매수신호가 나올 것이다. 나는 지금 1990년 8월 600p 하락 당시보다 더 주의깊게 현재의 기술적인 신호들을 살펴보고 있다. 시장붕괴는 완벽할 정도의 과매도현상을 만들어내면서 바닥을 형성한다. 다우지수가 최고치였던 1993년 8월 25일에 보여주었던 과매수현상과는 정반대의 모습이 될 것이다.

시간

이것만으로 사실 강세관을 갖기는 불가능하다. 우리는 시계를 되돌려 놓을 수 없다. 시간을 되돌린다는 것은 치약을 치약 튜브 속으로 되돌려 놓으려는 것과 같다. 올해 1월 이후 시장은 기술적으로 볼 때 얇은 얼음판

위를 달려나가듯 위험스런 상승세를 이어오고 있다. 1990년 10월에 시작된 강세시장은 이미 올 1월에 27개월이 지나고 있었다. 따라서 지금의 강세시장은 시간적 주기를 넘어서 지나치게 연장된 감이 있다. 따라서 앞으로는 새로운 강세시장이 진행될 가능성보다는 내년 1994년에 들어서면서 급락할 가능성이 훨씬 더 커 보인다.

신고가 종목수

기술적인 지표로 볼 때, 시장은 1991년 12월 31일에 최고치를 기록했다. 그 날 뉴욕증권거래소(NYSE)의 신고가 종목수는 336개이다. 그 이후 그 수치에 도달해 본 적은 없다. 만약 내가 그 수치를 다시 볼 가능성이 있다고 생각했다면 강세론자로 돌아섰을 것이다.

디카토미 현상(시장의 왜곡현상, 양극화 현상)

1992년 1월 후 많은 주식들이 꼭지를 쳤다. 그래서 지금 진행되는 사이클중에는 결코 회복할 수 없을 것이다. 내가 강세관으로 바꾸는 조건은 이렇다. Amgen주가 80달러 이상으로 상승했을 때, Apple Computer주 65달러 이상, Glaxo주 38달러 이상, Merck주 53달러, Philip Morris주 86달러, T-2 Medical주 65달러, U.S.Surgical주 134-1/2달러 이상에서 마감되었을 때 나는 강세국면으로 돌아설 것이다. 나는 이 시장이 내부의 기술적인 암에 걸려 있다.

다우지수가 나를 강세론자로 돌아서게 만들 수는 없다. 1992년 1월 이후에 다우지수는 상승했지만 시장 전체로 볼 때는 개별종목들의 하락으로 큰 손실을 입었다. 이것은 의자 빼앗기 게임이다. 너무 많은 의자들이 게임으로부터 제거되었다. 모든 의자들을 되돌려놓고 처음부터 다시 시작해라. 그러면 나는 강세론자로 돌아설 것이다.

캔자스시티의 신사로부터 편지를 받았다. 그는 내게 주기적으로 종목을 추천해 주는 사람이다.

편지의 첫머리에서 두 개의 시장(다우지수와 전체시장)을 다루고 있는 나의 시장접근방식에 대해 지지해 주었다.

> "나는 언제나 신용(신용으로 주식을 사는 것)이 만기가 되면 다시 신용을 주어야 한다고 느꼈다. 그리고 추천종목 리스트를 몇몇 방송국에 보낸 것이 1993년 6월 8일이었다.
>
> 추천종목 중 하나는 담보부족으로 반대매매당했다. 추천종목을 보낸 지 3개월이 지난 1993년 9월 3일 금요일 현재기준으로 보면, 우리가 선택한 종목 47개 중에서 단지 18개만 이익이 났을 뿐이다. 평균 0.382의 타율이다. 이 정도 타율이면 야구에서는 훌륭하지만, 투자자문을 하는 조언자의 입장에서 보면 형편없는 실적이다.

다우운수주가평균

운수주는 1,683.08p를 넘어서야 한다. 그래야 내가 강세관을 갖게 될 것이다.

나스닥 ADL

나스닥지수가 지난주 신고가를 경신하자, 방송에서 떠들어댔다. 그러나 나스닥 ADL이 최고치를 기록한 게 지난 2월 4일이었다.

9월 3일 ADL이 신고치 기록에 도전했지만, 실패하면서 곧바로 하락세로 돌아섰다. 나는 ADL에 의해 확인된 나스닥 신고가 기록을 보아야 강세관을 갖게 될 것이다.

다우공업주평균의 OBV 신고치 기록

월 스트리트 저널지의 '다우공업주 주가표'를 보라. 개별주식에 대한 OBV의 최고치와 최고치기록일이 적혀 있다. 그 OBV 최고치의 날짜를 시간순으로 늘어놓아 보면 시장이 기술적으로 상승세가 소진되었다는 것을 알게 될 것이다. 30개 다우공업주식들 중 1/3이 지난해 OBV 최고치를 기록했다. 시장 에너지가 거의 소진되어 상승세가 더 이상 이어지기 어려워 보인다. OBV 최고치를 기록하는 다우지수종목은 하나도 없다. 거래량은 주가에 선행한다. 시장 에너지가 다시 모아질 때까지는 강세관을 가질 수 없다.

1993년 9월 11일, 토요일 오후

휴일이 낀 이번 한 주의 하이라이트인 생산자 물가지수가 금요일 발표되자 시장은 순식간에 반등했다. 이 발표가 없었더라면, 아주 안 좋은 한 주가 될 뻔했다. 이번 주 45p의 하락에서 단숨에 12.3p 하락으로 줄여놓았다. 이스라엘과 팔레스타인의 협정이 월요일 워싱턴에서 맺어진다는 호재로 투자자들은 즐거운 주말을 맞이했다. 장기채는 수익률이 5.88%로 하락하며 1-1/4p 올랐다.

그러나 주식시장은 약간의 기술적인 제지가 있었다. 주초에 급락했기 때문에 주말에 반등의 기회를 주었다. 신고가 종목수도 목요일의 61에서 132로 올랐다. 그럼에도 불구하고 8월 25일의 189종목에는 훨씬 못 미친다. 이번 강세시장의 최고치인 336과는 비교가 안 될 정도이다. 이런 점들을 보면, 시장은 여전히 기술적으로 문제가 많은 영역에 들어 있다.

클라이맥스 지표는 -5에서 +6으로 상승하였으나, 다우지수 32p 회복에 비하면 큰 변화는 아니었다. NFI 지표는 Disney주와 Goodyear주 덕에 +3으로 올랐다. 이 NFI 수치는 1987년 블랙 먼데이 직전과 같은 수치다. 1987년 시장에서 9월 18일과 10월 2일 사이에 -8에서 3으로 상승했다. 따라서 이 수치들은 매우 비관적인 경고수치이다.

금광주는 바닥을 새로 다져야 한다. 10월물 콜옵션과 11월물 콜옵션 투자분을 건지기에는 시간이 많지 않다(옵션 만기가 다가오니까). 그러나 이미 주가는 바닥으로 내려갔고, 지금으로서는 다른 선택의 여지가 없다.

1993년 9월 13일, 월요일 저녁(생략)

1993년 9월 14일, 화요일 저녁(생략)

1993년 9월 15일, 수요일 저녁(생략)

1993년 9월 16일, 목요일 저녁(생략)

1993년 9월 18일, 토요일 오후

다우지수는 17.60p 떨어져 3,613.25p로 장이 끝났다. 3주 연속 하락이다. 다우운수주는 이번 주 간신히 소폭 올랐으나 운수주지수 관련 개별주들은 기술적으로 약해 보였다. 특히 항공사주가가 약했다.

신고가 신저가 지표는 이번주 확실한 약세전환 양상을 보였다.

트리플 위칭 데이(Triple witching day: 지수선물과 지수 옵션, 종목 옵션의 만기일이 겹치는 날)는 언제나 기술적으로 위험한 날이다.

왜냐하면 시장이 어느 방향으로 가든 그 날의 거래량이 많아 OBV에 영향을 주기 때문이다. 약세론자들은 3억 7천만주의 대량거래 속에서 다우지수가 하락했기 때문에 금요일 시장에서 강세론자들을 누르고 이긴 셈이다.

클라이맥스 지수는 2에서 -6으로 하락했고, NFI 지표는 약보합세의 혼조를 보였다. Caterpillar주, Dupont주, General Electric주는 필드 획득, Eastman Kodak주, Exon주, McDonals주, United Technologies주는 필드 상실하여 +1로 하락하였다.

Apache주는 27-5/8달러로 하락했다. 우리는 30-7/8달러에 팔았다. 1차 지지선은 24-1/2달러이다. 10월물 풋옵션(행사가격 35달러)을 매수추천한다. IDB Communications주는 50달러로 하락했다. 11월물 풋옵션(행사가격 50달러)을 매수추천한다. 금광주는 정상적인 조정을 받았다. 지금 바닥을 잘 만들고 있다. 새로운 바닥이 신뢰할 만한 지지선이기 때문에 단기적으로는 바닥다지기를 잘할 것으로 기대한다. 느낌도 그렇다. 뮤추얼 펀드와 콜옵션 매수분은 계속 보유하라. 그러나 새로운 공격적 매수는 아직 이르다고 본다. 주가가 좀더 밀리고 바닥을 잘 다지면 공격적 매수를 고려해 보겠다.

1993년 9월 20일, 월요일 저녁(생략)

1993년 9월 21일, 화요일 저녁(생략)

1993년 9월 22일, 수요일 저녁(생략)

1993년 9월 23일, 목요일 오후(생략)

1993년 9월 25일, 토요일 오후

혼조세를 보인 금요일 장과 함께 이번주 시장은 다우지수가 70p 하락하면서 마감되었다. 연속 4주하락 중에서도 가장 하락폭이 컸다. 트리플 위칭 데이의 전통적 상승기대도 꺾어버린 것이다. 특히 의미있는 것은 옐

친이 러시아 위기에서 승리한 것이 명백해진 후에도 다우지수가 여전히 하락했다는 점이다. 이런 때 반등하지 못했다는 것은 기술적 약세가 시장 깊숙이 자리잡고 있다는 뜻이다.

클라이맥스 지표는 -3에서 -1로 상승. 65종목 CLX는 -9에서 -10으로 하락. 다우공업주와 다우공익사업주도 더 이상 버티지 못했다. 다우공익사업주마저도 하락함으로써 65종목 CLX는 결국 하락했다. 다우공익사업주는 8p 이상 하락했고, 금요일 1.05p 더 떨어져 248.42p를 기록했다. 시장 전반에 걸친 경고신호이다.

NFI 지표는 Bethlehem Steel주에서 2필드 획득하여 0으로 상승했다. 나스닥지수는 754.65p로 상승마감했지만, 나스닥 ADL은 여전히 2월 4일의 전고점 아래에 처져 있다.

Perrigo주는 4-1/2달러 급락하여 29-1/4달러 수준. 페리고주는 얼마 전 34-1/2달러로 최고치일 때만 해도 IBD에 의해 적극적인 매수추천을 받았었다. EPS 등급점수 98점, 상대강도점수 91점으로 거의 최고등급을 받았다. 나는 그 주식이 오늘의 최고등급으로 위장하고 실제로는 주식이 고점에서 분배되고 있다고 결론내린 적이 있다. 지금의 기술적 상황하에서 시장이 의미있는 반등을 하기는 어려워 보인다.

1993년 9월 27일, 월요일 저녁(생략)

1993년 9월 28일, 화요일 저녁(생략)

1993년 9월 29일, 수요일 저녁(생략)

1993년 9월 30일, 목요일 저녁(생략)

1993년 10월 2일, 토요일 오후

4/4분기 신규 매수세와 오일 관련주의 강세확산에 힘입어 다우지수는 반등했다. 5주연속 하락은 피했다. 다우지수는 25.99p 상승으로 3,581.11p를 기록했다. 운수주는 상승했지만 거래량이 적어 특별한 기술적 강세가 아님을 보여준다. 예를 들면, UAL주는 거래량이 고작 67,300주의 소량으로 2-5/8달러 상승했다. 금요일의 상승세에는 이런 예들이 수없이 많았다. 따라서 기술적으로 볼 때 금요일의 상승세를 계속 유지하기는 어려워 보인다.

다우지수 상승의 기술적 힘을 측정하는 믿을 만한 방법은 'OBV higer-up 종목수'에서 'OBV lower-down 종목수'를 빼는 방법이다. OBV higer-up을 만들지 못하는 상승은 기술적으로 가치없는 것으로 간주된다. 금요일 가치없는 상승세를 보인 종목은 13종목이었고 보합종목이 많았다. 이번 한 주 동안 다우지수가 38P 올랐지만 공업주·운수주·공익사업주 등 모든 업종의 CLX 지표는 오히려 하락했다.

금요일에는 CLX가 -3에서 +4로 상승했지만, 65종목 CLX는 고작 +2로 소폭 상승했을 뿐이다. 8월의 최고치 +19와는 거리가 멀다. NFI는 Alcoa주가 필드 획득하여 +1로 상승했다. Motorola주는 1달러 하락하여 100달러로 떨어졌다. 완전한 포물선의 상승시세에 있기 때문에 멋진 공매도종목으로 보인다.

잠시 동안 우리의 예상을 빗나갔지만, 1월물 풋옵션(행사가격 95달러)이 곧 돈을 안겨줄 것이다. 결론적으로, 10월 초의 상승세는 1989년 10월 초에 그랬던 것처럼 의미없는 상승으로 생각된다.

그랜빌의 최후의 예언

1993년 10월 4일, 월요일 저녁(생략)

1993년 10월 5일, 화요일 저녁(생략)

1993년 10월 6일, 수요일 저녁(생략)

1993년 10월 7일, 목요일 저녁(생략)

1993년 10월 9일, 토요일 오후

금요일 채권시장은 폭죽을 터뜨리며 축제분위기였다. 월별 고용동향 발표에 힘입어 채권가격은 1-1/4p 상승했고, 수익률은 5.92%으로 하락했다. 분석가들은 다우지수가 상승할 것으로 예상했으나, 27p 폭락 시세로 시작했다가 오후에 강세로 돌아서며 1.11p 상승한, 3584.74p로 마감했다.

공익사업주는 이번주 전체적으로는 3.63p 상승했지만, 금요일 5p 이상 크게 하락한 것은 기술적으로 중요한 의미를 담고 있다. 다우공업주는 빠르게 약해져 가는 국면 속에서 미래가 불안한 상황이다. 측면지원이 없어진다는 것을 느끼게 될 것이다.

CLX 지표는 0에서 +3으로 상승했다. NFI는 +1에서 보합이었다. 65종목 CLX 지표는 -6에서 0으로 상승했다. 필드 트렌드의 순증가는 없었다. 운수주인 Consolidated Freight주와 UAL주에서 각각 필드 획득했지만, 주초에 AMR주, Roadway주, Xtra주가 필드 상실해서 운수주에서 주목할 만한 힘은 보이지 않았다.

American President주가 또 2-1/8달러 올랐다. 2일간 6-1/2달러 상승했다. 하지만 OBV up 표시는 얻지 못했다. 이것은 강세가 아닌 기술적 약세를 보여주는 것이다.

Federal Express주는 금요일 3달러 상승했는데, OBV lower-up 표시가 나왔을 뿐이다. 이들 종목들의 지수영향력에도 불구하고 운수주는 고작 0.43p 오르는 데 그쳤다.

금요일 운수주에서 필드 획득한 것이 공익사업주에서 Pacific Gas & Electric주의 2필드 상실로 상쇄되었다. 이로 인해 65종목 NFI는 다시 주 중에 하락했다. 현재의 기술적 흐름상 다우공익사업주에서 힘이 상실되고 있다.

현재 반등중인 금광주의 선도주인 ASA주는 45-5/8달러로 튀어올랐다. 차트에서 보듯이, American Barrick주과 Placer Dome주 같은 종목들은 예전의 최고가에 서서히 접근하고 있다.

1993년 10월 11일, 월요일 저녁(생략)
1993년 10월 12일, 화요일 저녁(생략)
1993년 10월 13일, 수요일 저녁(생략)

1993년 10월 14일, 목요일 저녁

다우지수는 +18.44p로 3,621.63p에 마감했다. 표면상으로는 굉장히 힘이 있어 보인다. 그러나 자세히 보면, 일부 개별주식의 지수 영향력이 지나치게 크다. 수요일에는 디즈니주와 필립모리스주가 다우지수 15p 상승에 크게 기여했다.

오늘 American Telephone주는 3달러 상승, Coca Cola주는 2달러 상승, McDonald주는 1-1/2달러 상승, Procter & Gamble주는 2-1/4달러 상승했다.

이것은 다우지수 17-1/2p의 상승에 해당하는 것이고, 다우지수 상승분의 거의 전체라고 할 만하다. 지난 이틀을 묶어서 보면, 6개의 종목이 다우지수 33p와 맞먹는다. 다우운수주는 9.19p 하락해 수요일의 상승분을 모두 까먹었다.

공익사업주는 채권가격이 28/32 상승한 데 힘입어 3.03p나 올랐다. 그러나 그 점도 공익사업주에 기술적 도움을 주진 못했다. 9월 초 이후부터 계속된 지수하락에 따른 자연스런 반등으로 보아야 할 것이다.

신고가 종목수는 149로 올라섰지만 새로운 힘을 이끌어내지는 못했다. ADL이 올라간 반면, 다우공업주 18p 상승에 비해 소폭이었다. 몇몇 다우지수종목의 지수영향력 때문에 CLX 지표는 두 자리로 올라서지 못하고 +6으로 상승했다. 최근에 이런 수치를 본 것은 8.24일 +10을 기록한 이후 처음이다. NFI 지표는 조금 나았다. +7로 뛰어올랐다. 듀퐁주에서 1개의 필드, 미네소타 마이닝주에서 2개의 필드를 획득했다. 1989년 주가급락 직전에 +7로 반등했던 것과 같다.

금광주는 단단한 주가움직임을 보였다.

나는 오늘의 강세를 강세함정, 즉 독약이라고 생각한다. 지금은 매우 조심해야 할 때다.

12

할로윈의 이중가면[*]

1993년 10월 14일

역자주

할로윈 데이(Halloween Day): 10월 31일. 서양에서는 이 날 밤이면 온갖 마녀와
귀신, 유령들이 사람들의 집을 찾아온다고 믿었다. 그래서 사람들은
무섭게 생긴 등불을 현관에 걸어둔다. 커다란 호박으로 만든 이 등불을
jack-o'-lantern이라고 한다. 할로윈 데이는 특히 어린아이들이 좋아하는
명절이다. 아이들은 유령이나 마녀로 분장을 하고 집집마다 돌아다니면서
사탕을 얻어먹는다.

'시장에 대한 의견(감정지표의 일종)'이 바론지에 매주 실린다. '시장이
어떨 것으로 보는가?'에 대한 사람들의 의견을 주식시장예측지표로 사용
하는 것이다. 투자자문업을 하는 사람들의 의견(Advisor's sentiment: 투

---

* 1994년 1월 10일판 바론지에서, Charles Biderman은 '약세감정지표는 강세신호다'하는
식의 반대의견으로 해석하는 전통적 해석방법에 반박하였다. 그 대신 이것을 '현재의
강세감정지표'로 해석하고 나중에는 약세감정으로 평가될지도 모른다는 단서를
달았다. 신참자에게는 혼란스러운 것이겠지만 그는 분석의 근거를 '말'보다는 '행동
(주식을 파느냐 사느냐)'에 두었다.

그랜빌의 최후의 예언

자자문의견), 일반인들의 여론(신문잡지 등에 투고하는 일반인들의 의견) 등 다양한 형태를 갖고 있다. 이렇게 집계된 감정지표를 어떻게 해석하는 것이 올바른 것일까?

대부분은 제멋대로 해석을 하고 있다. 이것은 매우 위험한 자기만족적 해석이다.

부정적 시장관이 주류를 이루고 있는 것이 현재상황이다. 이것을 어떻게 해석해야 할까? 모두들 아전인수격으로 해석을 하고 있다. 어떤 분석가는 시장이 더 이상 급강하의 위험이 없다고 보았다. 또 다른 이는 시장에 대한 지금의 부정적인 견해를 주식시장에 부정적인 것으로 받아들이고 있다. 또 어떤 이들은 약세감정지표는 반대지표이기 때문에 시장이 하락하지 않으리라 말한다.

모두가 약세감정을 갖고 있다면 강세신호다. 이것이 첫번째 가면이다. 그러나 이것을 한꺼풀 벗겨보면 또 다른 해석이 나온다. 모든 사람들이 약세감정을 갖고 있다. 즉, 여론이 일치되고 있다. 따라서 이것은 약세신호이다. 이것이 두번째 가면이다. 그렇다면 지금의 상황에서 어떤 해석이 정답일까?

모두가 아는 것은 가치가 없다. 그래서 정반대되는 두 가지 해석들을 음미해 보면, 다음과 같은 진리를 발견하게 된다. 즉, 약세시장에서는 약세론자가 맞다. 약세시장에서 강세론자는 단지 시장이 강세시장에서 약세시장으로 전환하고 있음을 아직 못 느끼고 있을 뿐이다.

이것이 할로윈의 이중가면의 핵심이다. 실제로는 강세관을 가졌고, 기초가 되는 정확한 시장관은 강세관이었다. 그러므로 반대의견지표로서

감정지표를 해석하면 약세신호라는 결론이 나온다.

기술적인 상승력이 소진되었다는 것을 밝혀내기 위하여, 클러스터 (cluster) 분석을 이용해 보자. 최근의 두 기간을 비교해 보자. 클러스터 분석은 OBV의 단순한 상승과 하락 표시를 사용하는 대신, net cluster power를 계산한다. 상승 클러스터는 3개 혹은 그 이상의 연속적인 OBV 상승표시다. 하강 클러스터도 마찬가지이다. 하나의 클러스터는 다른 것으로 대체되기 전까지는 유효하다. 또 단순 CLX 방식을 사용한다. 이 방식에 따르면 상승은 상승이고, 하락은 하락이다. 두 기간을 비교해 보면, 현재의 기술적 힘이 소진되고 있음이 드러난다. 첫번째 기간인 8월 10일~8월 25일까지는 상승세였고, 두번째 기간인 9월 21일~10월 6일까지는 되돌림 상승세였다. 여기에서 두번째의 반등시도가 왜 다우지수 3,600p에서 실패했는지 나타난다.

날짜	다우지수	누적 클러스터 CLX	날짜	다우지수	누적 클러스터 CLX
8.10	3572.73	+1616	9.21	3537.24	+1540
8.11	3583.35	+1621	9.22	3547.02	+1473
8.12	3569.09	+1611	9.23	3539.75	+1392
8.13	3569.65	+1614	9.24	3543.11	+1320
8.16	3579.15	+1590	9.27	3567.70	+1257
8.17	3586.98	+1572	9.28	3566.02	+1209
8.18	3604.86	+1562	9.29	3566.30	+1167
8.19	3612.13	+1569	9.30	3555.12	+1131
8.20	3615.48	+1576	10.1	3581.11	+1103
8.23	3605.98	+1573	10.4	3577.76	+1098
8.24	3638.96	+1566	10.5	3587.26	+1086
8.25	3652.09	+1573	10.6	3598.99	+1082

첫번째 기간 동안 다우지수는 3,572.73p부터 상승하여 3,652.09p에서 고점을 형성했다. '누적 cluster CLX'는 +1,616으로부터 +1,573로 소폭 하락. 두번째 기간을 보면, 기술적 힘이 지속적으로 떨어지고 있음을 볼 수 있다. 다우지수가 3,600p 수준까지 반등하는 상황에서도, 누적 클러스터 CLX는 +1,082 수준으로 급속히 떨어졌다. 이것은 8월 25일까지 다우지수를 끌어올렸던 상승 에너지가 급속하게 소진되었음을 말해 주고 있다.

그러나 그것은 일부분에 지나지 않는다. 첫째, 내가 사용하는 누적 클러스터 CLX는 1992년 1월 0에서 출발하였다(계산시작시점). 둘째, 가장 최근의 피크는 9월 3일 +1,747을 기록한 후 10월 11일 지표는 +991로 떨어졌다. 이 기간 동안에 다우지수는 756p 급락했다! 지금의 상황에서 만약에 지난 5주간의 하락추세가 앞으로도 그대로 이어진다고 가정하면, 5주후인 11월 8일 전후에는 +235 수준으로, 다음 5주후인 12월 8일에는 -521 수준으로 떨어진다는 계산이 나온다. 그렇다면 누적 클러스터 CLX가 -521까지 하락한다면, 이것은 1992년 12월 28일 수준으로의 복귀를 의미한다! 이처럼 지표가 수직으로 떨어질 때는 다음의 중요한 수치들을 기억하는 게 좋다.

날짜	다우지수	누적클러스터 CLX
1992.1.9	3209	0
1992.12.28	3333	-564

지난해 12월 다우지수가 3,333p이었음을 감안하면, 올해 12월 8일을 전후해 -521로 하락한다면 가까운 시간에 다우지수가 3,500p 이하로 떨어진다는 결론이 나온다.

13

우선주 신고가 신저가 종목수 지표

다우공익사업주의 시장내부세가 악화되는 과정에서는, 논리적으로 우선주 신고가 종목수가 적은 반면 우선주 신저가 종목수는 많아지게 된다. 이런 현상은 규칙적인 것으로 드러났다.

신고가 종목수가 최고치를 기록한 것은 1991년 12월 31일 336종목이었다. 시장의 상승이 기술적으로 맞다면 신고가 종목수가 지속적으로 증가해야 한다. 지금은 신고가 종목수가 17로 떨어졌다. 이 수치는 8월 25일 189에서 지속적으로 하락한 것이다. 신고가 종목수는 그때 이후로 90% 이상 감소했다.

1993년 10월 16일, 토요일 오후

이번 주에는 채권시장에서의 일시적 강세분위기가 주식시장에 영향을 주었다. 이번주 다우지수는 44.99p가 상승해 3,629.73p로 마감했다. 금요일 다우지수는 21p까지 상승했다가, 장 마지막 한 시간 동안 거의 보합수준까지 밀렸다가 종가 직전에 반등하여 8.10p 상승한 상태에서 마감했다. 옵션 만기로 거래량은 폭주했다.

마지막 한 시간 동안 다우지수를 보합 근처까지 밀어낸 매도세력이 의미심장하게 보인다.

금요일에는 다우공업주 중에서 4개 종목만이 장중 최고가로 마감했을 뿐, 나머지 26개 종목은 모두 장중 최고가에서 밀린 상태로 끝났다. 이들 26개 종목들은 대부분 추세가 하락전환된 것으로 판단된다.

이들 중 몇 개 종목은 이번주 다우지수를 끌어올리는 데 크게 기여했던 종목들인데, 금요일에는 저항선에 부딪쳤다. American Telephone주 하락, Coca Cola주 하락, Disney주 하락, McDonald주 하락.

지난 금요일 잠깐 동안 상승세로 질주하는 것처럼 보였지만, CLX 지표는 다시 +6으로 다우지수상승에 대한 '비확인'현상이 나타났다. 지난 8월처럼 시장꼭지와 관련있는 수치이다. NFI 지표는 다시 +9로 껑충 뛰어올랐다. Exxon주에서 1개의 필드 획득, United Technology주에서 2개의 필드 획득, Woolworth주에서 1개의 필드 상실.

최근에 시장을 주도하고 있는 종목을 잘 살펴보면, 1990~1993년 강세주기에 이미 최고를 기록하고 하락했던 주식들이다. 최근의 강세움직임은 하락에 따른 반등세에 불과하다. 예를 들면, Apple Computer주는 4-1/2달러 뛰어올라 28-1/4달러로 상승하면서 나스닥을 달구었다. 그러나 나는 애플주를 지난 1월 60달러 선에서 공매도하라고 추천했다. Kellog주는 금요일에 3-1/4달러 반등하여 56달러 선을 기록했다. 우리는 이 종목을 1992년 1월 68달러 선에서 팔고 빠져나왔다. Phillip Morris주는 장기보합국면에서 벗어나고 있다. 이번 주에는 아주 움직임이 좋아져서 금요일 53달러 선으로 상승했다. 물론 우리는 1992년 1월 82달러 선에서 팔고 빠져나왔다. 개별종목들의 이런 움직임을 봤을 때, 시장이 새로운 상승세를 이끌어나갈 힘이 없다고 판단된다. 이런 종목들은 이미 지금의 강세시장 사이클에서 보여줄 수 있는 최고가를 이미 보여주었고 더 이상의 시세는 없다.

전문투자가들은 마지막 환호성이 나올 때까지 시장에서 머물지 않는다. 그들은 지금의 상승장세를 매도기회로 이용하고 있음이 분명하다.

1993년 10월 18일, 월요일 저녁(생략)
1993년 10월 19일, 화요일 저녁(생략)
1993년 10월 20일, 수요일 저녁(생략)
1993년 10월 21일, 목요일 저녁(생략)

14

안전지대 이론

1993년 10월 21일
부정적 견해는 강세

이번 주에는 시장 심리학에 새로운 시각을 제공하고 싶다. '안전지대이론'이라 이름붙였다. 내용은 간단하다. 즉, '안전지대'라고 말하는 것들은 사실은 위험한 덫이다. 이것이 내 이론의 전부다. 지난 주 '할로윈의 이중가면'은 '지나치게 노출된 두 가지 시장관은 서로 중화되어서 결국에는 원래의 전제가 옳다'는 뜻이다.

강세론의 근거는 부정적 견해(약세감정)가 폭 넓게 퍼져 있다는 사실에 있다. 그래서 부정적 견해는 강세신호라고 보는 것이다. 그러나 내가 보기는 그렇지 않다. 모든 사람들이 다 아는 것은 쓸모없다. 널리 퍼진 부정적 견해로 말미암아 사람들은 이것을 강세신호로 받아들이고 있고, 강세신호로 받아들이는 사람들이 많다는 사실은 시장을 긍정적으로 본다는 뜻이 되고 만다. 결국 사람들은 시장에 대하여 부정적 견해를 갖고 있는 것이 아니라 오히려 긍정적 견해를 갖고 있다고 말할 수 있다. 따라서 대중들의 의견은 '강세감정'이므로 약세신호다.

1987년의 블랙 먼데이는 반복되지 않는다

강세론자들이 시장은 하락할 수 없다고 말하는 이유를 살펴보자. 그들은 장막을 치고 안전지대에 숨어 있다. 지난 주는 내 생각대로 시장이 움직였다. 10월 19일 CBNC-TV는 1987년 블랙 먼데이 6주년 기념방송을 하였다. 블랙 먼데이(1987.10.19)를 연구한 것은 하나의 안전지대를 확보하기 위한 것이다. 그것은 시장붕괴의 두려움을 제거시킨다. 지미 로저스는 지금과 그때를 비교하면서 시장이 붕괴되지 않을 것이라고 말했다. 그래서 우리는 주가가 폭락하지 않을 것이라고 믿게 된다. 그러나 나는 이것이 안전지대가 아니라고 주장하며 증시가 폭락할 수 있다고 말한다. 안전하다고 보이는 것이 실제로는 전혀 안전하지 않다는 것이 나의 '안전지대 이론'이기 때문이다.

이자율과 채권시장이 주식시장에 호재로 작용한다

블랙 먼데이 당시에는 채권시장이 재차 하락세로 들어갔지만 지금은 그때와 반대로 채권시장이 상승세를 보이고 있다. 그래서 증시폭락은 없다고 한다. 채권시장은 또 하나의 '안전지대'이다. 이자율이 낮기 때문에 주식시장은 쉽게 하락하지 않을 것이라고 생각한다. 이런 생각은 위험한 아전인수격 해석이다. 그러나 대중들의 마음은 편하다. 증시역사를 되돌아보자. 과연 그러한가? 시장꼭지에서는 언제나 일방적이고 압도적인 대중들의 시장관이 팽배했었다.

금리가 낮기 때문에 자금이 지속적으로 뮤추얼 펀드로 들어온다

뮤추얼 펀드로 자금이 들어오기 때문에 시장은 폭락하지 않는다고 말한다. 뮤추얼 펀드는 강세론자들의 안전지대이다. 그러나 그 반대현상이 곧 일어날 것이라고 생각한다. 즉, 주식에 몰렸던 펀드가 자금시장으로 돌아갈 것이다. 정부에서는 뮤추얼 펀드가 안전하지 않다고 보고 있다.

강한 ADL하에서는 시장은 하락하지 않는다

ADL은 다우지수와 함께 꼭지를 칠 수 있다. 1968년 12월 3일에도 그랬다. 강세론을 가진 많은 기술적 분석가들이 바로 이 점에 근거를 두고 있다. 그들도 나름대로의 '기술적 안전지대'를 가지고 있다.

주식을 계속 보유해야 한다. 달리 갈 곳이 없으므로...

현금이 마지막 선택이라고 판단되면, 그때 현금으로 돌아갈 것이다. 그때가 언제일까? 현금이 왕인 시절이겠지. 그때가 되면 주식은 더 이상 안전지대가 아닐 것이다.

결론: 약세시장이 시작되면 다우지수를 포함한 모든 지표들이 하나도 남김없이 뒤바뀔 것이다. 버뮤다 삼각지에서 비행기가 뒤집어지듯.

1993년 10월 23일, 토요일 오후

"임금님은 벌거숭이래요."

다우지수는 금요일 장중 40p 가까이 상승하면서 폭등세를 보였다. 그러나 상승을 확신시키는 어떤 지표도 없었다. 다우지수는 발가벗겨졌고 하향반전을 위해 준비하는, 앉은 오리신세가 되었다. 하루종일 상승마감할 것 같았지만, 8월 25일 고점수준(3,652.09p)을 26p 이상 넘자 불안감이 시장에 돌면서 밀리기 시작했다. 결국 다우지수는 13.14p 상승에 그쳐 3,649.30p 수준으로 마감했다. 다우운수주도 10p 상승했었으나 곧 떨어져 0.85p 상승으로 마감했다.

주식시장을 지원해 주던, 채권시장은 27/32 폭락했고 수익률도 5.97%로 상승했다. 다우공익사업주는 2.44p 떨어져 240.51p 기록했다. 10월 13일의 바닥 그리고 오늘의 바닥, 쌍바닥을 만들고 있다. 폭락이 임박한 것으로 보인다.

채권시장의 폭락으로 금리민감주에 충격을 주었다. 보통주 신고가가 81개 종목, 우선주 신고가가 9개 종목이었다. 기대했던 대로, 금리민감주들의 침몰은 ADL의 중심부를 강타한 셈이다.

우리는 지난 주 매일 ADL이 하락하는 것을 보았다. ADL이 이 정도 하락하였기 때문에 다우지수의 상승을 확인하기 위해서는 다우지수가 신고가를 경신해야 할 정도다.

클라이맥스 지표는 다우지수가 13p 상승했는데도, 변화없이 -1을 기록하였다. NFI 지표는 블루칩 상승세에 힘입어 상승세를 타고 있다. +11로 상승했다. International Paper주에서 1개의 필드를 얻었다.

금광주 지수는 초기의 약세에서 벗어나 후반 멋진 상승세를 보였다. 금광주는 금리민감주와 반대로 움직이는 주식이다.

1993년 10월 25일, 월요일 저녁(생략)

1993년 10월 26일, 화요일 저녁(생략)

1993년 10월 27일, 수요일 저녁(생략)

1993년 10월 28일, 목요일 저녁(생략)

1993년 10월 30일, 토요일 오후

등락을 거듭하는 혼조 속에서, 목요일 후반 다우지수는 +44p 상승했다가 +23.20p로 상승폭이 줄어들며 하향세로 돌아섰다. 금요일엔 7.27p 하락하며 3,680.59p 수준에서 마감했다. 여기에서 관심을 두어야 할 점은 다우지수가 이번주에 31.29p 상승했다는 점이 아니고, 목요일 오후의 고점보다 27p 낮은 수준으로, 장중최고치보다 매우 낮게 끝났다는 점이다.

예를 들어, 목요일 다우공업주 중 5개 종목이 장중 고점 대비 1달러 이상 밀려서 끝났다. 금요일엔 전날의 고점대비 1~3달러 이상 밀린 종목이 13개 종목으로 늘어났다. 이 종목들이 대부분 하락세로 반전되었다는 의미를 지니고 있다. 지수상승을 이끌었던 종목들도 폭락에 동참할 것이다. 이스트먼 코닥주는 최고가 대비 2-1/8달러 하락해 있고, 제너럴 모터스주는 최고가 대비 2달러 하락해 있다. 이 두 종목은 목요일 다우지수 상승폭의 60%를 차지했다.

심지어 상승으로 마감한 몇몇 종목들도 장중최고가 대비 아래로 처져 있는 상태로 하락세로 반전했다. 특히 필립모리스주는 상승마감하였지만, 최고치 55-3/4달러에서 53-3/4달러로 떨어졌다. 13개의 다우지수 종목이 오늘은 최고치 아래에서 잘 버티고 있지만, 새로운 상승을 확신할 수 없게 되었다.

클라이맥스 지표는 +3에서 +1로 하락했는데, 최근 다우지수의 상승세를 좇아가지 못하고 있다. NFI 지표는 American Telephone주에서 1필드 상실하여 +14에서 +13으로 하락했다. 이로써 NFI는 최근 3일간 15-14-13으로 변화해 왔는데, 이것은 1990년 7월 강세시장주기의 꼭지와 똑같다.

Federal National Mortgage주는 77-7/8달러로 떨어져 오늘의 최저치로 마감했다. 폭락이 임박한 것으로 보인다. 75달러 이하로 하락하면 곧바로 70달러로 폭락할 것으로 기대된다. 우리는 12월물 풋옵션(행사가격 75달러)을 보고 있는데, 지금이 절호의 매수기회인 것 같다.

금광주 지수는 계속 견조하게 움직이고 있다.

1993년 11월 1일, 월요일 저녁(생략)

1993년 11월 2일, 화요일 저녁(생략)

1993년 11월 3일, 수요일 저녁(생략)

1993년 11월 4일, 목요일 저녁(생략)

1993년 11월 6일, 토요일 오후

10월 28일 하락세로 반전.

그리고 곧 이어 폭락신호가 나왔다. 다우지수는 금요일 18.45p의 기술적으로 의미없는 반등세를 보였지만, 이번 한 주 동안 37.16p 하락하여 3,643.43p로 끝났다. 다우운수주와 다우공익사업주 또한 금요일에 반등했지만, 이번주에 보여주었던 시장내부세의 절망적 손실을 감출 정도는 아니었다. 예견된 바와 같이, 선행지표인 ADL은 3일간 하락으로 9월 21일 수준(다우지수 3,537p)으로 되돌아갔다.

이번 주의 핵심적 변화는 신고가 신저가 지표에서 나왔다. 금요일 다우지수 상승에도 불구하고 신고가 종목수가 12개, 신저가 종목수가 99개를 기록하면서 하향돌파했다. 이는 올해 최악의 수치이다. 시장 안에 감춰진 썩은 상처를 드러낸 것이다.

클라이맥스 지표는 금요일 -10에서 0으로 개선되었다. 그러나 NFI가 +6에서 변화없이 머물렀다는 점은 금요일의 상승은 단순한 반등에 불과하다는 것을 말해 주고 있다.

Philip Morris주, P&G주가 다우지수 상승폭의 절반 이상을 이끌었지만, 이 종목들은 OBV up을 기록하지 못했다. 지수 영향력이 큰 종목들이 기술적으로는 가치가 없다는 사실을 증명해 주고 있다. NFI에 근거한 우리의 '전쟁지표'(역자주: 이라크의 쿠웨이트 침공 당시에 나타난 NFI 지표 수치를 전쟁지표라 이름붙였는데, 이런 수치가 나오면 시장은 급락한다는 의미)는 4일 동안 작동하고 있는데, +2나 그 이하로 하락해야 '전쟁'이 시작된다. 헤드라인 진화론(역자주: 다음절 참조)으로 시장변화의 흐름을 살펴보자.

① 9월 뮤추얼 펀드 판매의 급감

② 뮤추얼 펀드 지표의 급락

③ 9월의 경고는 옳았다

Bankers Trust주, Merrrill Lynch주, Motorola주를 공매도한 사람들은 큰 이익을 보지는 못했다. 그런데 금요일 Autodesk주의 급락으로 생각지도 않은 기쁨을 얻었다. 계속되는 채권시장의 급락으로 장기채권의 수익률은 6.21%로 상승하였다.

우리가 추천하고 있는 금광주는 이번 주 상승세를 잘 타고 있다. 더 올라갈 것 같다.

1993년 11월 8일, 월요일 저녁(생략)
1993년 11월 9일, 화요일 저녁(생략)
1993년 11월 10일, 수요일 저녁(생략)

15

재앙

1993년 11월 11일
전쟁지표

그동안 나와 함께 했던 사람들은 1990년 8월 2일자 정보지의 타이틀 '8월 재앙'을 기억할 것이다. 항상 글을 발송하기 이틀 전에 쓰고, 발송일로 글의 날짜를 기록하므로, 8월 2일 쿠웨이트가 침공당할 것도 다우지수가

635p 급락할 것도 몰랐던 것은 분명하다. 나는 재앙이론을 모른다. 그러나 지금의 시장이 1990년 8월 2일 쿠웨이트 침공 2~3일 전과 같다고 말할 수 있다. 그것도 재앙이 곧 닥칠 것이라는 것까지도. 기술적 분석을 통해 미래에 일어날 사건을 정확하게 알 수는 없다. 그렇지만 과거에 있었던 위험과 유사한 위험이 있을 것이라고 말할 수는 있다. 그래서 달리 증명되기 전까지는, 1990년 7월 시장꼭지에서 나온 지표들과 유사한 상황을 보고 가능성이 크다고 주장할 수 있다.

NFI(필드 트렌드 순지표)를 통해 1990년 7월 꼭지와 지금 시장상황을 비교해 보겠다.

날짜	1990년 당시	NFI	날짜	1993년 지금	NFI
7. 18	2981.68	+15	10. 27	3664.66	+15
7. 19	2993.81	+14	10. 28	3687.86	+14
7. 20	2961.14	+13	10. 29	3680.59	+13
7. 23	2904.70	+9	11. 1	3692.61	+12
7. 24	2922.52	+6	11. 2	3697.64	+12
7. 25	2930.94	+6	11. 3	3661.87	+9
7. 26	2920.79	+5	11. 4	3624.98	+6
7. 27	2989.51	+4	11. 5	3643.43	+6
7. 30	2917.33	+4	11. 8	3647.90	+7
7. 31	2905.20	+3	11. 9	3640.07	+7
8. 1	2899.26	+4	11. 10	3663.55	+7
8. 2	2864.60	+2	11. 11		

즉, 충격적 뉴스가 임박한 듯 보인다. 위험 NFI 수준은 +2이다. 1990년 8월 3일 쿠웨이트 침공 다음 날 +2 아래로 내려가면서 7개 필드를 잃었다.

그랜빌의 최후의 예언

나는 군사적 충격을 배제할 수 없다. '사막폭풍'(작전명)이 있기 바로 직전 방위산업관련주들이 빠르게 상승했다. 지금은 General Danamics주, Grumman주, Martin Marietta주, McDonnell Douglas주, Rockwell Manufacturing주 그리고 Unitrd Technologies주 등이 포물선 상승 패턴(급등 패턴)을 보이고 있다. 그리고 국방비지출삭감 조치가 주가에 부정적 영향을 주지 않았다. 참으로 흥미있는 일이 일어나고 있다.

현재의 주가하락세는 10월 28일의 반등으로부터 힘을 얻었다. 그 날 다우지수는 장중 44p 올랐다가 +23으로 상승마감했다. 내부적으로 다우지수 관련주들은 반락 이후 회복하지 못하고 있다. 장중최고치를 기준으로 다우지수관련종목들이 어느 정도의 수준에 와 있는가를 확인해 보자. 10월 29일 다우공업주 중 5개 종목이 장중최고치에서 1p 이상 하락해 있다. 11월 1일 13개 종목으로 늘어났다. 11월 2일에는 다우지수가 신고가를 기록했지만, 여전히 12개 종목이었다. 11월 3일엔 15개 종목으로 다시 늘어났고, 11월 4일에는 21개 종목, 11월 5일에는 23개 종목, 11월 9일에는 22개 종목을 기록하였다. 개별주식을 보면, 10월 28일의 장중최고치와의 차이는 최고 4-3/4달러(Chevron주)와 4-1/4달러(GE주)까지 되었다. 이것들을 보면 다우지수가 신고가를 경신할 가능성은 요원해 보인다. 만약 다우지수가 한 번 더 신고가 경신에 성공한다면, 나중에는 더 큰 하락세가 이어질 것이다.

가장 주요한 기술적 지표는 신고가 신저가 지표, ADL이다. 우선 신고가 신저가 지표를 보자. 1990년 이후의 강세 주기에서 나온 신고가 종목수의 최고치는 1991년 12월 31일에 기록한 336이다. 내가 언제나 주장하듯이, 진정한 상승세란 신고가 종목수가 지속적으로 늘어나는 상승세만을 말한다. 그러나 1992년 건강/의약관련주(우리는 정확히 최고치에서 빠져나왔다)의 폭락으로 시작된 1992년부터 뭔가 잘못되기 시작했다. 지난주 신고가 종목수와 신저가 종목수가 역전될 때까지, 신고가 종목수는 계속 감소하였다.

이쯤해서 "두 개의 검은 피라미드의 비밀"에 대해 간단히 이야기하고 넘어가자. 이것은 Short Range Oscillator(쇼트 레인지 오실레이터) 차트에 근거를 두고 있다. 다우지수 500p 상승을 촉발한 '사막폭풍작전'과 똑같은 시기에 이 거대한 검은 피라미드가 나타났다. 그 후 두번째 검은 피라미드는 1991년 12월~1993년 1월 사이에 나타났다. 이때도 다우지수가 500p 상승했다. 우리가 그 당시 500p 상승시세를 모두 먹었던 것을 기억할 것이다. 오실레이터는 ADL과 거래량에 기초를 두고 있는데, '1992년과 1993년에 다우지수신고가를 기록했는데도 세번째 검은 피라미드를 왜 만들지 못했을까?'는 미스터리이다. 그러나 우리는 그 답을 안다. 그것은 디카토미 현상 때문이다. 그래서 시장참가자들이 수익을 얻지 못했다. 시장상황은 악화되고 있다. 최근의 차트 모양은 오실레이터가 천천히 내려가고 있고, 과매도 영역으로 진입하고 있다.

(부록에서 자세한 내용을 보라)

ADL을 보자. 그것은 10월 15일 -48,915로 피크를 이루었다. 1990년 7월 꼭지에서 그랬듯이 일단 2,000 이상 떨어지면 되돌아가기가 쉽지 않다. 최근 11월 4일 ADL이 2,000 이상 하락하면서 마지노선을 깨고 아래로 떨어졌다. 아직도 회복을 못하고 있다. 그 당시 ADL이 최고치를 기록했던 주요 이유는 전체시장의 1/3이 금리민감주로 구성되어 있기 때문이다. 반대로 지금은 이자율이 이미 바닥을 쳤기 때문에 '금리민감주식'은 주식시장에서는 걸레주식으로 취급되어 주가가 계속 하락하고 있다. 이 주식들이 ADL을 끌어내리고 있는 것이다. 최근 주기적인 주식(주기적으로 상승과 하락을 반복하는 주식들을 말한다. 대체로 바닥에서 횡보하는 주식들이 이에 해당된다)들에 의해 반등이 시도되고 있지만, 기술적으로 의미있는 시도라 보기는 어렵다.

헤드라인 진화론

　뉴스를 접할 때 이런 방식을 쓰면 아주 재미있게 뉴스를 볼 수 있다. 한 사건이 나오면 다음에 어떤 뉴스가 나오는지를 잘 살펴보는 것이다. 나는 이것을 '헤드라인 진화'라 부른다.

　최근의 예: IBD의 10월 29일자 헤드라인은 "펀드 판매 9월 급감". 얼마 후 11월 8일자 IBD 헤드라인은 "뮤추얼 펀드 지수 급락". 두 헤드라인 사이의 관계는 흥미를 이끌고, 종종 하나의 헤드라인을 보면 다음에 무엇이 나올 것인지 정확하게 예측할 수 있다.

　다른 예: 채권의 투기에 대한 기사인데 곧 채권가격의 급락을 가져왔다. 또 "주식을 사기에 가장 멋진 시대"라고 신문에 나오고 4일 후인 9월 7일 다우공익사업주가평균은 꼭지를 쳤다.

16

옛날이야기

　옛날 영향력 있는 재정가들이 대중을 엿먹이고 자신들의 이익을 취하기 위해 주식시장을 출범시킬 것을 결정하였다. 그래서 그들은 그들의 재정적 목적을 위해, 시장의 지수(주가평균) 계산에 포함되는 주식에만 매입을 집중시키고 그렇지 않은 주식들은 팔아버리는 전략을 채택하였다.

재정가들이 하늘에서 시장을 내려다보면 어떤 모습일까? 마치 오늘 나스닥에서 보여진 것처럼! 언론에서는 나스닥지수가 신고가를 경신했다고 떠들어댄다. 공식적인 보도의 전형이다. 언론의 앵커들은 단지 자기 손에 있는 기사만을 읽을 뿐이다. 사실여부는 묻지 않는다. 내가 'averagitis'(평균주의자, 지수주의자)라 부르는 질병에 사로잡혀 있다. 'averages'(지수)에 의해 교묘히 변장하고 있지만, 우리는 안다. 시장 내부적으로 얼마나 심각한 디카토미 현상이 벌어지고 있는지 쭉 지켜보았다. 여기 그 증거가 있다.

조사결과, 모든 나스닥 종목 중 66%가 최고치 대비 10% 이상 하락한 것으로 나타났다. TV 경제비평가들의 말만 듣던 사람들이 이 말을 들으면 어리둥절해할 것이다. 그 비평가들은 시장의 실제상황보다는 나스닥지수가 신고가를 냈다는 사실이 더 중요하다고 생각한다. 그러므로 오늘의 대중은 나스닥 시장이 좋은가 보다 하고 잘못 생각한다. 1929년을 연상시킨다. 그때도 지수주의자(평균주의자)들이 시장이 지속적 상승세에 있다고 말했다. 그래서 나스닥 버블(거품)은 곧 터져 내부의 썩은 상처를 드러낼 것으로 본다.

내가 애초에 시장 내부의 디카토미 현상이 지금 시장에서 일어나고 있다고 규정짓고, 1992년에 U.S.Surgical주, Apple Computer주, Merck주, Philip Morris주 등 많은 주식들을 팔고 나오라고 했던 것을 독자들은 안다. 이제 시장은 꼭지권에서 완전히 무르익었다.

경제는 더욱 강해지고 있다. 지난 1월 나는 CNBC에서 다음과 같은 질문을 하였다. "만약 경제가 악화되는 상황에서 다우지수가 800p 상승할 수 있다면, 경제가 좋아지는 상황에서 다우지수가 800p 하락할 수도 있지 않겠는가?"

내부적으로 시장이 점점 약화되고 있다는 사실은 접어두더라도, 금리 민감주에 대한 투자자들의 관심이 점점 없어지고 있다. 앞으로 나올 경고 신호는 다음과 같다.

① 채권시장에서의 투기
② 최근의 프라임레이트 인하조치는 미끼
③ 은행주지수에서 나오는 조기경보
④ 다우공익사업주에서 나오는 조기경보
⑤ 3/4분기 기업이익 급증

이들을 각각 살펴보면, 채권시장은 꼭지를 쳤고 회복은 요원하다. 10월 18일의 프라임레이트(prime rate) 인하조치는 미끼라고 생각한다. 그 조치에도 불구하고 채권시장은 급락했고, 은행주도 급락했다. 시장에 대한 좋은 경고신호였다.

은행주지수와 공익사업주지수의 하락은 아주 중요한 의미를 갖는다. 3/4분기 기업실적 발표는 케익에 당분을 얹는 것일 뿐! 특별히 달라진 게 없다. 미래의 수익이 이미 주가에 반영되었기 때문에, 더 이상 재료로서의 가치는 없을 것이다.

기업실적은 환상이며, 시장에서 미끼로 작용한다. 주가가 수익과 큰 상관관계가 있다면, PER(주가수익비율)는 안정적이어야 한다. 그런데 실제로는 PER가 탁구공처럼 오르락내리락 한다. IBD가 발표하는 EPS최상위 등급을 받은 주식 대부분이 하락 직전에 최고등급을 받았다. 낮은 EPS 하위등급을 받은 주식들 대부분이 상승 직전에 최저등급을 받았다. 대표적인 예로 U.S.Surgical주는 1992년 1월 134-1/2로 꼭지를 치던 시기에 EPS 등급점수가 99점이었다. 또 하나는 T-2 Medical는 꼭지를 치던 당시 IBD가 준 EPS 등급점수는 99점이었다.

이를 종합해 보면, 시장에 대해 거는 가장 큰 기대감(채권가격의 상승, 기업수익 증가)이 사라지고 있음을 알 수 있다. 금리에 대한 기대가 사라지면, 금리민감주는 기술적 종말을 고하게 된다. 채권, 우선주, 다우공익사업주, 은행주, 보험주, Fannie Mae주, 그리고 증권주 등 금리민감주는 모두 끝장이다.

1993년 11월 13일, 토요일 오후

채권시장의 극적 상승 때문에, 내가 예측한 금요일의 하락은 일어나지 않았다. 반대로, 다우지수는 신고가를 경신했지만, 28p의 상승에서 22p로 밀리며 3,648.51p로 마감했다. 운수주는 신고가를 기록, 공익사업주는 거의 1p 정도 소폭 상승에 그쳤다(이건 드문 일이다). 그러나 채권수익률의 상승 패턴으로 볼 때, 주식시장의 상승세가 계속 이어지지 못할 것으로 보인다.

이상하게 다우지수의 상승세에도 불구하고 신고가 종목은 5% 증가했을 뿐이고 신저가 종목은 100% 증가했다(23개 종목에서 46개 종목으로). ADL은 정상적으로 상승했다. 그러나 ADL은 여전히 최고치에서 2,000 아래에 있고, 다우지수 상승을 '확인'해 주지 않고 있다. 그래서 시장은 급락할 준비가 되어 있는 상태이다.

클라이맥스 지표는 -1에서 +5로 올라섰지만 지표에서 힘을 느낄 수 없다. 8월 24일 이후 두 자리의 수치가 없었다는 것은 미스터리다. NFI는 Exxon주에서 1개 필드를 잃으며 +5로 하락했다. NFI는 +15로 피크를 만든 후 위험수준으로 떨어지고 있다. 이는 1990년 7월의 수치와 같다. 조만간 Bethlehem Steel주, McDonald주, United Technology주에서 각각 두 개씩의 필드를 잃을 가능성이 있다. NFI가 +2 이하로 떨어진다면 기술적 위험신호가 될 것이다.

대부분 종목들은 이미 꼭지를 치고 내려왔다. 최근의 강세는 반등시세에 불과하다. Philip Morris주는 금요일 2-1/4달러 껑충 뛰어올라 59달러로 마감했다.

그러나 1992년 82달러 선에서 이미 매도추천했었던 종목이다. 지금은 상승저항선인 60달러에 근접했다. 나라면 매도하겠다.

시장의 관심은 계속 금관련 주식에 가 있다. American Barick주와 Horsham주는 이번주 상승으로 신고가를 기록했다. 매도지정가를 계속 올려라. 그리고 앞서 지적했듯이 부분매도를 통해 이익을 계속 취하도록 하라.

1993년 11월 15일, 월요일 저녁(생략)
1993년 11월 16일, 화요일 저녁(생략)
1993년 11월 17일, 수요일 저녁(생략)
1993년 11월 18일, 목요일 저녁(생략)

17

마지막 강세함정

1993년 11월 18일

NAFTA에 관한 의회의 중대한 투표(대형호재)가 있기 하루 전, 다우지수는 33.25p 치솟아 3,710.77p를 기록, 종가기준 신고가로 마감했다. 다우운수주도 신고가를 기록했다.

이것은 무엇을 의미하는가? 다우이론상으로 볼 때 이것은 확인된 신고가라 할 수 있다. 그러나 그렇지 않은 경우가 있었다. 1929년 9월 3일 다우지수가 신고가를 기록했고, 운수주도 동시에 신고가를 기록했었다. 다우운수주가평균이 확인해 주었지만, 다우지수의 신고가 기록은 이어지지 못하였다.

오늘의 두 지표도 그때와 마찬가지인데, 급박한 위험을 동반할 수 있다. 1929년 신고가를 기록할 당시에는 신고가 종목수가 54개, 신저가 종목수가 19개였다. ADL은 그 전해인 1928년 12월에 피크를 이루었다.

1993년 11월 16일 신고가를 기록할 때, 신고가종목이 73개, 신저가종목이 49개였다. ADL은 10월 15일 고가 수준보다 2,400 정도 밑으로 처져 있다. 이처럼 기술적 적색경보하에서 나온 다우지수의 신고가 기록은 강세함정일 가능성 크다. 나프타 투표와 같은 호재를 보고 주식매수에 나서는 것은 덫을 건드리는 것과 같다. 이런 것이 가장 전형적인 강세함정이다.

다우지수의 신고가 기록 — 실제로는 무의미한 신고가 기록 — 은 교묘한 주식순환의 산물이다. 대부분의 다우공업주는 이미 오래 전에 꼭지를 쳤다. 다우지수 편입종목의 OBV 최고기록과 최고기록을 낸 날짜를 살펴보라. 다우지수가 신고가를 기록했다고 난리법석을 피우지만, 다우공업주의 1/3이 1992년에 OBV 최고치를 기록했다. 직전 고점을 기록한 11월 16일에는 다우지수관련 30종목 가운데 겨우 3종목만이 OBV 신고치를 기록했을 뿐이다.

힘을 지속시키기 위해서는 IBM주와 Philip Morris주처럼 바닥에서 달리기를 다시 시작할 필요가 있었다. 만약 이번 강세주기에서 최고의 주가 상승을 기록하면서 이미 보여줄 것을 다 보여준 그런 종목들에 대하여 사람들이 투자를 계속한다면, 전체 강세주기가 끝난 것으로 판단해도 된다.

주식매도 타이밍이 늦어져 때를 놓치는 이유는 다우지수 때문에 실제 시장상황에 주의를 기울이지 않기 때문이다. 그러므로 다우가 심각하게 내려갈 때는 이미 다른 주식들은 여러 달 전부터 하락하고 있었다. 그래서 한참 후에야 팔게 되는 것이다. 즉, 다우지수가 바로 마지막 함정인 것이다.

지난 8월 시장위험경보를 발했을 때 부족했던 유일한 요소는 채권의 하락세와 ADL의 하락세였다. 지금은 이 두 가지가 '매도신호'의 핵심이다. 시장의 1/3은 금리민감주식으로 구성되어 있다(채권가격이 하락하면 금리민감주식은 하락한다). 이들이 지금 피크에 있으므로, 더 이상 ADL은 상승할 수 없는 상황이다.

ADL이 10월 15일의 피크 이후 회복될 수 없는 이유가 여기에 있다. 지금의 시장꼭지를 1990년 7월의 시장꼭지와 비교하면서, ADL이 최고치에서 2,000 이상이 빠지면 회복이 불가능하다고 말했었다. 그리고 두 시기의 NFTI 지표(필드 트렌드 순지표)가 비슷하게 움직였는데, 특히 둘 다 +15에서 피크를 쳤다는 점과 그 후에는 둘 다 급격히 하락했다는 점은 놀라울 정도라고 말했었다.

1993년 11월 20일, 토요일 오후

대형호재가 나왔다고 생각했지만, 다우지수는 NAFTA 투표 전날(화요일)에 기록했던 3,710.77p에서 더 상승하지 못하고, 3,694.01p에서 한 주일을 마감했다. 다우지수 신고가가 호재발표 전에 기록되었다는 사실은 강세함정으로 판단된다. 이것은 아마도 시장내부 분석수치가 올해 들어 기술적으로 가장 약한 것을 보면 잘 확인된다. 금요일 옵션 만기일에 다우지수만 9.67p 상승했고, 나머지는 모두 장중 내내 크게 하락했다. NYSE와 나스닥 모두, ADL이 계속 하락해서 앞으로 시장이 크게 하락하리라 예고하고 있다.

다시 신저가 종목수가 신고가 종목수를 크게 압도하였다. 이는 약세시장에서 기술적으로 당연히 생기는 일이다. 채권시장은 금요일에 박살났다. 장기채권이 1-1/32 하락해, 하루 만에 채권수익률이 6.23%에서 6.33%로 올랐다.

금리민감주식들의 전반적 하락세로 ADL이 크게 하락했다. 클라이맥스 지표는 금요일 -5에서 0으로 상승했지만 NFI 지표는 +6에서 +4로 하락했다. Sears주에서 1필드, United Technologies주에서 1필드를 잃었다. American Express주도 거의 1필드를 잃을 뻔했지만 보합으로 종가마감했다. 필드를 잃을 새로운 후보 종목에 Allied-Signal(1필드), McDonald(2

필드)이 포함되었다. 이 종목들이 하락하면 NFI는 +1로 하락하게 된다.

약세론이 강하다. 내 지표분석 수치들을 보면 약세론자가 이긴 것 같다.

Fannie Mae주는 지금 하락중에 있다. 금요일 74-3/4달러로 하락 마감했고, 지금 삼중바닥을 깨고 하락하고 있는데, 1차지지선인 58~60달러선까지 폭락할 것으로 보인다.

Merrill Lynch주는 금요일 90-1/4달러인데 68달러까지, Motorola주는 80달러까지 하락할 것으로 보인다. Paramount Communications주는 이번 주 계속 하락해서 OBV가 엄청나게 붕괴되었다.

시장전망: 시장은 조만간 붕괴될 것이다. 금값은 강한 상승세를 보일 것이다.

1993년 11월 22일, 월요일 저녁(생략)

1993년 11월 23일, 화요일 저녁(생략)

1993년 11월 24일, 수요일 저녁(생략)

1993년 11월 27일, 토요일 오후

이번주는 연중 가장 강세를 띤다고 알려져 있는 추수감사절이 낀 한 주다. 하지만 결과는 다우지수가 주중 10.06P 하락(금요일 3.63P 하락)하여 3,683.95p 수준이었다. 모든 사람들이 큰 상승을 기대하고 있는 상황하에서 나온 결과이다.

오일 주식들이 다우지수를 끌어내렸을 뿐, 그 외 주식들은 괜찮았다. 그렇지만 9천만주밖에 되지 않는 거래부진 양상 때문에 좋은 점수를 주기 어렵다. 예를 들어 UAL은 5-5/8달러나 상승했지만 거래량이 너무 적어 OBV lower-up 표시를 만들지도 못했다.

신고가 신저가 지표는 신고가 종목수가 32개, 신저가 종목수가 17개로 신고가 종목이 신저가 종목보다 더 많아짐으로써 다소 긍정적 분위기로 바뀌었다.

그러나 이런 변화는 신고가 종목수가 늘어난 것이 아니고, 신저가 종목수가 일시적으로 감소한 때문이다. 클라이맥스 지표는 변화없이 +3에서 유지. NTF지표는 International Paper에서 1필드 획득하며 +4로 올라섰다. 하지만 크게 보면, 10월 27일의 +15로부터 계속 감소추세에 있다.

파라마운트사 사건 재판결과에 따른 주가상승기대에도 불구하고, 파라마운트주는 금요일 79-7/8달러로 하락하였다. OBV는 11월 8일 피크를 이룬 후 천백만주 이상 떨어졌다. 앞으로 더 하락해서 다시는 올라가지 못할 것으로 본다.

1993년 11월 29일, 월요일 저녁(생략)

1993년 11월 30일, 화요일 저녁

다우지수가 또 다시 3,700p까지 갔다가 되밀렸다. 장중 20p 상승했다가 전일보다 6.15p 상승한 3,683.95p(정확히 금요일 수준)에서 마감하였다. 유가의 반등세가 다우지수상승을 견인하고 있다. 한 달 동안 다우지수는 3.36p상승했으나, 다우 ADL은 심각하게 하락했고 신고가 신저가 지표도 허물어졌다.

주요지표인 ADL은 다시 떨어졌고, 10월 15일 이후 여전히 하향세에 있

그랜빌의 최후의 예언

다. 오늘 신고가 종목수가 43개, 신저가 종목수가 42개다. 깜짝 놀랄 만한 분석수치가 새로 나왔는데, 어제 '52주 신저가 1포인트 범위내 종목수'(신저가 가능 종목수)는 432개였다. 이 정도의 수치는 수백 개의 신저가 종목이 나올 수 있다는 뜻이다.

이것을 보고 큰 충격을 받았다. 그래서 12월에 시장이 상승할 가능성은 없어 보인다. Paremount Communications주는 78-3/4달러에서 마감되었지만, 이 주식은 OBV하락이 계속 이어지고 있다. OBV 하락폭에 상응하는 주가하락이 곧 있을 것으로 본다.

(역자주: 1993년 11월 30일 이후 시장상황은 10장에서 계속 이어진다. 469쪽의 그림 10-2 참조)

10장
1994~1995년의
폭락

Granville's Last Stand

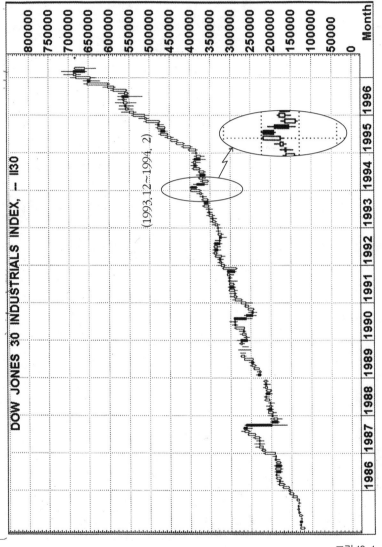

1993.12~1994.2(월봉)

DOW JONES 30 INDUSTRIALS INDEX, — 1130

(1993.12~1994. 2)

그림 10-1

1993.12~1994.2(일봉)

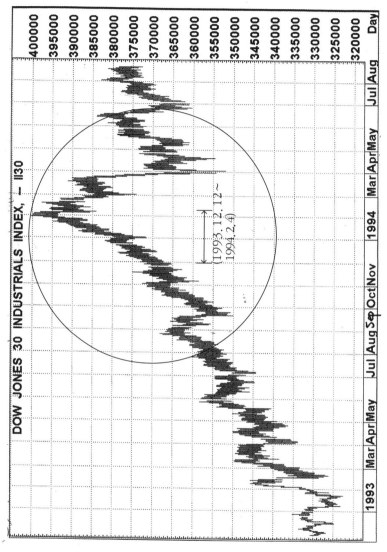

그림 10-2

1993.12~1994.2(일봉) 꼭지까지의 상승시세

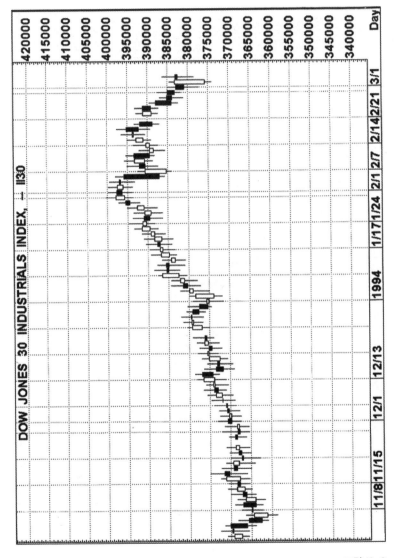

그림 10-3

그랜빌의 최후의 예언

1994~1995년의 폭락

1992~1994년 동안 내내 나는 시장이 무언가 잘못되었다는 것을 사람들에게 알리고 있었다. 대부분의 사람들은 천성적으로 게으르기 때문에, 월가의 주장을 쉽게 받아들이고, '시장이 신고가를 기록하고 있구나' 하는 지수맹신주의에 빠져 있다.

그러나 1992년 1월 암처럼 시작된 디카토미 현상에 의한 시장의 양극화로 1993년 1월 주식을 산 사람들이 1994년 1월까지 다우지수가 계속 올랐지만 손해를 보고 있었다. 1929년에도 그랬다. 오히려 지금은 더 좋지 않은 상황이었다. 1994년 1월, 나는 이런 사실을 알고 난 후에 너무나 화가 나서 다음과 같은 글을 썼다.

1

잠에서 깨어나 커피향을 느끼자[*]

나는 매일 아침 CNBC-TV 채널의 'Buy-Hold-Sell'이라는 프로그램을 본다.

이 프로그램은 매일 다른 분석가들이 나와서 그 날 정해진 종목과 관계된 정보를 제공하며 전화를 받는 방식으로 진행된다. 나는 그 방송에서 언급된 종목의 이름을 모두 써보았다. 상담을 해오는 주식들은 거의 전부가 물을 먹고 있는 주식들이었다. 그래서 상담을 하는 분석가들을 매우 난처하게 만들었다.

사람들이 손해를 보고 있는 상황이 계속되었다. 다우지수가 1993년 1월 이후로 600p넘게 상승했는데 어떻게 이런 일이 있을 수 있을까? 무엇인가 매우 잘못되었다. 다우지수만 보면 강세시장이지만, 약세시장의 강

---

[*] 내가 분석해 보니까, 기대감 때문에 1993년 1월에 매수했지만 1994년 1월 현재까지 손실을 보고 있었다. 1992년 12월 대중이 들었던 것은 기본적으로는 맞는 말이었다. 그럼에도 불구하고 결과적으로는 이런 좋은 기대감 때문에 하락하기 직전 사람들이 주식을 사게 함으로써 함정에 빠뜨린 결과를 가져왔다. 나는 그때 1929년 증시대공황 당시에 있었던 것과 똑같은 기술적인 문제가 시작되고 있다는 것을 알았다. 대중들은 블루칩의 강세로 인한 다우지수의 상승시세에 눈이 멀어 있었고 주가는 이미 꼭지를 치고 하락하고 있는 바로 그런 상황...

한 기운을 느끼고 있었다.

1929년, 로저 밥슨은 증시대공황 직전 특별한 현상을 발견했었다. 연일 신고가를 경신하던 그 해 9월 초 NYSE에 등록된 1,200개의 주식 가운데 612개 종목이 하락세에 있다고 말했다. 지금의 시장도 마찬가지다. 다우지수는 연일 신고가를 내고 있지만, 반면에 1993년 1월 1일 이후 많은 주식들이 손실을 보고 있다. 나는 알아내리라 결심했다. 그러나 신문에서는 결정적인 정보를 찾을 수 없었다.

다우 경제연구소에서 발간하는 M. C. Horsey라는 차트집이 있다. 이 차트집에는 2,000여 개 종목의 차트가 실려 있다. 이것을 보니까 1929년 9월 밥슨이 말한 그런 현상을 볼 수 있었다.

1993년 11월호에 실린 종목 중 50.5%의 주식들이 평가손을 보고 있었다. 그 결과는 놀라운 것이었다. 1993년 11월 현재 모든 주식 중 56%가 1993년 1월 1일 이후 하락하였다.

오늘 1994년 1월호를 막 받았다. 대충 훑어보니까 58%의 주식이 1993년 1월 1일 이후 하락하였다.

1994년 초의 폭락장을 연구하는 데는 1993년 12월의 시장부터 훑어보는 것이 좋겠다고 생각한다. 과거를 되돌아보면 미래에 대한 단서가 보일 것으로 믿기 때문이다.

1993년 12월 1일, 수요일 저녁(생략)

2

카운트다운

1993년 12월 2일

내가 무엇을 밝히려고 하는지 아무도 모를 것이다. 내가 이것을 쓰고 있을 때, 다우지수는 신고가 경신을 시도했지만, 반면 52주 신저가 종목수가 432개나 된다.

신저가 종목수는 지난 1년 동안 계속 증가했고, 이제는 2~4주내에 시장 붕괴가 있을 것임을 예고해 주고 있다.

(CNBC의 Roy Blumberg의 메모: 신저가 종목수가 11월 22일 갑자기 105까지 증가했다고 내가 말하니까, 로이가 깜짝 놀랐다. 신저가 1포인트 범위내에 들어 있는 종목이 얼마나 많은지 알면 뒤로 까무러칠 것이다. 이제 몇 주 안에 신저가 종목수가 수백 개로 증가할 것이다)

내가 소개했던 이 계산기법은 시장의 중요한 변화를 자동적으로 추적한다. 1987년 10월 26일은 매수신호, 1989년 8월 15일은 매도신호, United Airlines주의 붕괴 예고, 1989년 10년 13일은 짧은 폭락, 1990년 8월 2일 쿠웨이트 사태(이라크의 쿠웨이트 침공)로 인한 다우지수의 635p 대폭락, 1991년 1월의 Persian Gulf 전쟁 등 결정적인 시장변화를 정확히 맞추었다. 지금 신고가 신저가 수치로는 다우지수가 꼭지를 치고 폭락할 것임을 예고해 주고 있지만, 사람들은 그 신호를 모를 것이다. 1993년 4월 6일 신고가 1포인트 범위내 종목수가 777개에 달했다. 이때가 신고가 신저가 지표상 꼭지였다.

다음 사실을 보면 깜짝 놀랄 것이다. Karen이 12개월 신고가 종목수를 세었다. 1993년 11월 29일 389개의 주식만이 신고가를 기록했을 뿐이다. 1993년 4월 이후 50%나 감소했다. 1990년 7월 중반에도 그랬다. 우리는 신고가보다는 신저가로 떨어질 가능성이 큰 종목들이 더 많다는 것을 알았다. 따라서 우리는 지금 핵폭탄을 안고 있는 꼴이다.

3

이제 대형사건을 찾아야 한다

우리는 1989년 시장급락이 '10월 UAL주 붕괴'와 같이 왔고, 1990년 여름의 시장급락은 '이라크의 쿠웨이트 침공'과 같이 시작되었다. 앞으로 다가올 시장붕괴는 어떤 대형사건에서 비롯될까? 기술적 분석의 입장에서는 폭락의 계기가 되는 사건은 어디서든 일어날 수 있다. Paramount Communications사의 인수합병과 관련이 있거나 혹은 군사적인 충격에서 폭락이 있을 것이라고 생각했다. 1990년 8월 쿠웨이트 침공에 앞선 상황과 지금의 상황이 서로 유사하다는 것은 이미 앞에서 살펴본 바 있다.

유가가 크게 하락했다. 쿠웨이트 침공 전에도 유가폭락이 있었다. 흥미로운 일이다.

(역자주: 걸프전: 1990년 8월 2일 이라크의 쿠웨이트 침공으로 시작된 걸프전은 1991년 2월 28일 미국의 이라크 공략으로 종결되었다)

1993년 12월 4일, 토요일 오후

경제 뉴스는 금요일 아침 10년 만에 월별 실업률이 크게 떨어졌다는 뉴스가 있었다. 이 강력한 뉴스에 직면하여 다우지수는 8.69p만 올라도 신고가를 기록할 수 있는 상황이었지만 고작 1.96p 상승했을 뿐이다. 흥분 대신에 모두 조용했다. 기술적 분석을 하는 사람이라면 누구라도 '이건 뭔가 잘못되었다'고 생각했을 것이다.

운수주와 공익사업주지수는 모두 이 호재에 별 움직임을 보이지 않았다. ADL은 움직임이 좋았지만, 10월 15일 최고치로부터 3,000이나 아래에 있다. 그러나 비록 기술적으로는 심각하지만, 12월은 계절적으로 강세를 보이는 달이고, 또 기업실적에 대한 기대감도 있다. 그래서 12월의 증시폭락이 있을 것이라고는 아무도 생각하지 않는다.

클라이맥스 지표는 7에서 5로 떨어졌다. 다우지수가 상승했는데도 CLX가 하락했다는 것은 기술적으로 볼 때 상승 에너지가 소진되었다는 것을 알려주는 선행지표이다. 반대로 금관련주들은 활기차게 상승세를 이어갔다.

1993년 12월 6일, 월요일 저녁(생략)

1993년 12월 7일, 화요일 저녁(생략)

1993년 12월 8일, 수요일 저녁(생략)

1993년 12월 9일, 목요일 저녁(생략)

1993년 12월 11일, 토요일 오후

금요일 다우지수는 후장 막판에 상승세로 돌아서서 10.89p 올라 3,740.07p로 신고가를 재차 경신했다. 이번 주 동안 36p가 오른 것이다. 이번 주에 운수주는 0.21p 하락, 공익사업주는 0.86p 상승, 나스닥은 11.48p 하락했다.

ADL은 72 소폭 상승, 나스닥의 ADL은 556 하락한 채 장이 마감되었다. NYSE 지수는 0.19p 상승, S&P 500 지수는 0.6p 하락하였다. 한 주 동안 신고가 종목수는 감소했고, 신저가 종목수는 증가했다. 금요일에 신고가 종목수는 67로 크게 줄었고, 신저가 종목수는 43개 종목으로 크게 늘었다. ADL은 다우지수 상승에도 불구하고 재차 하락하였다. 이 수준은 다우지수가 3,547p이었던 9월 22일의 ADL 수준이다. 지금 현재 ADL은 다우지수 기준으로 190p 아래쪽에서 놀고 있다. 이론상으로는 ADL이 움직이는 방향으로 다우지수도 움직인다. 최근 3일간 다우지수는 신고가를 계속 내고 있지만, 클라이맥스 지표가 약세를 보이고 있기 때문에 다우지수의 상승이 '확인'되지 않고 있다. 금요일은 CLX가 4로 하락했다. NFI 지표는 Merck주의 필드 상실로 +9로 하락하였다.

Paramount주에 대한 고가 재입찰방법을 공개한다는 소식으로 목요일에 작은 소동이 있었다. 그 후에 Paramount주는 260만주의 대량거래 속에서 가격은 81-1/8달러에서 7/8달러 하락했다. 주가급등의 신호라고 생각한 사람들의 기대에 찬물을 끼얹은 꼴이었다. 금관련주지수는 아침장에 소폭 하락했다가, 종가에는 0.62p 올라 131.69p로 신고가를 기록하면서 마감했다. 12월 10일 만기인 헤크라주의 콜옵션을 3월물 콜옵션(행사가격 12-1/2달러)으로 롤오버(기존의 포지션을 다음 만기물로 교체매매하는 것)하라.

그 어떤 것의 지지도 받지 못한 채, '나홀로 상승'을 계속하는 다우지수를 보면 위험하기 짝이 없다. 추락하는 것은 날개가 없다. 닥쳐올 하락시세는 기술적으로 치명적일 수밖에 없다.

1993년 12월 13일, 월요일 저녁(생략)

1993년 12월 14일, 화요일 저녁(생략)

1993년 12월 15일, 수요일 저녁(생략)

1993년 12월 16일, 목요일 저녁(생략)

1993년 12월 18일, 토요일 오후

금요일 다우는 25.43p나 올라 3,751.57p로 마감했다. 강세론자들은 축배를 들었다. 들뜬 분위기가 가라앉고 나자, 시장에 대한 기술적 평가결과를 보면 썩 좋은 건 아니었다.

신고가 신저가 지표는 신고가 종목수 70, 신저가 종목수 40을 기록했다. 신저가 종목수가 12월 초보다 많이 줄었지만, 금요일의 상승세는 큰 강세는 아니었다. ADL은 800 정도 순증했지만 여전히 상승시세로 인식될 만한 수준에는 이르지 못한다. 지금은 다우지수가 3,547p였던 9월 22일과 동일한 상황이다. 따라서 현재의 ADL 수준을 기준으로 보면, 다우지수는 204p 하락해야 할 수준이다. 그리고 ADL은 이번 주 하락했다.

그러나 기술적인 경고는 나스닥으로부터 나오고 있다. 나스닥 ADL은 수요일의 +483(최근저점)에서 올라 금요일에는 +753으로 소폭 상승했다. 올해의 최저치는 지난 4월의 -1,888이었고 최고치는 10월 15일 +5,969였음을 기억하라. 이 정도 수치는 올해의 신저치를 쉽게 깨고 내려갈 수 있는 수준이다. 내년 초의 시장에 대한 부정적인 암시인 것이다. 만약 그렇게 되면, 뮤추얼 펀드 지수가 나스닥에 깊게 연계되어 있기 때문에 뮤추얼 펀드에 직접적인 영향을 미친다. 그러나 나스닥지수는 거의 보합으로 끝났다.

클라이맥스 지표는 0에서 3으로 상승했지만, 다우지수가 25p 상승한 것에 비하면 보잘것없었다. 그 이유는 다음과 같다.

① Allied Signal주, General Electric주, IBM주의 상승이 다우지수 상승 폭의 반을 올려놓았다. 즉, 몇 개 종목에 의한 지수상승에 불과하다.

② Alcoa주, American Telephone주, Coca Cola주, Dupont주, Goodyear주, Minnesota Mining주, Sears주, Union Carbide주, United Technologies주등은 크게 하락했다. 이 종목들의 하락세를 보면, 오늘 다우지수의 상승은 전반적인 상승이라고 볼 수 없다.

NFI 지표는 Disney주에서 두 개의 필드를 획득하여 +8로 상승하였다.

결론: 금요일 시장은 수치상으로는 좋아보이지만, 나는 그다지 감명받지 못했다.

1993년 12월 20일, 월요일 저녁(생략)
1993년 12월 21일, 화요일 저녁(생략)
1993년 12월 22일, 수요일 저녁(생략)

1993년 12월 24일, 금요일 저녁

크리스마스 휴가가 시작되기 전날인 목요일에 시장이 하락했다. 크리스마스 강세라는 오랜 전통을 깼다. 오후에 12p 이상 올랐으나 마지막 한 시간 동안 -4.47p로 하락, 3,757.72p로 마감되었다. 운수주, 공익사업주 모두 하락하였으나 NYSE와 나스닥의 ADL이 상승하여 시장 내부적인 움직임은 긍정적이었다.

목요일 다우지수가 장중 내내 신고가를 경신한 상태로 유지되었는데 후장 막판에 하락세로 마감했다. 만약 다우지수가 상승세로 끝났다면, 10월 18일 이후 13번째 ADL의 '상승비확인현상'이 나타날 뻔했다. 목요일 시장의 움직임으로 봐서는, 이제는 다우지수의 신고가행진은 더 이상 지속될 수 없다는 신호로 보인다.

클라이맥스 지표는+8에서 +5로 하락, NFI 지표는 7로 변함없었다. Coca Cola주, Goodyear주, J.P.Morgon주, Union Carbede주, Woo.worth주는 모두 필드를 잃었다. 다우지수관련 종목들의 차트를 살펴보면 더 이상 급락세를 막아줄 힘이 없어 보인다. Allied-Signal주과 General Electric주를 보라. 두 주식 모두 지금부터는 사전경고도 없이 급락해도 할 말이 없는 상태다. Paramount주는 목요일 78-5/8달러로 하락했다. 지난 월요일 이후 OBV는 7백만이나 하락했고, 필드 트렌드는 하락추세다. 전에 내가 언급했듯이 이 주식은 고가에서 5달러 이상 하락하면 공매도 기회라 보면 된다. 고가가 83달러이므로, 78달러를 깨고 내려가면 공매도를 할 것이다.

주가전망에 변함이 없다. 금광주는 보유하고 선택적으로 공매도를 하면서 시장에 대응하라. 그러나 다우지수종목은 공매도를 피하는 것이 좋겠다.

그랜빌의 최후의 예언

1993년 12월 27일, 월요일 저녁(생략)

1993년 12월 28일, 화요일 저녁(생략)

1993년 12월 29일, 수요일 저녁(생략)

1993년 12월 30일, 목요일 저녁(생략)

1994년 1월 1일, 토요일 오후

금요일 시장은 하락세로 반전되었다. 대부분의 시장관계자들은 12월을 안전한 달이라고 생각했기 때문에 깜짝 놀랐을 것이다. 내가 보는 지표들의 수치를 보면 하락이 임박했음을 경고하고 있다. 금요일 아침에 Isana(CNBC 기자)는, 12월에 주가가 하락할 것이라는 내 예견에 대하여 신물이 난다고 말했다. 그러나 나는 그에게 아직 12월이 끝나지 않았다고 말했다. 오후 늦게까지 다우지수가 15p가 오른 상황에서는 코웃음을 쳤겠지만, 마지막 한 시간 동안에 21.79p나 하락하여, 3,754.09로 마감했다. 금요일 장중 최고치보다 36p나 하락한 것이다.

다우지수는 12월 강세 전통을 완전히 깨버렸다. 이번 주 월요일에 35p 상승 출발했지만 결국 주간으로는 하락하여 끝났다. 이런 것을 보면, 10월 15일 이후 약세시장이 진행되고 있다는 내 주장이 맞다는 생각이 든다. 지금은 10월 15일 이전의 상황과는 완전히 다르다. 단기이자율 상승이라는 악재를 만난 지금의 시장상황은 1990년 7월 폭락 직전의 상황과 똑같다.

클라이맥스 지표는 -3에서 -8로 하락하였다. 이번 주 65종목 클라이맥스 지표는 다우지수가 신고가를 기록하는 와중에 여태껏 없던 가파른 하락세를 기록했다. CLX 지표의 하락은 시장의 하락기조를 확인시켜 준다.

새해에도 하락이 계속되리라 생각한다. 지난 주 경제지표들이 양호하다는 발표가 나왔는데, 주식시장도 여기에 대응하여 반응한 것 같다. 경제적 배경이 탄탄한 상태에서 폭락장이 오는 경우가 많다. 시장에서는 이런 경제적 배경들이 이미 시세에 반영되어 있는 것이다.

1994년 1월 3일, 월요일 저녁(생략)
1994년 1월 4일, 화요일 저녁(생략)
1994년 1월 5일, 수요일 저녁(생략)
1994년 1월 6일, 목요일 저녁(생략)

1994년 1월 8일, 토요일 오후

지난주는 상승 에너지의 완전한 소진현상이 있었다. 다우지수 측면에서만 보자면, 이번 주 동안 66.80p 상승하여 3,820.77p에서 마감한 완벽한 한 주였다. 그러나 다우지수상승을 제외하면 좋은 건 하나도 없었다.

신고가 종목수는 87로 크게 줄었다. ADL은 강한 상승세였다. 그럼에도 불구하고 이 두 지표는 '상승비확인현상'을 심각하게 보여주었다.

1월효과가 위력을 발휘하지 못하고 있다. 다우지수는 강하게 상승했지만, S&P 500지수가 한주간 3.45p오르는 데 그쳐 주간상승으로는 평균 이하의 상승을 기록했을 뿐이다. 1.26p의 미미한 상승을 보인 NYSE 지수도 내부적인 기술적 약점을 드러냈다. 따라서 다우지수가 마지막 폭발적인 수직상승세를 그리고 있는 동안, NYSE 지수는 그 주 내내 옆걸음을 치고 있었다. 사실 NYSE 지수는 모든 종목의 움직임을 반영하는 지수이기 때문에 큰 의미가 있다. 상승 에너지의 소진현상은 클라이맥스 지표를 통해 잘 나타나 있다. 5일 동안의 패턴을 따라가보면 -4, +6, +1, +4, +3이었다. 65종목 CLX는 -14, +3, -3, +1, 0을 보였다. 운수주 CLX가 +10에서 +3으로 가파른 하락세를 나타낸 것은 심각할 정도이다.

1월 초 5일 동안의 지표는 1월지표와 혼동해서는 안 된다. '1월지표'는 1월 전체의 기록이다. 이번주 S&P 500 지수와 NYSE 지수가 좋지 않았기 때문에 다우지수는 꼭지권에 들어온 것으로 보인다. 금광주 지수가 급락했는데, 새로운 매수기회를 주는 것 같다.

1994년 1월 10일, 월요일 저녁(생략)

1994년 1월 11일, 화요일 저녁(생략)

1994년 1월 12일, 수요일 저녁(생략)

1994년 1월 13일, 목요일 저녁(생략)

역자주

1월효과: 1월에 시장이 강한 상승세를 보이는 경향이 있다. 이를 1월효과 (January Effect)라고 한다. 시장이 1월에 강한 이유는 새해에 들면서 한 해의 경제전망을 낙관적으로 설계하기 때문이다.

1994년 1월 15일, 토요일 오후

금요일은 기술적 분석가에게는 기쁨과 풍요로움이 가득한 하루였다. 무엇보다도 금요일 다우지수는 24.77p 상승, 3,867.20p 수준이었다. 월요일부터 일주일 동안 1.69p 상승하면서 신고가를 기록했다.

다우운수주는 신고가, 다우공익사업주도 상승세를 보였다. 금요일의 반등보다도 지난 한 주 동안 다우지수가 단지 1.69p 상승에 그쳤다는 사실에 신경을 집중해야 한다.

공익사업주는 시장이 약세국면으로 접어들 때 증시자금이 제일 먼저 빠져나가는 업종군이다. 그래서 앞으로 시장에 어떤 일이 일어날지에 대한 심각한 경고가 나오는 첫번째 지표이다.

올해 보여준 대량거래에도 불구하고, 신 ADL은 올해 내내 하락추세에 있다. 다우지수관련 블루칩들이 강세인 반면, 여타 일반적인 종목들은 약세를 보이고 있다는 것을 의미한다. 또한 이것은 위험스러운 시장교란행위이다. 그리고 이번에도 S&P 500지수 ADL은 다우지수의 상승을 확인해 주지 못했다.

신고가 종목수는 늘어났지만, 월요일 수준에 못 미친다. 그리고 금요일에는 상승 에너지 소진이 심각했다.

금요일 클라이맥스 지표는 고작 +3으로 올랐다. 이 정도의 상승은 다우지수 상승을 '비확인'한 것으로 봐야 한다. 월요일 수치인 +14보다 한참 아래도 처져버렸다. 65종목 CLX 또한 +6으로 상승하였으나 월요일의 상승세에 비하면 훨씬 못 미친다. 이것도 다우지수의 상승을 '비확인'한 것이다. 월요일 +26에서 급락한 상태이다. NFI는 다우지수 상승에도 불구하고 +7로 변함없다.

Paramount주는 이틀 동안 다시 상승했으나 거래량이 적었다. 그래서 OBV up 표시를 얻는 데 실패했다. 매우 약한 패턴이다.

다시 금은 강세였다. 금광주들은 하루종일 하락세를 보였으나, 유가상승에 힘입어 금광주 지수는 0.95p 올라 142.06p로 상승하였다.

결론: 금요일은 상승 에너지가 소진되고 있음을 보여주었다. 하락할 준

비가 되어 있는 상태이다.

1994년 1월 17일, 월요일 저녁(생략)
1994년 1월 18일, 화요일 저녁(생략)
1994년 1월 19일, 수요일 저녁(생략)
1994년 1월 20일, 목요일 저녁(생략)

1994년 1월 22일, 토요일 오후

다우의 독주는 이번 주에도 계속되어 22.52p나 올랐다. 3,914.52p로 또 신고가를 기록했다. 그러나 완전한 포물선 모양의 수직상승세를 보고 있 노라면, 이 기쁨도 오래 가지 못할 것이다.

금요일 옵션 만기일에는 상승시도가 실패했다고 보아야 한다. Caterpillar주가 다우지수를 거의 5p 상승하게 만든 것부터…… 다우지수 가 3일째 연속 상승하는 가운데 거래가 활발한 10개 종목 중 겨우 두 개 종목만이 상승했다는 사실까지 모두 기술적인 실패작이었다. 금요일의 다우 상승은 아기의 웅얼거림만큼이나 공허했다. 다우지수를 제외한 모 든 것이 하락했다. 다우공익사업주는 신저가를 기록하며 하락하였는데, 1987년 블랙 먼데이 당시의 급락시세와 매우 비슷하다.

다우지수의 상승에도 불구하고 클라이맥스 지표는 0으로 하락했다. 이 것을 보면 시장급락은 거의 확실하다. 다우 65종목 CLX는 -4로 하락하여 좋지 않은 모습을 보였다. 1월 20일(목요일) 금광주 매도추천을 했는데, 금요일 금광주 지수는 기대했던 대로 크게 하락하였다. 우리는 최대한 이 익을 실현하기 위해 역지정가 매도주문가격을 시세에 근접하게 내왔다.

지금은 종가기준으로 역지정가 매도주문을 내고 있다. 보합시세만 되도 주식은 팔릴 수 있게 했다. American Barrick주는 29달러, Echo Bay주는 13-1/2달러, Homestake주는 22-1/2달러, Newmont Mining주는 56달러, Pegasus주는 23달러에 팔았다. 신규매수는 뒤로 미루고, 새로운 역지정가 매도주문을 계속 내라.

결론: 시장은 상승 에너지가 완전히 소진된 것 같다. 가지고 있는 모든 주식을 팔자. 배를 타고 멋진 항해를 하자. 골칫거리는 모두 팽개치고...

1994년 1월 24일, 월요일 저녁(생략)
1994년 1월 25일, 화요일 저녁(생략)
1994년 1월 26일, 수요일 저녁(생략)
1994년 1월 27일, 목요일 저녁(생략)

1994년 1월 29일, 토요일 오후

금요일 아침, 두 가지 이상한 소식에 직면했다. 이 소식으로 주식시장과 채권시장은 상승세를 보였다. 첫번째는 145억 달러의 엄청난 자금이 올해중에 뮤추얼 펀드로 옮겨갈 것이라는 보도였다. 두번째는 GDP(국내 총생산, Gross Domestic Product)가 4/4분기에 두 배가 증가해 5.9%로 될 것이라는 놀라운 소식이었다. 뉴스 해설자들은 장이 끝난 후 이것보다 더 나은 일은 없다고 말했다. 아이러니컬하게도 그것은 가장 믿을 만한 시장 예측경보였다. 모든 것은 그것이 최고에 있을 때 가장 좋아 보이는 법이다. 금요일은 확실히 눈에 보이는 장이었다. 기본적 분석가들은 이런 시장을 사랑한다.

그랜빌의 최후의 예언

시장이 미친 듯이 상승한다고 해도 뭐라고 말할 사람은 아무도 없었다.

신고가 종목수는 148로 증가하였다. 1월 18일의 151에는 여전히 미치지 못한다. 그러나 ADL은 폭발적인 신고치 행진을 계속했다. 나스닥의 신고가 종목수는 여전히 다우지수의 상승을 '확인'해 주지 않고 있다. 나스닥 ADL은 10.15일에 최고치를 기록했었다.

OBV에 기초한 지표들만 장밋빛 선글라스를 넘어 진실을 보여주고 있다. 금요일의 최고치가 강세함정임을 말해 주고 있다. 클라이맥스는 +7로 소폭 상승했는데 속을 들여다보면 lower-up 종목이 6개나 포함되어 있다. CLX는 1.10일과 같은 수준인 +14였다. 이것은 다우지수의 상승비확인현상이다. 다우 65종목 CLX는 1월 10일의 +26과 비교해 보면, 금요일의 +14는 어림없는 수치다. 그나마도 대부분이 lower-up 표시이다. 클러스터를 살펴보면 다우지수는 더 이상 설자리가 없다. 금요일 Mc Donald주가 유일하게 OBV higher-up을 기록하고 있을 뿐이다. 거래량 약세신호를 보이는 선도종목들이 넘쳐나고 있다. Telephone주, Boeing주, Coca Cola주, General Electric주, General Motors주 등. Caterpillar주는 이미 추세선 아래로 한참 떨어져 있다.

강세론자들이 바닥에서 주식을 싸게 사기 위해서 최악의 상황을 기다리는 것처럼, 약세론자들은 꼭지에서 주식을 비싸게 팔기 위해서 호재가 만발하는 상황을 기다린다. 대량거래는 약세론자들이 주식을 마구 팔고 있다는 의미다. 다우지수가 정확히 꼭지를 치는 날짜를 말할 수는 없지만, 금요일의 신호로 봤을 때 확실히 꼭지가 가까이 아주 가까이 와 있다는 것을 알 수 있다. 이제 나올 만한 호재는 다 나왔다.

1994년 1월 31일, 월요일 저녁(다우지수 꼭지 치던 날)

다우공업주는 32.92p 올라 3,978.35p로 신고가를 기록했다. 다우운수주는 상승세를 계속 유지하면서 또 신고가를 경신했다. 신고가 신저가 지표는 신고가 종목수가 206으로 상승, ADL 또한 신고가를 기록했다. 잘못된 것은 하나도 없어 보였다.

그러나 무언가 있었다. 신고가 종목수와 클라이맥스 지표와 NFI 지표의 움직임을 예전의 것과 비교하는 과정에서 발견되었다. CLX는 +13으로 올랐으나 1월 10일의 +14에는 미치지 못한다. 이것은 다우지수 상승에 대한 '비확인'현상이다. 우리는 1990년 7월, 다우지수가 마지막 순간 가파른 상승세를 타고 110p나 급등하면서 상승을 멈췄었다(2,999p). 미친 듯이 상승하던 그 당시의 모습을 기억한다. 오늘도 그때와 같은 분위기였다. 그 당시 CLX는 +19가 최고치였고, NFI도 7월 11일과 14일 사이에 +9에서 +15로 상승하였다. 오늘 NFI는 금요일의 +5에서 +9로 올랐다. 우리는 7월의 교훈을 잊어서는 안 된다.

지금 시장에 역행하는 가장 큰 요소는 '시간요소'이다. 강세시장 마지막 제3국면이 지나치게 (시간적으로) 확장되어 있다. 이런 상황에서는 지표들이 어떤 상태에 있든 상관없이 언제라도 시합종료 호각이 울릴 수 있다. 마지막 극적인 폭발상승이 바로 시합종료를 알리는 휘슬이다. 따라서 나는 나의 자리를 지키고 시장꼭지가 바로 코앞에 닥쳐와 있다는 사실들을 지적한다. 대부분의 귀금속주식들이 우리가 팔았던 가격보다 떨어져 있다. 다시 우리가 다시 살려면 바닥다지기에 좀더 시간이 필요하다. 그러나 우리는 아직도 콜옵션은 모두 보유하고 있는데, 다행히 오늘 시장이 상승하여 콜옵션 가격도 올랐다.

그랜빌의 최후의 예언

1994년 2월 1일, 화요일 저녁(생략)

1994년 2월 2일, 수요일 저녁(생략)

1994년 2월 3일, 목요일 저녁(생략)

4

게임 시간

　시장의 극단 — 꼭지나 바닥 — 에서 '거울 테스트'기법은 아주 쓸 만하다. 신문에 나오는 다우공업주평균(다우지수) 차트를 보라. 차트를 거꾸로 해서 거울에 비추어 보라.

　이렇게 거울에 비친 차트를 보고 시장이 과매수상태로 꼭지를 보이면 이것은 사실 바닥으로 보아야 한다. 반대로 과매도상태로 바닥으로 보이면 이것은 사실은 꼭지로 보아야 한다.

　다음의 거꾸로 된 차트를 보라. 크게 반등을 시작할 것 같지 않은가? 따라서 실제시장은 하락할 준비가 된 것이다. 대부분의 중요지표들은 '시합종료시간'이 되었음을 보여주고 있다. 이것이 시간지표이다. 다른 지표들이 어떤 상태에 있든 상관없이, 무의미하게 만들어버릴 수 있는 유일한 지표이다.

　시장은 정해진 시간 동안 경기가 이루어지는 풋볼이나 야구경기와 같다. 휘슬이 울리거나, 종이 울리고 나면, 더 이상 점수를 얻을 수 없다. 시장은 마지막 폭등세를 보여주었다. 이제 상승시세는 끝났고, 모든 지표들은 시장지표로서의 가치를 잃어버렸다.

거울 테스트로 본 마지막 폭등세

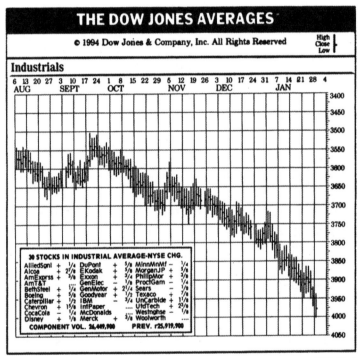

그림 10-4

그랜빌의 최후의 예언

> 시장은 과거에 그랬던 것처럼 미래에도 등락을 계속할 것이다. 당신이 기술적인 지식을 갖춘다면, 마지막 극적인 폭등세를 보이는 꼭지에서 매입하지 않을 것이며, 또 주식만 생각하면 우울해지고 넌덜머리가 날 지경에 도달하는 바닥에서 매도하지 않게 될 것이다.

상승시세의 끝에서는 대량거래가 일어난다. 왜냐하면 시세가 하락할 것으로 보는 사람들이 주식을 팔고, 시세가 상승할 것으로 보는 사람들이 시장에 대거 뛰어들기 때문이다. 종합하면 모든 것이 너무 지나치다. 그래서 시장을 달리 읽을 수 없다. 약세시장으로 가는 문들이 너무 많이 열려 있다. 뮤추얼 펀드의 수가 너무 많은 것도 걱정이다. 시장을 요리하는 요리사들이 너무 많아 음식을 망칠까 두렵다. 지금 시장이 안고 있는 위험을 잘 표현한 글이 있다.

> 공포와 열광에 대해 쓰여진 많은 글이 있다. 그러나 우리는 지성을 가지고 냉정하게 바라볼 수 있었다. 분명한 사실이 하나 있다. 어떤 특별한 시점이 되면 어리석은 돈이 너무 많다는 사실이다. 우리는 이를 '눈먼 돈'이라 부른다. 이런 돈은 누군가가 게걸스럽게 먹어주길 원한다. '과잉'이 있다. 이것은 무언가를 찾아 두리번거린다. 거기에 '투기'가 있다. 게걸스럽게 먹힌다. 그리고 '공포'가 있다(Walter Bagehot의 "Essay on Edward Gibbon").

이 시장의 미래가 어떻게 될까? 수천 개에 달하는 뮤추얼 펀드는 어떻게 될까? 뮤추얼 펀드는 수십억 달러에 이른다. 이 돈들은 대중들을 유혹해서 만든 돈이다. 대중들이여, 당신은 뮤추얼 펀드가 다른 펀드들과 무엇이 다르다고 생각하는가? 만약 대부분의 사람들이 주식으로 손해를 보고 있다면 뮤추얼 펀드도 마찬가지가 아닐까?

1994년 경제호황에 너무 매료되어 있다. 그래서 경제호황국면이 지나치다는 걸 깨닫지 못하고 있다. 1993년 12월 신주발행물량은 1조 달러가 훨씬 넘는다. 주식형 뮤추얼 펀드에 돈이 계속 쏟아 부어지고 있다. 주식형 뮤추얼 펀드는 1993년 12월 1,450만 달러가 들어왔고, 1월에는 더 많은 돈이 들어올 것이라고 한다. 지난주 월 스트리트 저널지는 뮤추얼 펀드가 주식시장의 큰손으로 자리를 잡았다고 보도했다. 12월 주식형 뮤추얼 펀드 자금유입액은 최고치를 기록했다. 주식형 펀드는 1993년 1억 2,800만 달러였다. 이는 1992년의 7,800만 달러를 크게 상회한 것이었다. 그러나 강세론자들은 밀물 같은 자금유입이 무엇을 암시하고 있는지 알아차리지 못하고 있다. 가파른 포물선 상승시세가 꼭지라는 것도 잠시 잊어버린 것 같다. 여태까지의 경험으로 볼 때, 개인투자자들이 주식 펀드 매니저들을 가장 의지하고 믿을 때가 꼭지였다. 갈브레이드(John Kenneth Galbraith; 경제학자)는 그의 저서 《1929년 증시대공황》(The Great Crash, 1929)에서 이렇게 말했다.

> 1929년이 지나자, 많은 새로운 투자가들이 투자신탁의 지성과 과학에 의존하는 경향이 뚜렷해졌다. 이것은 물론 그들이 좋은 투자신탁과 나쁜 투자신탁을 구별하는 것이 어렵다고 생각했기 때문이다.

대중들이 펀드의 급증에 고무되어 현혹되는 바로 그 순간에, 급증한 펀드가 바로 미래를 위협할 수도 있다. 1994년 1월 21일, Investor's Business Daily지에 이런 글이 있었다. "정부는 Fund를 자금조달의 원천으로 생각

하고 있다." 이 기사와 함께 차트가 실려 있었는데, 이는 뮤추얼 펀드 자산
이 2조 달러로 급증한 것을 보여주는 차트였다. 이것도 포물선 상승 패턴
을 나타내고 있었다. 위험스러울 정도의 잠재적인 버블(거품)이었다.

4/4분기 GDP가 2.9조 달러에서 5.9조 달러로 증가했다는 발표가 나오
자, 지난주 시장은 크게 상승했다.

그리고 이번주에는 1987년 9월 이후 최대의 투기적 대량매수, 1987년
10월 이후 최대거래량을 기록했다. GDP발표보고서에 첨부된 차트를 천
천히 연구해 보면, GDP가 급증한 때가 항상 시장꼭지였다는 것을 알 수
있다.

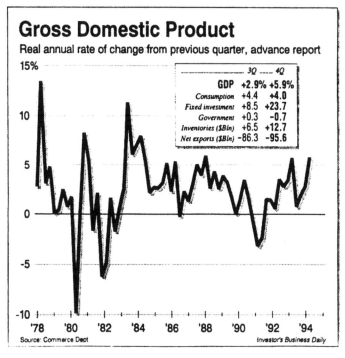

그림 10-5

1981년 초 GDP의 급증과 1981년 4월 다우지수의 꼭지가 일치한다. 이 당시 유명했던 '그랜빌 매도신호(1981년 1월 6일 모든 주식을 팔라고 공개적으로 선언했었다)'가 타당했다는 것을 증명해 주고 있다. 다음번 GDP 급상승은 1984년 1월의 시장꼭지와 일치했다. 1987년과 1990년의 시장꼭지도 역시 GDP의 급상승과 일치했다. 그런데도 지금의 GDP 급상승이 과거와 다르다고 볼 이유가 있는가?

5

범위지표

기술적으로 어떤 경우에 시장급락이 일어날 수 있을까? 1994년에 접어들었을 때, 나는 이 문제에 대한 기술적인 필요조건들을 연구했다. 이 중 가장 우선적인 것은 '범위지표(Range Indicator)'였다. 이 지표는 신뢰할 수 없는 지표로 인식되고 있었다. 왜냐하면 주어진 범위 안에 들어오지 않으면 행동을 취할 수가 없다는 약점을 갖고 있기 때문이다.

예를 들어 16인치 권총은 20마일 안에 있는 것을 쏠 수 있다. 목표물이 20마일 범위 안에 들어올 때까지 목표물을 쏠 수 없다. 그래서 클라이맥스 지표를 해석할 때 시나리오를 짠다.

즉, 현재의 CLX 지표가 이런 상태일 때, 가장 좋은 경우에는 시장이 어떻게 될 것이고 가장 나쁜 경우에는 시장이 어떻게 될 것이다라는 식으로. 그리고 이런 해석의 정확성을 높이기 위해 계속 연구한다. 과거 기록에서 유추해 보건대, CLX지표가 -20 이하로 오지 않으면 시장급락은 오지 않는다.

만약 CLX가 -26 이하가 되어야 시장급락이 온다고 가정하면, OBV 표시(up 혹은 down)의 잠재적 변화 가능 수치가 최악의 시나리오로 갔을 때 -16밖에 되지 않는다면, 그 다음 날 시장급락은 발생하지 않는다고 본다. 즉, 모든 잠재적 측정수치들이 전날 시장급락의 범위 안에 있어야만 시장급락이 발생할 수 있다고 보는 것이다.

기술적으로 어떤 목적(매도나 매수, 급락이나 급등예측 등)을 얻기 위해서는 범위를 쉽게 얻을 수 있어야 한다. 범위지표는 ADL, 신고가 신저가 지표, 클라이맥스 지표, 필드 트렌드 관련 지표, 클러스터 등에 모두 적용할 수 있다.

그러나 사실적인 수치를 기다리기보다는 잠재적인 변화를 측정하는 것이 더 큰 도움이 된다. 시장급락이 가능한 범위 안에 들어와 있는 한 개 지표만으로는 부족하다. 예를 들어 NFI 지표와 같은 주요지표에 의해 서로 '확인'될 때는 시장급락이 발생할 가능성이 커진다.

1994년 2월 4일, 금요일 저녁

다음 표는 1994년 초 시장붕괴 직전 지표이다.

주요지표 종합(1994.1.12~1994.2.4)

날짜	다우지수	CLX	진짜 CLX	조기경보 CLX	NFI	신고가 신저가 종목수	ADL	신ADL
1/12	3848.63	-2	2377	2803	+6	99-13	-49,282	10,300.8
1/13	3842.43	-4	2376	2807	+7	78-14	-49,488	10,267.6
1/14	3867.20 NC	+3	2377	2803	+7	117-11	-49,114	10,282.7
1/17	3870.29 NC	+3	2378	2805	+7	113-13	-49,191	10,257.8
1/18	3870.29 NC	+4	2381	2806	+6	151-19	-48,873	10,257.8
1/19	3884.37 NC	+6	2389	2816	+7	135-18	-48,712	10,269.2
1/20	3891.96 NC	+5	2398	2826	+8	127-15	-48,562	10,288.9
1/21	3914.48 NC	0	2400	2834	+7	126-22	-48,668	10,284.2
1/24	3912.79	+3	2404	2842	+8	105-34	-48,940	10,146.2
1/25	3895.34	-2	2406	2850	+7	64-49	-49,259	10,128.0
1/26	3908.00	-1	2410	2855	+5	61-30	-48,675	10,150.4
1/27	3926.30 NC	+1	2420	2864	+4	102-12	-48,067	10,183.6
1/28	3945.43 NC	+7	2429	2868	+5	148-10	-47,513	10,211.9
1/31	3978.36 NC	+13	2451	2879	+9	209-13	-46,850	10,232.0
2/1	3964.01	+2	2464	2892	+9	137-14	-47,037	10,219.0
2/2	3975.54	+1	2471	2895	+8	158-15	-46,623	10,254.9
2/3	3967.66	0	2475	2475	+6	136-20	-46,881	10,222.5
2/4	3871.42	-17	2462	2462	+4	96-51	-48,604	10,204.6

위에서 CLX 수치로 볼 때 '상승비확인현상'(NC)이 연속적으로 나타났
다. 6개의 연속적인 '비확인'은 가장 강렬한 신호였다. 이것은 전문투자가
들이 2월 4일부터 시작된 폭락시세 이전에 시장에서 조용히 빠져나올 수
있도록 미리 신호를 보여준 것이다.

다음으로 사람들이 알아차리지 못한 것이 있다. 다우지수가 1월 내내

그랜빌의 최후의 예언

상승하는 동안 신 ADL은 1월 12일 이후 상승을 멈추고 하락세로 돌아섰다. 신 ADL을 계산하는 방법은 다음과 같다. 즉, 다우지수의 변화폭으로 ADL의 변화폭을 나누면 당일의 신 ADL이다. 등락종목수(상승종목수-하락종목수)가 양수면 신 ADL의 누적수치에 더해주고, 음수면 빼주면 된다. 1월 12일 이후 신 ADL이 하락한 것은 시장에 큰 문제가 생길 것이라는 기술적인 경고였다.

그리고 2월 4일 클라이맥스 지표가 -17로 크게 하락함으로써 시장급락이 가능한 기술적 범위 안에 들어왔다.

신고가 신저가 지표를 보자. 2월 4일 시장급락으로 신고가 종목수가 96으로 급락하였고, 신저가 종목수는 51개로 증가하면서 최고치를 기록했다. 그러나 '52주 신고가 신저가 1포인트 범위내 종목수'를 보면, 1990년 8월 2일 쿠웨이트 침공 일주일 전인 1990년 7월의 두 배나 된다. 다음의 표를 보고 비교해 보라. 1990년에는 이런 수치가 나오고 나서 시장이 급락했다.

52주 신고가 신저가 1포인트 범위내 종목수 비교

	1990년 7월				1994년 2월(현재)			
날짜	신고가	증감률	신저가	증감률	날짜	신고가	증감률	신저가	증감률
7. 13	351		475		2. 1	734		352	
7. 20	167	-52.4%	500	+5.3%	2. 4	481	-34.4%	419	+19.0%

2월 4일, 3억 8천만주의 대량거래 속에서 시장은 하락하였다. 일각에서는 이러한 대량거래는 시장회복신호라고 생각했다. 약세론자들이 주식을

이미 다 팔아버린 상황에서 다우지수가 신고가를 기록하자 이에 놀란 약세론자들이 강세론으로 돌아섰다고 결론을 내렸다. 그러나 나는 그렇게 생각하지 않는다.

약세시장은 이런 식으로 시작하지 않는다고 말하는 시장관계자들이 많았다. 그러나 그들은 1929년 9월의 증시대공황의 교훈을 기억하지 못하고 있는 것이다. 이제 이야기를 끝낼 때가 되었다. 1994년 하락시세가 어떤 식으로 진행되었는지 다음 장에 자세히 기록되어 있다.

그랜빌의 최후의 예언

11장

에필로그

Granville's Last Stand

1994.2～1994.4(월봉)

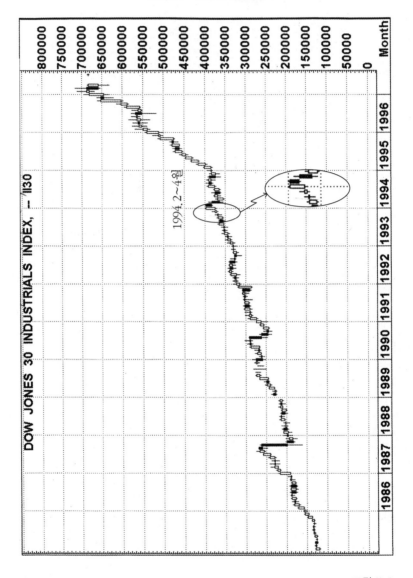

그림 11-1

1994.2～1994.4(일봉) 1994년의 폭락시세

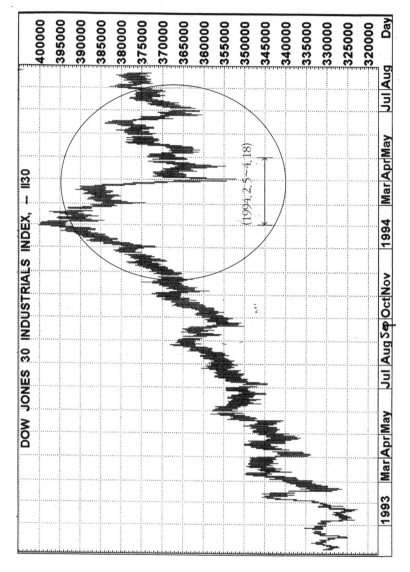

(1994.2.5~4.18)

그림 11-2

1994.2〜1994.4(일봉) 바닥까지...

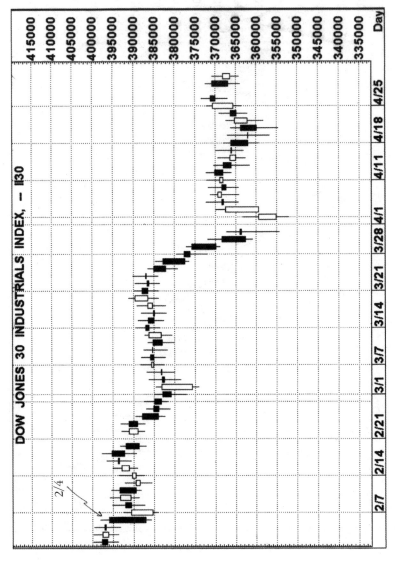

그림 11-3

그랜빌의 최후의 예언

에필로그

(역자주: 1월 31일 3,978.36p 시장이 꼭지를 쳤다. 2월 4일 폭락이 시작된 날부터 4월 4일 3,593.35p 시장바닥까지의 하락과정을 일지형식으로 생생하게 보여주고 있다. 이 일지를 일봉 차트와 비교하면서 시장이 어떤 식으로 하락하고 바닥을 찍는지 실전적으로 느껴보기 바란다)

1

일일 코멘터리

이제 1994년 2월부터 1994년 4월까지의 일일 시황기록을 보여주겠다. 기술적으로 시장이 약화되어 가는 과정을 매일매일 자세하게 써놓은 것이다. 1994년 1월 31일 시장 꼭지 이후 일어난 시장 내부세의 약화현상을 가장 잘 말해 주는 것은 아마도 뉴욕 증권거래소에 상장된 보통주의 '최근 1년간(52주) 신고가 신저가 1포인트 범위내 종목수'일 것이다. 1993년 12월 14일 다우지수 3,742.63p에서 신저가 1포인트 범위내 종목수는 405개였다. 1994년 3월 11일 다우지수 3,862.70p에서 신저가 1포인트 범위내 종목수는 633개였다. 정보에 어두운 사람들은 1994년 3월의 다우지수가 12월 중순보다 120p 이상 높은 수준에 있었기 때문에 시장이 정상적으로 잘 움직이고 있다고 생각했다. 그러나 3월 당시에 신저가 1포인트 범위내 종목수는 12월보다 50% 정도 많았다.

1994년의 일일 시황일지를 읽으면서 다음과 같은 사실을 가슴에 깊이 새겨두라. 그 이후에 주가하락으로 사람들이 엄청난 손실을 입었다는 사실을. 특히 뮤추얼 펀드는 거의 재앙에 가까울 정도의 엄청난 손실을 입었다. 사회적 필요에 의해서보다는 욕심 때문에 뮤추얼 펀드의 수는 기하급수적으로 늘어났다.

1994년 4월 1일 월 스트리트 저널지에는 이런 기사들이 실렸다.

"미첼 슈타인하츠 씨는 1/4분기중에 입은 10억 달러의 손해를 감수하고 주식을 처분했다. 자기가 관리하는 자산이 49억 달러였는데 약 25%가 연기처럼 사라졌다."

"증권회사는 새로운 압력에 봉착하게 되었다."

"이런 현상을 수습하기 위해서 3월 31일 클린턴 대통령은 경제가 건전하고 잘 돌아가고 있다고 발표했다."

1994년 1월 31일~3월 31일 사이에 다우존스공업주평균은 342.40p 하락했다. 주가 차트 패턴을 보면, 1929년 대공황 당시의 초기 몇 주간의 주봉 하락 패턴과 유사했다. 일부 대중들이 관심을 보이기 시작했지만, 대부분은 이런 상황 속에서도 '자기만족'(자기 편한 대로 시장을 해석하는 것, 자기만족이론)에 빠져 있었다.

저널지는 수잔 시걸의 예를 다음과 같이 보도했다.

> 전국의 투자자들이 다 그렇지만, 그녀도 1월 이후 주가하락으로 엄청난 손실을 입고 있다. 뉴욕에 사는 치과의사인 그녀는 계속 버텨나가겠다고 한다.
>
> "나는 싸게 주식을 팔지 않겠어요. 주식시장이 하락할 이유가 없어요. 모든 일들이 일 년 전보다 더 좋게 보여요."

그게 그렇지 않다. 위의 글(시걸의 예)은 시장이 앞으로도 더 하락할 것이라는 좋은 증거다. 대중들이 주식을 팔지 않으면, 시장은 더 내려간다. 공포에 휩싸여 모든 사람들이 주식을 팔 때 바닥은 만들어진다. 백악관도 대중들과 똑같은 심리적 함정에 빠져 있었다.

두 개의 검은 피라미드에 관한 내용이 부록에 실려 있다(부록 참조). 세 번째 피라미드는 주가하락으로 인해 생기게 될 것으로 전망된다. 1994년 3월 말 4열분석수치를 보면, 1991년 1월 17일 걸프전 폭등시세(역자주: 1991년 2월 28일 걸프전이 종결되었다)와는 정반대로 다우지수의 폭락을 경고하고 있었다.

1994년 2월 4일, 금요일

폭락의 시작

2월 4일 금요일: 다우지수 3,871.42p(-96.24).

우리는 폭락을 예견하고 잘 대비해 왔다. 다우지수는 96.24p가 하락하여 3,871.42p로 무너졌다. 연방 준비은행의 금융긴축 조치는 기대했던 것보다 더 강력했다.

금요일 다우지수가 폭락하면서 3억 8천만주의 대량거래가 일어났다는 것은 아주 중요한 의미를 갖는다.

ADL은 -1,723개로 하락종목이 홍수처럼 쏟아졌다. 주식시장이 붕괴될 때나 생기는 일이다.

'신고가 신저가 1포인트 범위내 종목수'가 두드러지게 눈에 들어왔다. 신고가 종목수는 734개에서 481개로 34%나 감소하였고, 신저가 종목수는 352개 종목에서 429개 종목으로 21%나 증가했다. 1990년 7월 시장 꼭지에서도 오늘처럼 신고가 종목수가 감소했다. 그 당시에는 시장이 큰 어려움을 겪었다.

'실제 신고가 종목수'는 96개였고, '실제 신저가 종목수'는 51개였다. 월요일에는 신저가 종목수가 신고가 종목수보다 많아질 것으로 기대된다.

'52주 신저가 1포인트 범위내'에 들어 있는 뉴욕증권거래소 상장종목수는 429개이다. 월요일경에는 1990년 8월 2일 쿠웨이트 침공사태가 일어나기 1주일 전처럼 그 수치가 증가할 것이다.

클라이맥스 지표(CLX)는 -16으로 떨어졌다. 65종목 클라이맥스 지표는 -32로 떨어졌다. 이 수치라면 월요일 시장을 암울한 폭락장세로 만들 수 있다(10장 5 범위지표 참조).

필드 트렌드 순지표(NFI)는 굳이어주의 필드 상실로 +5로 하락했을 뿐이다. 그러나 월요일경에는 세브론주, 듀퐁주, 제너럴 모터스주 등에서 필드를 상실하게 될 것으로 보인다. 65종목 전체를 보면, 캐롤리나 프라이트주, 노포크 앤드 사우선주, 아메리칸 일렉트릭 파워주 등에서 필드를 상실했다.

파라마운트주(부록 참조)는 1-5/8달러가 하락하여 76-1/2달러로 떨어졌고, OBV는 -13,128,200으로 하락하여 월요일이면 11월 19일의 저가를 쉽게 깨고 내려갈 수 있을 정도의 수준에 들어와 있다. 4월물 풋옵션(행사가격 75달러)을 프리미엄 11-1/4달러에 매수추천했었다. 지금 풋옵션 프리미엄 가격은 18-3/4달러로 껑충 뛰어올랐다.

최고의 공매도종목은 카터필러주, 크라이슬러주와 제너럴 일렉트릭주이다. 금광주는 좋은 매수기회를 주고 있다.

1994년 2월 7일, 월요일 저녁

다우지수 3,906.32p(+34.90).

금요일의 주가붕괴가 1929년 9월 5일 이후에 있었던 주가붕괴(6장 15 밥슨의 경고 참조)와 똑같다는 주장에 대해 시장관계자들은 믿지 않았다. 그때와 마찬가지로 다우지수는 반등했지만 기술적으로 볼 때 의미없는 반등이었다. 오늘 다우지수는 34.90p 올라 3,906.32p를 기록했다. 금요일 하락폭의 36% 정도 반등한 것이다. 그러나 다우존스공업주평균 외에는 반등이 아주 미미했다.

운수주는 금요일 하락폭의 13% 반등했고, 공익사업주는 오히려 하락했다. S&P 500지수는 금요일 하락폭의 17% 반등했고, NYSE 종합주가지수는 금요일 하락폭의 13% 반등했고, 나스닥지수는 금요일 하락폭의 4% 반등했다. ADL은 하락했다. 신고가 신저가 지표는 초약세를 보였는데, 신고가 종목수 19개, 신저가 종목수 64개를 기록해서 금요일 일지에서 언급한 대로 역전되었다.

1929년에도 그랬듯이, 대중들은 주가하락은 바로 매수기회라고 생각하고 있다. 또 그렇게 세뇌되어 있었다. 일부 시장관계자는 약세시장은 이런 식으로 시작되지 않는다고 말하고 있다. 다들 시장을 잘못 읽고 있다. 지금의 시장상황은 1929년 증시대공황이 시작될 때와 똑같은 패턴이다. 그때도 최초의 폭락이 있은 후, 바로 반등했다. 사람들은 시장이 하락할 것이라고 믿지 않았다. 하락의 시작이 아니라 절호의 매수기회라고 생각했다. 그렇기 때문에 오늘과 같은 반등이 나왔다.

금광주는 오늘 크게 하락했다. ASA주는 49달러에 역지정가매도했다. 금광관련주에서 가장 차트 모양이 좋아 보이는 것은 배틀 마운틴주, 헤크라주, 홈스테이크주, 락 미네랄주 등이다.

역자주

Stop loss: 더 큰 손실을 방지하기 위해 일정률의 손실이 발생하면 매도하도록 미리 정해 놓았다가 그 가격으로 하락하면 매도하는 투자기법. 우리 나라에서도 최근 기관투자가들이 리스크 관리기법으로 사용하고 있다.
역지정가주문(stop order, stop out order): 투자자가 주식매매 주문을 할 때, 현실 주가가 특정가격 이상으로 상승하면 매수하고 특정가격 이하로 하락하면 매도할 것을 위탁하는 주문방식이다. 이것은 주가가 어느 정도 이상 상승하면 계속 상승할 것으로 보고, 어느 정도 이상 하락하면 계속 하락할 것으로 예상할 때 이용된다. 또한 stop loss와 마찬가지로 리스크 관리기법으로 이용된다. 우리 나라에서는 이를 허용하지 않고 있다.

만약에 오늘 시장이 하락했다면 앞으로 더 좋아졌을지도 모른다. 주요 지표들의 반등이 약했기 때문에, 시장은 더 하락할 가능성이 커졌다. 신고가 신저가 지표가 초약세를 보였다는 것은 시장약세의 좋은 증거이다.

클라이맥스 지표는 -17에서(계산착오를 수정한 수치) -3으로 올랐다. 다우지수가 35p 반등한 데 비하면 별로 좋은 모양은 아니다. 필드 트렌드 순지표는 +3으로 떨어졌다. 알코아주, 제너럴 일렉트릭주, 제너럴 모터스주와 아이비엠주는 강세를 보였지만, OBV는 약했다(즉, 거래가 실리지 않았다). 운수주와 공익사업주는 하루종일 약세를 보였다.

1994년 2월 8일, 화요일 저녁

다우지수 3,906.03p(-0.29).

아침에 11p 이상 상승했다가 하락하여 다우지수는 종가기준으로 0.29p 하락한 3,906.03p로 마감했다. 운수주와 공익사업주도 하락했다. 장기채권수익률은 5개월 중 최고치를 기록했다가 종가기준으로 6.44%로 마감했다. 채권수익률 상승이 주가를 눌러놓았다. 공익사업주도 시장의 화젯거리였다.

공익사업주는 1.32p가 하락하여 218.03p로 떨어져 1월 24일의 저점 317.11p보다 약 1p 밑으로 내려갔고, 1987년 시장대폭락 바로 전날의 수준에 불과 4p를 남겨두고 있을 뿐이다.

S&P 500지수는 0.70p 떨어져 471.06을 기록했다. 이 지수는 금요일 저점에 바짝 접근했다. 불과 1.25p 차이를 두고 있을 뿐이다. NYSE지수도 마찬가지이다.

반면에 ADL은 오늘 216 올랐다. 금요일 하락 이후 최초의 반등이다. 신고가 종목수는 68개, 신저가 종목수는 36개를 기록했다. 클라이맥스 지표는 -4로 하락했고, 필드 트렌드 순지표는 +3으로 변하지 않았다.

시어스주는 오늘 3-1/4달러가 하락하여 47-3/4달러를 기록하면서, 작년 7월 이후 종가기준으로 최저가를 기록했다. 이 주식은 작년 10월 59-1/4달러에서 11-1/2달러나 떨어졌다. 다른 종목들과 마찬가지로, 이 종목도 더 하락할 것으로 본다.

파라마운트주는 종가에 76-3/4달러로 소폭 올랐지만, 변한 게 없다.

금광주 지수는 소폭 상승했다. 최근에 매수한 종목들에 대한 역지정가 매도는 없었다.

시장은 취약한 상태이다. 주가폭락이 임박했다는 신호가 나오고 있다.

1994년 2월 9일, 수요일 저녁

오늘 다우지수는 3,931.92p(+25.89).

운수주와 공익사업주는 올랐지만, 하락폭에 비해 미미한 수준의 반등이다. 공익사업주는 1p 미만의 강보합 수준이었다. 채권시장이 약세를 보인다면 금방 하락할 것이다.

신고가 신저가 종목수는 각각 98/46을 기록하고 있다. 카렌이 '52주 신고가 신저가 1포인트 범위내 종목수'를 세어본 결과, 금요일 하락 이후로 신고가 종목수는 481에서 516종목으로 조금 늘어났다. 그러나 정작 중요한 것은 신저가 종목수였다. 신저가 종목수는 352에서 429, 459종목으로 계속 늘어나고 있다는 사실이다. 오늘 46개의 '실제 신저가 종목수'와 비교해 볼 때, '1포인트 범위내 신저가 종목수'가 459개에 이르고 있다. 2월 4일의 폭락사태가 다시 재연되기는 쉽지 않겠지만, 또 다른 폭락사태가 임박해 있는 상황이다.

클라이맥스 지표는 -4에서 +6으로 올랐지만, 그동안의 경험적으로 볼 때 미약한 모습이다. 반면에, 필드 트렌드 순지표는 힘이 약해서 상승전환할 가능성이 거의 없어 보인다.

금광주는 결정적인 자리에 와 있다. 더 이상 밀리지 않고 바닥을 굳히고 있다. 대부분의 금광 관련 주식들이 역지정가매도 수준에 바짝 근접해 있다. 시카고 상품거래소의 금값은 아침에 저가를 찍고 5달러 이상 올랐다. 한편 금광주 지수는 1.42p가 올라 127.56p를 기록하면서 아침의 저가보다는 상당히 올랐다.

1994년 2월 10일, 목요일 저녁

다우지수는 36.58p 하락하여 3,895.34p를 기록했고, 운수주도 19.20p 하락, 공익사업주는 무려 3.58p 하락했다. 다우공익사업주는 2년 이래 최저가를 기록하면서 시장약세를 암시하고 있다.

ADL은 오늘 급락했다. 2월 2일의 고점이 점점 의미있는 고점으로 인식되고 있다. 최근의 고점에 대비해 거의 2,000 정도 하락해 있다.

신고가 신저가 지표는 최악의 상태다. 폭락이 임박했음을 강력히 시사해 주고 있다. 오늘 신고가 종목수는 80개, 신저가 종목수는 56개를 기록했다. 신저가 종목수가 꾸준히 증가하고 있고, 수백 개의 신저가 예비종목이 대기하고 있는 상황이라 앞으로 수일내 신저가 종목수가 폭증할 가능성이 크다. 어제 '52주 신저가 1포인트 범위내 종목'이 459개나 포진하고 있다.

클라이맥스 지표는 +6에서 -4로 떨어졌다. 운수주와 공익사업주는 극도의 약세를 보이고 있는데, 이 두 가지 지수가 시장을 폭락으로 유도하고 있다. 오늘 NYSE 종합주가지수는 지난주 금요일의 저가를 깨고 내려갔다. 이것을 보면, 지난 금요일 이후의 다우존스공업주평균의 반등세는 기술적으로 아무런 의미가 없는 반등이었음을 말해 주고 있다.

제너럴 모터스주의 결산실적이 별 볼일 없이 나오자 자동차주에 전반적인 하락이 있을 것이라는 얘기가 많이 나오고 있다. 다른 주식들도 그렇지만, 자동차주는 즉각 매도해야 한다.

채권은 오늘 급락했다(수익률 상승). 그러나 내일은 이번 주 중에서 가장 결정적인 날이다. 또 한 번의 급락이 있을 것으로 기대한다.

1994년 2월 12일, 토요일 오후

2월 11일 금요일: 다우지수 3,894.78p(-0.56). 뉴욕에 폭설이 내려 주식시장은 일찍 폐장했다. 이 때문에 시장의 기술적 하락이 월요일로 연기된 것 같다. 월요일은 발렌타인 데이다. 발렌타인 데이에 대학살이 일어나려나?

마감시간이 당겨진다는 뉴스가 퍼지자 정상적인 매수세가 아닌 공매도 청산매수세가 집중되었다. 이 때문에 시장이 마치 강세전환한 것으로 착각을 일으켰다. 마감시간이 당겨지지 않고 보통 때처럼 좀더 시간이 있었다면, 아마도 시장은 폭락을 했을 것이다. 다우지수는 0.56p 하락하여 3894.74p로 마감했다. 운수주는 약세권에 머물렀고, 공익사업주가 반등했지만 특별한 인상을 주지 못했다.

신고가 신저가 지표는 신고가 종목수가 36, 신저가 종목수가 50으로 약세시장의 초기국면임을 나타내 주고 있다. 그러나 카렌이 조사한 '52주 신고가 신저가 1포인트 범위내 종목수'를 보면 더 심각하다. 금요일 기준으로 신고가 1포인트 범위내 종목수는 478개로 지그재그식 하향곡선을 그리고 있다. 반대로 신저가 1포인트 범위내 종목수는 500개로 증가하여 극도로 위험한 상태로 폭풍전야와 마찬가지다.

클라이맥스 지표는 0으로 소폭 상승했다. 필드 트렌드 순지표는 보잉주의 필드 획득으로 +4로 올랐다.

시장이 먼저 붕괴될까? 아니면 파라마운트주가 먼저 붕괴될까?

이 질문에 대답을 하자면, '시장이 먼저'라고 본다. 그러고 나면 파라마운트주가 같은 패턴으로 뒤따라 하락할 것이다.

카터필러주, 크라이슬러주, 제너럴 일렉트릭주에 대한 공매도를 계속하고 있다. 이 종목들을 공매도 추천종목에 추가했다는 사실을 알렸어야 하는데, 최근 정보지에 싣지 못했다. 은행주는 계속 하락하고 있다. 가장 좋은 공매도종목군이다.

1994년 2월 14일, 월요일 저녁

다우지수는 아침에 25p 상승했다가 밀려서 종가기준으로는 9.28p가 상승한 3,904.06p로 마감되었다. 운수주와 공익사업주는 계속 잠수중이라, 기술적 의미가 없다. 운수주는 0.44p 올랐고, 공익사업주는 0.52p 내렸다.

미·일 무역회담의 실패로 투자심리가 냉각되어 전체시장에 영향을 미쳤다. 달러값이 급락했고, 그 여파로 장기채는 18/32 하락하여 수익률이 6.45%까지 올랐다.

일본이 미 재무성 발행채권을 덤핑 매도할 것이라는 전망이 나오자 이 문제가 최근 시장의 주요 이슈로 부각되고 있다. 다우지수는 별 의미 없이 마감되었다. S&P 500지수는 0.05p 상승했고, NYSE 종합주가지수는 내렸다.

ADL은 +81로 표준 이하이고, 신고가 신저가 지표는 61/36을 기록했다.

클라이맥스 지표는 0에서 +2로 올랐지만, 너무 약하고 OBV lower-up 종목이 압도적으로 많다. 필드 트렌드 순지표는 변함없이 +4를 유지했다.

파라마운트주는 OBV가 -16,479,500으로 신저치를 기록하면서 76-1/8 달러로 하락했다.

비아콤 B주는 신저가로 내려가 최고가 64-1/4달러 대비 52% 이상 하락했다. 비아콤사가 파라마운트사 인수합병에 한눈을 팔고 있는 사이에 자기 회사의 주주들은 엄청나게 물을 먹고 있다.

지난주 수요일의 시장을 보면, 내일 당장 다우지수가 급락할지도 모른다는 생각이 든다. 지난주 수요일 25.89p가 올라 3,931.92p였는데 오늘은 상승강도가 더 약해졌다. 지난 목요일 다우지수는 36p가 하락했음을 기억하라. 즉, +25.89, -36, -0.56, +9.28, ?(내일) 이런 식의 하향 지그재그를 그릴 것으로 본다.

달러 가치의 하락이 심각하다. 이것은 인플레이션이 악화된다는 뜻이고, 채권시장이 하락한다는 뜻이고, 동시에 금값의 상승을 암시한다. 조만간 연방준비은행은 긴축금융정책으로 전환할 것이다.

금광주 지수는 금요일 이후로 계속 좋아지고 있다. 오늘은 1.37p가 올라 127.49p로 상승했다.

결론적으로 내일은 지난 목요일의 36p 하락에 비교되는 급락이 예상된다.

1994년 2월 15일, 화요일 저녁

기대했던 하락은 없었지만, 강세론자들을 조금 당황하게 만드는 일이

그랜빌의 최후의 예언

일어났다. 기술적인 상승실패를 목격했다.

기술적 결과

① 다우공업주는 24.21p가 상승해서 3,928.27p를 기록했지만, 2월 9일
의 3,931.92p를 돌파하지 못했기 때문에 고점하락 패턴을 계속 유지
하고 있다.

② 운수주와 공익사업주가 하락해서 다우공업주지수 상승에 걸림돌이
되었다. 공익사업주는 215.46p로 신저가에 0.07p 차이로 접근해 있다.

③ 오늘 신고가 종목수는 82개였는데, 이 수치는 1월 31일의 209에 비
하면 턱없이 낮은 수치다. 2월 9일의 98개 종목에 비해서도 낮은 수
치다.

④ ADL은 다우지수 24p 상승에 비해 표준 이하의 상승을 기록해서
ADL에서도 또 다른 고점하락 패턴을 만들고 있다.

클라이맥스 지표는 +2에서 +6으로 올랐지만, OBV lower-up 종목이 8
개나 되는 기술적 약세를 보여주고 있다. 필드 트렌드 순지표는 미네소타
마이닝주의 필드 획득으로 +5로 올랐다. 그러나 클라이맥스 지표 +6은 2
월 9일의 수치를 돌파하지 못했기 때문에 기술적으로 부정적이다.

채권과 금값은 오늘 대체로 보합을 유지했다. 채권은 보합이었다. 금광
주 지수는 소폭 하락했지만, 별것 아니다.

파라마운트주는 어제 OBV 신저가를 기록했기 때문에 오늘의 반등은
의미없는 반등이었다. Vicom B주는 61-1/4달러의 최고가 이후 33-1/4달
러 하락하여 28달러에 거래되고 있다. Vicom 주주들은 경영진 몇 사람의
욕심 때문에 비싼 대가를 치르고 있다. 이 경영권 다툼에 참가한 기업의

주가는 모두 하락하고 있다.

급락이 연기되면 될수록, 하락의 폭은 더욱 깊어질 것이다.

다우공업주 종목들은 오늘 상승했지만 안정감이 없다.

1994년 2월 16일, 수요일 저녁

많은 기술적 돌발사건들이 보도되었다. 다우지수는 장 후반의 강세로 9p 상승해서 3,937.27p로 마감했다. 보잉주와 유나이티드 테크놀리지주의 강세에 힘입었다.

운수주와 공익사업주는 오늘도 하락했다. 다우공익사업주가평균은 2.70p 하락하여 212.76p로 신저가를 기록했다. 지난 9월 13일 이후 무려 17%나 하락했다. 그리고 1987년 증시대폭락 전날에도 다우공익사업주의 급락이 있었는데, 그것과 똑같은 현상이다.

카렌의 '52주 신고가 신저가 1포인트 범위내 종목수'는 519/518개를 기록했다. 이제 시장을 다시 보자.

① 오늘 다우지수 상승은 단 두 종목 덕분이었다.

② 전체 상장 종목수의 1/4이 신저가 1포인트 범위내에 들어와 있다.

이 둘 중에 어느 것이 더 중요한 의미를 갖는가?

클라이맥스 지표는 +6에서 +1로 하락했다. 이것은 다우지수 상승에 대한 '비확인'현상이다. NFI는 +5로 변하지 않았다. 운수주와 공익사업주가 하락함에 따라 65종목 클라이맥스 수치는 아주 약해졌다.

어라이드 시그널주, 제너럴 모터스주, 맥도날 더글라스주와 유나이티드 테크놀리지주가 공매도 추천종목에 추가되었다. 맥도날 더글라스주는

1989년 UAL주가 마지막 수직상승 이후 급락한 바로 그 패턴으로, 가장 좋은 공매도종목이다. 풋옵션 매수추천종목은 Allied-Signal주 6월물(행사가격 80달러), General Motors주 6월물(행사가격 60달러), Mcdonnel-Douglas주 5월물(행사가격 120달러), United Technology주 5월물(행사가격 70달러) 등이다.

맥도날 더글라스주의 차트를 보면, 사우디 비행기 판매라는 대형호재를 대통령이 공식 발표한 바로 그 날이 이 차트의 꼭지였다. 나는 이 사실을 주목하라고 사람들에게 말했다. 사우디 자금이 이 주식을 1년 전의 33달러에서부터 가격을 올려가며 매수하고 있다고 한다. UAL주에서 한 것처럼, 엄청난 모종의 거래가 숨겨져 있다고 사람들은 말하고 있다. 그러나 나는 이런 말들을 믿지 않는다.

주가전망에 변한 건 없다. 심각한 하락이 곧 있을 것이다.

1994년 2월 17일, 목요일 오후

다우지수 3,922.64p(-14.63).

채권시장은 오늘 크게 하락하면서, 주요지지선을 깼다. 더 이상 몸도 제대로 가누지 못할 지경에 빠졌다.

아침에 20/32 상승했다가 종가에는 1-4/32가 하락하여 수익률은 6.54%로 급등했다. 시장관계자들은 이것을 보고 충격을 받았다. 공익사업주가 평균이 벌써부터 이런 일이 일어날 것이라고 계속 경고해 왔다(역자주: 공익사업주는 이자율에 민감한 업종이다. 이것이 신저가를 기록하는 상황이라면 채권시장도 하락하는 것이 논리적으로 타당하다).

오늘 공익사업주는 다시 신저가를 기록했다. 다우공업주평균은 14.63p

가 하락하여 3,922.64p로 마감했다. 그러나 내일 또다시 급락할 가능성이 아주 크다.

오늘 신고가 종목수는 107개에 달했지만, 오전의 강세를 반영한 것에 불과하다. 그래서 내일은 신고가 종목수가 급격하게 줄어들 것이다. ADL 은 전형적인 역전현상을 보여주었다. 오전에 +600에서 종가에는 -400으로 끝났다.

블록버스터(Blockbuster)주는 7/8달러 하락한 23-5/8달러로 마감하여, 쌍바닥을 깨고 내려갔다. 주주들은 Vicom사가 Paramount사의 경영권 다툼에 끼어드는 것을 반대할 것이다. 그 이유 때문에 파라마운트주는 급락했다. 오늘 파라마운트주는 OBV -17,112,600으로 신저치를 기록하면서 주가는 76-1/4달러로 하락했다. 이제 브로커들은 이 주식을 팔고 빠져나갈 것이다.

U.S.Surgical주는 오늘 18-5/8달러로 붕괴되었다. 1992년 1월 이 주식이 134-1/2달러의 최고가에 있을 때 윌리엄 오닐은 최상위 등급점수를 주었다(8장 기업이익 - 최악의 지표 참조). 기본적 분석가들은 이 주식을 추천했지만, 이 종목은 계속 하락했다.

장기채권의 수익률이 6.54%를 기록하고 있는 가운데, 주식시장은 폭락을 준비하고 있다.

1994년 2월 19일, 토요일 저녁

2월 18일 금요일: 다우지수 3,887.46p(-35.18).

폭락하고 있는 채권시장은 주식시장의 붕괴를 예고하는 것이다. 금요일 장기채권수익률은 0.1%p 이상 상승해서 6.64%로 올랐다. 다우지수는

35.18p 하락하여 3,887.46p를 기록했다. 시간상으로 비교해 보면, 금요일 (1994년 2월 18일)은 1929년 9월 17일과 똑같다고 볼 수 있다. 그때와 지금의 주가수준(다우지수기준)을 비교해 보자.

1929년 9월 5일(밥슨의 경고에 따른 폭락일)	369.77p
1929년 9월 17일	368.52p
1929년 9월 23일 (일주일 후; 거래일 기준)	359.00p
1994년 2월 4일(연방준비은행의 이자율 인상으로 인한 폭락일)	3871.42p
1994년 2월 18일	3887.46p
1994년 2월 28일(일주일 후; 거래일 기준)	????

두 기간을 비교해 봤을 때, 1929년 9월 5일 기준으로 9월 23일의 다우지수는 11p 가량 하락한 것이다. 만약에 그런 비교가 맞다면, 올해 2월 4일의 주가폭락일을 기준으로 추정해 봤을 때 다음주에는 100p 이상의 주가하락을 기대할 수 있다.

금요일의 주가하락은 신고가 신저가 지표가 들쭉날쭉하는 것으로 잘 반영되었다. 신고가 신저가 종목수는 42/96 이다. 그러나 내부적으로 살펴보면, 신고가 신저가 지표보다 훨씬 잘 드러난다. 카렌의 조사로는 '52주 신고가 신저가 1포인트 범위내 종목수'는 신고가 종목수가 519에서 433으로 줄어들었고, 신저가 종목수는 528에서 547로 늘어났다. 그래서 '실제 신저가 종목수'가 수일내 수백 개로 증가하더라도 전혀 놀랄 일이 아니다.

클라이맥스 지표는 -4에서 -13으로 크게 하락했다. 필드 트렌드 순지표는 아메리칸 익스프레스주와 머크주의 필드 상실로 +2에서 0으로 하락했다.

목요일 예견한 대로, 파라마운트주는 브로커들의 매도물량이 시장에 뿌려지고 있다. 주가는 1-1/4달러가 하락해서 75달러로 종가 마감했다. OBV는 -20,662,000으로 또다시 신저치를 기록했다.

비아콤주는 신저가를 기록했다. 자금을 허비하면서 기업의 경영권을 갖겠다는 한 사람의 야망 때문에 주가붕괴를 겪고 있는 것이다.

오늘 나의 주요 메시지: "투자자금을 지키는 것이 주식투자의 제일 우선순위이다." 당신이 지금의 게임에서 돈을 잃거나 벌지 않고 현재의 자산을 유지할 수 있다면, 당신은 올해 말쯤에는 남들보다 한발 앞서 있을 것이다.

1994년 2월 22일, 화요일 저녁

다우지수 3,911.66p(+24.20).

기술적으로 약한 반등이다. 운수주와 공익사업주도 올랐다. 이 세 개의 다우지수가 모두 고점하락 패턴을 보이고 있다. 로켓 과학자의 시각으로 주식시장을 보면 기술적 약세현상을 알 수 없다. 주가는 오르락내리락 하면서 하락하는 것이다. 그래서 아무런 의미없는 상승도 하는 법이다. 다우지수는 목요일 종가보다 12p 아래에 있다.

다우지수가 24p나 상승했음에도 불구하고 클라이맥스 지표가 -9를 기록한 것을 보면, 다우종목의 약세현상을 잘 보여준다. 다우지수는 카터필러주, IBM주, 미네소타 마이닝주, P&G주 등 4개 종목의 상승에 의한 것이다. 그런데 이 종목 중에서 카터필러주만이 OBV lower-up을 기록했을 뿐, 다른 종목은 OBV상 아무 표시도 나오지 않았다. 다만 유니온 카바이드주만이 OBV Up(진짜 up) 표시를 기록했을 뿐이다. 그래서 거래량을 기준으로 보면, 오늘의 다우지수 상승은 하루짜리 반등에 불과하다고 결론을 내릴 수 있다.

ADL이 140밖에 오르지 못한 것을 보면, 시장약세를 금방 알 수 있다. 그래도 아직 의문이 남아 있다면, 신고가 신저가 종목수를 보면 의문이 풀릴 것이다. 다우지수는 반등했지만, 신고가 종목수가 61개이고, 신저가 종목수가 86개라는 사실까지 숨길 수는 없다. 신고가보다 신저가 종목수가 많은 날이 이틀 연속적으로 생긴 것은 오랜만에 보는 현상이다.

파라마운트주는 오늘 종가기준으로 74-5/8달러로 하락했다. 예측대로 붕괴될 것이다.

금광주는 오르면 밀리고 밀리면 오르는 현상이 계속되고 있다. 몇몇 종목은 단기적으로 크게 하락했다. 우리는 손실을 극소화하기 위해 역지정가매도 주문가격을 시세에 가까운 가격으로 지정하고 있다.

ASA주, American Barrick주, Echo Bay주, Horsham주, Pegasus주, Placer-Dome주 등은 약간의 손해를 보고 역지정가매도했다. 콜옵션은 두 배의 수익을 올렸을 때 반은 청산매도했다. 그래서 콜옵션에서는 손해가 없다. 남아 있는 나머지 반은 4월이 만기인 4월물 콜옵션인데, 실제로는 공짜로 갖고 있는 셈이다.

전반적인 시장전망은 변한 게 없다.

1994년 2월 23일, 수요일 저녁

다우지수 3,891.68p(-19.98).

화요일의 상승은 하루짜리 반등에 불과하다고 한 어제의 경고를 확인이라도 시켜주듯, 오늘 다우지수는 19.98p가 빠져서 3,891.68p로 마감했다. 이 정도의 지수라면 이제 2월 4일의 저가 3,871p를 깰 수 있는 위치에 들어와 있다. 채권시장의 신저가 기록은 주식시장의 하락을 예고하고 있다. 장기채권 수익률은 최고가 6.64%를 돌파했다. 오늘 오전에는 모든 것이 안정적이었다. 그러나 일시적인 강세로 끝나고 결국 하락했다. 운수주는 아침에 +10p까지 상승했지만, 결국 -5p로 끝났다. 공익사업주는 오늘 한번도 강세를 보이지 못하고 하락했다.

신고가 신저가 종목수는 각각 79/64였다. 그러나 '52주 신고가 신저가 1포인트 범위내 종목수'가 내부적으로 시장약세를 예고하고 있다. 카렌의 최근 조사수치는 466/566이었다. 1990년 8월 쿠웨이트 침공사태가 있기 며칠 전의 수치와 거의 흡사하다(그 후로 주가는 폭락했었다).

클라이맥스 지표는 -10으로 하락했고, NFI는 0으로 후퇴했다.

Blockbuster주의 기술적 약세는 M&A 관련주인 Redstone empire주의 주가붕괴 패턴과 동일한 것으로 보인다. 그래서 공매도하기에 가장 좋은 주식이다. 6월물 풋옵션(행사가격 25달러)을 매수할 생각이다.

금광주의 상승 에너지가 소진되었기 때문에 역지정가매도를 계속하고 매수는 하지 말라고 충고해 왔다. 오늘 이들 종목들은 초반약세에서 종반 강세로 돌아섰다. 그러나 지금까지의 태도를 바꾸지는 않겠다.

1994년 2월 24일, 목요일 저녁

다우지수 3,839.90p(-51.78).

다우지수의 폭락으로 약세시장임을 보여주는 기술적 신호가 많이 나왔다. 운수주는 거의 35p가 하락했고, 공익사업주는 3p 이상 폭락하여 또 신저가를 기록했다. 이번 하락을 예상 못한 강세론자들은 하락요인이 될 만한 것은 무엇이든지 끌어다 탓했다. 주범은 채권시장이었다. 채권가격은 1-3/32 하락하여 수익률은 6.74%로 올랐다.

그러나 어떤 사람들은 수십억 달러의 TCI와의 합병거래 계약을 파기한 Bell Atlantic사 때문이라고 말했다. 과연 그럴까? Bell Atlantic주의 차트를 보자. 69달러 하던 작년 10월에 이미 주가하락을 예상할 수 있었다. 누구라도 한눈에 척 알아볼 수 있다. 어쨌든 대규모 합병계획이 연기되는 것은 약세시장을 예고하는 것이다. 일급투자가들은 벌써 그 뜻을 알아차렸을 것이다.

ADL과 신고가 신저가 지표가 동시에 붕괴되는 것은 전형적인 약세시장의 특징이다. 신고가 신저가 종목수는 각각 38/148을 기록했다. '신저가 1포인트 범위내 종목수'가 600개 이상 될 것이라는 추측을 쉽게 할 수 있다. 클라이맥스 지표는 땅바닥으로 곤두박질쳤다. -10에서 -19로 하락했다. NFI는 액슨주, 굳이어주, 유니온 카바이드주의 필드 상실로 -3으로 하락했다.

뉴욕증권거래소 시장의 영향으로 나스닥 시장도 망가졌다. 죽음의 사신이 쳐놓은 그물망을 빠져나간다 해도 갈 곳이 없다.

뮤추얼 펀드가 매도분위기로 휩싸였다. 안전한 곳은 아무데도 없다는 것을 명심하라. 채권과 주식 모두가 위험하다.

특히 나쁜 현상은 이번 하락이 있기 전에 대중들이 가지고 있던 '자기만족의 심리수준'이다. 강세론자들은 대중들의 약세감정(약세관; 약세심리)을 강조하면서 강세시장을 기대하고 있다. 그러나 약세시장에서는 약세관이 옳다는 투자원칙을 그들은 까맣게 잊어버린 모양이다. 지금은 약세시장이다. 그 결론에 실수는 없다.

1994년 2월 26일, 토요일 오후

다우지수 3,838.78p(-1.12).

목요일에 52p나 하락했기 때문에 반등시도가 있을 것이라고 사람들은 믿고 있었다. 이번 하락의 주범이 채권시장이었기 때문에 사람들의 이목은 채권시장에 집중되었다. 그러나 채권시장은 잠잠했다. 주식시장도 조용했다. 다우지수는 -1.12p로 안정을 찾았다. 이번주 4일 동안 거의 50p가 하락했다. 이것은 약세시장의 시작에 불과하다. 다시 한번 강조하건대, 공매도와 옵션 시장에서 매매하는 것을 싫어한다면 이익 이전에 자본을 보존하라. 사람들은 대부분 공매도와 옵션시장을 싫어하기 때문에 차라리 투자를 쉬라는 얘기다.

카렌이 조사한 '신고가 신저가 1포인트 범위내 종목수'를 보자. 오늘의 일일 시황일지의 핵심사항이다. 금요일 기준으로, 신고가 쪽에서는 466에서 369로 줄어든 반면, 신저가 쪽은 560에서 577로 증가하여 신고가 종목수를 상회하고 있다. 지금이 약세시장이라는 가장 좋은 증거가 된다.

클라이맥스 지표는 -19에서 -12로 올랐다. 그러나 강세신호로 보기에는 어려운 상태이다. ADL, 신고가 신저가 지표, 시간 지표, 제너럴 모터스 지표 등 주요지표들의 현재 모습은 약세시장 제1국면에 들어가 있음을 확인시켜 주고 있다. 이 중에서 가장 분명한 지표는 아마도 '감정지표'일 것이다.

지금 강세론자들이 약세시장임을 인정하지 않고 있다(자기만족 이론)는 사실이 가장 신빙성 있는 약세시장 증거일 것이다. 그런 심리 때문에 자기들이 의존하는 지표들을 무시하고 있다. 약세감정, 풋옵션/콜옵션 비율, 공매도수량 등 자기들의 입장을 지지하고 있는 그런 지표들만 보고 위안을 삼고 있다. NFI는 미네소타 마이닝주의 필드 상실로 -4로 하락했다.

이번 주는 우리에게 굉장한 한 주였다. 우리가 최근에 추천한 공매도 종목들이 크게 하락했다. 이 종목들을 보면 Allied-Signal주, Caterpillar Tractor주, Chrysler주, General Motors주, United Technologies주이다.

1994년 2월 28일, 월요일 저녁

다우지수 3,832.02p(-6.76).

전장의 상승세를 지키기 위한 여러 차례의 노력이 있었지만, 장중저가 근처에서 종가마감하여 전일 대비 6.76p 하락한 3,832.02p를 기록했다. 마지막 30분 만에 18p나 하락했다. 그래서 2월중 총하락폭은 149p에 달했다. 1월 21일에 주가 상승으로 행복감에 도취되어 있던 상황과는 전현 딴판으로 변해 버렸다.

반면에 전반적인 시장상황은 다우지수하락에 비하면 강해 보였다. 그렇다고 하더라도, 그건 지난주 급락에 대한 일시적인 반등에 불과한 것으로 보인다.

신고가 신저가 지표는 신고가 종목수가 신저가 종목수보다 많아졌다. 그래도 '52주 신저가 1포인트 범위내 종목수'는 여전히 577개나 있다.

클라이맥스 지표는 다우지수 하락에도 불구하고 -10으로 올랐다. 시장이 전환점에 와 있다고 할 정도는 아니다. 필드 트렌드 순지표는 Philip Morris주의 필드 상실로 -5로 떨어졌다.

담배회사가 청소년들의 소비를 늘리기 위해 니코틴 함량을 높인 제품을 판매하고 있다는 여론이 있었다. 그래서 정부에서는 담배산업을 제약산업과 마찬가지로 규제산업으로 다시 정하기로 했다. 이 때문에 담배 관련주들은 급락했다. 과거에는 막강한 로비력을 가진 산업법률가 집단에 의해 정부의 규제가 실패했지만, 지금의 정부는 가장 강력한 공세를 취하고 있다. 게다가 도덕성이 결여된 산업에 반대하는 것이 정당하다는 여론이 많다.

Philip Morris주는 대량 거래되면서 56달러로 급락했다. 기술적으로 보면, 50달러 이하로 떨어질 것으로 보인다. 풋옵션(행사가격 55달러)을 매수하라.

금광주는 4대의 세르비아 전투기를 격추시켰다는 오전 뉴스가 나오자 상승했다. 금광주 지수는 2.70p가 상승하여 128.39p로 올랐다. 그 덕에 우리가 보유하고 있는 4월물 콜옵션의 가격이 올랐지만, 금광주에 대한 공격적인 신규매수는 당분간 멀리 하고 있다.

1994년 3월 1일, 화요일 저녁

다우지수 3809.23p(-22.79).

공익사업주가 꼭지를 치던 작년 9월과 채권가격이 꼭지를 치던 작년 10월에 이 정보지에서 시장에 대하여 경고한 바 있다. 이제 이 경고가 현실로 나타났다. 이런 분열현상들이 주식시장에 영향을 미칠 것이라고 경고한 매스콤은 한 군데도 없었다. 이제 주식보유자들은 채권으로 교체해도 안전할 수 없게 되었고, 채권보유자들도 위험을 피해 주식으로 교체매매할 수 없게 되었다. 전체 금융시장을 조여오는 금융재난을 피할 수 있는 안전한 피난처는 아무 데도 없다.

오늘 주식시장은 채권시장의 약세로 온통 암울했다.

장기채권은 1-15/32가 하락해서 수익률은 6.78%로 급등했다. 연방준비은행이 어떤 정책을 내놓을지 눈치보며 기다릴 여유가 없다. 채권시장은 매도일색이고 단기적인 전망이 좋지 않다. 이런 현상은 시장이 조만간 신고가를 갱신할 것이라고 말하는 과격한 낙관주의자들의 생각과는 전혀 딴판이다. 그러나 그들의 외침은 점점 희미해지고 있고, 신념도 점차 약해지고 있다.

오늘은 월요일의 장중저점을 깨고 내려갔다. 다우지수는 -22.79p로 3,809.23p에 마감했다. 어느 한 곳도 기댈 만한 데가 없었다. 운수주는 13.46p 하락했고, 공익사업주도 1.05p 하락했다. 강세론자들은 나스닥에 희망을 걸고 있다. 나스닥시장은 월요일 강세를 보였다. 그러나 오늘은 나스닥지수도 3.88p 하락했고, 움직임도 약했다. 상승종목 1,284개/하락종목 1,973개로 약세였다.

신고가 신저가 지표는 상승했지만, 앞으로 악화될 여지가 많이 남아 있다. 내일 카렌의 조사결과를 실을 예정인데, 아마도 이것을 보면 간담이 서늘해질 것이다. 과거에 시장붕괴를 동반했던 당시와 비슷한 분석수치들이 나오고 있다. 클라이맥스 지표는 -13으로 떨어졌는데, OBV lower-down 종목이 압도적으로 많아졌다. 필드 트렌드 순지표는 듀퐁주의 필드 상실로 -6으로 떨어졌다.

금광주는 아직 확실한 바닥을 만들지 못했다. 그래서 관망하고 있다.

1994년 3월 2일, 수요일 저녁

다우지수 3,831.74p(+22.51; 장중 최저점 -50p).

다우지수는 일시적인 바닥을 쳤다. 장중 -50p까지 하락했다가 +22.51p 상승으로 반전했다. 굳이 '역전 혹은 전환'이라는 말을 사용하지 않은 것은 ADL에서도 똑같이 역전현상이 나타나야 하는데 그렇지 않았기 때문이다.

시장의 진실된 모습은 바로 ADL로 나타난다. 오늘 뉴욕증권거래소 ADL은 하락종목이 656개나 나왔다. 이 수치는 1994년 중 최고수준이다. 나스닥시장에서는 오히려 더 약한 모습을 보여주었다. 하락폭은 5.15p로 완만했지만, ADL은 등락종목차가 -998로 가파르게 하락했다. 그러므로 '역전'이라는 표현은 정당하지 못하다. 오늘의 블루칩 상승세로 내일이나 모레쯤에는 엄청난 매물압박을 받게 되어 있다.

신고가 신저가 지표는 오늘 부정적인 모습을 나타냈다. 신고가 종목은 29개 종목에 불과한 반면, 신저가 종목은 177개 종목이었다. 이것은 다우지수가 초반에 50p나 하락한 영향을 받은 것이다. 그러나 후장 거래에서 블루칩이 상승세로 반전했지만 등락종목수에 큰 영향을 미치지 못했다. ADL이 하락한 것을 보면 증명된다.

카렌이 조사한 최근자료를 보자. 신고가 쪽은 356개로 감소했고, 신저가 쪽은 611개로 증가했다. 과거에 이런 수치가 나오고 나면 항상 주식시장이 붕괴했다.

다우30공업주가평균(다우지수)의 대부분 종목들이 OBV가 하향전환됨으로써 생긴 기술적 약점이 있기 때문에, 오늘의 블루칩 상승은 조정파동으로 생각된다. 가장 강한 다우 종목이 OBV lower-up 표시에 불과하다. 이를 종합해 보면, 또 다른 급락을 위한 일시적인 반등이었다고 결론내릴 수 있다.

클라이맥스 지표는 블루칩 상승에도 불구하고 -1로 여전히 마이너스

그랜빌의 최후의 예언

상태로 남아 있다. 필드 트렌드 순지표는 Good-year주가 필드 획득한 반면, Allied-Signal주와 IBM주의 필드 상실로 -7로 떨어졌다.

금광주는 안정을 찾았다. 더 이상의 역지정가매도는 없었다. 금값은 오늘의 저가 위에서 마감되었다.

1994년 3월 3일, 목요일 저녁

다우지수 3,824.42p(-7.32).

채권시장은 여전히 매도 일색이다. 장기채권은 25/32가 폭락하여 수익률이 6.84%로 급등을 지속했다. 그 여파로 주식시장도 꼼짝 못하게 되었다. 다우지수는 7.32p가 하락하여 3,824.42p로 마감되었다. 내일 발표될 비농업부문의 고용지수가 높게 나올 것이기 때문에 연방준비은행의 이자율인상이 재차 발표될 것이라는 예상이 나오고 있다. 다우지수가 수요일의 반등을 이어가지 못함으로써 약세 모습을 보여 주었다.

표면적으로는 신고가 신저가 지표가 개선되었다. 신고가는 56종목, 신저가는 65종목이었다. 그러나 내부적으로는 '52주 신저가 1포인트 범위내 종목수'가 622개에 달한다는 사실을 명심해야 한다. 그리고 ADL은 오늘도 하락하여 약세시장이 시작된 이후 또 신저치를 기록했다.

다우운수주의 클라이맥스 지표는 약세정도가 심해서, 다우공업주가 아무리 강세를 보인다고 하더라도 회복할 수 없을 정도이다. 1991년 1월 걸프전 일주일 전의 상황과 정반대의 패턴이다. 조만간 시장이 크게 하락할 것이라는 강력한 증거가 된다.

클라이맥스 지표는 -5로 하락했고, 필드 트렌드 순지표는 Exxon주의 필드 획득으로 -6으로 상승했다.

Paramount주는 오늘 2달러가 하락하여 46-3/8달러로 떨어졌다. 내일 또 하락할 것으로 본다.

새로운 공매도추천종목과 풋옵션 매수추천종목은 다음과 같다. Airborne Freight 5월물(행사가격 35달러), Burlington Northern주 7월물 (행사가격 60달러), CXS주 7월물(행사가격 85달러), Roadway주 7월물 (행사가격 70달러), UAL주 5월물(행사가격 130달러) 등이다. 운수주가 초약세를 보이고 있기 때문에 추천종목들은 운수주에서 골랐다.

금광주는 오늘 약보합세를 보였다. 오늘 금광주에 대한 역지정가매도 는 없었다. 금값이 370달러 이상에서 유지되는 기간이 길면 길수록 새로 운 바닥이 만들어지고 있다고 봐야 한다. 그렇게만 되면, 또 한 번 강력한 상승이 있을 것이다.

1994년 3월 5일, 토요일 오후

고점하락 패턴이 계속 진행되고 있다. 다우지수는 금요일 장중 최고점 이 +22p였다가 되밀려 +7.88p 상승한 3,832.30p로 마감했다. 1월중 비농 업부문의 고용수치가 +60,000에서 -2,000으로 수정되었다. 이것을 보면 정부의 통계를 보고 투자를 해서는 안 된다는 증거가 된다. 1월 고용수치 가 낮아졌기 때문에 2월중 고용지수는 217,000보다 훨씬 낮은 평균치가 나오게 되었다. 그래서 채권시장을 강타한 하락충격이 반전되었다. 전장 의 하락폭을 많이 축소시켰다. 그러나 여전히 채권가격은 하락한 상태로 마감되었다. 다우지수도 이번 주에 결국 하락한 상태로 끝났다(주봉 음 봉). 다만 나스닥 시장은 상승했지만, ADL은 상당한 약세를 보였다.

ADL은 1994년의 최저가를 벗어나는 것으로 만족했다. 금요일의 상승시도 속에서 어떠한 강세도 읽을 수 없었다. 신고가 신저가 지표는 확실한 약세추세를 나타내고 있다. 다우지수만으로 시장을 측정하는 사람들에게 간단한 질문을 하겠다.

"52주 신저가 종목수는 3월 2일 167개였다. 이 종목들이 최고가를 기록한 게 언제였던가?"

맞다. 몇 달 전 심각한 디카토미 현상이 시작되던 그때이다.

카렌이 최근에 조사한 바에 따르면, '52주 신고가 신저가 1포인트 범위 내 종목수'가 각각 362/604로 나타났다.

"자, 지금 신저가 근처에 있는 604개 종목들이 최고가를 기록했던 때가 언제였을까?"

이 또한 마찬가지다.

다우지수가 꼭지를 치기 훨씬 전에 일급투자가들이 시장을 떠난 이유는 바로 이 점 때문이다.

클라이맥스 지표는 금요일의 상승세로 -2로 올라섰다. 공익사업주에서 약간의 강세를 보여, American Electric Power주, Consolidated주, Edison Pacific Gas & Electric주의 필드 획득이 돋보였다. 연방준비은행의 이자율인상으로 96p가 하락하기 전날인 2월 3일의 4열수치와 똑같다는 사실이 이들의 강세를 꺼림칙하게 했다.

금광주는 별 볼일 없었다. 그러나 더 이상의 역지정가매도는 없었다.

전체시장이 조만간 폭락할 것이다.

1994년 3월 7일, 월요일 저녁

다우지수 3,856.22p(+23.92).

기술적으로 볼 때, 오늘의 상승은 허점투성이였다. 2월 4일 다우지수가 3871.42p를 깨고 하락했을 때, 그 당시에는 지지선이었지만, 이제는 상승 저항선이 되었다. 그래서 오늘의 상승은 의미있는 저항선 위로 지수를 올려놓지 못했다.

ADL은 이틀 연속 상승했지만, 다우지수 3,832.02p 수준인 2월 28일의 ADL에도 미치지 못한다. 기술적인 상승실패임을 말해 준다.

신고가 신저가 지표는 각각 96/48개 종목으로 2월 17일의 신고가 종목 수 107개에 미치지 못하고 있다. '52주 신고가 신저가 1포인트 범위내 종목수'가 600개나 있는 상황에서 '기술적 실패' 운운할 여지도 없지만, 기술적으로 실패한 건 사실이다.

오늘 다우지수는 상승했지만, 거래량이 적었기 때문에, 클라이맥스 지표는 약한 모습을 나타냈다. OBV 진짜 up 종목이 단 하나밖에 없었다. 그 밖에 OBV higher-down 종목이 2개, lower-down 종목이 3개, lower up 종목이 5개였다. 필드 트렌드 순지표는 -6으로 보합을 유지했다.

다우지수가 후장 막판에 +29p에서 밀린 것도 그렇지만, S&P 500 지수는 +3.06p에서 +2.17p로 상승폭의 30% 이상 크게 밀린 것은 의미있는 변화로 볼 수 있다. 오늘 OBV 신고가 종목이 하나도 없었다는 점도 의미있지만, 제너럴모터스주가 하루종일 강세를 보이다가, 장 막판에는 마이너스로 떨어졌다는 사실도 의미있는 변화이다.

우리는 오늘 Homestake주를 19-1/2달러에 역지정가매도했고, Newmont Mining주를 51-1/2달러에 역지정가매도했다. 이것으로 우리가 보유하고 있는 귀금속 관련주는 5종목으로 줄어들었다. Battle Mountain주, Hecla주, Lac Minerals주, Newmont Gold주, Sunshine Mining주 등이다. 우리는 역지정가매도를 준수하고 있다.

그랜빌의 최후의 예언

1994년 3월 8일, 화요일 저녁

다우지수 3,851.72p(-4.50).

채권시장이 난기류에 휩싸여 폭락했다. 장기채 수익률은 6.86%로 급등했다. IBM주가 2-1/2달러 상승하지 않았다면, 다우지수는 더 심하게 빠졌을 것이다.

다우운수주가평균이 10p 이상 올랐지만, 고점하락형의 약세 패턴이 계속 이어지고 있는 상태이다. 채권시장의 하락으로 가장 큰 영향을 입은 것은 다우공익사업주였다. 공익사업주는 거의 2p나 하락했다.

NYSE 종합지수와 나스닥지수에서 문제점이 확연히 드러났다. 오늘 NYSE의 ADL은 바닥 대비 900 위에 있는데, 900 정도의 수치는 이틀 정도 하락하면 바닥을 깰 수 있는 위험한 수준이다.

클라이맥스 지표는 0으로 다시 떨어졌다. OBV lower-up 종목이 없었다면, 더 크게 하락했을 것이다. 다우 종목들은 지금 Alcoa주 1개 필드, Boeing주 1개 필드, General Electric주 2개 필드, General Motors주 1개 필드, International Paper주 2개 필드, Minesota Mining주 1개 필드, Philip Morris주 1개 필드, P&G주 1개 필드, United Technologies주 1개 필드 등 총 11개 필드를 잃을 위험에 처해 있다. 그렇다고 지금 당장 깨지는 않겠지만, 불이 본격적으로 번지기 전에 연기가 나는 정도라고 보면 된다. 필드 트렌드 순지표는 지금 -6이다.

결론적으로 다우지수의 추가적인 하락파동이 곧 시작될 것으로 기대된다.

1994년 3월 9일, 수요일 저녁

다우지수 3,853.41p(+1.69p).

장기채가 오늘 소폭 반등하자 다우지수도 장중 -20p에서 상승반전했다. 그러나 그 힘이 약해 1.69p 상승한 데 그쳤다.

운수주는 +8.39p, 공익사업주는 1.25p 상승했지만, 전반적인 분석수치들은 약세였다. ADL은 -130 하락했는데, 이제 올해 최저점 대비 770 정도 상회하고 있을 뿐이다.

신고가 신저가 지표를 보자. 신고가 종목수와 신저가 종목수는 각각 58/89개였다. '52주 신고가 신저가 1포인트 범위내 종목수'는 각각 399/586개를 기록하고 있다. 다우지수가 3월 1일의 저점 대비 41p가 상승했는데도, 신저가 종목수는 크게 줄지 않고 있다.

클라이맥스 지표는 오늘 올라서 +4를 기록했지만, OBV lower-up 종목수가 7개나 되는 초약세를 보이고 있다. 이것은 다우지수가 폭락할 가능성이 아주 크다는 것을 암시한다.

필드 트렌드 순지표는 변함없이 -6을 유지하고 있다.

다음 정보지에서 5개의 공매도추천종목을 실을 예정이다. 풋옵션 매수 추천종목은 다음과 같다. Foster Wheeler주 4월물(행사가격 45달러), W.R.Grace주 5월물(행사가격 45달러). Great Lakes Chemical주 6월물(행사가격 75달러), Scott Paper주 7월물(행사가격 75달러) 등이다.

금광주는 상승반전했다. 이 종목군은 과매도상태이다. 오늘의 상승반전으로 우리가 보유하고 있는 4월물 콜옵션에 큰 도움이 되었다.

오늘의 상승반전은 재상승의 신호로 보인다. 금광주 지수는 오전에 거의 2p 하락했다가 약 6p 정도 상승반전되어 +3.79p 상승하여 종가 마감했다. 귀금속주 뮤추얼 펀드에 편입되어 있는 금광주는 팔지 말라고 말했었다.

전반적으로 오늘 시장은 여러 가지로 인상적인 점이 많았고, 조만간 하락할 것으로 보인다.

1994년 3월 10일, 목요일 저녁

다우지수 3,830.62p(-22.79).

어제 예상했던 그대로 시장이 움직였다. 시장은 크게 하락했고, 금광주는 급등했다. 채권시장이 주식시장을 끌어내리고 있다. 장기채는 1-12/32 하락하여 수익률이 6.9%로 상승했다. 이제 7%가 코앞에 닥쳐왔다.

다우지수는 장중 한때 37p나 하락했다가 -22.79p로 낙폭이 줄어서 마감했다. 운수주는 18.54p나 폭락했고, 공익사업주는 2.24p 급락했다. 이제 금년중 최저가에 1p로 접근했다.

ADL은 오늘 700 이상 하락했다. 그래서 지금은 최저치 대비 100 정도 높은 수준이다. 신고가 신저가 지표는 신고가 종목수와 신저가 종목수가 각각 46/113개이지만, 내부적으로는 더 악화되었다. 잠재적 신저가 종목수는 다우지수의 급락을 암시하고 있다.

클라이맥스 지표는 +4에서 -5로 하락했다. 이미 예상하고 있었듯이, 오늘 필드 트렌드 순지표는 -10으로 크게 하락했다. IBM주에서 1개의 필드를 얻었지만, General Electric주와 International Paper주에서 각각 2개 필드씩을 잃었고, P&G주에서 1개의 필드를 잃었다. 이 수치는 약세시장에서나 나오는 수치이다.

오늘의 스타는 금값상승이었다. 오늘 금값은 8달러 이상 올랐다. 금광주 지수는 3.27p가 올라 326.53p를 기록했다. 콜옵션과 마찬가지로 금광주는 모두 장기적으로 괜찮다고 보고 있다. 오늘 이 종목군은 아주 좋았다. 특히 Echo Bay주, Homestake주, Placer-Dome주, Pegasus주 등이 크게 상승했다.

뉴스 그 자체는 중요하지 않지만, 뉴스에 시장이 어떤 반응을 보이느냐 하는 것은 아주 중요하다. 화이트워터 사건(역자주: 클린턴 대통령이 관련되어 있음)에 대하여 시장은 초약세를 보여주었다. 이것을 보면 강세론은 거의 무너졌다고 할 수 있다.

1994년 3월 12일, 토요일 오후

다우지수 3,862.70p(+32.08).

장기채권수익률이 7%를 찍고 약간 밀렸다. 다우공업주지수는 상승했지만, 기술적인 의미가 없는 표시들, 즉 OBV 표시가 없거나 lower-up 표시를 냈을 뿐이다. 금요일 상승의 82%는 가치없는 상승이었다. 운수주는 하락했고, 공익사업주는 상승했지만, 65종목 클라이맥스 지표를 +로 돌려놓지 못했다.

다우공업주지수는 목요일의 하락폭 이상으로 되돌려놓았지만, 지수보다 더 중요한 ADL은 21% 회복에 그쳤을 뿐이다. 그래서 시장은 아직도 심각한 문제를 안고 있는 상태이다. 이 때문에 뮤추얼 펀드 지수는 거의 움직이지 못했다. 이 펀드는 곤경에 처해 있다.

신고가 신저가 지표는 금요일 43/120종목을 기록하면서 계속 약세를 보이고 있다. 게다가 '52주 신고가 신저가 1포인트 범위내 종목수'가 각각 377/633개로 나타났다.

잠재적 신저가 수치는 지난 1990년 7월 24일 쿠웨이트 침공 뉴스가 발표되기 직전 582개보다 더 악화되어 있음을 명심하라. 잠재적 신저가 종목수가 633개에 달해 있는데, 다우지수가 5% 조정으로 끝난다는 것은 도저히 불가능한 일이다.

1994년 3월 14일, 월요일 저녁

다우지수 3,862.98p(+0.28).

채권가격이 장 막판에 소폭 밀리면서 수익률은 다시 6.94%로 올랐다. 다우지수는 하루종일 +7, -7, +8을 왔다갔다 하면서 소폭의 등락을 계속하다가 +0.28p 상승으로 마감했다. 클린턴 행정부의 관료가 사임했다. 그것 때문에 시장에 장막이 드리워졌다. 채권시장은 이틀 후에 나올 인플레이션 관련 수치(생산자물가지수)에 민감하게 반응했다.

ADL은 오늘 등락차가 +202(상승종목수-하락종목수)로 소폭 상승했다. 시장의 문제점들을 해결하기에는 증가수치가 너무 부족하다. 나스닥시장도 마찬가지다. 나스닥지수가 3p 이상 상승했는데도 불구하고 나스닥 ADL은 등락차가 +100으로 소폭 상승했을 뿐이다.

신고가 신저가 지표는 신고가 종목이 67개, 신저가 종목이 82개로 지난주보다 상당히 개선되었지만, 잠재적 신저가 종목수가 633개에 이르고 있다.

운수주의 강세는 일시적이다. 반면 공익사업주는 1p 이상 하락함으로써 금방이라도 신저가를 기록할 수 있는 상태이다.

클라이맥스 지표는 +3으로 간신히 올랐지만, OBV lower-up 표시 종목이 8개나 있는 초약세를 보이고 있다. 필드 트렌드 순지표는 -11로 여전히 초약세를 암시하고 있다.

우리는 오늘 금광주를 조금 낮은 가격에 다시 매수했다. 또 다음 종목들을 공매도했다. Foster Wheeler주 44달러, W.R.Grace주 44-3/4달러, Great Lakes Chemical주 74-7/8달러, ITT주 87-3/4달러, Scott Paper주 44-7/8달러에 공매도.

1994년 3월 15일, 화요일 저녁

다우지수 3,849.59p(-13.39).

생산자물가지수의 상승발표에도 채권시장은 강세를 띠었다. 왜냐하면 생산자물가지수 상승의 주요인이 지난 겨울의 난방기름값상승 때문이라는 분석이 나와서, 생산자물가지수의 상승은 의미가 없다고 보았기 때문이다. 오늘 주식시장은 채권시장의 변화에 따라 움직이는 것처럼 보였다. 다우지수는 장 초반에 8p 상승했었다. 그러나 뭔가가 잘못되었다. 다우지수는 2월 4일의 바닥수준인 3,871p가 상승저항선으로 작용했다(하루 만에 96p나 하락했던, 이번 폭락의 시작일 종가수준, 기술적으로 의미있다). 채권은 계속 상승했지만, 주식은 계속 더 약세로 기울었다. 채권은 오늘 장중에 +24/32로 꼭지를 치고 +17/32로 소폭 밀렸지만, 다우지수는 -13.39p로 두 자릿수나 하락하여 3,849.59p로 마감했다.

운수주는 8p 상승했지만, 공익사업주는 1.58p나 하락하여 207.03으로 신저가를 기록했다. 공익사업주는 보통 채권시장과 같이 움직이는데, 채권시장의 상승에도 불구하고 공익사업주가 하락했다.

신고가 신저가 지표는 90/79를 기록했다. 클라이맥스 지표는 +2로 소폭 하락했지만, OBV lower-up 종목이 6개나 있다는 사실이 중요하다는 것을 다시 한번 강조한다. 이것이 지금 이 지표가 안고 있는 기술적 약세의 핵심이다. 필드 트렌드 순지표는 Good-year주의 필드 획득으로 -10을 기록했다.

오늘 금광주의 상승반전 모습이 아주 인상적이었다. 금광주 지수는 장 초반 약세에서 +0.50p 상승하여 125.57p를 기록했다. 내일 소비자물가지수가 발표될 것이다. 오늘의 약세마감으로 문제점이 더 많아졌다. 이번 주는 옵션 만기가 도래하는 주이다.

1994년 3월 16일, 수요일 저녁

다우지수 3,848.15p(-1.44).

오늘의 화제는 채권시장의 강세였다. 채권가격이 31/32 올라 수익률은 6.80%로 하락했다. 채권시장의 강세로 주식시장이 상승세를 탔다. ADL 상으로는 등락차가 +550이나 상승하는 호조를 보였다. 운수주는 18p나 상승했다. 공익사업주는 1p 미만이지만 전장의 약세를 떨쳐버리고 상승 전환했다. 종가 직전까지만 해도 다우지수(공업주)는 두 자릿수의 상승을 보이면서 희희낙락했지만, 막판의 갑작스런 매도공세로 -1.44p로 일거에 하락하였다. 종가 몇 분 전에 집으로 돌아간 사람들은 저녁 뉴스에서 지수하락 소식을 듣고 깜짝 놀랐을 것이다. 시장 내부세 움직임은 오늘 좋았지만, 종가 무렵의 갑작스런 하락은 부정적으로 봐야 한다. 즉각적인 매도 프로그램이 발동한 이유가 무엇이건 간에 변명의 여지가 없다. 이것은 시장의 불안정성을 나타내주는 것이다.

신고가 신저가 지표는 신고가 종목수와 신저가 종목수가 각각 88/59개 이지만, 카렌이 조사하는 '52주 신고가 신저가 1포인트 범위내 종목수'는

434/636을 각각 기록하고 있을 정도로 잠재적 신저가 종목이 상당히 많은 상태이다.

클라이맥스 지표는 +4로 소폭 상승했지만, 그 내용을 보면 OBV lower-up 종목이 8개나 되는 약세를 보이고 있다. 필드 트렌드 순지표는 Sears주에서 2개의 필드를 획득하여 -8로 개선되었다.

맥도널 더글라스주(Mcdonnel-Douglas)는 4-5/8달러 내려 114-1/2달러로 하락하여 기분이 좋았다. 우리는 이 종목을 120달러에 공매도했고, 5월물 풋옵션(행사가격 120달러)을 매수추천했었다. 차트상 첫 지지선은 94달러 수준이 될 것으로 보인다.

금광주는 큰 등락없이 견조함을 유지하고 있지만, 그 가격대에서는 큰 문제가 없어 보인다.

1994년 3월 17일, 목요일 저녁

다우지수 3,865.14p(+16.99).

블루칩 몇 종목이 상승하여 지수가 올랐다. 그러나 종가 기준으로는 운명의 저항선 3,871p(2월 4일의 종가)에 미치지 못했다. 운수주는 밀렸고, 항공관련주는 더 크게 하락했다. 반면 공익사업주는 올랐지만, 신저가를 금방이라도 기록할 수 있는 수준에 있다.

오늘 시장분위기는 상당히 좋았지만, 상승지지력이 약하다. 나는 OBV up 클러스터를 기준으로 시장의 상승지지력을 판단한다. 클러스터 파워 없는 상승은 언제나 일시적인 상승일 뿐이다. 지금 클러스터 파워는 신저치를 기록하고 있다. 3개 이상의 클러스터 파워를 가진 다우공업주는 한 종목도 없다(클러스터 파워는 3개 이상이 되어야 카운트된다. 4장 참조).

이것은 상승시세의 지속성이 없다는 것을 말해 준다. 내일은 선물만기일과 옵션만기일이 겹치는 '트리플 위칭 데이'이기 때문에 지켜보면 재미있을 것이다.

클라이맥스 지표는 +6으로 소폭 상승했고, 필드 트렌드 순지표는 기술적으로 힘을 보여주었다. Alcoa주, Texaco주, Union Carbide주에서 필드를 얻었고, Boeing주에서 필드를 잃었다. 이렇게 해서 필드 트렌드 순지표는 -8에서 -6으로 개선되었다.

매스컴에서는 나스닥이 신고가를 냈다고 난리법석을 피지만, 나스닥의 ADL이 작년 10월 6,000 이상에서 꼭지를 쳤고 오늘 나스닥지수 신고가에서 ADL이 2,000을 맴돌고 있다.

우리가 매수한 풋옵션 종목들 중에서 Airborne Freight주, W.R. Grace주, ITT주, UAL주는 오늘 크게 하락했다. 이렇게 크게 하락하는 종목들이 있는 것을 보면, 모든 주식이 장밋빛은 아니었다.

금광주는 견조한 모습을 계속 유지하고 있다.

1994년 3월 19일, 토요일 저녁

다우지수 3,895.65p(+30.51).

옵션만기일의 주가는 시장추세와는 동떨어진 움직임을 보여준다. 금요일도 예외는 아니었다. 금요일에 다우지수는 상승가도를 질주했다. 그러나 기술적 약세를 찾아내기는 어렵지 않다. 다우지수만 외롭게 혼자 올랐다. 운수주와 공익사업주로 확산되지 못했다. 다우공익사업주가평균은 꼭지 이후 신저가인 206.24p를 기록했고, 시장의 일부분에 불과하지만, 다우공익사업주가평균은 채권시장과 주식시장의 꼭지를 미리 나타내주는 가장 정확한 지표이다.

나스닥주가평균은 신고가를 냈지만, 나스닥시장의 ADL은 지수의 상승을 '비확인'한 상태이다. 다우공업주평균은 올랐지만, 뉴욕 증권거래소의 ADL은 그 날 하락했다. 다우지수가 3월중에 63p가 올랐지만, ADL은 하락했다.

신고가 신저가 지표는 다우지수의 상승폭에 비해서 표준 이하다.

클라이맥스 지표는 +11로 올랐지만, 65종목 클라이맥스 지표는 놀랍게도 +9에서 +2로 내렸다. 이것은 운수주와 공익사업주의 하락에 따른 영향이다. 필드 트렌드 순지표는 -6에서 -1로 급등했다. Coca-Cola주에서 2개의 필드를 비롯하여 General Electric주, Merck주, Procter & Gamble주에서 각각 1개씩의 필드를 얻었다. 그러나 중요한 점은 필드 트렌드 순지표가 대폭락에 앞서서 가끔 버블현상(거품현상)이 있다는 것이다. 예를 들면, 1990년 6월 27일과 7월 17일 사이에 +2에서 +15로 급격하게 올라간 적이 있다. 그리고 나서 다우지수는 635p가 폭락했다.

다우지수가 상승했다고 우리의 공매도 포트폴리오 종목들의 하락추세를 막을 수는 없다. 공매도 포트폴리오 전체 종목은 다음과 같다.

Airborne Freight주, Chrysler주, Foster Wheeler주, General Motors주, W.R.Grace주 Great Lakes Chemical주, ITT주, Mcdonnel-Douglas주, Merril Lynch주, Roadway주 , UAL주.

금광주는 오늘 강력히 상승했다. 보유종목 전부가 상승했고, 대부분이 장중 최고가로 종가마감했다.

결론: 아무런 예고없이 시장이 변해 왔듯이 금요일 다우지수 상승폭의 전부가 조만간 되밀릴 것으로 본다. 추세는 지금 하락중이다.

1994년 3월 21일, 월요일 저녁

다우지수 3,864.85p(-30.80).

금방 되밀릴 것이라고 토요일 시황을 통해 말했었다. 오늘 다우공업주 지수는 30.80p 내렸다. 운수주와 공익사업주의 지속적인 약세영향으로 그나마 남아 있던 공업주의 강세마저 붕괴될 지경이다. 65종목의 기술적 분석수치들도 급격하게 약화되었다.

강세론자들은 다우공익사업주가평균이 206p 이상에서 유지되고 있다는 사실을 강조해 왔다. 그러나 다우공익사업주가평균은 오늘 -0.27p로 205.97p를 기록하면서 그들이 말하는 지지선 206p를 깨고 하락했다. 앞으로도 약세추세가 이어질 것임을 암시하고 있으며, 또 다른 약세시장이 기다리고 있다는 뜻을 내포하고 있다.

오늘의 시장에서 눈에 확 띄는 사실은 ADL이 982 하락하여 고점 이후 신저치 대비 200 정도의 여유밖에 남지 않았다는 점이다. 3월중 다우지수의 상승은 아무런 의미없는 상승이었다는 사실을 말해 주고 있다.

신고가 신저가 지표는 54/115로 초약세를 보이고 있다.

클라이맥스 지표는 +9에서 +1로 급락했다. 필드 트렌드 순지표는 -1로 보합을 유지했다.

자동차주들이 오늘도 초약세를 보였다. Mcdonnell-Douglas주는 113-3/8달러로 하락했고, Airborne-Freight주는 사고소식으로 35-1/2달러로 하락했고 Roadway주와 UAL주도 하락했다.

금광주는 금요일의 상승에 대한 경계매물이 나와 하락했다. 그러나 오늘의 하락은 정상적인 조정으로 보이며 역지정가매도는 없었다.

채권은 또 하락해서 수익률이 6.95%로 상승했다. 7%를 코앞에 두고 있다. 내일도 결정적인 날이다.

1994년 3월 22일, 화요일 저녁

다우지수 3,862.55p(-2.30).

연방준비은행 때문에 시장이 춤을 추었다. 오전에 아무런 발표가 없자 시장이 비틀거렸다. 내일 단기금리를 0.25%p 인상하겠다는 발표가 오후 늦게서야 나왔다. 그 소식으로 장기채권 가격이 1-5/32 급등했지만, 다우지수는 마지막 30분을 남겨두고 매물에 밀려 2.30p 하락했다. 운수주도 힘을 잃어 보합으로 끝났다. 공익사업주는 2p 이상 상승하는 좋은 시세를 보였지만, 의미있는 상승으로 보이지는 않는다.

ADL은 멋지게 상승했지만, 하루 정도 크게 하락하면 신저치를 기록할 수 있을 정도의 위치에 있다. 신고가 신저가 지표는 신고가 종목수와 신저가 종목수가 각각 77/67개로 개선되었지만, 상승을 논할 단계는 아니다.

클라이맥스 지표는 +6으로 상승한 반면, 필드 트렌드 순지표는 -3으로 하락했다. Good-year주와 Philip Morris주에서 필드를 잃었다. Merck주는 30-1/2달러로 하락했다. 한 증권회사에서 Merck주에 대한 등급을 낮추었다. '보유'에서 '매도' 추천종목으로(Hold에서 Sell로). 1992년 1월에 우리는 이 주식을 57달러에 팔았었다. OBV상으로 최근의 급락이 확인되지 않는다. 그렇기 때문에 공매도를 한 사람들은 이 정도에서 매수상환해야 한다. 이 주식은 지금 지나치게 과매도된 상태이다. Novell주는 오늘 3-3/4달러 하락하여 20달러에 가격이 형성되었다. Novell주도 1992년 1월 꼭지에서 팔았던 종목이다.

그랜빌의 최후의 예언

채권시장이 오늘 강세를 보였음에도 불구하고, 금값은 계속 강세를 보이고 있고, 금광주 또한 지수가 5p나 오르는 강세를 보였다. 귀금속주가 모두 올랐다. 특히 은값은 더 강해서 최근 2년 이래 최고가를 기록했다. Sunshine Mining주는 강력한 매집하에 있다. 지금 가격은 2-1/4달러이다. 아직도 강력한 매수시기이다.

1994년 3월 23일, 수요일 저녁

다우지수 3,869.46p(+6.91).

어제와 마찬가지로 종가 무렵에 시장이 밀리는 전강후약의 약세를 보여주었다. 오전에는 19p나 상승하며 강세를 보였다. 운수주는 10p 이상 반등했지만, 공익사업주는 1.45p 하락하여 206.50p에 마감되어 신저가에 접근했다.

ADL은 오늘 +195 상승했지만, 신저치에 근접해 있다. 신고가 신저가 지표는 신고가 종목수와 신저가 종목수가 각각 81/42로 양호한 상태지만, 잠재적 신저가 종목수가 600개를 넘고 있다는 사실을 감추고 있다.

클라이맥스 지표는 다우지수가 19p 올랐던 오늘의 장중 고가에서 기록한 +5를 그대로 유지하여 마감했다. 필드 트렌드 순지표는 -3으로 보합이었다.

Glaxo주는 18-3/8달러로 하락했다. 이 종목도 1992년 1월에 우리가 꼭지가격에 팔았던 종목이다. 윌리엄 오닐은 꼭지에서 EPS 등급점수를 96점이나 주었었다. Novell주는 오늘도 하락하여 19달러를 기록했다. Novell주도 1992년 1월 꼭지에서 팔았던 종목이다.

물가 관련 지수들이 눈에 띄게 오르고 있다. 특히, '상품조사기관 지수'

는 3년 이래 최고치인 130.10을 기록했다. 금은 관련주들이 이 소식에 상승했다. Hecla주는 13-7/8달러로, Homestake주는 21-1/2달러로, Newmont Mining주는 57-1/4달러로 강력히 상승했다. Newmont Mining 주가 50-3/4달러이던 3월 10일 증권정보 핫라인을 이용하는 특별회원들에게 금은 관련주들을 동시호가에 매수하라고 했었다. 금광주 지수는 3.25p나 폭발적으로 상승하며 종가마감되었다. 오늘 COMEX(시카고 상업거래소) 시장에서 금값이 387.40달러로 하락한 것과 비교해 볼 때, 금광주 지수의 상승은 아주 특별한 강세라고 할 수 있다.

장기채는 하락해 수익률이 6.88%로 다시 올랐다. 몇몇 은행이 프라임 레이트(우대금리)를 6%에서 6.25%로 올렸다.

1994년 3월 24일, 목요일 저녁

드디어...

다우지수 3,821.09p(-48.37).

시장은 하락말고는 달리 갈 데가 없었다. 기술적 약세신호는 틀림없는 것이었다. 주가폭락사태가 시작되었다는 사실에 변명의 여지는 없다. 약세시장에서는 약세론자들이 옳다는 진리 때문에, 대중들이 약세감정을 갖고 있다고 해서 강세시장을 암시한다고 판단하는 것은 잘못된 것이다. 공매도 총수량이 많다는 것이 강세시장을 암시한다는 것도 틀린 말이다. 풋옵션 매수잔고가 많다는 것이 강세시장을 암시한다는 것도 틀린 말이다. 약세시장이기 때문이다. 이 세 가지 지표들은 강세론자들을 함정에 빠뜨리는 엄청난 속임수이다.

이 달에 있었던 상승시도는 속임형이었기 때문에, 다우지수가 오늘 폭락했다고 해서 이상할 게 하나도 없다. 운수주는 19p 이상 하락했고 공익 사업주도 급락해서 204.06p로 신저가를 기록했다. 강세론자들이 지지선 이라고 생각했던 206p가 무너졌다. 장기채는 오늘도 하락해서 수익률은 6.96%로 올랐다.

중요한 지표인 ADL은 오늘 거의 1,200이나 하락하여 신저가를 기록했다. 신고가 신저가 지표는 31/119(신고가 종목수/신저가 종목수)로 크게 하락했지만, 이 정도의 수치는 시장 내부의 붕괴가 아직 본격적으로 시작되었다고 볼 수 없는 수치다. 즉, 시장이 본격적으로 붕괴되면 이 정도의 수치는 아무 것도 아니다. 나스닥시장도 뉴욕시장과 똑같이 약세를 보였다.

클라이맥스 지표는 0에서 -15로 붕괴되었다. OBV up 종목이 단 한 개도 없다. 필드 트렌드 순지표는 Sears주의 필드 상실로 -4로 하락했다.

자동차 관련주는 오늘 혼이 났다. Chrysler주는 56-1/8달러로, General Motors주는 58-1/8달러로 하락했다. 우리는 이들 종목에 공매도를 해놓은 상태다. 이들 종목의 하락은 약세시장이 진행되고 있다는 가장 좋은 증거이다(5장 참조).

영광은 귀금속주에 돌아갔다. 금광주 지수는 2.54p가 올라 135.66p로 마감했다. 가장 좋아 보이는 종목은 American Barrick주, Battle Mountain주, Echo Battle Mountain주, Echo Bay주, Hecla주, Homestake 주, Horsham주, Lac주, Nemont Gold주, Newmont Mining주, Pegasus 주, Placer-Dome주 등이다. 달리 말하자면 대부분의 귀금속주가 다 좋아 보인다.

1994년 3월 26일, 토요일 저녁

다우지수 3,774.73p(-46.36).

이번 주 다우지수는 120.92p나 하락하여 1989년 이래 최악의 한 주를 기록했다. 약세시장 경고는 기술적으로 옳았다. 암흑의 금요일에 46.36p 나 하락했고, 이틀 동안 무려 95p나 폭락했다. 앞으로는 반등도 제대로 없을 것이다.

언제나 시장에 대한 결정적인 경고는 '52주 신저가 1포인트 범위내 종목수'에서 나왔다. 잠재적 신저가 종목수가 636개나 있다는 사실을 보여 주었고, 이 종목들이 벌써 12~20개월 전에 최고가를 기록했었다는 엄청난 사실을 상기시켜 주었다. 그 당시에 사람들은 비웃었지만, 우리는 그때 이미 주식들을 팔았다(과거에 꼭지를 쳤던 주식들을 말한다).

금요일은 ADL이 고점 이후 신저치를 기록했고, 공익사업주도 206p가 깨진 202.15p로 신저가를 기록했다. 장기채권수익률은 7%로 올라 '붕괴' 라는 표현이 적절할 정도로 하락했다.

전형적인 하락 국면에서는 분석가들이 대부분 강세관에 사로잡혀 있기 때문에, 감정지표의 함정에 말려들게 마련이다. 이들은 약세시장에서는 약세관이 맞다는 진리를 알지 못한다.

클라이맥스 지표는 -15로 하락했고 General Motors주의 필드 상실로 필드 트렌드 순지표는 -4에서 -5로 하락했다.

S&P 500지수는 200일 이동평균선을 깨고 내려감으로써 한가하게 여유 부릴 상황이 아님을 잘 보여주었다.

귀금속주로서는 최고의 한 주였다.

다음 주에도 강세론자들이 기대할 것은 하나도 없다.

그랜빌의 최후의 예언

1994년 3월 28일, 월요일 저녁

다우지수 3,762.35p(-12.38).

금요일 채권수익률이 7%를 찍고 난 후에, 오늘 장기채권 시세가 올라 장초반 44p 하락에서 다소 회복되었다. 오늘 다우지수는 12.38p 하락하여 3,762.35p를 기록했다. 1월 31일 최고점 대비 216p가 하락했다.

유가하락으로 운수주는 공업주보다는 다소 괜찮았지만, 회복될 가능성은 없다. 뉴욕증권거래소 종합주가지수와 나스닥지수는 크게 하락해서 이들 시장의 ADL을 신저치로 밀어냈다. 다우종목 중 몇 개가 상승전환하면서 다소 희망을 안겨주었지만, ADL의 상승전환이 없이는 시장전환은 있을 수 없다는 사실을 잊어서는 안 된다.

신고가 신저가 지표는 신고가 종목수와 신저가 종목수가 각각 15/134개를 나타내고 있으며, 잠재적으로는 '신고가 신저가 1포인트 범위내 종목수'가 지난 주 각각 322/607개가 잠복하고 있다. 이것은 주식시장의 자금들이 빠져나가고 있다는 것을 뜻한다.

클라이맥스 지표는 -15에서 -12로 올랐고, 필드 트렌드 순지표는 Disney주의 필드 상실로 -6으로 내렸다.

Allied-Signal주는 오늘 37달러로 크게 하락했다. 6월물 풋옵션(행사가격 40달러)은 수익률 50%를 기록하고 있다. 초약세 차트 패턴을 보이고 있는 Merril-Lynch주는 39-1/8달러로 하락해서, 4월물 풋옵션(행사가격 45달러)의 수익률은 44%를 기록하고 있다.

금광주는 지난주 급등으로 견조한 조정을 보이고 있다.

1994년 3월 29일, 화요일 저녁

다우지수 3,699.02p(-63.33).

악화된 기술적 지표들이 그대로 드러나 시장은 지금까지의 하락추세를 계속할 수밖에 없었다. 오늘 다우지수는 63.33p나 하락하면서 200일 이동평균선을 하향돌파했다. 운수주는 1,675p 근처까지 하락했고, 공익사업주는 4p 이상 하락하여 신저가를 기록했다.

신고가 신저가 지표는 신고가 종목수와 신저가 종목수가 각각 5/223개를 기록했다. 신저가 종목수는 조만간 수백 개에 달하게 될 운명에 처했다.

이번 하락을 전혀 예상하지 못한 엉터리 전문가들의 얘기만 매스콤을 통해 나오고 있다. 주식시장이 공황에 접어들 때면 나타나는 전형적인 현상이다.

클라이맥스 지표는 -12에서 -21로 내렸고, 필드 트렌드 순지표는 -6에서 -10으로 내렸다. Allied-Signal주에서 1개의 필드를, Mcdonnel Douglas주에서 2개의 필드를, United Technologies주에서 1개의 필드를 잃었다.

이 시장은 더 이상 조막손을 가진 강세론자들의 손아귀에서 움직이지 않는다. 시장에 대한 경고가 그렇게 많이 나왔는데도, 지금에 와서야 강세론자들은 시장에 대한 두려움에 몸을 떨고 있다. 시장추세를 따르지 않았던 잘못에 대한 비싼 대가를 치르고 있는 것이다. 시장은 강세론자들을 무자비하게 짓밟고 있다.

공매도와 풋옵션 매수종목 모두가 큰 수익을 내고 있다. 지금 폭포수처럼 떨어지는 시장이 언제 멈출 것인가? 공황심리가 극에 달하는 때가 되어야 하락을 멈출 것이다. 저널지에 신저가 종목수 리스트가 어느 정도 실리는지를 잘 살펴야 한다. 신저가 종목 리스트가 1피트 정도의 지면을 차지하면 그때가 바닥일 것이다. 지금은 초약세시장이기 때문에 공매도 종목을 고를 때 신경을 쓸 필요가 없다. 단지 다트를 던져 화살이 꽂히는 (역자주: 다트던지기 ⇒ 서양식 실내놀이로 화살을 던져 과녁을 맞히는 놀이. 우리 나라에서는 "칠판에 분필을 던져서 종목을 고른다"거나 "신문 시세표에 볼펜을 던지라"는 식의 표현을 쓴다. 증권회사 객장에 전자식 시세전광판이 있기 전에는 칠판에 시세를 적었었다. 그 당시에 나온 우리 식 표현으로 종목선택에 머리를 쓸 필요가 없다는 뜻) 종목을 선택하면 될 정도다. 귀금속주는 건조한 모습을 보이고 있어 아주 좋다.

1994년 3월 30일, 수요일 저녁

다우지수 3,626.75p(-72.27).

오늘은 시장이 0에서 -4p 안에서 소폭의 시세등락을 두 번이나 하면서 오르락내리락 했다. 그러나 결국 종가에선 무려 72.27p나 하락하는 대학살극이 벌어졌다. 운수주는 37.08p 내렸고, 공익사업주는 3.23p가 내린 198.00p로 마감하여 신저가를 기록했다.

어제 다우지수는 200일 이동평균선을 하향돌파했고, 오늘은 뮤추얼 펀드 지수가 200일 이동평균선을 하향돌파했다. 이런 분위기에서는 시장지지력을 기대할 수 없다. 신고가 신저가 지표는 각각 4/429를 기록했다. 이 정도라면 반등이 거의 임박해 있는 수준이다.

클라이맥스 지표는 -21에서 -23으로 하락했고, 필드 트렌드 순지표는 Merck주의 필드 상실로 -11로 하락했다. 이들 수치는 초약세 수준이고, 바닥이 보이지 않는 태풍의 눈에 들어 있다고 볼 수 있다.

또다시 공매도종목의 수익률이 크게 올랐다. 오늘 큰 폭의 하락을 보인 공매도종목들은 다음과 같다. Allied-Signal주, Burlington Northern주, Chrysler주, General Motors주, Mcdonnel-Douglas주, Motorola주 등.

금광주는 오늘 또 하락했지만 역지정가매도는 없었다.

금요일부터 시작되는 주말연휴를 앞두고, 강세론자들은 내일도 마음이 편치 못할 것이다. 뿐만 아니라, 지금 이 시장에서 살아나려면 약한 주식을 매도하는 방법도 같이 강구해야 할 것이다.

1994년 4월 2일, 토요일 저녁

3월 31일, 목요일 다우지수 3,635.96p(+9.21).

4월 1일, 금요일 휴장.

다우지수는 장 초반 60p 이상 하락했다가 회복되어 +9.21p로 돌아섰다. 그렇지만, 목요일은 또 다른 하락일이었다. 왜냐하면 ADL이 신저치를 기록했기 때문이다. 어떤 사람들은 다우지수가 상승반전한 것에 대해 말하지만, ADL도 상승전환했는지 고려해야 한다. 다우공업주의 종목들을 봐도 상승종목보다 하락종목이 더 많다.

신고가 신저가 지표는 시장바닥 수치가 나오지만, 대중들의 반응은 보통 이보다는 조금 늦게 공황심리상태로 간다.

클라이맥스 지표는 -23에서 -17로 올랐지만, 다우지수의 상승폭에 비하면 소폭 상승에 불과하다. 필드 트렌드 순지표는 American Express주와 Union Carbide주가 필드 상실하여 -13으로 오히려 내렸다.

휴장일인 금요일 아침에 깜짝 놀랄 만한 뉴스가 나왔다. 새 일자리 456,000개가 생겼다는 뉴스인데, 이 수치는 경제학자들이 기대했던 수치보다 배 이상으로 증가한 것이다. 그 때문에 채권시장에 즉각 대혼란이 일어나며, 30년 장기채권의 수익률이 7.26%로 치솟았다. 이 뉴스가 나오기 전에 나는 월요일 주식시장이 열리면, 100p 이상 하락할 것으로 생각하고 있었다. 연방준비은행이 또다시 이자율을 인상할 것이다. 내가 여기에서 수차에 걸쳐 말했듯이, 시장이 하락할 때는 무슨 일이든 악재가 발생하게 마련이다.

월 스트리트 주간지에서는 이 중요한 뉴스를 싣지 않았다. 그래서 사람들이 잘 모르고 있었기 때문에 월요일 매도압력을 더욱 심하게 받을 것으로 생각한다.

금광주는 조정을 마무리하고 멋지게 회복되었다. 금과 백금관련주에 뒤이어 이들 금관련주는 상당한 시세를 낼 준비가 끝나 있다.

1994년 4월 4일, 월요일 저녁

바닥일

다우지수 3,593.35p(-42.61).

다우지수는 오전에 무려 83p 가량 하락했다가, 42.61p로 하락폭이 줄어들어 고점 이후 신저가를 기록했다. 운수주와 공익사업주는 엄청나게 빠졌다.

클라이맥스 지표는 -20으로 되밀렸지만, 최저점을 기록한 지난 수요일의 -23보다 높은 상태가 유지되었다. 이것이 바로 다우지수 하락에 대한 클라이맥스 지표의 '비확인'현상이다(여태까지 현상과 반대이다). 필드 트렌드 순지표는 지난 목요일과 변함없이 -13을 그대로 유지하고 있다.

1월 고점 이후 거의 400p나 하락한 지금 상태에서 주식을 매도하는 것은 너무 늦었다. 가장 좋은 방법은 다음에 있을 반등에 대비하는 것이다. 오늘 시장을 살펴보자. '52주 신고가 종목수'는 4개, 신저가 종목수는 643개를 기록했다. 신저가 종목수가 600개 이상될 것이라고 내가 몇 주 전부터 계속 말해 왔던 그런 수치가 오늘 실제로 나왔다. 자, 643개의 신저가 종목수는 거의 최고수치라서 이제는 공매도주식들이 더 이상의 수익을 올려주지는 못할 것이다. 그래서 우리는 내일 모든 공매도종목들을 매수 상환할 것이다. 시장이 단기상승시세를 보일 것으로 기대하지만, 4월이나 5월에는 더 저가로 내려가야 할 것으로 본다. 만약에 다우지수의 저점이 기술적으로 하락을 확인하지 못하는 '비확인'현상이 생긴다면, 그때는 매수신호를 내게 될 것이다. 그러나 지금으로서는 단기저점신호인 기술적 지표에 따라 공매도종목만 상환하는 것이다. 물론 풋옵션에서도 상당한 수익을 얻었다. 그래서 이들 풋옵션도 청산할 것이다.

귀금속주들은 오늘 급락했지만, 종가를 보면 역지정가매도 가격에 오지는 않았다.

1991년 4월 5일, 화요일 저녁

다우지수 3,675.41p(+82.06).

트레이더에게 상을 줄 만한 날이다. 오늘의 주가상승은 그들의 공이다. 다우공업주지수는 큰 폭으로 상승했고, 다우운수주지수는 40p 이상 올랐고, 다우공익사업주지수도 5p 이상 급등했다. 월요일 장마감 후 말했듯이 우리는 모든 공매도와 풋옵션을 전장 동시호가에 정리했다.

공매도 상환에 대한 이유는 여러 가지였다.

① 무엇보다도 먼저 수익이 과도하게 났다는 점이다.

② 그리고 신저가 종목수가 지나치게 많다는 점이 그 다음이고,

③ 클라이맥스 지표의 하락비확인현상이 그 다음 이유이다.

이것들이 바닥이 왔다는 것을 분명하고 명쾌하게 알려주었다. 여기서 내가 바닥이라고 말하는 것은 진짜바닥이 아니고, 단기바닥이라는 것을 말한다. 이번의 짧은 상승시세가 끝나고 나면, 다시 다우지수의 저점을 깨는 신저가를 보게 될 것으로 생각한다(역자주: 나중에 이 저점을 깨지 않았기 때문에 진짜바닥임이 확인되었다).

신저가 종목수가 줄어든다면, 매수가능한 상승시세가 이어질 것이고 그렇게 되면 우리는 약세시장에서 시세먹기를 위한 매수신호를 낼 것이다.

클라이맥스 지표는 -20에서 -1로 급등했다. 그래서 저점에 대한 하락비확인현상이 시작될 준비가 되었다. 즉, 클라이맥스 지표가 저점 대비 상당히 높은 수준으로 올라갔기 때문에 다우지수의 하락이 있더라도 클라이맥스 지표상으로 전저점인 -23까지는 안 내려갈 수 있다는 말이다. 이렇게 되면 다우지수가 저점을 깨더라도 클라이맥스 지표는 저점을 깨지 않는 하락비확인현상이 생기게 된다. 필드 트렌드 순지표는 변함없이 -13으로 보합을 유지했다.

앞으로 몇 주간에 진행될 시장상황을 추측해 보건대, 다우지수 3,750p대에서 하락이 다시 시작되어 5~7월 사이에 이번 저점보다 상당히 낮은 저점에서 바닥이 나오지 않을까 하는 것이 내 예상이다. 이번 반등시세가 마무리된다고 생각되는 시점에서 공매도 유망종목을 고르는 일을 시작할 것이다.

올해는 주가가 더 빠질 것으로 기대하고 있고, 올해 말이나 1995년 1/4분기에 약세시장의 바닥이 될 것으로 본다.

귀금속주들에 신뢰가 간다. 오늘 금광주 지수는 올랐다.

1991년 4월 6일, 수요일 오후

다우지수 3,679.73p(+4.32).

오늘 시장은 혼조세를 보였지만, 기술적으로는 양호한 날이었다. 다우지수는 +4.32p로 간신히 상승세를 이어갔다. 운수주도 소폭 상승했지만, 공익사업주는 채권시장의 하락반전에 영향을 받아 약세를 보였다.

기술적으로 두 가지 긍정적인 모습이 있었다. 하나는 등락종목차가 +315로 ADL 이상승했다는 점이고, 또 하나는 신고가 신저가 지표가 20/79로 회복되었다는 점이다. 월요일 신저가 종목수가 643개에 달했던 것에 비하면 상당히 극적인 개선이 이루어졌다고 할 수 있다. 이렇게 되면, 다우지수상 신저가가 나오면 매수신호를 낼 가능성이 크다. 그러나 지금으로서는 트레이더(매매를 전문으로 하는 나의 회원들)들은 공매도와 풋옵션을 청산하고 시장을 떠나 있는 상태이다.

클라이맥스 지표는 어제 정정된 수치 +1에서 0로 한 개가 하락했다. 반면에 필드 트렌드 순지표는 여전히 -13으로 보합을 유지하고 있다. OBV 수치들은 계속 lower-up 표시로 약세를 보이고 있다.

나는 금관련주에 관심을 두고 있는데, 지금 이들 종목들이 보이고 있는 약세는 저점 테스트 과정에 있는 것으로 생각된다. 앞으로 몇 주 정도 이들 종목을 매도하지 않고 보유한다면, 그때는 상승전환되는 것을 틀림없이 보게 될 것이다.

1991년 4월 7일, 목요일 저녁

다우지수 3,693.26p(+13.53).

주가가 추가적인 폭락이 있기 전에 좀더 상승할 여력이 충분히 있어 보인다. 오전 장에서 몇 차례 빠질 것처럼 보이던 주가가 종가기준으로 13.53p 상승하면서 상당히 좋은 모습을 보여주었다. 3,750~3,800p 수준이 기술적 상승의 저항선이라고 말한 적이 있다. 이런 중대한 시기에 가장 강력한 지표는 ADL과 신고가 신저가 지표이다. ADL은 오늘 655 상승했다. 신고가 신저가 지표는 엄청난 강세를 나타냈다. 신고가 종목수와 신저가 종목수가 각각 31/56개였다. 이 두 가지 기술적 지표를 보면, 이틀 전에 우리가 공매도와 풋옵션을 정확히 바닥에서 청산했다는 것을 알 수 있다. 그러나 지금의 시장강세는 OBV 수치에서 기술적 한계를 드러내고 있다.

클라이맥스 지표는 0에서 +3으로 올랐지만, OBV lower-up 종목이 5개나 되기 때문에 지금의 강세가 유지될 힘이 부족하다. 필드 트렌드 순지표는 오늘도 보합을 유지했다. 이 모든 것들을 종합해 볼 때, 주가상승이 제한적이고, 조만간 저점 테스트가 있을 것이다. 우리가 예측하고 있는 시장 시나리오가 거의 맞는 것 같다.

General Motors주는 60-1/8달러로 올랐다. General Motors주의 OBV는 lower-up 표시를 내고 있고, 차트상으로 상승저항선(매물대)에 들어와 있다. 이 종목이 필드를 얻으려면 거의 500만주 이상의 상승거래량이 필요하다.

금광주는 지지선의 지지를 잘 받고 있다. 이들 주식은 추세선에 걸려 있기 때문에 지금의 가격지지는 매우 중요한 의미가 있다.

1991년 4월 9일, 토요일 저녁

4월 8일(금요일)

다우지수 3,674.23p(-19.03).

목요일에 말했듯이 상승은 제한적이고, 아직 저점 테스트 과정이 남아 있다. 운수주와 공익사업주도 하락했다.

트레이더들은 지금 이러지도 저러지도 못하고 시장을 지켜보고 있다. 우선은 기술적 지표상으로 다우지수가 저점을 깰 것으로 보이기 때문에 매수입장을 취할 수 없는 상태이다. 추세선이 깨진 상태에서 주가가 추세선까지 이미 반등하였기 때문에 저항선에 부딪쳐 있다. 다우지수는 200일 이동평균선이 있는 3,700p대에 거의 진입한 반면, S&P 500지수는 추세선에 아직 못미치고 있다. 그래서 매수하기는 부담스럽다.

다른 한편으로는 신고가 신저가 지표는 상당히 개선되어 있기 때문에 다우지수가 신저가를 기록하면 바로 매수신호를 낼 가능성이 점점 커지고 있다는 점이다. 금요일 신저가 종목수가 77개에 불과하다. 4월 4일 643개의 신저가 종목수에 비하면 엄청난 차이를 보이고 있다. 그래서 트레이더들은 이 지표가 양호하기 때문에 공매도를 해서는 안 되는 입장이다.

우리는 일시적으로 난처한 입장에 빠져서 새로운 신호를 기다리고 있다. 투자자들은 시장을 떠나 있고 트레이더들은 중립적인 입장에서 시장을 관망하고 있다.

클라이맥스 지표는 +3에서 -2로 후퇴했다. 이 수치는 3월 30일의 -23과는 상당한 차이를 보이는 긍정적인 변화이다. 필드 트렌드 순지표는 여전히 -13으로 보합을 유지하고 있다.

귀금속주는 소폭의 등락을 거듭하며 주추세선에서 지지를 받고 있다.

1991년 4월 11일, 월요일 저녁

다우지수 3,688.83p(+14.60).

그랜빌의 최후의 예언

오늘 시장도 일정한 추세가 없는 혼조장세였다. 다우공업주는 14.60p 상승했고, 운수주와 공익사업주는 하락했다.

클라이맥스 지표는 OBV higher-up 종목이 하나도 없이 +2로 소폭 올랐다. 필드 트렌드 순지표는 오늘도 여전히 -13에서 꼼짝하지 않고 있다. 이것은 약세시장이 여전히 진행되고 있다는 의미다.

신고가 신저가 지표가 4월 4일의 저점에 비해 강세를 보이고 있기 때문에 지금 바로 공매도를 할 수는 없다. 4월의 남은 기간 동안 등락을 거듭하는 것말고 달리 특별한 일이 일어날 것이 없다. 또 많은 지표들이 추세가 깨어져 있기 때문에 달리 추천할 만한 게 없다.

Johnson & Johnson주가 월 스트리트 주간지에 매수추천종목으로 실리자 상승했다. 이 종목은 1992년 1월 58-5/8달러에 우리가 매도추천을 하고 나서 크게 하락한 바 있다. 그 당시 윌리엄 오닐의 EPS 등급점수는 91점으로 상당히 높은 점수를 얻고 있었다. Show Industries주는 오늘 18-7/8달러로 붕괴되었다. 이 주식을 그 당시 40달러에 매도했는데, 당시 오닐의 EPS등급점수는 83점이었다. 지금이 1/4분기 실적발표 시기이기 때문에 이런 것들을 염두에 두어야 한다.

시카고 상업거래소의 금값은 6.90달러 급락했지만, 금광주 지수는 장중에 크게 하락했다가 회복되어 2.61p 하락한 121.03p로 금값에 비해 상대적으로 강세를 보였다.

우리가 보유한 귀금속주들은 장중 저점에 비해 올라서 마감되었다. ASA주는 금광주 중에서 가장 크게 하락하여 39-7/8달러로 하락했다. 이 종목을 41달러에 손해를 감수하고 역지정가매도했다.

1991년 4월 12일, 화요일 저녁

다우지수 3,681.69p(-7.14).

다우지수는 7.14p 하락했고, 운수주와 공익사업주도 하락했다.

농구경기와 마찬가지로, 주식시장도 정해진 게임 시간이 있다. 초시계가 거의 경기종료 시간에 임박해 있기 때문에 결정적인 마지막 주가 움직임이 있어야 할 시간이다. 확실한 것은 이제는 상승할 시간이 남아 있지 않다는 점이다. 더 이상 저점 테스트 과정을 연기할 수는 없는 상황이다.

신고가 신저가 지표는 신고가 종목수와 신저가 종목수가 각각 26/97개를 기록했고 따라서 저점 테스트가 성공할 가능성이 높다.

클라이맥스 지표는 -1로 하락했다. OBV 진짜 up 종목은 아직 하나도 없다. 이것은 아주 부정적인 신호이다. 필드 트렌드 순지표는 오늘도 여전히 -13에서 꼼짝 하지 않고 있다. 이것은 약세시장이 여전히 진행되고 있다는 부정적인 의미다.

금광주 지수는 0.04p 하락하여 120.99p를 기록했다. Nemont Gold주를 42-1/2달러에, Pegasus Gold주를 17-1/2달러에 각각 손해를 감수하고 역지정가매도했다. Battle Mountain주와 Lac Minerals주는 오늘도 상승해 최고의 주식으로 드러났다. 그러나 우리는 지금 이 시점에서 방어적인 투자를 하고 있다. 내일은 소비자 물가지수가 발표되는 날이라서 또 시장을 테스트하게 될 것이다.

지금은 약세시장이기 때문에 매수는 하지 않고 있다. 단지 공매도를 할 기회를 기다리고 있을 뿐이다. 결정적인 하락이 5월 말까지 연기될지도 모르겠다.

그랜빌의 최후의 예언

1991년 4월 13일, 수요일 저녁

다우지수 3,661.47p(-20.22).

어제 언급했듯이 시장은 시간이 다 지나갔다. 그래서 이제는 결정적인 하락이 있어야 하는데 아직 없다. 오늘 그런 움직임은 있었다. 장중에 50p나 하락했다가 장 끝 무렵에 낙폭을 줄였다.

신고가 신저가 지표는 신고가 종목수와 신저가 종목수가 각각 13/123개를 기록했다. 이 수치는 4월 4일의 신저가 종목수가 643개를 기록한 데 비하면 상당한 차이가 있다. 이 수치를 보면, 신저가 종목수는 지난 저점을 깨지 못할 것으로 보인다. 이 때문에 다우지수가 신저가를 기록하더라도 신고가 신저가 지표상 다우지수의 하락을 확인해 주지 못할 것이다. 그러나 1929년에도 이런 일이 있었다.

그 당시에 공매도수익률은 엄청났다. 그래서 공격적인 트레이더들이라면 공매도를 해볼 만한 때라고 생각된다. 더 나아가, 카렌의 조사수치로는 '신고가 1포인트 범위내 종목수'가 196개이고, '신저가 1포인트 범위내 종목수'가 720개에 달한다. 이것을 보면 실제 신저가 종목수가 저점 테스트를 성공적으로 마친다는 보장은 없다.

클라이맥스 지표는 -5로 소폭 하락하여 최근의 저점보다 상당히 높은 수준이다. 필드 트렌드 순지표는 Procter & Gamble주의 필드 상실로 -14를 기록했다.

풋옵션 매수추천종목(공매도 포함): Solectron SLR주 6월물(행사가격 30달러), Varian VAR주 8월물(행사가격 25달러), Vodafone Group VOD주 7월물(행사가격 80달러), Warner-Lambert WLA주 7월물 (행사가격 65달러), Wells Fargo WFC주 7월물(행사가격 145달러), Wendeys WEN

주 7월물(행사가격 17-1/2달러), XTRA(XTR)주 6월물(행사가격 40달러), Zurn Industries(ZRN)주 7월물 (행사가격 25달러).

금광주는 하락했지만, 오늘 더 이상의 역지정가매도는 없었다. 9월의 저가가 지지될 것으로 본다. 이들 주식들은 이 정도에서 재매수하는 것이 좋아 보인다.

1994년 4월 14일, 목요일 저녁

다우지수 3,663.25p(+1.78).

오늘은 다우지수가 간신히 소폭 상승했다. 운수주는 거의 10p 상승했고, 공익사업주는 1p 미만의 소폭 상승에 그쳤다.

그러나 내부적으로는 4월 4일의 지지선이 무너지고 있음이 점점 분명해지고 있다. 운수주와 공익사업주 그리고 ADL과 신저가 1포인트 범위내 종목수 등에서는 최저치에 근접해 있다. ADL이 오늘 다시 하락함으로써, 4월 4일의 '신저가 종목수' 643개를 능가하지 말라는 보장이 없는 상태이다.

오늘 신고가 종목이 13개, 신저가 종목이 133개이다. 잠재적 신저가 종목이 무려 720개나 있는 상황에서 강세시장을 만들어낼 수 없다.

클라이맥스 지표는 -5에서 -4로 올랐지만, 아주 허약한 모습이다. 다시 한번 강조하건대, OBV 진짜 up 종목은 하나도 없다. 필드 트렌드 순지표는 -14로 신저치에 머물러 있다.

과거에는 Wells Fargo주에서 여러 번 실패했지만, 지금은 크게 성공할 것 같다.

차트를 보면 148달러에서 쌍봉 모습이다. 주가가 162달러까지 가면 손해를 보고 공매도를 청산할 예정이다. 136달러 수준이 1차 지지선, 127달러 수준이 2차지지선이 될 것이다. 이 지지선들을 차례로 깨고 내려가면, 106달러까지 하락할 수도 있다.

귀금속주는 오늘 아주 좋았다. 오늘도 역지정가매도는 없었다. 이 종목군은 한 단계 상승을 준비하고 있는 것으로 보인다.

1994년 4월 16일, 토요일 저녁

4월 15일 금요일: 다우지수 3,661.46p(-1.79).

옵션만기일인 금요일에도 강세론자들은 즐겁지 못했다. ADL은 오늘도 하락하여, 하루나 이틀이면 신저치를 기록할 수 있는 상태이다.

'신고가 신저가 1포인트 범위내 종목수'를 살펴보면, 앞으로 주가하락이 예견된다. 4월 4일 단기바닥 이후 다우지수는 올랐지만, 잠재적 신고가 종목수는 153개로 줄어들었고, 신저가 종목수는 오히려 719개로 높은 수치를 유지하고 있다. 신저가에 육박하고 있는 종목이 이렇게 많은 상황에서는 실제 신저가 종목수가 계속 줄어든다는 보장이 없다.

클라이맥스 지표는 -4에서 -3으로 올랐지만, 지표의 속을 들여다보면 초약세를 보이고 있음을 알게 된다. OBV 진짜 up 2, higher-down 4, lower-down 9, lower-up 8개 종목으로 잠재적 강세인 higher-down 종목이 잠재적 약세인 lower-up 종목보다 훨씬 작아서 클라이맥스 지표는 초약세를 보이고 있다고 보아야 한다. 필드 트렌드 순지표는 -14에서 -13으로 개선되었다. Allied-Signal주에서 2개의 필드를 얻었고, Alcoa주에서 1개의 필드를 잃었고, Exxon주에서 1개의 필드를 얻었고, General Electric주에서 1개의 필드를 잃었다.

새로운 공매도 추천종목 중에서 Wells Fargo주가 가장 유망해 보인다.

금요일 장중에 150-3/8달러로 올랐다가, 종가에는 148-3/4달러로 하락했다. 106달러까지 하락을 예상하고 있다.

DSC Communications주, Deers주, Dow Chemical주, Dow Jones주, Dreyfus주, Eaton Corp.주, Fedral-Mogul주 등이 좋은 공매도종목이다.

금광주 지수는 금요일 5.08p나 하락하여 114.10p으로 마감했다. 이 종목들은 지금 작년 9월처럼 셀링 클라이맥스 단계가 아닐까 하고 생각한다. 그때도 지금과 유사한 상황이었는데, 지금처럼 상승폭만큼 하락조정을 거친 후 5개월간의 상승시세를 연출했었다. 금요일 Placer-Dome주를 역지정가매도로 손절매했다. 이 종목군들이 일방적인 하락만 있었던 것은 아니다. 예를 들면, Lac주는 3/8달러 올라 8-7/8달러로 상승했다. 그래서 이제는 역지정가매도를 무시하고 지금의 약세에 뛰어들어 매수할 생각이다.

1994년 4월 18일, 월요일 저녁

다우지수 3,620.42p(-41.04).

약세시장에서는 주가를 하락하게 하는 일이 반드시 일어나게 마련이다. 오늘 연방준비은행이 올해 세번째의 긴축정책을 발표했다. 그래서 채권시장은 일대 혼란에 빠졌고, 주식시장도 비빌 언덕을 잃어버렸다. 장기채권수익률은 7.40%로 올랐다. 다우지수는 41.04p나 하락했다.

다우공업주평균은 4월 4일의 저점을 불과 27p 남겨두고 있고, ADL이 신저치로 붕괴됨으로써 다우지수의 성공적인 저점 테스트 가능성은 사라졌다. 다우운수주가평균은 1994년 최저치로 떨어졌다. 신고가 신저가 지표는 14/179로 약세라고 볼 수는 없지만, 잠재적 신저가 종목수가 800개 이상되기 때문에 성공적인 저점 테스트는 단기적으로 어렵게 되었다.

클라이맥스 지표는 -8로 떨어졌다. OBV 진짜 up 종목은 하나도 없다. 필드 트렌드 순지표는 수정수치 -13을 그대로 유지하고 있다.

새로운 공매도 추천종목 중에서 Solectron주, Vodafone주, Wells Fargo주, Wendys주, Xtra주 등이 멋진 하락을 나타내면서 이번 주를 시작했다.

금광주는 오늘도 하락했지만, 내 생각은 변함없다. 작년 9월의 하락상황과 똑같다. 그 때는 어느 날 갑자기 5개월간의 상승시세가 시작되었었다. Pegasus주는 9월 저점을 위협하는 유일한 종목이다. 토요일의 충고를 반복하겠다. 역지정가 매도를 무시하고 현재의 약세에 뛰어들어 매수하라.

(역자주: 이후의 주가전개 상황 ⇒ 1994년 1월 31일 종가기준 최고점을 기록하고, 2월 4일 폭락시세가 시작된 이번 폭락장은 차트에서 보는 바와 같이 4월 4일 바닥을 찍었다. 그리고 4월 20일 쌍바닥을 만들고 9월 4,000p 근처까지 상승하였다. 본격적인 상승시세는 1994년 11월부터 시작되었는데, 1994년은 전체적으로 보합조정국면이라고 볼 수 있다. 12,000p까지 수차례의 조정을 거치면서 상승세를 이어갔다. 금광주는 1994년 5월 6일부터 급등세를 보였다)

2

증시붕괴는 조정처럼 시작한다

"하락은 강세시장이 진행되는 과정에서 생기는 조정과정일 뿐이다."

1994년의 하락 초기에 강세론자들은 이렇게 말했다. 물론 모든 시장의 붕괴는 처음에는 조정처럼 보이게 마련이다. 그래서 1994년 주가하락의 초기국면에서 있었던 일부 강세론자들의 시각은 충분히 이해할 수 있는 일이다.

1990년 7월 시장꼭지에서도 그랬듯이, 주식 카운팅 기법은 시장의 재난이 점점 커지고 있다는 사실을 기술적으로 경고해 주는 가장 신뢰할 만한 지표이다.

1990년 7월 24일, 뉴욕증권거래소 상장종목에 대한 '52주(최근 1년간) 신저가 1포인트 범위내 종목수'가 582개로 늘어났을 때, 다우지수는 최고점 대비 77p밖에 빠지지 않았다. 다우지수는 이처럼 엄청난 속임수를 쓰고 있었다. 나는 이것을 보고 정보지 회원들에게 주식을 정리하라고 간곡히 말했다. 불과 2주일도 지나지 않아서, 이라크의 쿠웨이트 침공 뉴스가 나오면서 다우지수는 635p나 하락했다.

1994년 3월 1일에는 더 큰 목소리의 경고가 있었다. 이때는 '최근 1년간 신저가 1포인트 범위내 종목수'가 611개 이상이었다. 주식 카운팅 기법상의 비교보다도 더욱 드라마틱한 것이 있다. 그것은 1990년 7월에 100% 강세시장이라고 떠들고 다니던 사람들이 1994년 3월에도 똑같은 소리를 한다는 것이다. 이들은 너무나 시장을 좋게 보고 있었기 때문에 심지어는 이렇게 말하는 사람들도 있었다. "지금의 조정국면은 조만간 마무리될 것이기 때문에 방어투자를 할 필요가 없다."

1990년 7월 16일(다우지수 최고점을 기록한 날)부터 1990년 7월 24일 사이에(거래일수 6일) ADL은 2,548이 하락했는데, 1994년의 ADL은 1월 31일부터 3월 3일까지 무려 6,000이나 하락했다.

3

뮤추얼 펀드의 숨겨진 의미

1949년에는 뮤추얼 펀드(Mutual Fund)가 35개밖에 없었다. 그래서 신문에 전체 펀드 종목의 매매호가를 싣는 데 몇 줄이면 충분했다. 랄프 헨드숏이 금융담당 편집자로 있던 옛날의 〈New York World Telegram〉지 시절이었다.

45년이 지난 지금, 펀드 숫자는 눈덩이처럼 불어나 4,000개 이상의 다양한 펀드들이 있다. 그런데 이 펀드들의 펀드 매니저들은 대약세시장을 경험해 보지 못한 사람들이다. 이 점에서 펀드의 급증현상은 극히 위험한 현상이라고 생각한다.

기본적인 질문으로 돌아가 살펴보자. 뮤추얼 펀드는 과연 무엇인가? mutual은 주식을 모아놓은 것이다. 뮤추얼 펀드의 주식을 소유하는 이점은 개인적으로는 사고 싶어도 살 수 없는 수백 종목의 주식을 펀드를 통해 취득할 수 있다는 점이다.

그러나 50~100개의 펀드만 있어도 다양한 주식분산 소유가 가능한데, 군이 4,000개씩이나 펀드가 있을 이유가 없지 않은가? 그럴듯한 이유가 있기는 있다. 한 마디로 말하면 '욕심'이다. 새 펀드를 하나 만들면 관리수수료가 있을 뿐, 펀드 가입자 입장에서 추가적인 이점은 없다.

수많은 펀드들이 똑같은 종목을 갖고 있다. 펀드의 숫자가 급격히 증가하는 것을 보면, 많은 펀드들이 조만간 붕괴되겠구나 하는 예측을 쉽게 할 수 있다. 강세시장에서는 펀드가 늘어나는 것은 당연하다고 할 수 있지만, 약세시장이 오면 이 펀드들의 장래는 어떻게 될 것인가?

1920년대에 투자신탁회사의 수가 급속하게 늘어났는데, 1932년에 대부분의 투자신탁회사들은 사업을 정리했다.

1960년대 고고춤이 유행하던 시절에 Mates Fund가 있었다. 이것은 펀드 중에서 가장 화끈한 펀드였다. 이 펀드는 1968~1974년 사이에 주당 15달러에서 주당 1달러로 하락했다. 결국 이 펀드들은 청산되었고, 펀드 매니저들은 뉴욕시에 독신자 술집을 열었다.

1994년에 시장꼭지에서 펀드를 모집하여 대중들의 자금을 끌어들였다. 핵심 펀드 매니저들은 펀드 모집이 잘못되었다는 것을 느끼고, 이 때문에 자신들이 곤경에 처했다는 것을 알았다. 이들은 개인적인 손실을 줄이고 싶어했지만, 지금은 어쩔 수 없이 그냥 하고 있다. 그래서 1994년의 주가 하락으로 펀드 매니저들은 대중들에게 펀드 주식을 팔지 말고 그냥 남아 있어 달라고 간절히 부탁하고 있다. 대중들을 펀드에 묶어놓는 전략의 일환으로 시세를 떠받치는 일을 한다.

그러나 누구라도 약세시장의 조류를 거스를 수는 없는 법이다. 해안의 파도는 밀려갔다가도 일부라도 되돌아오는 역류가 있다. 그러나 주식시장에서 대세를 무시하고 역류를 타는 것은 자살행위와 같다.

4

1994년의 약세시장은
어떻게 신호가 나왔나

　신고가 신저가 지표는 가장 중요한 기술적 지표라고 끊임없이 강조해 왔다. 진정한 강세시장에서는 신고가 종목수가 지속적으로 늘어나고 신저가 종목수가 지속적으로 줄어든다.

　1990~1992년의 강세시장 주기에서 100% 강세관을 주장해 온 것도 바로 이 지표에 따른 것이었다. 기본적 분석가와 경제학자, 매스콤은 대체로 시장의 반대편에 서 있다. 1991년 경제침체기를 벗어나고 있었는데도 그들은 주식시장에 대한 약세관을 가지고 있었다. 그때 기술적 신호가 벨을 울렸다. 나는 그 소리를 분명히 들었고, 그 신호에 따라 행동했다.

　1991년 12월에는 시장 내부적으로 강세주기의 꼭지신호가 울렸다. 신고가 종목수가 1991년 12월 31일 335개로 피크를 쳤다. 1992년 1월 정확히 나는 그 시장을 빠져나왔다. 그 달에 대부분의 주식들이 최고가를 치고 내려왔다.

　우리가 시장을 빠져나오고 있었을 때, 기본적 분석가는 무엇을 하고 있었는가? 그들은 주식매수 타이밍 지표로 IBD지의 EPS 등급점수를 믿는다. 그들은 이것을 보고 주식시장에 들어와서 주식을 샀다. 잭스 투자연구소에서도 최악의 매수시기에 사람들이 주식을 사도록 부추긴 책임이 있다. 내부자들이 1992년 1월 U.S. Surgical주를 134-1/2달러에 팔고 있는 동안에, 그들은 주식을 샀다. EPS 등급점수가 99점, 상대강도 등급점수가 95점을 기록한 것을 보고 기본적 분석 측면에서 주가상승을 보증한다고 믿었기 때문이다. 잭스 투자연구소는 1994년 1월에 주가상승의 가장 큰 요인은 기업이익의 증가라고 주장했다. 그러나 주가가 크게 하락하자, 자신들의 잘못된 주가예측을 변명하기 위해 EPS가 감소하는 차트를 내보이면서 EPS가 감소했기 때문에 주가가 하락했다고 말했다. 그러나 이때는 이미 주가가 50달러로 하락한 뒤였다. 주가가 134-1/2달러일 때 그들은 어디에 있었는가? 잭스 투자연구소에 대한 나의 메시지는 간단하다.

"가장 강력한 주가결정요인은 기업이익이 아니라 수요와 공급이다."

1992년 1월 주식들이 꼭지를 치던 당시에, 신고가 신저가 지표는 시장이 꼭지임을 강력히 알려주었다. 기업이익이 최고조에 달한 시점에서 증권회사들이 추천하기 때문에, 이를 믿고 매수한 투자자들은 한 번도 이익을 보지 못했다. 그리고 나서 주가가 빠지면 원래의 매수추천등급에서 보유등급으로 낮춘다. 도대체 투자자들은 어떻게 하라는 말인가? 꼭지에서 주식을 사고난 후에 주가가 하락하는데도 보유하라고 말하면, 고객들은 아주 혼란스럽다.

시장 내부적으로 꼭지를 치는 그 순간에 증권회사는 하락할 주식들을 매수추천하는 경우가 많다. 또한 시장의 꼭지 근처에서 뮤추얼 펀드가 만들어지고, 시장정보지가 새로 발간되기도 한다.

1992~1993년 기간중에 주식이 최고치를 기록한 후에 이들이 무엇을 했는지에 대해 비판을 했다. 그들은 인기를 좇아다니기 때문에 매수추천을 할 때쯤에는 대개 꼭지가격일 때가 많다. 내가 여러 차례 시장위험을 경고했지만, 이들은 내 말에 귀를 기울이지 않았다. 그리고 애널리스트들은 겉

으로 드러난 신고가 신저가 종목수에 의존하기 때문에 시장 내부적으로 '최근 1년간 신고가 1포인트 범위내 종목수'가 감소하고 '최근 1년간 신저가 1포인트 범위내 종목수'가 증가하고 있다는 사실을 알아채지 못했다.

5

↗

약세시장의 도피처는 어디에도 없다

얼마 동안 강세론자들은 미국시장이 약세시장이 되면 해외의 주식시장으로 옮기면 된다고 생각했다. 대중들이 아이디어를 얻을 정도가 되면, 대개는 이미 다른 누군가가 그런 아이디어로 단물을 다 빨아먹어 버려 별 쓸모가 없는 아이디어일 때가 많다. 1994년 1월에 있었던 일을 보자면, 다우지수가 최고치를 기록할 때는 미국 주식시장만 최고치를 기록하는 게 아니고, 전세계적으로 주식시장이 최고치를 기록한다는 것이다.

존 보글(John Bogle, Vanguard Fund의 창설자)은 1994년 초에 펀드로 유입된 자금의 80%는 해외주식시장으로 투자되고 있다고 말했다. 그런 일은 시장꼭지에서 일어나는 전형적인 현상이다. 진행되고 있는 약세시장에서 도피할 수 있는 곳은 없다. 모든 시장이 동시에 하락하기 때문이다.

6

어두운 그림자

'다우존스주가평균'이 다우존스사와 월 스트리트 저널지의 중요한 자산이기 때문에 다우존스사와 저널지에서는 이 주가평균이 시장과 일치되고 나아가 시장을 대표하는 지수로서 오래오래 지속되기를 바란다. 예를 하나 들어보자.

1994년 4월 9일 뉴욕증권거래소의 등락주선(ADL)이 742나 하락하여 약세시장 신저가를 기록했고, 나스닥 ADL도 857 하락하여 약세시장 신저가를 기록했다. 그러나 다우공업주가평균은 그 날 고작 0.60p 하락했다. 다음 날 월 스트리트 저널지의 증권면 헤드라인에는 '주가가 약간 하락했다'고 보도했다.

그들은 '다우지수'가 조금 빠졌다고 말하지 않고 '주가'가 조금 빠졌다고 말했다. 만약에 다우지수가 시장과 똑같다고 하면, 1994년 1월 31일에 이미 대개의 주가가 꼭지를 치고 최근에는 폭락했다는 사실을 보여주어야 한다. 그런데 실제로는 투자자문업자들도 1994년의 다우지수 폭락 당시에 거의 무방비상태로 시장에서 빠져나오지 못했고, 투자자문업자들의 고객들은 1993년부터 물을 먹고 있었다. 1929년 증시대공황이 있기 전인 1928년에도 그랬듯이, 1993년 1월 1일 이전에 주식들이 꼭지를 쳤다고 나는 말했다. 이 당시에 나는 외롭게 서서 사람들(회원들)이 주식을 팔고 빠져나오도록 했다. Amgen주 80달러, Apple주 67달러, Glaxo주 37달러,

Merck주 57달러, U.S.Surgical주 134-1/2달러 등 정확히 꼭지가격에서 매도했다. 1992~1993년 시장에 심각한 디카토미 현상이 일어나고 있다는 사실을 인식했고 회원들은 이 무시무시한 하락시장을 피해나왔다. 다우 주가평균에 의존하는 사람들이 알아채지 못하고 속수무책으로 당하는 모습을 우리는 지켜보았다.

7

지금에서야 현금보유가 최고라고 말한다

시장을 떠나 있어라.

1993년 내내 나는 이 말을 계속했다. 그러나 매스콤에서는 한참 지난 후에야 이 말을 했다. 1994년 4월 21일 월 스트리트 저널지에 존 도프만 기자가 쓴 기사 첫머리에 이렇게 썼다. "작년에 현금이 주식과 채권을 이겼다."

증권가에서는 이런 보도기사를 사람들에게 알리려고 하지 않았다. 1992~1993년 내내 내가 말한 약세 디카토미 현상에 대해 토론한 매스콤은 없었다. 그뿐만이 아니다. EPS를 투자기준으로 삼아서 사람들에게 물을 먹인 분석가들의 문제점에 대해서도 한 마디도 보도하지 않았다. 정말이지, 주식투자자들이 필요로 할 때 매스콤에서 시장에 대한 경고를 한 적은 없었다.

그들은 항상 늦게 경고한다. 1994년 4월 25일자 바론지의 기사를 보자.

주가가 뜨거울 때, 내부자들은 재빨리 주식을 팔고 빠져나간
다. 주식시장의 꼭지는 어떻게 나오나? 지금 주식을 팔고 있는
전문가들에게 물어보라. 많은 투자자들이 최근의 주식시장의
혼란스러움에 깜짝 놀라고 있지만, 빈틈없는 몇몇 사람들은 그
렇지 않다. 작년 말에 시장이 상승할 때 전문가들은 Snapple주,
Perrigo주, First USA주, AutoZone주, Nextel Communications
주와 같이 크게 상승하고 있던 주식들을 팔아 수억 달러 이상 현
금화했다. 만약에 뮤추얼 펀드에서 주식을 사려고 하면, 이들은
좋아라 하며 주식을 팔 것이다.

그러나 바론지는 다우지수가 400p나 하락한 후인 4월 25일에야 이런
중요한 기사를 실었다.

8

다가오는 뮤추얼 펀드 붕괴

약세시장에서 어떻게 할 것인가?
대중들을 주식시장에 남아 있도록 하려면 어떻게 할 것인가?

이 두 가지가 뮤추얼 펀드가 안고 있는 고민이다. 이 문제는 엄청난 부담으로 작용한다.

펀드에서는 균형투자신탁(balanced fund: 주식 외에 채권이나 우선주에도 투자하는 펀드), 해외 펀드(foreign fund), 비과세 지방채권형 펀드(tax free municipals), 정액정기매입투자기법(dallor cost averging) 등의 이점을 사람들에게 말하며 설득한다. 마치 펀드 주식을 선물로 주는 것처럼, 펀드를 팔면서 뮤추얼 펀드 투자의 장기목표 수익률을 강조한다. 젊은 투자자들을 끌어들이기 위해 크레용 등 학용품을 제공하는 펀드도 있을 정도이다.

뮤추얼 펀드는 결국 붕괴될 것이다. 내가 이런 극단적인 전망을 내리는 이유는 펀드의 수가 급증하고 있다는 사실 때문이다. 차트로 설명하자면, 펀드의 수가 소위 수직상승 패턴(Parabolic Curve)을 보이고 있다는 점이다. 마지막 시세분출시에 나타나는 수직상승 패턴이 나오고 나면 주가는 폭락하게 되어 있다. 이런 주식시세의 진리가 뮤추얼 펀드의 붕괴에도 그대로 적용된다.

1980년 1월 금과 은값이 이런 수직상승 패턴을 보이고 폭락했고, 1989년 10월 시장이 폭락하기 전에 UAL주가 꼭지를 칠 때도 이런 수직상승 패턴이 나왔다. 이 패턴이 나오고 나면 반드시 붕괴된다. 그것이 무엇이든 상관없이.

9

시장정보지의 급증

뮤추얼 펀드와 똑같이, 시장정보지의 수가 급증하면 꼭지가 가까이 왔다는 것을 암시한다.

10

인간지표(People Indicator)

시장일지를 쓰라고 늘상 말해 왔다. 일지는 일반적으로 좋은 조언을 해준다. 특히 주식시장의 흐름을 추적하는 데 상당히 유용하다. 시장은 기억력이 좋은 사람들에게는 그만한 보상을 항상 해준다. 댄 도프만(Dan Dorfman: USA Today지 컬럼니스트이자 CNBC-TV 진행자)은 기억력이 없는 사람이다. 그는 신뢰할 만한 인간지표 하나를 내게 넘겨주었다. 앤더슨이라는 사람이다. 그래서 나는 이 인간지표를 "앤더슨 효과

(Anderson Effect)"라고 부른다.

USA Today지 1994년 4월 29일자의 댄 도프만 칼럼에 〈IDS Pro지는 다우지수가 4,200p까지 상승할 것으로 본다〉는 기사가 실렸다. 내용을 읽어보니까, IDS의 피터 앤더슨의 극단적인 강세관을 그대로 인용한 기사였다. 피터 앤더슨은 100억 달러의 자금을 운용하는 IDS 투자자문을 이끌고 있는 사람이다. 그는 초강세관을 가지고 있기 때문에 그의 펀드에는 현금이 하나도 없이 몽땅 주식을 편입해 놓을 정도였다.

내 일지는 개인적인 일뿐만이 아니라, 신문이나 다른 사람들의 시장전망 등 주식시장에 관한 얘기들이 잔뜩 채워진 데이터 뱅크에 가깝다. 시장이 꼭지를 쳤던 1990년 7월 일지 내용을 보면, 1990년 7월 6일자 댄 도프만의 컬럼 내용이 씌어 있는데, 이게 도대체 어찌된 일인가? "전세계 최고의 주식전문가들이 시장강세를 전망하고 있다"라는 제목이 붙어 있었다. 이 글을 읽는 당신도 짐작했겠지만, 이 컬럼은 앤더슨의 강세관을 그대로 실었던 것이다. 그때가 꼭지였다.

앤더슨은 1990년 7월 인터뷰에서 도프만에게 자기가 뽑은 최고 유망종목 3개를 주었다. Dayton-Hudson주, Loews주, Great Western Financial주가 그것이다. 1990년 7월~1990년 12월 사이에 이들 주식들이 어떻게 변했는지를 찾아보았다.

	1990년 7월	1990년 12월
Dayton-Hudson주	79	47
Loews주	120	76
Great Western Financial주	21	8

이처럼 1990년 7월 앤더슨의 시장전망은 기록이 없으면 알지 못했을 것이다. 그리고 이런 예측과 1994년 4월 현재 그가 가지고 있는 초강세 예측은 닮은 점이 많다.

나는 이것을 통해 새로운 인간지표를 얻었다. 시장지표를 연구하는 것이 나의 일인데, '앤더슨 효과'는 기술적 분석과 관계가 있고 확실한 지표였다. 댄 도프만이 자기가 쓴 칼럼을 조사·분석했다면 앤더슨의 엉터리 예측을 계속해서 기사화하지 않았을 것이다. 댄 도프만 덕분에 우리는 믿을 만한 인간지표를 하나 얻은 셈이다. '앤더슨 효과'를 유용한 지표로 만들어주는 댄 도프만에게 감사한다.

금에 관해 한마디 더 해야겠다. 1994년 4월 29일자 댄 도프만 컬럼의 마지막 구절은 상당히 흥미를 끌었다. 도프만이 앤더슨에게 금에 관해 물었다. 앤더슨은 전형적인 답변을 했다. "금이라니요? 지금 세계적인 정치 위기도 없고 인플레이션도 없습니다. 이런 요인들이 있어야 금값에 불을 당기지요. 금값이 올라야 금광주도 상승하는 것 아닙니까? 그런 이유로 금광주는 아직 멀었지요."

이 말은 금광주가 오른다는 것을 가장 잘 보증해 주는 말이었다. 그리고 나는 1994년의 강세론자들의 잘못된 시장예측에 관한 말 속에서 하나의 공통분모를 발견했다. 이들은 모두 1994년의 시장하락을 알아채지 못하고 그저 '노 인플레이션'이란 말만 되풀이했다는 사실이다.

그래서 댄 도프만은 "1994년에는 주식시장의 초강세 그리고 금광주의 약세"라는 앤더슨의 견해를 확실히 믿고 글을 썼던 것이다. 그러나 1994년 5월 6일 금광주가 급등하기 시작했다.

11

출구에 숨어 있는 바바리안

1994년 5월경에 뜨거운 서머랠리(여름장세)가 있을 것이라고 생각하는 강세론자들이 많았다.

'최근 1년간 신저가 1포인트 범위내 종목수'에 특별히 관심을 두라고 정보지 회원들에게 말했다. 연방정부가 네번째 이자율인상을 발표했는데도 다우지수가 그 주에 107p나 상승하자, 강세론자들은 자기들이 아드레날린 주사를 맞은 것처럼 흥분해서 날뛰었다.

그러나 '최근 1년간 신저가 1포인트 범위내 종목수'가 너무 많았다. 그래서 나는 시장이 하락하면 그때부터 신저가 종목수가 급증할 것으로 보았다. 숨어 있다가 마치 신호만 떨어지면 우르르 쏟아져 나오는 바바리안들의 모습을 연상하고 있었다.

약세시장의 문을 노크하고 있는 잠재적 신저가 종목들이 5월 13일 기준으로 무려 814개나 되었고, 실제 신저가 종목은 115개였다. 연방준비은행의 이자율인상에도 불구하고 50p나 상승한 5월 17일의 수치는 '최근 1년간 신저가 1포인트 범위내 종목수'가 여전히 755개이고 실제 신저가 종목은 108개였다. 이것은 50p 상승이 의미없는 상승이라는 기술적인 암시였다.

12

과거 65년 동안 인간성은 언제나 똑같았다

OBV는 확실한 시장지표라는 사실을 증명하기 위해서 특별한 자료를 이 책 끝에 실었다.

1929년 5월 31일~1929년 11월 13일 기간의 클라이맥스 지표(Climax Indicator)와 필드 트렌드 순지표(Net Field Trend Indicator)의 수치들을 계산한 것은 아무도 시도해 보지 못한 일이다.

이 수치들을 보면, 1929년 7월에 시장이 꼭지를 쳤다는 사실이 증명될 것이다. 그리고 증시대공황 이전에 투자전문가들은 이미 주식시장을 빠져나갔다는 것을 알게 될 것이다.

이 특별한 자료는 부록의 맨 끝에 실려 있다. 시장을 연구하는 사람들에게는 아주 중요한 자료가 될 것으로 믿는다.

부록

Granville's Last Stand

부록

두 개의 검은 피라미드의 패러독스

1990~1994년 강세시장의 제3국면(세번째 국면) 내내 나의 흥미를 끌었던 기술적 미스터리는 쇼트 레인지 오실레이터(Short Range Oscillator)와 관련이 있었다.

그 지표는 트렌드라인사의 주가 일봉 차트집의 뒷면에 실려 있다. 두 번의 큰 상승시세에서 만들어진 두 개의 검은 피라미드 모양을 볼 수 있다. 이 두 개의 꼭지는 1991년 1월과 1992년 1월에 시장이 지나칠 정도로 과매수상태였음을 나타내준다.

첫번째 검은 피라미드는 페르시아 걸프 전쟁으로 시작된 대량매수와 일치한다. 두번째 검은 피라미드는 1991년 12월 11일 시장 바닥 이후의 과매수로 만들어졌다.

그런데 1990~1994년 강세시장에서 다우지수가 600p 이상 상승했는데도 Short Range Oscillator가 피라미드를 만들지 않았다는 사실이 이상했다.

Short Range Oscillator는 등락주선(ADL)에 근거한 지표인데, 무엇 때문에 피라미드가 만들어지지 않았을까? 무언가 잘못되었다.

나는 그 원인이 무엇인지 고민했다. 디카토미 현상이 그 원인일 거라고 확신했다.

신고가 신저가 지표가 그 미스터리에 해답을 주었다. 1992~1993년중에 신고가 종목수가 94%나 감소했다. 그래서 다우지수의 상승과정에서도 피라미드가 생기지 않았던 것이다. 그렇다면 다음에 나올 피라미드는 주가상승에 따른 과매수 때문에 생기는 피라미드가 아니라, 정반대로 주가하락에 의한 과매도로 생기는 아래로 향한 모양의 피라미드가 될 것이라는 추측을 강하게 해준다.

세번째 검은 피라미드를 찾아서

나는 상당한 조사를 해야 했다. 첫번째, 검은 피라미드는 걸프전 상승시세에서 생긴 것이고, 두번째 검은 피라미드는 1991년 12월 중순의 상승시세에서 생긴 것이다.

그래서 이들 상승시세가 시작되기 전의 4열분석수치를 지금의 4열분석수치와 서로 비교해 보았다.

만약에 두 개의 피라미드와 반대되는 수치를 발견하게 되면 지금의 시장상황은 세번째 거꾸로 선 피라미드의 시작이라는 예측이 확인되는 것이다. 그렇지 못하면 나의 예측이 확인되지 않는다. 내가 이 수치들을 찾아낸다면, 지금까지의 피라미드 시작과 정반대로 다우지수가 수백 포인트 하락한다는 것을 의미한다.

상호역배열은 정배열의 반대개념이므로 어느 시기의 상호역배열수치가 다른 시기의 정배열수치와 같다면, 두 시장의 상황은 서로 반대되는 입장에 있다는 뜻이 된다. 즉, 바닥이면 꼭지가 되는 것이고 꼭지면 바닥이 되는 셈이다.

이런 논리하에서 두 시기를 비교해 보았다. 그랬더니, 두 시기의 4열 수치와 상호역배열수치 사이에 꼭 맞는 것을 찾아낼 수 있었다. 그리고 그 속에서 그럴듯한 해답도 찾아냈다.

그 과정을 살펴보자. 첫번째 피라미드가 생겨나기 전의 상호역배열수치나 혹은 두번째 피라미드가 생겨나기 전의 상호역배열수치가 현재의 65종목 4열수치와 맞는지를 조사했다.

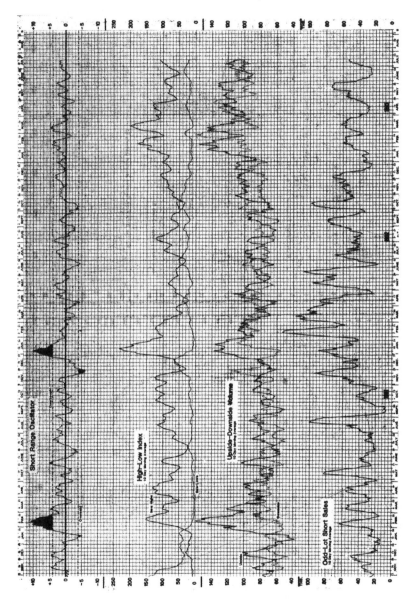

부록 그림 1

1991년 걸프전 급등시세 직전: 상호역배열				1994년 2월 붕괴 전: 정배열			
날짜	다우지수	CLX	4열(상호역배열)	날짜	다우지수	CLX	4열(정배열)
11.29	2518.81	+14	12-8-2-12	12.20	3755.21	+8	11-2-8-7
11.30	2559.65	-28	2-17-13-0	12.21	3745.15	+1	6-4-3-8
12.3	2565.59	-27	4-12-21-2	12.22	3762.19	+16	16-5-3-8
12.4	2579.70	-40	2-11-32-1	12.23	3757.72	+8	11-7-3-7
12.5	2610.40	-42	2-10-36-2	12.27	3792.93	+15	14-2-4-7
12.6	2602.48	-23	6-8-25-4	12.28	3793.77	+15	15-7-3-10
12.7	2590.10	-5	6-2-14-5	12.29	3794.33	0	12-14-5-7
12.10	2596.78	-5	8-2-12-1	12.30	3775.88	-9	7-12-6-2
12.11	2586.14	+4	7-2-8-7	12.31	3754.09	-16	6-17-6-1
12.12	2622.28	-29	3-8-26-2	1.3	3756.60	-14	7-15-10-4
12.13	2614.36	-12	3-1-17-3	1.4	3783.90	+4	11-6-8-7
12.14	2593.81	0	4-5-12-13	1.5	3798.82	-3	12-12-12-9
12.17	2593.32	-2	3-5-12-12	1.6	3803.88	+1	14-7-13-7
12.18	2626.73	-20	1-6-18-3	1.7	3820.77	0	7-3-7-3
12.19	2626.73	-10	2-5-16-9	1.10	3865.51	+26	20-3-0-9
12.20	2629.51	-5	4-4-14-19	1.11	3850.31	-8	8-13-5-2
12.21	2633.66	-12	8-3-23-6	1.12	3848.63	-1	9-9-7-6
12.24	2621.29	+3	8-2-10-7	1.13	3842.43	-6	8-10-9-5
12.26	2637.13	-10	3-2-14-3	1.14	3867.20	+6	8-6-7-11
12.27	2625.50	+5	4-2-10-13	1.17	3870.29	0	10-8-9-7
12.28	2629.21	+6	2-3-9-16	1.18	3870.29	+5	14-7-11-9
12.31	2633.66	-7	0-7-10-10	1.19	3884.37	+6	15-6-7-4
1.2	2610.64	+14	5-2-17-18	1.20	3891.96	+8	14-5-5-4
1.3	2573.51	+19	10-4-6-19	1.21	3914.48	-4	13-9-11-3
1.4	2566.09	+10	9-5-19-15	1.24	3912.79	0	11-8-7-4
1.7	2522.77	+32	11-1-1-23	1.25	3895.34	-4	13-9-11-3
1.8	2509.41	+11	9-7-7-16	1.26	3908.00	+3	7-9-3-8
1.9	2470.31	+26	17-2-7-18	1.27	3926.30	+11	12-7-2-8
1.10	2498.76	-1	6-3-9-5	1.28	3945.30	+14	10-6-1-11
1.11	2501.49	+9	10-5-5-9	1.31	3978.36	+33	22-2-0-13
1.14	2483.91	+24	17-4-3-14	2.1	3964.01	+13	13-5-0-5
1.15	2490.59	+7	7-6-3-9	2.2	3975.54	+11	10-3-3-7
1.16	2508.91	-5	8-11-7-5	2.3	3967.66	-2	8-11-4-5
1.17	**2623.51**	**-47**	**0-23-24-0**	**2.4**	**3871.42**	**-33**	**0-20-14-1**

앞의 표를 보면, 걸프전 상승시세의 출발점에서 나온 1991년 1월 17일의 상호역배열수치와 1994년 2월 4일의 정배열수치가 거의 일치한다. 상호역배열과 정배열은 서로 반대로 수치를 바꾸어 놓은 것이므로 걸프전에서는 상승시세의 출발이라면, 1994년 2월의 수치는 하락시세의 출발이라고 볼 수 있다.

결론적으로 4열분석법에 따른 시장예측 결과, 1994년 2월 4일의 폭락은 하락시세의 출발로 볼 만한 충분한 근거가 된다.

이제, 똑같은 실험을 두번째 검은 피라미드 당시의 상호역배열과 비교해 보겠다.

1992년 10월 9일의 시장 바닥에서의 상호역배열 4열분석수치와 1994년 1월 31일의 꼭지에서의 실제 4열분석수치를 서로 비교해 보겠다.

그랜빌의 최후의 예언

| 1992년 10월. 시장바닥 직전: 상호역배열 | | | | 1994년 2월 붕괴 전: 정배열 | | | |
날짜	다우지수	CLX	4열(상호역배열)	날짜	다우지수	CLX	4열(정배열)
9.14	3376.22	-26	4-14-19-3	1.10	3865.51	+26	20-30-0-9
9.15	3327.32	+7	8-3-4-3	1.11	3850.31	-8	8-13-5-2
9.16	3319.21	+10	12-4-7-9	1.12	3848.63	-1	9-9-7-6
9.17	3315.70	+10	11-2-5-6	1.13	3842.43	-6	8-10-9-5
9.18	3327.05	-7	15-4-11-3	1.14	3867.20	+6	8-6-7-11
9.21	3320.82	+2	5-4-5-6	1.17	3870.29	0	10-8-9-7
9.22	3280.55	+17	8-3-2-14	1.18	3870.29	+5	14-7-11-9
9.23	3278.69	+14	12-6-4-12	1.19	3884.37	+6	15-6-7-4
9.24	3287.69	-4	5-7-6-4	1.20	3891.96	+8	14-5-5-4
9.25	3250.30	+13	11-3-4-9	1.21	3914.48	-4	13-9-11-3
9.28	3276.26	-10	5-13-5-3	1.24	3912.79	0	11-8-7-4
9.29	3266.80	-5	7-11-6-5	1.25	3895.34	-4	13-9-11-3
9.30	3271.66	-2	9-12-8-9	1.26	3908.00	+3	7-9-3-8
10.1	3254.37	+19	11-5-3-16	1.27	3926.30	+11	12-7-2-8
10.2	3200.59	+32	16-1-1-18	1.28	3945.43	+14	10-6-1-11
10.5	**3179.00**	**+33**	**23-4-3-17**	**1.31**	**3978.36**	**+33**	**22-2-0-13**
10.6	3178.19	+12	13-3-6-8	2.1	3964.01	+13	13-5-0-5
10.7	3152.25	+24	17-1-2-10	2.3	3967.66	-2	8-11-4-5
10.8	3176.03	-1	9-8-5-3	2.4	3871.42	-33	0-20-14-1

여기에서도 상당히 잘 맞다. 심지어 클라이맥스 지표의 수치 +33도 똑같다. 나는 완전히 만족했다. 1994년 1월 31일의 정배열 수치는 1992년 10월 5일의 시장바닥의 상호역배열수치와 거의 일치된다. 상호역배열은 정배열의 반대개념이므로 1992년 10월의 상호역배열수치는 시장바닥의 반대, 즉 시장꼭지의 정배열수치라고 볼 수 있다. 따라서 1994년 1월 31일 이후에는 시장하락이 예상된다. 첫번째와 두번째 피라미드의 상호역배열

접근법, 1992년 시장바닥의 상호역배열 접근법 - 이 세 가지 관점에서 유추한 결과이다.

마지막 테스트는 1열의 패턴을 조사하는 것이다. 여기에서도 쓸 만한 수치가 나왔다. 이 수치는 패턴 인식의 기술적 지식을 보여주는 것이다.

강세주기의 나머지 기간 동안 두 개의 4열분석수치를 찾고 있었다. 그 수치는 1991년 1월 16일과 1991년 12월 11일의 상호역배열수치이다. 이 신비한 65종목 4열수치는 다음과 같다.

8-11-7-5(1991년 1월 16일의 상호역배열 수치)
15-8-6-6(1991년 12월 11일의 상호역배열 수치)

역자주

1. 1991년 1월 16일: 걸프전 사태로 인해 투자심리가 위축되어 2,650p대에서 단기간에 2,450p대로 급락한 후 1월 14일 장중에 바닥을 만들고 1월 17일 다우지수가 하루에 110p 급등했다. 이후 1991년 3월 초까지 3,000p로 급상승했다. 1월 16일은 1월 17일 급등 전날.
2. 1991년 12월 11일: 1991년 3월~1991년 11월까지의 장기횡보조정국면이 이어지다가 조정국면을 돌파하던 급등시세의 바닥출발일. 이후 다우지수는 2,850p 수준에서 한 달 만에 3,300p로 급상승했다.

정배열수치를 계속 적어나가다가 위의 수치(상호역배열)들 중에 하나라도 나오면 수백 포인트 폭락장세가 금방 뒤따를 것이라는 게 나의 강렬한 신념이었다.

1994년 2월 4일 나는 그 찾기 어려웠던 세번째 피라미드가 마침내 시작되었다고 확신했다.

그랜빌의 최후의 예언

파라마운트주의 붕괴

1993년 11월에 파라마운트주(영화사)의 차트가 내 눈에 들어왔다. 비아콤사와 QVC사의 경영권 다툼 속에 주가는 59달러에서 83달러로 급격히 상승했다.

뭔가가 잘못되었다는 것을 즉각 알았다. 9~11월 사이에 경영권 다툼이 있기까지 1993년중에 거래된 총 주식수(누적거래량)보다 더 많은 주식이 거래되었다.

그러나 놀라운 사실은 엄청나게 거래된 주식이 두 회사의 손에 들어가지 않았다는 것이다. 나는 이 주식이 대량거래지표상 전형적인 꼭지라고 보았다.

그래서 파라마운트주가 곧 붕괴될 것이라고 예측했다. 최고가에서 5%만 떨어지면 무조건 대주(공매도)를 치라고 추천했다. 그 후 1993년 12월말에 78달러(종가기준) 밑으로 내려가자 공매도를 했다.

1993년 11월 파라마운트주가 어떠했는지 다음 표를 보라.

파라마운트주의 OBV
1993~1994년

날짜	가격	등락	OBV	
10.28	80-3/8	-5/8	-1,300,000	
10.29	80-5/8	+1/4	=293,400	
11.1	79-3/4	-7/8	-1,037,100	
11.2	79-1/8	-5/8	-2,070,000	
11.3	78-5/8	-1/2	-3,248,400	
11.4	78-3/4	+1/8	-2,105,500	
11.5	80-1/4	+1-1/2	263,700	UP
11.8	82-1/8	+1-7/8	3,019,500	UP
11.9	81	-1-1/8	275,900	
11.10	80-1/2	-1/2	-1,263,200	
11.11	82-1/2	+2	160,600	
11.12	83	+1/2	2,350,900	
11.15	80-1/8	-2-7/8	-347,300	
11.16	78-5/8	-2-3/8	-3,378,000	DOWN
11.17	77-1/2	-7/8	-7,445,400	
11.18	77	-1/2	-10,329,700	
11.19	76-1/4	-5/8	-14,847,900	
11.22	79	+2-5/8	-7,091,500	
11.23	76-1/4	-2-3/4	-9,836,700	
11.24	80-1/8	+3-7/8	-6,292,800	Up
11.26	79-7/8	-1/4	-8,083,800	
11.29	78-1/2	-1-3/8	-9,704,500	
11.30	78-3/4	+1/4	-8,387,000	
12.1	78-7/8	+1/8	-7,720,200	
12.2	79	+1/8	-6,768,100	

그랜빌의 최후의 예언

날짜	가격	등락	OBV	
12.3	79-3/8	+3/8	-5,871,100	Up
12.6	79-1/4	Unch	-5,871,100	Up
12.7	79-1/4	-1/8	-7,042,400	
12.8	79-1/4	Unch	-7,042,400	
12.9	82	+2-3/4	-3,617,200	Up
12.10	81-1/8	-7/8	-6,210,000	
12.13	80-3/8	-3/4	-7,718,00	Down
12.14	81-1/8	+3/4	-5,229,000	
12.15	81	-1/8	-7,243,300	
12.16	81-1/4	+1/4	-6,345,500	
12.17	81-5/8	+3/8	-4,869,500	Up
12.20	82	+3/8	-2,950,300	Up
12.21	80-1/4	-1-3/4	-6,091,700	
12.22	79-5/8	-5/8	-8,041,100	DOWN
12.23	78-5/8	-1	-9,806,600	DOWN
12.27	78-1/8	-1/2	-11,256,100	DOWN
12.28	77-7/8	-1/4	-12,650,300	DOWN
12.29	77-7/8	Unch	-12,650,000	DOWN
12.30	77-1/2	-3/8	-13,329,300	DOWN
12.31	77-3/4	+1/4	-12,212,100	
1.3	78-1/4	+1/2	-11,447,600	
1.4	77-1/2	-3/4	-12,651,400	
1.5	78-1/4	+3/4	-11,062,800	Up
1.6	78-1/2	+1/4	-9,977,800	Up
1.7	79-1/4	+3/4	-8,278,900	Up
1.10	77-3/8	-1-7/8	-9,788,200	
1.11	77-3/8	Unch	-9,788,200	
1.12	77-1/4	-1/8	-10,943,600	
2.22	74-5/8	-3/8	-22,290,800	DOWN

용어풀이

Accumulation(買集, 매집)

거래량이 주가에 선행한다는 가정에 따라 어떤 주식의 OBV 수치가 꾸준히 증가하는 추세에 있다면 그 주식은 매집되고 있다고 볼 수 있다.

Advance/Decline Line(ADL, 騰落株線, 등락주선)

주요한 기술적 지표. 상승하는 주식수를 더하고 하락하는 주식수를 뺀 단순누적치이다. 예를 들면 어떤 날 845개 종목이 상승하고 672개 종목이 하락하였다면 ADL은 173이 오른 것이다. 이 173이라는 수치를 전날의 누적치에 더하게 된다.

Auction Market(競賣買市場, 경매매시장)

사는 사람은 가장 낮은 가격에 사고자 하고, 파는 사람은 가장 높은 가격에 팔고자 한다. 쌍방이 가격에 만족하기 전에는 거래가 이루어지지 않는다. 주식시장은 이러한 양자가 있어 거래가 이루어진다. 사는 측만 있어서는 거래가 되지 않는다. 양측이 서로 짝을 이루어야 한다. 이것이 균형이고 이때의 가격이 균형가격이다. 그런데 주식시장에서의 거래는 양자가 모두 올바른 결정을 했다고 할 수는 없다. 승자는 경매를 진행하면서 상대를 속이고 패자가 부른 값으로 물건을 떠넘긴다. 이렇게 무대를 만들어 그들은 끝없는 싸움, 즉 게임을 하게 된다.

우리는 가격결정권을 가진 다른 측 때문에 끊임없이 압박을 받고 있다. 우리를 압박하는 것들은 잘 알아채지 못하게 난해하고 쉽게 들키지 않는 경우가 많다. 또 어떤 때는 너무나 확실해서 알기 쉽기 때문에 의심이 적은 사람들의 눈을 멀게 하기도 한다. 언론매체는 순진한 사람들이기 때문에 이들의 압박전술에 깊게 말려들고, 항상 승자들이 쉽게 이기도록 해준다. 주식을 사고파는 일에 열중하다 보면 주식시장이 경매시장이라는 사실을 너무도 쉽게 잊어버린다. 바로 그러한 때 당신이 주식을 왜 사고파는지를 생각해 보고 상대편은 왜 당신과 반대로 매매하는지를 조사해 볼 정도가 되면 당신은 승자의 편이 될 가능성이 크다.

Bar Chart(棒차트, 봉차트)

OBV지표를 내가 개발해서 사용하기 전부터, 봉차트는 거래량을 기록하는 전통적인 수단으로 주가 차트와 함께 사용되었다. 이것은 매일의 거래량을 수직선으로 표시해 놓은 선들을 모아놓은 것이다. 봉차트는 거래량을 표시하는 가장 좋은 방법은 아니지만, 지금도 유용하게 쓰이고 있다. 일반적인 방법으로 그 주식이 매집되고 있는지를 알 수는 있지만 정확하게는 모른다. 단지 매집추세인지 분매(분산)추세인지를 추측할 뿐이다. 거래량을 주가와 견주어봐서 매집인지 분매인지를 구분할 수 있는 유일한 방법은 OBV뿐이라는 것을 나는 줄곧 주장해 왔다.

Bathtub Analogy(목욕통 비유 이론)

강세 사이클·약세 사이클 분석에서 자금흐름을 파악하는 데 사용된다. 강세 사이클이 시작될 때에 목욕통은 비어 있다. 즉, ADL(등락주선)이 바닥에 있다. 처음에 목욕통에 물이 들어오기 시작하는 것은 일급투자가의 자금이다. 수위가 점점 올라가 물이 가득 채워지게 되는데, 이것은 ADL이 꼭지를 치는 것으로 표현된다. 정보에 밝은 투자자의 자금이 마지막으로 들어와 목욕통의 물을 채운다. 강세 사이클의 마지막 국면에서 목욕통의 물마개가 열리는데, 정보에 어두운 사람들은 이런 사실을 보통 깨닫지 못한다. 일급투자가의 자금이 제일 먼저 빠져나가기 시작한다. 먼저 들어온 놈이 먼저 나가는 식으로 차례차례… 수위가 점점 낮아지면서 대부분의 주식들이 꼭지를 치고, 수위는 더욱 낮아진다. ADL이 하락하고 동시에 신고가 신저가 지표도 하락반전한다. 시장내부세 정보에 어두운 일반대중은 다우주가평균에 최면이 걸려 물통의 수위가 낮아지고 있다는 것을 아직도 깨닫지 못하고 있다. 왜냐하면 다우주가평균은 여전히 강세이며 신고가를 기록하고 있기 때문이다.

다우주가평균은 보통 상승국면의 제일 마지막에 오르고 하락국면의 제일 마지막에 내린다. 이것은 목욕통물에 비유하면 물의 표면, 맨 위의 물과 같다(이 물은 마지막에 채워지고 마지막에 빠져나간다). 약세시장이 시작되었다는 것을 알게 되면 목욕통의 물은 급속히 빠져나가고 물이 완전히 빠져나갈 때까지 약세시장은 계속된다. 일급투자가들은 물이 완전히 다 빠져나갈 때까지 기다려서 '다른' 목욕통에 다시 물을 채울 준비를 한다. 이렇게 하여 한 사이클이 다시 시작되는 것이다.

주식시장이 붕괴되고 난 후 1987년 10월에 내가 매수신호를 보냈는데 이것이 목욕통 비유이론의 아주 좋은 예이다. 마지막 대폭락국면에서 물이 급속하게 빠져나가게 된다. 1989년 10월 19일에 주가는 사상최고의 폭락세를 보여 508p가 빠졌고, 6억주가 넘는 엄청난 거래를 보였다. 그 날의 대폭락으로 목욕통의 물이 완전히 비어버렸다. 바로 이것이 목욕통의 물을 다시 채울 준비가 완료되었다는 신호이자, 강세시장이 다시 시작된다는 신호였다.

Bear Market(약세시장)

진정한 약세시장은 첫번째 하락파동으로 손해를 본 일반대중투자자들과 함께 우울하게 시작된다. 약세시장은 앞전의 강세시장과 관련이 있지, 앞으로 다가올 강세시장, 현재의 약세시장이 끝나고 오게 될 강세시장과는 아무런 관계가 없다. 이는 운동경기에서 새로운 게임이 시작되는 것과 같다(역자주: 강세시장에서 시작해서 약세시장으로 이어져 약세시장이 끝나면 하나의 시장 사이클이 끝난다는 뜻이다. 그 다음에 이어지는 강세시장은 새로운 시장 사이클의 시작이다. 이 개념은 매우 중요하니 반드시 알아두어야 한다).

약세시장은 경기후퇴와 함께 올 수도 있고 경기후퇴 없이도 올 수 있다. 약세시장은 강세시장의 반대개념이라는 사실을 잊어서는 안 된다. 왜냐하면 직전의 강세시장의 상승강도와 상승기간에 따라 크게 달라지기 때문이다. 강세시장의 상승기간이 길면 길수록 약세시장의 하락기간도 길 가능성이 크다. 강세시장이 시작된 지 20개월이 넘으면, 의심을 갖고 면밀하게 조사를 하는 것이 좋다. 만약에 30개월이 넘으면, 천장일 가능성이 아주 높은 극도로 위험한 상태이다. 약세시장은 직전의 강세시장보다 항상 짧다. 한 사이클에 걸리는 시간이 4년~4년반(48~54개월)이라는 사실을 명심하라. 대바닥 사이의 시간은 4년 반을 넘는 경우가 좀체로 없다. 강세시장이 33개월을 지속했다면 다음에 올 약세시장은 15~21개월이 남아 있는 셈이다. 이때도 약세시장은 21개월을 넘지는 않는다.

Bear Phases(약세국면)

강세시장과 약세시장은 각각 세 개의 뚜렷한 국면으로 진행된다. 약세시장 제1국면의 특징은 현재 일어나는 일들에 대한 대중의 '믿음'이다. 경제는 잘 돌아가고 있고 뉴스 보도도 대체로 좋은 뉴스이며 기업이익도 늘어나고 있다. 경제전망이 나쁘지 않다는 확신에 차 있는 일반대중과는 반대로 일급투자가들은 시장에 대해 비관하고 목욕통의 물마개를 뽑는다. 뉴스가 나빠지고 대중들이 시장전망에 대한 그동안의 믿음을 바꿔 주식을 내다팔려고 할 때쯤 시장은 가파른 반등을 시작한다. 반등은 짧게는 몇 주에서 길게는 몇 개월이 진행된다. 이 반등이 약세시장 제2국면의 특징이다.

반등이 끝나고 다시 주가가 무너져 신저가를 기록하면 대중의 '시장에 대한 믿음'이 완전히 무너진다. 대중들의 믿음이 완전히 무너져 파국으로 들어갔다는 신호를 지켜보고 있던 일급투자가들은 애초에 가졌던 비관론을 버리고 자신감으로 바꾼다. 왜냐하면 이제 주가는 대폭락하여 넝마처럼 헐값으로 사들일 수 있는 가격대에 들어와 있기 때문이다. 약세시장 제2국면의 반등에서 속은 대중들은 마지막 약세시장 제3국면에서는 상승을 기대할 기분이 아니다. 이제는 시장에 대한 불신감이 약세시장 제3국면에서 이렇게 바뀌었다. 모든 것이 나빠지고 있다는 확신으로. 이후로 오는 상승시세는 대개 강세시장의 시작을 알리는 신호이다. 새로운 강세시장(강세시장 제1국면)이 시작되어도 대중은 시장에 대한 불신감으로 가득차 있고 이러한 불신감은 강세시장 제1국면 내내 따라다닌다.

Bear Trap(약세함정, 약세속임형)

시장이 약세로 생각되도록 대부분의 투자자·투기자들을 속게 하는 주가하락이지만 기술적으로 비확인된 속임형. 약세함정은 약세시장의 끝에 생기는 경우가 많다. 약세함정 이후에는 항상 강력한 상승장이 뒤따른다. 1987년 주식시장의 대폭락 이후에 약세함정이 여러 번 있었다. 1929~1930년의 그 유명한 증시대폭락을 경험한 대중들은 전종목 주가붕괴현상 후에는 약세시장에서의 단순한 반등이 뒤따른다는 정도로 생각하도록 만들었다.

Breakthrought/Breakout(돌파)

주가 또는 주가평균이 이전의 고가저항수준을 뚫고 상승하거나 저가지지수준을 뚫고 하락하는 것을 의미한다. 물체의 물리적 운동법칙에 따라 돌파 방향을 더 강화시키는 역할을 한다(이를 모멘텀(momentum)이라 한다). 이 개념은 OBV의 저항선돌파나 지지선돌파 움직임에 똑같이 적용할 수 있는데, 거래량이 주가에 선행한다는 면에서 더욱더 중요하다.

Bull Market(강세시장)

주가가 상승하면 어느 것이나 강세시장이라고 부를 수 있지만, 진정한 강세시장은 세 개의 뚜렷한 국면을 갖고서 수개월에 걸쳐서 상승하면서 이전의 주가추세를 뒤바꾸는 것을 말한다. 약세시장과 같이 그 규모가 크고 기간이 길다. 그러나 직전의 약세시장과는 아무런 관련이 없다. 그래서 새로 시작하는 강세시장이 얼마나 길지, 얼마나 중요할지는 처음에는 알 수가 없다. 대세바닥 사이의 시간적 주기성을 예측하기는 쉽지만, 앞의 대세꼭지에서 다음 대세꼭지를 만드는 시간이 얼마나 걸리는가는 매우 유동적이다. 그래서 강세시장의 특징(Bull Phase 참조)을 분석하여 강세시장의 기간이 얼마나 될지 판단해야 한다. 그러나 강세시장이 약세시장보다는 더 길게 이어지고, '강세라는 이름값'만큼이나 1~2년 더 길다는 사실을 우리는 이미 알고 있다.

Bull Phases(강세국면)

세 개 국면으로 진행되는데, 강세시장 제1국면은 시장상황에 대한 '대중들의 불신'이라고 특징지을 수 있다. 이들은 나쁜 뉴스와 경기불황 속에서도 주가는 오를 수 있다는 사실을 믿지 않는다. 약세시장 제3국면을 지나오면서 주가상승에 대한 자신을 갖게 된 일급투자가들은 악재로 가득 찬 뉴스와 비관적인 대중들을 바라보면서 점점 더 자신감을 갖게 된다. 대중들이 불신 속에서 멍청히 하품이나 하고 있는 사이에 주가는 '걱정의 벽'을 기어 오르고 있다. 바닥을 기던 경기가 서서히 돌아서기 시작하고, 불황의 터널 끝에 불빛이 보인다고 사람들이 말하면서 이전에 가지고 있던 불신을 지워버릴 즈음 강세시장 제1국면이 끝난다.

제1국면의 끝에 나타나는 기술적 지표들을 보자면, 신고가 종목수과 ADL이 최고조에 달하고, 다우종목은 하나씩 차례로 OBV꼭지를 기록하면서 기술적 지표들이 나빠지기 시작한다. 바로 이때쯤 대중들은 활기를 찾고, 폭 넓게 번져 있던 비관론을 버리고 약간의 자신감을 갖게 된다. 이제 시장은 하락하기 시작한다. 이 시점에서 강세시장이 대충 언제까지 진행될 것인가를 알 수 있게 되는데, 즉 강세시장 제1국면의 진행기간에 3을 곱하여 대세바닥시점에서부터 계산한다.

강세시장 제2국면의 특징은 '대중을 속이는 하락'이다. 제1국면 말에 자신감을 얻기 시작한 대중들에게 주식을 팔아 매매차익을 얻은 일급투자가들은 제2국면의 하락기 동안 의자를 뒤로 젖히고 앉아 다시 주식을 살 기회를 기다리고 있다. 대중들은 여전히 시세에 당황하고 있어, 제2국면 하락기에 주가예측 실패로 큰 손해를 보게 된다. 펀드멘탈은 더욱 좋아지고 언론은 이 사실을 대대적으로 보도한다.

강세시장 제3국면이 가까이 왔다. 이 국면의 특징은 시장상황에 대한 '대중들의 믿음'이다. 이제 시장매수세의 주도권을 대중들이 넘겨받았고, 일급투자가들이 시장에 대한 자신감을 버릴 때가 왔다. 다가올 하락기는 대개는 약세시장의 시작이지만, 대중들은 믿지 않으며 이런 불신은 약세시장 제1국면까지 계속된다.

Bull Trap(강세함정 · 강세속임형)

시장이 강세로 생각되도록 대부분의 투자자·투기자들을 속게 하는 주가상승. 그러나 기술적으로 비확인된 속임형. 강세함정은 강세시장의 끝에 생기는 경우가 많다. 강세함정 이후에는 항상 하락장이 뒤따른다.

Buying Climax(총매수현상)

클라이맥스란 끝을 의미한다. 바잉 클라이맥스는 급격한 상승으로 연결되는데 이러한 상승과정이 일방적으로 이루어지기 때문에 반대방향, 즉 하락은 피할 수 없는 일이다. 클라이맥스 현상은 단기상승을 마무리하는 하루 만의 변화일 수도 있고, 수개월 또는 수년간의 중장기상승을 끝내는 의미일 수도 있다. 클라이맥스는 거래증가를 수반한다. 강세시장 제1, 2국면에서의 대량거래는 관심을 두지 않아도 된다. 그러나 강세시장 제3국면에서 나타나는 초대량거래는 정보에 어두운 일반대중들의 매수로 인한 것인데, 보통 마지막 바잉 클라이맥스일 경우가 많다. 강세시장의 말기에 나타나는 그런 총매수현상은 조심해야 한다.

Climax Indicator(클라이맥스 지표)

다우존스공업주30개 종목 가운데 OBV 상향돌파종목수를 더하고 하향돌파종목의 수를 뺀 수치이다. lower-up, higher-up, higher-down, lower-down을 막론하고 up 표시와 down 표시를 매일 집계한 것이다.

Clusters(클러스터)

OBV의 up 집단 또는 down 집단을 말하는데, 이 집단 속에 반대되는 down 표시나 up 표시가 없어야 한다. 클러스터의 크기가 크면 클수록 더 중요한 의미를 갖는다. 예를 들면, up 표시의 큰 클러스터는 다음에 down 표시가 나와도 부정적인 lower-down보다는 긍정적인 higher-down이 될 가능성이 더 크다. 반대로 down표시의 큰 클러스터는 다음에 up 표시가 나와도 긍정적인 higher-up보다도 부정적인 lower-up이 될 가능성이 더 크다. 그러나 확실한 시장바닥을 탈출하는 과정에서의 lower-up은 걱정할 게 못 된다. 큰 up 클러스터 다음에 나오는 단 하나의 higher-down은 큰 higher-down 클러스터보다 강세라 할 수 있다. 큰 higher-down 클러스터는 OBV 수준이 점차적으로 낮아지는 모양이기 때문에 약세로 흐르기 쉽다. 반대로 down 클러스터 다음에 나오는 단 하나의 lower-up 표시는 큰 lower-up 클러스터보다는 약세라고 할 수 있다. 큰 lower-up 클러스터는 강세로 흐르기 쉽다. 왜냐하면 큰 lower-up 클러스터는 OBV 수준이 꾸준히 높아지는 모양이라서 강세로 전환될 수 있기 때문이다.

Declining Tops(고점하락 패턴)

고점이 점차 낮아지는 천장은 상승 에너지의 약화이고 궁극적으로는 하락을 의미한다. 각각의 꼭지는 직전의 꼭지보다 낮고 힘이 점점 약해진다는 것을 뜻한다. 주가 패턴뿐만 아니라 OBV선의 패턴에서도 매우 중요한 패턴이다.

Distribution(處分, 分賣, 分散)

거래량이 주가에 선행한다는 가정하에서, OBV 수치가 꾸준한 하락추세에 있다면 이 주식은 처분되고 있다고 볼 수 있다.

Divisor(디바이저, 除數, 나누는 수)

다우공업주평균의 변화도를 결정하는 중요한 수치. 다우공업주 중에 한 종목이 주식분할하거나 주식배당을 할 때마다 다우주가평균의 제수는 더 낮아진다. 이 제수는 최저 0.3715까지 낮아지는데, 다우주가평균에 편입된 한 종목의 주가변화량이 0.3715이면 주가평균 1p의 변화와 동일하다는 뜻이다.

역자주1

30개 종목이 편입되어 있는 다우공업주평균의 매일 이 30개 종목의 종가를 더하여 총수를 어떤 제수(divisor)로 나누어 산출한다. 편입종목 중 어느 한 종목이 주가분할이나 주식배당 등을 실시하면 그 종목의 가격이 하락하여 전일의 주가평균과 상당한 차이가 생겨 주가의 참된 변화를 알 수 없기 때문에 제수를 낮추어 금일의 종가에 곱하는 방식으로 조정하여 서로 일치시키는 것이다. 따라서 한 종목이 주권분할을 하면 다른 종목의 주가변동이 다우주가 평균에 미치는 영향이 커지게 된다.

A종목의 주가분할로 주가가 A에서 A′로, 제수(divisor)가 0.5에서 0.4로 바뀌었을 때
(A+B+…)/0.5=Y … 주권분할하기 전의 다우지수평균
(A′+B+…)/0.4=Y … 주권분할 후의 다우지수평균
B가 0.5달러 상승하면 다우 1p가 상승하지만, 바뀐 후에는 B가 0.4달러만 상승해도 다우 1p가 상승한다.

역자주2

이 제수는 뉴욕주가평균이나 S&P 주가평균 등의 다른 주가평균의 움직임을 비교하기 위해 사용되기도 하는데, 예를 들면 다우주가평균이 10p 상승했을 때 뉴욕주가평균의 상승폭이 '10p×0.3715=3.715p'만큼 상승하면 두 지표 사이의 변화는 이론상 동일하게 움직인다고 보는 것이다.

Early Warning Climax Indicator(EW CLX, 조기경보 클라이맥스 지표)

다우공업주가지수 편입종목 30개 중에서 OBV up과 hihger-down수를 더하고, down과 lower-up을 기록한 종목수를 뺀 수치를 말한다. 이것은 전

602 그랜빌의 최후의 예언

통적인 클라이맥스 지표보다 상당히 개선된 지표이다. 왜냐하면 higher-down이나 lower-up이 up이나 down으로 변할 가능성을 고려한 것이기 때문이다.

Field Trend(필드 트렌드, OBV추세)

OBV가 상향돌파·하향돌파하는 것이다. 그래서 OBV가 상승하는 지그재그 모양을 나타낼 때 이를 상승 필드 트렌드라고 한다. 하락하는 지그재그 모양의 클러스터 범위내에 있으면서 상승인지 하락인지 분명치 않은 지그재그 모양을 보일 때는 필드 트렌드가 하락하는 것이라고 본다.

Gaps(갭)

갭은 전일의 장중최고가나 최저가보다 당일의 시가가 상당히 높거나 낮게 시작될 때 생긴다. 주식이나 시장에 영향을 미치는 깜짝 놀랄 만한 뉴스가 있을 때 보통 생긴다. 상승갭은 초강세를, 하락갭은 초약세라고 본다.

High/Low Indicator(신고가 신저가 지표)

52주간 신고가나 신저가를 기록하는 종목의 수를 지표로 삼는다.

Higher Downs(하이어다운)

OBV down 표시가 이전의 down보다 높은 것을 말한다. 이것은 down이기는 해도 강세표시이다. 왜냐하면 상승하는 OBV선은 항상 higher-up과 higher-down으로 이루어지는 지그재그형이 보통이기 때문이다. 하락하는 필드 트렌드 중에 나타나면 상승전환할 가능성이 있다.

Lower Ups(로우어업)

OBV up 표시가 이전의 up보다 낮은 것을 말한다. 이것은 up이기는 해도 약세표시이다. 왜냐하면 하락하는 OBV선은 항상 lower-up과 lower-down으로 이루어지는 지그재그형이 보통이기 때문이다. 상승하는 필드 트렌드 중에 나타나면 하락전환할 가능성이 있다.

Momentum(모멘텀)

주가상승이나 거래량증가가 가속되는 비율이다. 상승 모멘텀은 주가 꼭지 근처에서 하락 모멘텀은 주가 바닥 근처에서 가장 크게 나타나는 경향이 있다. 개념적으로는 M=n일 전의 주가(거래량)-현재주가(거래량)를 말한다.

Net Field Trend(NFT, 순필드 트렌드)

다우공업주 30개 종목의 거래량추세를 밝혀내는 주요지표. 다우공업주 중에서 상승하는 필드 트렌드 종목의 수에 하락하는 필드 트렌드 종목의 수를 빼서 간단히 구한다.

Net Field Trend Indicator(NFI, 필드 트렌드 순지표)

NFT의 수치

On-Balance Volume(OBV)

OBV는 거래량은 주가에 선행한다는 것을 증명하기 위해 내가 만들어낸 개념이다. 주가가 상승하면 전체거래량을 더하고, 하락하면 뺀다. 이 수치를 매일매일 누적하면 된다. 주가가 변하지 않는 보합이면 더하거나 빼지 않고 전날의 수치를 그 날의 OBV로 계산한다. 주가가 보합이면 기록할 가치가 없다고 본다.

Overhead Supply(待機物量, 대기물량)

주가가 하락한 후에 다시 주가회복을 위한 반등시세에서 지금의 가격보다 높은 시세에서 거래된 총거래량을 말한다. 차트 분석가들은 이를 대량거래권이라고도 한다. 고가에서의 대량거래는 주가반등시에 만만치 않은 저항을 뜻한다. 달리 표현하자면, 많은 사람들이 자기가 샀던 가격으로 주가가 올라오면 주식을 팔려고 기다리고 있다는 말이다. 만약 주가가 이 대기물량대를 뚫고 올라가면 그것은 앞으로의 주가상승이 초강세가 된다고 보증할 수 있다. 대기물량은 수량으로 계산할 수 있는데, 주가하락하는 과정에 똑같은 수량의 주식이 거래되었다면 하락이 끝나거나 적어도 하락이 끝날 시기가 다가왔다는 뜻으로 해석할 수 있다.

Range Indicator(범위지표)

시장이 일정한 범위내에서 움직이는 한 주가붕괴는 있을 수 없다. 클라이맥스 지표가 -20 이하이면 기술적 측면에서 붕괴의 가능성이 잠재해 있다. OBV down이 일어날 가능성이 잠재해 있는 주식수를 매일 세어보고 최악의 시나리오를 미리 생각해 보고 범위지표를 결정할 수 있다.

Resistance(저항)

주가진행을 방해하는 것. 주가지지수준이 일단 깨어지면, 그 지지수준이 이제는 주가상승의 저항이 된다. 이 이론은 OBV 움직임에서도 마찬가지로 잘 적용된다.

Rising Bottoms(저점상승 패턴)

주가가 직전의 중요한 저점보다 높은 곳에서 다시 상승하는 패턴을 말한다. 이 패턴은 강세 패턴이지만 완벽한 저점상승의 패턴이라 함은 저점의 상승과 함께 고점도 상승하는 것을 말한다. 저점상승은 고점상승에 우선해서 이루어지는 강세시장의 필요조건으로서의 분석가치가 있다. OBV 패턴에서도 이와 똑같다.

Rising Tops(고점상승 패턴)

고점상승형은 강세시장 제2국면과 제3국면에서 전형적으로 나타나는 패

턴이다. 강세시장 제1국면에서는 OBV 패턴상 반드시 나타나야 한다. 그
렇지 않으면 주가반락(조정) 후의 추가상승은 없다. 강세시장 제3국면이
끝나고 만유인력의 법칙이 작용하여 주가가 하락할 때까지 고점상승은 고
점상승을 낳는다.

Selling Climax(총매도현상)

대부분의 주식들이 동시에 과매도상태에 들어가는 상황을 일컫는다. 셀링
클라이맥스는 다음과 같은 특징을 갖고 있다. ① 대량거래 ② 하락종목수
가 상승종목수보다 압도적으로 많다. ③ 근래에 보지 못했던 대량거래 ④ 그
날중이나 다음 날 강력한 주가역전현상이 일어난다. ⑤ 단주거래나 공매도(대
주)가 대량으로 일어난다.

Short Interest(貸株殘高, 空賣株數)

공매도주수. 뉴욕증권거래소가 매달 발표한다. 다량의 대주잔고는 기본적
으로 시장이 강세라는 뜻이지만, 거래량이 많을 경우에는 다르다. 공매도
를 잘한 것인가 잘못한 것인가 하는 문제는 단순히 공매도하는 사람이 많
으냐 적으냐로 결정할 성질의 것이 아니라, 지금이 강세시장인가 약세시
장인가의 문제이다. 그러므로 대주잔고의 의미를 알기 이전에 먼저 대세
의 흐름을 읽는 것이 더 중요하다. 대세가 강세라면 매일의 일간 평균거래
량과 관련하여 대주잔고가 상승하고 있다면 이때는 특히 더 중요한 의미
를 갖는다. 대세가 약세라면 대주잔고의 증가는 강세론자에게는 아무런
의미가 없다. 왜냐하면 하락하는 추세에 따라 공매도가 이루어지고 있어
서 상환압력을 받지 않기 때문이다. 그러나 강세시장에서는 주가상승에
따라 대주상환압력이 점점 높아지기 때문에 다량의 대주잔고는 강세요인
으로 작용한다.

Support(지지)

하락을 막는 장애물. 주가상승으로 저항수준을 일단 통과하면 이 수준이

지지수준으로 된다. 이 이론은 OBV움직임에서도 마찬가지로 잘 적용된다.

True Climax Indicator(진짜 클라이맥스 지표)

lower-up과 higher-down을 제거한 클라이맥스 지표. 순CLX는 진짜 up과 진짜 down 표시종목의 순수치이다. 이것은 강세·약세의 시험지표이다.

표 1. 다우 65종목 4열분석

(1993. 11~1994. 3)

Date 1993	Dow	CLXCum.	CLX	Four Columns	True	EW
11/ 1	3692.61	+ 7	+ 7	9 - 7 - 3 - 8	+ 6	+ 5
11/ 2	3697.64	+ 4	+11	9 - 7 - 5 - 7	+10	+ 9
11/ 3	3661.87	-19	- 8	3 -10 -14 - 2	- 1	+ 6
11/ 4	3624.98	-31	-39	1 -11 -22 - 1	-22	- 5
11/ 5	3643.43	- 5	-44	4 - 4 - 9 - 4	-27	-10
11/ 8	3647.90	- 5	-49	7 - 6 - 8 - 2	-28	- 7
11/ 9	3640.07	-10	-59	7 - 6 -14 - 3	-35	-11
11/10	3663.55	+10	-49	8 - 2 - 8 -12	-35	-21
11/11	3662.43	- 3	-52	9 - 7 - 9 - 4	-35	-18
11/12	3684.51	+14	-38	10 - 3 - 4 -11	-29	-20
11/15	3677.52	+7	-31	9 - 4 - 8 -10	-28	-25
11/16	3710.77	+23	- 8	16 - 3 - 4 -14	-16	-24
11/17	3704.35	- 5	-13	6 -10 - 5 - 4	-15	-17
11/18	3685.34	- 2	-15	7 -12 - 3 - 6	-11	- 7
11/19	3694.01	- 2	-17	10 -11 - 5 - 4	- 6	+ 5
11/22	3670.25	- 8	-25	7 - 8 -11 - 4	-10	+ 5
11/23	3674.17	- 1	-26	4 - 7 - 6 - 8	-12	+ 2
11/24	3687.58	+11	-15	7 - 5 - 3 -12	- 8	- 1
11/26	3683.95	+13	- 2	8 - 3 - 2 -10	- 2	- 2
11/29	3677.80	+ 7	+ 5	11 - 9 - 3 - 8	+ 6	+ 7
11/30	3683.95	+ 5	+10	8 - 6 - 5 - 8	+ 3	+ 8
12/ 1	3697.08	+ 7	+17	9 -11 - 4 -13	+ 8	+11
12/ 2	3702.08	+ 9	+26	6 - 7 - 3 -13	+11	+ 8
12/ 3	3704.07	+ 4	+30	5 - 5 - 5 - 9	+11	+ 4
12/ 6	3710.21	+11	+41	9 - 4 - 4 -10	+16	+ 3
12/ 7	3718.88	+12	+53	7 - 7 - 0 -12	+23	+ 5
12/ 8	3734.53	+13	+66	7 - 4 - 2 -12	+28	+ 2
12/ 9	3729.78	+ 7	+73	11 - 7 - 3 - 6	+36	+11
12/10	3740.67	+ 6	+79	7 - 8 - 4 -11	+39	+11
12/13	3764.43	+12	+91	13 - 6 - 5 -10	+47	+15
12/14	3742.63	- 9	+82	10 -16 - 9 - 6	+48	+26
12/15	3716.92	- 8	+74	9 -18 - 8 - 9	+49	+36
12/16	3726.14	+ 2	+76	11 -10 - 8 - 9	+52	+40
12/17	3751.57	+10	+86	14 - 8 - 5 - 9	+61	+48
12/20	3755.21	+ 8	+94	11 - 2 - 8 - 7	+64	+46
12/21	3745.15	+ 1	+95	6 - 4 - 9 - 8	+61	+39
12/22	3762.19	+16	+111	16 - 5 - 3 - 8	+74	+49
12/23	3757.72	+ 8	+119	11 - 7 - 3 - 7	+82	+56
12/27	3792.93	+15	+134	14 - 2 - 4 - 7	+92	+61
12/28	3793.77	+15	+149	15 - 7 - 3 -10	+104	+70
12/29	3794.33	0	+149	12 -14 - 5 - 7	+111	+84
12/30	3775.88	- 9	+140	7 -12 - 6 -12	+112	+85
12/31	3754.09	-16	+124	6 -17 - 6 - 1	+112	+101

1994						
1/ 3	3756.60	-14	+110	7 -15 -10 - 4	+109	+109
1/ 4	3783.90	+ 4	+114	11 - 6 - 8 - 7	+112	+111
1/ 5	3798.82	- 3	+111	12 -12 -12 - 9	+112	+114
1/ 6	3803.88	+ 1	+112	14 - 7 -13 - 7	+113	+115
1/ 7	3820.77	0	+112	7 - 3 - 7 - 3	+113	+115
1/10	3865.51	+26	+138	20 - 3 - 0 - 9	+133	+129
1/11	3850.80	- 8	+130	8 -13 - 5 - 2	+136	+143
1/12	3848.63	- 1	+129	9 - 9 - 7 - 6	+138	+148
1/13	3842.43	- 6	+123	8 -10 - 9 - 5	+137	+152
1/14	3867.20	+ 6	+129	8 - 6 - 7 -11	+138	+148
1/17	3870.29	0	+129	10 - 8 - 9 - 7	+139	+149
1/18	3870.29	+ 5	+134	14 - 7 -11 - 9	+142	+150
1/19	3884.37	+ 6	+140	15 - 6 - 7 - 4	+150	+160

그랜빌의 최후의 예언

				Four Columns		
1/20	3891.96	+ 8	+148	14 - 5 - 5 - 4	+159	+170
1/21	3914.48	- 4	+144	13 - 9 -11- 3	+161	+178
1/24	3912.79	0	+144	11 - 8 - 7 - 4	+165	+186
1/25	3895.34	- 4	+140	9 -11 - 7 - 5	+167	+194
1/26	3908.00	+ 3	+143	7 - 9 - 3 - 8	+171	+199
1/27	3926.30	+11	+154	12 - 7 - 2 - 8	+181	+208
1/28	3945.43	+14	+168	10 - 6 - 1 -11	+190	+212
1/31	3978.36	+33	+201	22 - 2 - 0 -13	+212	+223
2/ 1	3964.01	+13	+214	13 - 5 - 0 - 5	+225	+236
2/ 2	3975.54	+11	+225	10 - 3 - 3 - 7	+232	+239
2/ 3	3967.66	- 2	+223	8 -11 - 4 - 5	+236	+249
2/ 4	3871.42	-33	+190	0 -20 -14 - 1	+222	+254
2/ 7	3906.32	-14	+176	3 -12 - 9 - 4	+216	+256
2/ 8	3906.03	-14	+162	6 -12 - 8 - 0	+214	+266
2/ 9	3931.92	+ 3	+165	7 - 6 - 5 - 7	+216	+267
2/10	3895.34	-14	+151	5 -10 -11 - 2	+210	+269
2/11	3894.78	-10	+141	7 - 9 -10 - 2	+207	+273
2/14	3904.06	- 3	+138	5 - 5 - 8 - 5	+204	+270
2/15	3928.27	+ 2	+140	6 - 7 - 9 -12	+201	+262
2/16	3937.27	- 9	+131	6 -11 - 9 - 5	+198	+265
2/17	3922.64	-12	+119	4 -13 -13 -10	+189	+259
2/18	3887.46	-25	+94	1 -14 -17 - 5	+173	+252
2/22	3911.66	- 5	+89	3 - 7 - 9 - 8	+167	+245
2/23	3891.66	-14	+75	2 - 9 -13 - 6	+156	+237
2/24	3839.90	-39	+36	1 -15 -25 - 0	+132	+228
2/25	3838.78	-18	+18	3 - 8 -14 - 1	+121	+224
2/28	3832.02	-11	+7	5 - 8 -15 - 7	+111	+215
3/ 1	3809.23	-18	-11	5 - 6 -21 - 4	+95	+201
3/ 2	3831.74	-10	-21	7 - 6 -19 - 8	+83	+187
3/ 3	3824.42	-11	-32	5 - 7 -14 - 5	+74	+180
3/ 4	3832.31	+ 4	-28	10 - 2 -12 - 8	+72	+172
3/ 7	3856.22	+12	-16	9 - 4 - 6 -13	+75	+166
3/ 8	3851.72	+ 5	-11	7 - 7 - 7 -12	+75	+161
3/ 9	3853.41	+ 3	-8	3 - 4 - 6 -10	+72	+152
3/10	3830.62	-20	-28	3 -11 -13 - 1	+62	+152
3/11	3862.70	- 1	-29	5 - 3 - 9 - 6	+58	+145
3/14	3862.98	- 1	-30	6 - 6 -10 - 9	+54	+138
3/15	3849.59	- 3	-33	4 - 5 -14 -12	+44	+121
3/16	3848.15	+10	-23	6 - 4 - 6 -14	+44	+111
3/17	3865.14	+ 9	-14	8 - 8 - 6 -15	+46	+106
3/18	3895.65	+ 2	-12	15 -13 - 8 - 8	+53	+118
3/21	3864.85	-11	-23	6 -11 - 9 - 3	+50	+123
3/22	3862.55	+ 6	-17	9 - 3 - 7 - 7	+52	+121
3/23	3869.46	+ 1	-16	6 - 3 - 4 - 2	+54	+124
3/24	3821.09	-26	-42	3 -16 -14 - 2	+43	+127
3/25	3774.73	-30	-72	1 -20 -16 - 5	+28	+127
3/28	3762.35	-21	-93	1 -11 -14 - 3	+15	+122
3/29	3699.02	-42	-135	1 -18 -25 - 0	- 9	+116
3/30	3626.75	-48	-183	1 -17 -33 - 1	-41	+100
3/31	3635.96	-39	-222	0 -12 -27 - 0	-68	+85
4/ 4	3593.35	-47	-269	0 - 9 -38 - 0	-106	+46

표 2. 현재 클러스터 분석–65종목

(1993.11~1994.4)

Date	Dow	CLX	CLX Cum.	Four Columns	True	EW
1993						
11/ 1	3692.61	+27	+27	28 - 7 - 0 - 6	+28	+29
11/ 2	3697.64	+8	+35	8 - 4 - 0 - 4	+36	+37
11/ 3	3661.87	-10	+25	3 - 3 -10 - 0	+29	+33
11/ 4	3624.98	-26	- 1	0 - 4 -22 - 0	+ 7	+15
11/ 5	3643.43	-16	-17	3 - 0 -19 - 0	- 9	- 1

11/ 8	3647.90	-15	-32	4 - 0	-19 - 0	-24	-16
11/ 9	3640.07	-18	-50	8 - 3	-23 - 0	-39	-28
11/10	3663.55	-20	-70	16 - 3	-33 - 0	-56	-42
11/11	3662.43	-32	-102	0 - 4	-28 - 0	-84	-66
11/12	3684.51	- 3	-105	0 - 0	- 6 - 3	-90	-75
11/15	3677.52	- 6	-111	7 - 3	-13 - 3	-96	-81
11/16	3710.77	+16	-95	25 - 4	-12 - 6	-83	-70
11/17	3704.35	-8	-103	6 - 5	- 9 - 0	-86	-68
11/18	3685.34	+10	-93	13 - 3	- 3 - 3	-76	-58
11/19	3694.01	+3	-90	13 - 7	- 3 - 0	-66	-41
11/22	3670.25	+4	-86	15 - 5	-11 - 5	-62	-37
11/23	3674.17	+3	-83	10 - 6	- 7 - 6	-59	-34
11/24	3687.58	+1	-82	6 - 6	- 9 -10	-62	-41
11/26	3683.95	+28	-54	4 - 0	- 0 -24	-58	-61
11/29	3677.80	+41	-13	31 - 3	- 3 -16	-30	-46
11/30	3683.95	+27	+14	16 - 4	- 0 -15	-14	-41
12/ 1	3697.08	+12	+26	19 -13	- 6 -12	- 1	-27
12/ 2	3702.08	+8	+34	10 -14	- 3 -15	+ 6	-21
12/ 3	3704.07	+14	+48	12 - 5	- 5 -12	+13	-21
12/ 6	3710.21	+18	+66	12 - 0	- 3 - 9	+22	-21
12/ 7	3718.88	+11	+77	0 - 0	- 0 -11	+22	-32
12/ 8	3734.53	+13	+90	3 - 0	- 0 -10	+25	-39
12/ 9	3729.78	-5	+85	3 -12	- 3 - 7	+25	-34
12/10	3740.67	+9	+94	7 - 3	- 7 -12	+25	-43
12/13	3764.43	+18	+112	18 - 0	- 3 - 8	+40	-36
12/14	3742.63	-13	+99	0 - 3	-10 - 0	+30	-43
12/15	3716.92	+5	+104	21 - 6	-16 - 6	+35	-38
12/16	3726.14	-19	+85	20 -13	-26 - 0	+29	-31
12/17	3751.57	+10	+105	26 -13	- 6 - 3	+49	- 1
12/20	3755.21	+2	+107	22 - 5	-21 - 6	+50	- 1
12/21	3745.15	-12	+95	9 - 3	-21 - 3	+38	-13
12/22	3762.19	+29	+124	16 - 0	- 4 -17	+50	-18
12/23	3757.72	+19	+143	19 - 3	- 5 - 8	+64	- 9
12/27	3792.93	+50	+193	48 - 4	- 0 - 6	+112	+37
12/28	3793.77	+47	+240	48 - 5	- 6 -10	+154	.+74
12/29	3794.33	+31	+271	37 - 6	- 3 - 3	+188	+111
12/30	3775.88	+5	+276	21 - 9	- 7 - 0	+202	+134
12/31	3754.09	-22	+254	13 -20	-15 - 0	+200	+152

1994

1/ 3	3756.60	-28	+226	6 -12	-22 - 0	+184	+148
1/ 4	3783.90	-24	+202	0 - 6	-18 - 0	+166	+136
1/ 5	3798.82	-29	+173	12 - 7	-34 - 0	+144	+121
1/ 6	3803.88	-26	+147	19 - 9	-36 - 0	+127	+113
1/ 7	3820.77	-23	+124	4 - 8	-22 - 3	+109	+100
1/10	3865.51	+23	+147	22 - 6	- 0 - 7	+131	+121
1/11	3850.31	+2	+149	6 - 7	- 0 - 3	+137	+131
1/12	3848.63	-5	+144	3 - 8	- 0 - 0	+140	+142
1/13	3842.43	-23	+121	7 -21	-12 - 3	+135	+129
1/14	3867.20	-12	+119	10 -10	-18 - 6	+127	+125
1/17	3867.20	-13	+106	12 -11	-18 - 4	+121	+126
1/18	3870.29	-22	+84	19 -12	-29 - 0	+111	+128
1/19	3884.37	-13	+71	25 -18	-20 - 0	+116	+151
1/20	3891.96	+12	+83	34 -12	-16 - 6	+134	+175
1/21	3914.48	-17	+66	19 -21	-15 - 0	+138	+200
1/24	3912.79	+19	+85	31 - 0	-12 - 0	+157	+219
1/25	3895.34	-7	+78	15 - 8	-14 - 0	+158	+228
1/26	3908.00	+4	+82	8 - 4	- 0 - 0	+166	+240
1/27	3926.30	+13	+95	10 - 3	- 3 - 9	+173	+241
1/28	3945.43	+13	+108	11 - 0	- 4 - 6	+180	+242
1/31	3978.36	+22	+130	22 - 0	- 0 - 0	+202	+264
2/ 1	3964.01	+19	+149	22 - 0	- 3 - 0	+221	+283
2/ 2	3975.54	+26	+175	23 - 3	- 0 - 6	+244	+303
2/ 3	3967.66'	+21	+196	28 - 7	- 0 - 0	+272	+338
2/ 4	3871.42	-10	+186	0 - 0	-10 - 0	+262	+328

그랜빌의 최후의 예언

2/ 7	3906.32	-24	+162	0 - 9 -15 - 0	+247	+322
2/ 8	3906.03	-37	+125	0 -21 -16 - 0	+231	+327
2/ 9	3931.92	-22	+103	6 -14 -14 - 0	+223	+333
2/10	3895.34	-32	+71	0 -11 -21 - 0	+202	+323
2/11	3894.78	-20	+51	6 - 9 -17 - 0	+191	+321
2/14	3904.06	-11	+40	3 - 0 -14 - 0	+180	+310
2/15	3928.27	-6	+34	7 - 3 -11 - 1	+176	+308
2/16	3938.27	+7	+41	11 - 0 - 4 - 0	+183	+315
2/17	3922.64	-29	+12	9 -13 -21 - 6	+171	+310
2/18	3887.18	-44	-32	7 -11 -40 - 0	+138	+288
2/22	3911.66	-24	-56	8 - 7 -25 - 0	+121	+278
2/23	3891.68	-25	-81	12 -10 -27 - 0	+106	+273
2/24	3839.90	-46	-127	0 - 7 -39 - 0	+67	+241
2/25	3838.78	-37	-164	0 - 5 -32 - 0	+35	+214
2/28	3832.02	-38	-202	3 - 9 -32 - 0	+6	+194
3/ 1	3809.23	-38	-240	6 - 4 -40 - 0	-28	+164
3/ 2	3831.74	-47	-287	4 - 8 -43 - 0	-67	+133
3/ 3	3824.42	-34	-321	3 - 6 -31 - 0	-95	+111
3/ 4	3832.30	-27	-348	16 - 3 -40 - 0	-119	+90
3/ 7	3856.22	-2	-350	23 - 4 -21 - 0	-117	+96
3/ 8	3851.72	-15	-365	6 - 5 -19 - 3	-130	+85
3/ 9	3853.41	-12	-377	0 - 3 -16 - 4	-146	+68
3/10	3830.62	-31	-408	3 - 7 -27 - 0	-170	+51
3/11	3862.70	-18	-426	4 - 3 -22 - 3	-188	+33
3/14	3862.98	-14	-440	8 - 0 -26 - 4	-206	+11
3/15	3849.59	-12	-452	6 - 0 -24 - 6	-224	-13
3/16	3848.15	-11	-463	7 - 0 -25 - 7	-248	-38
3/17	3865.14	-12	-475	5 - 3 -30 -16	-267	-76
3/18	3895.94	-1	-476	16 - 4 -22 - 9	-273	-87
3/21	3864.85	-1	-477	14 - 8 -16 - 9	-275	-90
3/22	3862.55	-5	-482	21 - 3 -34 -11	-288	-111
3/23	3869.46	+13	-469	20 - 3 - 4 - 0	-272	-92
3/24	3821.09	+1	-468	6 - 0 - 5 - 0	-271	-91
3/25	3774.79	-12	-480	0 - 3 - 9 - 0	-280	-97
3/28	3762.35	-37	-517	0 -15 -22 - 0	-302	-104
3/29	3699.02	-77	-594	0 -18 -59 - 0	-361	-145
3/30	3626.75	-84	-678	0 -27 -57 - 0	-418	-175
3/31	3635.96	-77	-755	0 -19 -58 - 0	-476	-214
4/ 4	3593.35	-126	-881	0 -15 -111- 0	-587	-310

표 3. 현재 클러스터 분석-65종목
(1993. 11~1994. 4)

1993	Dow	CLX	Cum.	4-Columns	True	EW
Nov. 1	3692.61	+51	+51	65 - 15 - 9 - 10	+56	+61
Nov. 2	3697.64	+64	+115	78 - 16 - 9 - 11	+125	+74
Nov. 3	3661.87	+71	+186	81 - 7 -10 - 7	+196	+145
Nov. 4	3624.98	+52	+238	75 - 8 -22 - 7	+249	+199
Nov. 5	3643.43	-12	+226	32 - 8 -36 - 0	+245	+203
Nov. 8	3647.90	-24	+202	26 - 8 -42 - 0	+229	+195
Nov. 9	3640.07	-21	+181	30 - 7 -44 - 0	+215	+188
Nov. 10	3663.55	-22	+159	32 - 3 -51 - 0	+196	+172
Nov. 11	3662.43	-21	+138	32 - 4 -49 - 0	+179	+159
Nov. 12	3684.51	-28	+110	17 - 4 -44 - 3	+152	+133
Nov. 15	3677.52	-14	+96	31 - 7 -47 - 9	+136	+115
Nov. 16	3710.77	+6	+102	39 - 4 -41 - 12	+134	+105
Nov. 17	3704.35	-5	+97	37 - 5 -42 - 9	+129	+96
Nov. 18	3685.34	+8	+105	40 - 3 -41 - 12	+128	+86
Nov. 19	3694.01	+1	+106	31 - 7 -32 - 9	+127	+83
Nov. 22	3670.25	+13	+119	40 - 5 -33 - 11	+134	+84
Nov. 23	3674.17	-3	+116	35 - 11 -36 - 9	+133	+85
Nov. 24	3687.58	+8	+124	40 - 17 -28 - 13	+145	+101
Nov. 26	3683.95	+19	+143	41 - 17 -32 - 27	+154	+100

Nov. 29	3677.80	+44	+187	56 - 14 -20 - 22	+190	+128
Nov. 30	3683.95	+42	+229	54 - 18 -20 - 26	+224	+154
Dec. 1	3697.08	+29	+258	36 - 17 -23 - 33	+237	+151
Dec. 2	3702.08	+40	+298	40 - 20 -23 - 43	+254	+145
Dec. 3	3704.07	+51	+349	51 - 14 -23 - 37	+282	+150
Dec. 6	3710.21	+21	+370	35 - 5 -17 - 26	+300	+147
Dec. 7	3718.88	+44	+314	33 - 5 -14 - 30	+319	+141
Dec. 8	3734.53	+43	+357	29 - 0 -14 - 28	+334	+128
Dec. 9	3729.78	+18	+375	10 - 7 -17 - 32	+327	+96
Dec. 10	3740.67	+21	+396	10 - 7 -16 - 34	+321	+63
Dec. 13	3764.43	+23	+419	21 - 4 -22 - 28	+320	+38
Dec. 14	3742.63	+5	+424	21 - 7 -17 - 8	+324	+41
Dec. 15	3716.92	+15	+439	37 - 5 -26 - 9	+335	+48
Dec. 16	3726.14	-3	+436	50 - 13 -40 - 0	+345	+71
Dec. 17	3751.57	+14	+450	61 - 20 -30 - 3	+376	+119
Dec. 20	3755.21	+13	+463	64 - 15 -45 - 9	+395	+144
Dec. 21	3745.15	+6	+469	53 - 15 -42 - 10	+406	+160
Dec. 22	3762.19	+20	+489	51 - 15 -33 - 17	+424	+176
Dec. 23	3757.72	+24	+513	55 - 14 -30 - 13	+449	+212
Dec. 27	3792.93	+64	+577	84 - 15 -22 - 17	+511	+272
Dec. 28	3793.77	+68	+645	91 - 12 -21 - 10	+581	+334
Dec. 29	3794.33	+79	+724	90 - 6 -18 - 13	+653	+399
Dec. 30	3775.88	+44	+768	75 - 15 -26 - 10	+702	+453
Dec. 31	3754.09	+25	+793	76 - 26 -32 - 7	+746	+516
Jan. 3	3756.60	-6	+787	52 - 26 -36 - 4	+762	+554
Jan. 4	3783.90	-24	+763	40 - 35 -29 - 0	+773	+600
Jan. 5	3798.82	-16	+747	41 - 17 -40 - 0	+774	+618
Jan. 6	3803.88	+1	+748	52 - 15 -39 - 3	+787	+643
Jan. 7	3820.77	-8	+740	50 - 11 -56 - 9	+781	+639
Jan. 10	3865.51	-29	+711	29 - 12 -56 - 10	+754	+614
Jan. 11	3850.31	-6	+705	24 - 10 -33 - 13	+74	+602
Jan. 12	3848.63	+14	+719	25 - 8 -13 - 10	+757	+612
Jan. 13	3842.43	-3	+716	29 - 21 -25 - 14	+761	+623
Jan. 14	3867.20	0	+716	27 - 22 -22 - 17	+766	+633
Jan. 17	3870.29	+8	+724	28 - 20 -19 - 19	+775	+643
Jan. 18	3870.29	-11	+713	40 - 18 -37 - 4	+778	+660
Jan. 19	3884.37	-6	+707	51 - 21 -40 - 4	+789	+688
Jan. 20	3891.95	-10	+697	54 - 18 -52 - 6	+791	+702
Jan. 21	3914.48	+25	+722	80 - 24 -34 - 3	+837	+769
Jan. 24	3912.79	+44	+766	78 - 6 -31 - 3	+884	+819
Jan. 25	3895.34	+25	+791	64 - 18 -24 - 3	+924	+874
Jan. 26	3908.00	+17	+808	59 - 15 -27 - 0	+956	+921
Jan. 27	3926.30	+20	+828	48 - 16 -24 - 12	+972	+949
Jan. 28	3945.43	+31	+859	49 - 8 -25 - 15	+996	+966
Jan. 31	3978/36	+23	+882	49 - 4 -28 - 6	+1017	+985
Feb. 1	3964.01	+34	+916	56 - 4 -31 - 13	+1042	+1001
Feb. 2	3975.54	+47	+963	62 - 10 -21 - 16	+1083	+1036
Feb. 3	3967.66	+54	+1017	55 - 10 -13 - 22	+1125	+1066
Feb. 4	3871.42	+30	+1047	48 - 3 -18 - 3	+1155	+1096
Feb. 7	3906.32	0	+1047	43 - 15 -31 - 3	+1167	+1120
Feb. 8	3906.03	-26	+1021	37 - 27 -39 - 3	+1165	+1142
Feb. 9	3931.92	-26	+995	32 - 23 -38 - 3	+1159	+1156
Feb. 10	3895.34	-27	+968	24 -17 - 37 - 3	+1146	+1157
Feb. 11	3894.78	-30	+938	23 - 21 -35 .- 3	+1134	+1163
Feb. 14	3904.06	-32	+906	17 - 18 -34 - 3	+1117	+1161
Feb. 15	3928.27	-20	+886	25 - 15 -33 - 3	+1109	+1165
Feb. 16	3938.27	-12	+874	24 - 6 -30 - 0	+1103	+1165
Feb. 17	3922.64	-31	+843	22 - 19 -43 - 9	+1082	+1154
Feb. 18	3887.18	-41	+802	20 - 17 -50 - 6	+1052	+1135
Feb. 22	3911.66	-57	+745	21 - 21 -63 - 6	+1010	+1108
Feb. 23	3891.68	-64	+681	25 - 22 -70 - 3	+965	+1082
Feb. 24	3839.90	-47	+634	22 - 11 -58 - 0	+929	+1057
Feb. 25	3838.78	-53	+581	19 - 8 -64 - 0	+884	+1020
Feb. 28	3832.02	-73	+508	10 - 14 -69 - 0	+825	+975
Mar. 1	3809.23	-71	+437	13 - 12 -72 - 0	+766	+928
Mar. 2	3831.74	-82	+355	11 - 13 -83 - 3	+794	+866

그랜빌의 최후의 예언

Mar. 3	3824.42	-78	+277	10 - 14 -77 - 3	+727	+810	
Mar. 4	3832.30	-75	+202	23 - 16 -85 - 3	+665	+761	
Mar. 7	3856.22	-60	+142	31 - 18 -76 - 3	+620	+731	
Mar. 8	3851.72	-44	+98	24 - 11 -63 - 6	+581	+697	
Mar. 9	3853.41	-20	+78	25 - 14 -41 - 10	+565	+685	
Mar. 10	3830.62	-20	+58	24 - 12 -42 - 10	+547	+669	
Mar. 11	3862.70	-11	+47	25 - 15 -34 - 13	+538	+662	
Mar. 14	3862.98	-12	+35	26 - 7 -42 - 11	+522	+642	
Mar. 15	3849.59	+11	+46	27 - 0 -33 - 17	+516	+619	
Mar. 16	3848.15	+ 6	+52	30 - 0 -38 - 14	+508	+597	
Mar. 17	3865.14	- 1	+51	25 - 3 -43 - 20	+490	+562	
Mar. 18	3895.94	+13	+64	28 - 4 -33 - 22	+485	+529	
Mar. 21	3864.85	+21	+85	38 - 8 -39 - 30	+484	+506	
Mar. 22	3862.55	+6	+91	36 - 11 -47 - 28	+473	+478	
Mar. 23	3869.46	+12	+103	42 - 12 -44 - 26	+471	+462	
Mar. 24	3821.09	+28	+131	39 - 9 -15 - 13	+495	+482	
Mar. 25	3774.79	+17	+148	31 - 6 -16 - 8	+510	+495	
Mar. 28	3762.35	-26	+122	21 - 18 -38 - 9	+493	+487	
Mar. 29	3699.02	-77	+45	13 - 21 -75 - 6	+431	+440	
Mar. 30	3626.75	-95	-50	6 - 27 -80 - 6	+357	+387	
Mar. 31	3635.96	-116	-166	7 - 40 -83 - 0	+281	+351	
Apr. 4	3593.35	-155	-321	7 - 24 -138- 0	+150	+244	

표 4. 1929년 공황 당시의 주요지표 분석
(1929. 5. 31~1929. 11. 13)

May 31, 1929 Through November 13, 1929

Date	Dow	CLX	Cum.CLX	Four Columns	True	EW	NFI
5/31	297.41	+1	+1	1 - 0 - 0 - 0	+1	+1	+1
6/ 1	299.12	+1	+2	1 - 0 - 0 - 0	+2	+2	+1
6/ 3	304.20	+4	+6	4 - 0 - 0 - 0	+4	+4	+3
6/ 4	310.57	+6	+12	6 - 0 - 0 - 0	+12	+12	+5
6/ 5	307.68	+6	+18	6 - 0 - 0 - 0	+18	+18	+7
6/ 6	307.72	+3	+21	6 - 3 - 0 - 0	+24	+27	+8
6/ 7	307.46	+4	+25	8 - 4 - 0 - 0	+32	+39	+11
6/ 8	305.12	-3	+22	1 - 5 - 0 - 1	+33	+44	+11
6/10	303.27	-2	+20	6 - 7 - 1 - 0	+38	+56	+11
6/11	306.64	+4	+24	7 - 3 - 1 - 1	+44	+64	+12
6/12	306.68	0	+24	6 - 6 - 1 - 1	+49	+74	+13
6/13	313.05	+17	+41	14 - 1 - 0 - 4	+63	+85	+16
6/14	313.68	+13	+54	11 - 1 - 0 - 3	+74	+94	+16
6/15	314.26	+10	+64	8 - 1 - 0 - 3	+82	+100	+16
6/17	319.33	+23	+87	20 - 0 - 0 - 3	+102	+117	+17
6/18	319.67	+10	+97	10 - 4 - 0 - 4	+112	+127	+17
6/19	316.41	-5	+92	2 - 7 - 0 - 0	+114	+136	+17
6/20	317.73	+2	+94	5 - 2 - 1 - 0	+118	+142	+16
6/21	320.68	+9	+103	11 - 3 - 0 - 1	+129	+155	+17
6/22	322.23	+11	+114	10 - 1 - 0 - 2	+139	+164	+17
6/24	321.15	+2	+116	5 - 4 - 0 - 1	+144	+172	.+17
6/25	326.16	+8	+124	9 - 4 - 0 - 3	+153	+182	+17
6/26	328.60	+10	+134	12 - 4 - 0 - 2	+165	+196	+18
6/27	328.91	+6	+140	9 - 5 - 0 - 2	+174	+208	+18
6/28	331.65	+9	+149	9 - 2 - 0 - 2	+183	+217	+18
6/29	333.79	+8	+157	8 - 2 - 0 - 2	+191	+225	+18
7/ 1	335.22	+7	+164	10 - 5 - 0 - 2	+201	+238	+18
7/ 2	340.28	+18	+182	15 - 0 - 2 - 5	+214	+246	+18
7/ 3	341.99	+12	+194	12 - 1 - 1 - 2	+225	+256	+19
7/ 5	344.27	+14	+208	15 - 2 - 0 - 1	+240	+272	+21

7/ 6	344.66	+6	+214	5 - 1 - 0 - 2	+245	+276	+20
7/ 8	346.55	+8	+222	10 - 2 - 0 - 0	+255	+288	+22
7/ 9	345.57	+5	+227	8 - 5 - 0 - 2	+263	+299	+22
7/10	343.30	-6	+221	3 - 8 - 1 - 0	+265	+309	+22
7/11	343.04	-2	+219	6 - 7 - 2 - 1	+269	+319	+19
7/12	346.37	+5	+224	8 - 2 - 1 - 0	+276	+328	+22
7/13	345.94	0	+224	3 - 1 - 2 - 0	+277	+330	+19
7/15	341.93	-4	+220	1 - 4 - 3 - 2	+275	+330	+18
7/16	344.24	+5	+225	4 - 4 - 1 - 6	+278	+331	+18
7/17	345.63	+12	+237	6 - 1 - 0 - 7	+284	+331	+19
7/18	344.59	+3	+240	4 - 2 - 1 - 2	+287	+334	+20
7/19	345.20	+4	+244	5 - 4 - 0 - 3	+292	+340	+20
7/20	345.87	+1	+245	5 - 4 - 1 - 1	+296	+347	+18
7/22	341.37	-11	+234	3 - 9 - 6 - 1	+293	+352	+14
7/23	345.48	+2	+236	2 - 2 - 1 - 3	+294	+352	+13
7/24	343.04	-8	+228	3 -11 - 2 - 2	+295	+362	+13
7/25	344.67	0	+228	3 - 6 - 1 - 4	+297	+366	+13
7/26	345.47	-1	+227	4 - 7 - 3 - 5	+298	+369	+13
7/27	343.73	-3	+224	2 - 4 - 2 - 1	+298	+372	+11
7/29	339.21	-11	+213	0 - 9 - 5 - 3	+293	+373	+11
7/30	343.12	+7	+220	1 - 1 - 0 - 7	+294	+368	+11
7/31	347.70	+16	+236	6 - 0 - 0 -10	+300	+364	+12
8/ 1	350.56	+12	+248	8 - 2 - 0 - 6	+308	+368	+13
8/ 2	353.08	+9	+257	8 - 4 - 1 - 6	+315	+373	+13
8/ 3	355.62	+8	+265	8 - 3 - 1 - 4	+322	+379	+14
8/ 5	352.50	-6	+259	2 - 5 - 3 - 0	+321	+383	+11
8/ 6	351.39	-3	+256	3 - 5 - 3 - 2	+321	+386	+11
8/ 7	348.44	-10	+246	3 - 5 - 8 - 0	+316	+386	+4
8/ 8	352.10	-1	+245	2 - 1 - 2 - 0	+316	+387	+4
8/ 9	337.99	-25	+220	0 - 12 -13 - 0	+303	+386	+2
8/10	344.84	0	+220	1 - 0 - 2 - 1	+302	+384	+2
8/12	351.13	+3	+223	4 - 5 - 2 - 6	+304	+385	+3
8/13	354.03	+5	+228	8 - 3 - 2 - 2	+310	+392	+5
8/14	354.86	+2	+230	7 - 4 - 4 - 3	+313	+396	+5
8/15	354.42	-1	+229	4 - 3 - 5 - 3	+312	+395	+4
8/16	361.49	+14	+243	11 - 0 - 2 - 5	+321	+399	+5
8/17	360.70	+9	+252	6 - 0 - 0 - 3	+327	+402	+5
8/19	365.20	+18	+270	10 - 0 - 0 - 8	+337	+404	+6
8/20	367.67	+15	+285	11 - 1 - 1 - 6	+347	+409	+8
8/21	365.55	+9	+294	9 - 1 - 0 - 1	+356	+418	+12
8/22	369.95	+11	+305	11 - 0 - 0 - 0	+367	+429	+12
8/23	374.61	+11	+316	13 - 3 - 1 - 2	+379	+442	+12
8/24	375.44	+8	+324	9 - 1 - 1 - 1	+387	+450	+12
8/26	374.46	+4	+328	7 - 1 - 3 - 1	+391	+454	+9
8/27	373.79	-1	+327	3 - 2 - 2 - 0	+392	+457	+9
8/28	372.06	-4	+323	2 - 4 - 3 - 1	+391	+459	+9
8/29	376.18	+6	+329	6 - 1 - 1 - 2	+396	+463	+10
8/30	380.33	+5	+334	9 - 5 - 0 - 1	+405	+476	+11
9/ 3	381.17	+8	+342	9 - 4 - 0 - 3	+414	+486	+11
9/ 4	379.61	-6	+347	7 - 4 - 0 - 2	+421	+495	+12
9/ 5	369.77	-15	+332	0 - 11 - 4 - 0	+417	+502	+9
9/ 6	376.29	0	+332	3 - 2 - 1 - 0	+419	+506	+10
9/ 7	377.56	+4	+336	5 - 1 - 0 - 0	+424	+512	+11
9/ 9	374.93	-6	+330	3 - 8 - 1 - 0	+426	+522	+11
9/10	367.29	-15	+315•	1 - 14 - 3 - 1	+424	+533	+11
9/11	370.91	0	+315	2 - 5 - 0 - 3	+426	+537	+12
9/12	366.35	-18	+297	0 - 17 - 1 - 0	+425	+553	+12
9/13	366.85	-7	+290	1 - 10 - 2 - 4	+424	+558	+11
9/14	367.01	-6	+284	2 - 6 - 3 - 1	+423	+562	+10
9/16	372.39	+10	+294	3 - 1 - 1 - 9	+425	+556	+9
9/17	368.52	+2	+296	1 - 1 - 2 - 4	+424	+552	+9
9/18	370.90	+2	+298	0 - 4 - 2 - 8	+422	+546	+7
9/19	369.97	-6	+292	3 - 10 - 2 - 3	+423	+554	+9

그랜빌의 최후의 예언

9/20	362.05	-19	+273	1	-	9	-11	- 0	+413	+553	+3
9/21	361.16	-16	+257	0	-	6	-10	- 0	+403	+549	0
9/23	359.00	-13	+244	1	-	6	-11	- 2	+393	+543	0
9/24	352.61	-23	+221	1	-	9	-15	- 0	+379	+538	-5
9/25	352.57	-14	+207	2	-	8	- 9	- 1	+372	+538	-5
9/26	355.95	-4	+203	2	-	4	- 4	- 1	+370	+539	-5
9/27	344.87	-16	+187	0	-	6	-10	- 0	+360	+535	-7
9/28	347.17	-10	+177	0	-	3	- 7	- 0	+353	+531	-7
9/30	343.45	-19	+158	0	-	8	-11	- 0	+342	+528	-7
10/1	342.57	-13	+145	0	-	6	-13	- 6	+329	+515	-7
10/2	344.50	-3	+142	0	-	2	- 6	- 5	+323	+506	-9
10/3	329.95	-23	+119	0	-	7	-16	- 0	+307	+497	-9
10/4	325.17	-22	+97	1	-	5	-20	- 2	+288	+481	-9
10/5	341.36	+3	+100	1	-	0	- 0	- 2	+289	+480	-9
10/7	345.72	+3	+103	2	-	0	- 2	- 3	+289	+477	-8
10/8	345.00	-1	+102	2	-	0	- 4	- 1	+287	+474	-8
10/9	346.66	+4	+106	3	-	0	- 2	- 3	+288	+472	-7
10/10	352.86	+14	+120	3	-	0	- 1	-12	+290	+462	-7
10/11	352.69	+3	+123	2	-	1	- 2	- 4	+290	+459	-7
10/14	350.97	0	+123	1	-	2	- 1	- 2	+290	+459	-7
10/15	347.24	+1	+124	0	-	0	- 3	- 4	+287	+452	-7
10/16	336.13	-11	+113	0	-	6	- 5	- 0	+282	+453	-7
10/17	341.86	+1	+114	0	-	1	- 4	- 6	+278	+444	-7
10/18	333.29	-12	+102	0	-	5	- 8	- 1	+270	+440	-10
10/19	323.87	-26	+76	0	-	13	-13	- 0	+257	+440	-11
10/21	320.01	-17	+59	0	-	8	-12	- 3	+245	+433	-12
10/22	326.51	+5	+64	1	-	1	- 2	- 7	+244	+426	-12
10/23	305.85	-20	+44	0	-	2	-18	- 0	+226	+410	-18
10/24	299.47	-18	+26	1	-	0	-23	- 4	+204	+384	-23
10/25	301.22	-5	+21	1	-	0	- 6	- 0	+199	+379	-22
10/26	298.97	-4	+17	1	-	0	- 5	- 0	+195	+375	-22
10/28	260.64	-24	-7	0	-	2	-22	- 0	+173	+355	-22
10/29	230.07	-24	-31	0	-	0	-26	- 2	+147	+327	-23
10/30	258.47	+2	-29	0	-	0	- 0	- 2	+147	+325	-24
10/31	273.51	+2	-27	0	-	0	- 1	- 3	+146	+321	-24
11/ 4	257.68	-3	-30	0	-	1	- 2	- 0	+144	+320	-25
11/ 6	232.13	-8	-38	0	-	0	- 8	- 0	+136	+312	-24
11/ 7	238.19	-6	-44	0	-	0	- 6	- 0	+130	+306	-30
11/ 8	236.53	+1	-43	0	-	0	- 1	- 2	+129	+303	-25
11/11	220.39	-11	-54	0	-	3	- 8	- 0	+121	+298	-24
11/12	209.74	-25	-79	0	-	8	-17	- 0	+104	+289	-24
11/13	198.69	-27	-106	0	-	3	-24	- 0	+80	+268	-24

그랜빌의 최후의 예언

초판1쇄 발행 · 2000년 8월 20일
개정판 1쇄 인쇄 · 2025년 1월 8일
개정판 1쇄 발행 · 2025년 2월 3일

지은이 · 조셉 E. 그랜빌
옮긴이 · 김인수
펴낸이 · 이종문(李從聞)
펴낸곳 · 국일증권경제연구소

등 록 · 제406-2005-000029호
주소 · 경기도 파주시 광인사길 121 파주출판문화정보산업단지(문발동)
서울시 중구 장충단로 8가길 2, 2층
영업부 · Tel 031)955-6050 | Fax 031)955-6051
편집부 · Tel 031)955-6070 | Fax 031)955-6071
평생전화번호 · 0502-237-9101~3

홈페이지 · www.ekugil.com
블로그 · blog.naver.com/kugilmedia
페이스북 · www.facebook.com/kugilmedia
E - mail · kugil@ekugil.com

ISBN 978-89-5782-231-9 (13320)